人学论丛2021
中国人学学会

中国人学学会第23届学术年会论文集

全面建设社会主义现代化国家的人学展望

中国人学学会 组编
郗戈 吕翠微 主编

中国国际广播出版社

图书在版编目（CIP）数据

全面建设社会主义现代化国家的人学展望/郗戈，吕翠微主编. —北京：中国国际广播出版社，2022.8
ISBN 978-7-5078-5189-2

Ⅰ.①全… Ⅱ.①郗…②吕… Ⅲ.①人学－中国－文集 Ⅳ.①C912.1-53

中国版本图书馆CIP数据核字（2022）第149217号

全面建设社会主义现代化国家的人学展望

主　　编	郗　戈　吕翠微
责任编辑	笑学婧
校　　对	张　娜
版式设计	邢秀娟
封面设计	赵冰波

出版发行	中国国际广播出版社有限公司［010-89508207（传真）］
社　　址	北京市丰台区榴乡路88号石榴中心2号楼1701 邮编：100079
印　　刷	环球东方（北京）印务有限公司

开　　本	787×1092　1/16
字　　数	410千字
印　　张	23
版　　次	2022年10月　北京第一版
印　　次	2022年10月　第一次印刷
定　　价	78.00元

版权所有　　盗版必究

本书编委会

（按姓氏笔画排序）

丰子义　田启波　吕翠微　仰海峰　李基礼　沈湘平
张　梧　张维祥　陈志尚　陈学明　陈新夏　范　文
罗文东　钟明华　郗　戈　袁吉富　徐　春　崔新建
董　彪　韩庆祥　靳辉明

中国人学学会第 23 届年会开幕词

中国人学学会会长、北京大学哲学系博雅讲席教授　丰子义

各位专家学者、朋友：

大家好！今天我们以这样一种线上线下结合的特殊方式来召开会议。在会议前前后后的筹办过程中，佳木斯大学领导和其马克思主义学院领导给予了高度重视和积极支持，会议组织者和工作人员为会议的召开付出了大量的辛劳。在这里，我谨代表中国人学学会和参会的各位代表，向佳木斯大学领导和其马克思主义学院领导与工作人员表示衷心的感谢！同时，我也代表学会，向在线上线下参加会议的各位专家学者、朋友，表示热烈的欢迎和衷心的感谢！

今年（2021 年）的年会比较特殊，既是一个研讨会，又是一个学会换届会议。今年年会的主题是"全面建设社会主义现代化国家的人学展望"。这一主题是根据现实需要决定的。今年是我国全面建成小康社会、实现第一个百年奋斗目标之后，乘势而上开启全面建设社会主义现代化国家新征程、向第二个百年奋斗目标进军的第一年。现在，现代化新征程的具体目标已经确定，这就是到 2035 年，基本实现社会主义现代化，从 2035 年到 21 世纪中叶，建成社会主义现代化强国。目标已经明确，关键是如何落实、推进。这是一个大课题。对于这一课题，需要全社会的通力合作，需要哲学社会科学的认真研究，我们的人学也不例外。现代化和我们的人学有什么关系？并不费解。简单说来，社会现代化归根到底是人的现代化。诚如习近平总书记所说，"现代化的本质是人的现代化"[1]。这就从深层次上打通了二者的渠道，并将其融为一体。也就是说，讲社会现代化，不要忘记了人的现代化；讲人的现代化，也不能离开社会现代化。由此说来，面对全面建设社会主义现代化，人

---

[1] 中共中央文献研究室.十八大以来重要文献选编：上[M].北京：中央文献出版社，2014：594.

学应当予以高度重视，有所作为。

说到对于现代化的研究，在我国也有一段历史了。20世纪80年代中后期，在我国就开始兴起了一场关于现代化的讨论，主要是围绕"传统与现代"关系问题，重点探讨如何从传统社会迈向现代社会，加速现代化进程，当时还翻译、引介了不少国外有关研究成果。限于当时的环境和面临的任务，无论是国内还是国外，对于现代化的研究基本上是这样一个范式或格局：将社会现代化作为追求的目标，而把人的现代化作为实现这一目标的手段。或者说，人的现代化是为社会现代化服务的。如1985年四川人民出版社在"走向未来丛书"中就有一本美国学者英格尔斯的《人的现代化》，该书的基本观点就是表明社会现代化有赖于人的现代化，并且依据实证分析，列出了十多个方面作为"现代人"的标准，尤其突出现代人的心理塑造。这本书的影响较大，引用率也较高。另外，当时的研究，经常运用对比性分析来说明社会现代化必须依赖人的现代化。如经常举例中东一些国家（沙特、科威特、阿联酋等），人均收入和城市建筑等比较可观，但其现代化基本上是用石油换来的，人们的思想观念、心理、习俗等基本上仍停留于传统社会，这样的现代化不可能长期持续。研究得出的结论：没有人的现代化，就不可能有真正的社会现代化。当然，学界也有另外一种声音，认为社会现代化最终是为人的生存发展服务的，必须突出人的各方面的现代化（如《新发展观》），但这种声音在当时并不占主流，不是主旋律。这是由当时国内外众多国家急于加快发展的实际情况决定的。这些年的情况就不同了。现在我们谈论现代化，观点和思路发生了重大变化，这就是目的与手段产生了大颠倒。在我国，今天讲现代化，人的现代化不再仅仅是作为手段来看待的，而更重要的是作为目的来对待的。全面建设社会主义现代化，目的就是实现人的全面发展、社会的全面进步，而社会的全面进步，也最终要落实到人的全面发展上来。为此，在我国现代化远景目标的描述中，最后用总结性的话讲得很明确，这就是：人民生活更加美好，人的全面发展、全体人民共同富裕取得更为明显的实质性进展。在"十四五"规划遵循的原则中，又明确讲到"要坚持以人民为中心。坚持人民主体地位，坚持共同富裕方向，始终做到发展为了人民、发展依靠人民、发展成果由人民共享，维护人民根本利益，激发全体人民积极性、主动性、创造性，促进社会公平，增进民生福祉，不断实现人民对美好生活的向往"[①]。所有

---

① 中共中央关于党的百年奋斗重大成就和历史经验的决议[DB/OL].习近平系列重要讲话数据库，2021-11-17.

这些表明，现代化的目标就是为了增进人民福祉，实现人的全面发展。这是需要深刻把握的一个重要原则和重大理念。可以看出，同样是讲"人的现代化"，在不同时期有其不同的内涵，突出的重心并不一样。

现在，我们又处于一个新的历史阶段、新的历史起点上。无论是社会全面现代化还是人的现代化，都有新的关注重点和问题，因而有其新的内容和实现方式。大致说来，今天的现代化研究，尤其是人的现代化研究，应当依据发展的现实，重点关注这样几个大的问题。

一是新的发展问题。现在，历经 40 多年的改革发展，我国进入新的发展阶段。新发展阶段不同于以前发展阶段的标志，就是主题发生了重大变化，即由原来的高速度发展转变为高质量发展。为什么要强调高质量发展？主要原因之一就是由社会主要矛盾转化引起的和决定的。现在，我国社会主要矛盾已经转化为人民日益增长的美好生活需要与发展的不平衡不充分之间的矛盾，发展中的矛盾和问题集中体现在发展质量上。就现状看，发展中的"数量缺口"逐渐填满了，"质量缺口"还较大，或者说，过去"有没有"的矛盾基本解决了，现在"好不好"的矛盾突出了。随着人们收入水平提高和中等收入群体扩大，消费结构向多样化、差异化、个性化发展，人民群众对产品和服务的质量、品质要求日益提高，这就要求从"数量"向"质量"转换，显著增强我国发展的质量优势。所以，发展主题是由人的发展现状和要求提出来的。

与新发展阶段相一致的"新发展理念"也是如此。习近平总书记在 2021 年初省部级干部班上的讲话指出，要"从根本宗旨把握新发展理念。……为人民谋幸福、为民族谋复兴，这既是我们党领导现代化建设的出发点和落脚点，也是新发展理念的'根'和'魂'。只有坚持以人民为中心的发展思想，坚持发展为了人民、发展依靠人民、发展成果由人民共享，才会有正确的发展观、现代化观"[1]。新发展理念涉及创新、协调、生态、开放、共享等方面，但作为一个整体，围绕的一个核心、贯穿的一条主线，就是"以人民为中心"。只有贯彻这样的理念，才能把高质量发展落到实处。

可以看出，新发展阶段彰显的人学意义、所蕴藏的人学内涵是非常丰富的。就新发展阶段与人的发展的关系来说，可以从两方面看：一方面，新发展阶段必须对

---

① 习近平．把握新发展阶段，贯彻新发展理念，构建新发展格局［J］．求是，2021（9）：11-12．

人的全面发展予以高度重视，离开了这一目标，新发展阶段也就没什么"新"之可言；另一方面，新发展阶段高质量的发展，又离不开人的发展。没有人的能力的增强，没有人才的支撑，高质量的发展也难以扎实推进。所以，二者的关系是双向的、互动的。

二是文明的问题。中国的发展不仅创造了中国式现代化新道路，而且创造了人类文明新形态。一个是现代化新道路，一个是人类文明新形态，这二者并不是外在的，而是内在统一的。或者简单说，现代化与文明是内在联系在一起的。现代化就意味着、标志着一种文明。从历史上看，西方现代化的最初开创，就标志着近代文明的确立。正是借助于近代文明的确立和传播，才有现代社会的形成和发展；反过来，正是借助于现代化的推进，才有这种文明的进一步发展。中国的发展也是如此，中国式现代化道路的开创，其中就内含着一种新的文明。这种文明既不是中国传统文明的简单延续，也不是西方文明的简单移植，而是对人类文明新的探索，是人类文明新形态的开创。像中国在其现代化发展过程中所倡导的和而不同、相互尊重、公平正义、合作共赢、持久和平、普遍安全、共同繁荣、开放包容等理念和价值观念等，就是人类文明新形态的重要内容或重要构件，是对人类文明的重要贡献。

无论是新道路还是新形态，都不是完成时，而是进行时。要在新的历史条件下全面建设社会主义现代化，必须继续加强文明建设。而要加强文明建设，最为根本的就是要提升人的文明水平。因为是否文明、文明的程度高低，说到底是人的观念、行为问题。离开了人这一主体，无所谓文明及其高低的问题。因此，各种文明建设必然要求提高人的素质、修养、境界、能力，要求一代新人的塑造。尤其值得注意的是，价值观在文明体系中居于核心地位，对于文明建设与发展起着支配作用。无论是价值目标、价值追求，还是价值标准、价值选择，都与文明密切相关，因而价值观的引导对于文明建设至关重要。这就要求加强理论研究包括人学研究的价值引领作用。当然，文明环境的形成、文明新形态的创立，又会极大地影响人的发展、影响人的文明养成。所谓"橘生淮南则为橘，生于淮北则为枳"，就是这个意思。

三是人类命运的问题。现代化与全球化向来是共生共存的。现代化不可能离开全球化，任何一个国家都不可能关起门来单枪匹马闯入现代化；反过来，全球化也离不开现代化，在传统社会生产方式和社会交往方式的条件下，根本不可能形成全球化。所以，要想建设现代化，必须走向全球化。特别是伴随全球经济联系的日益密切、全球问题的不断加剧，人类社会确实成为一个命运共同体，休戚与共，命运相关。尤其是新冠肺炎疫情的爆发和防控，人们都有深切的感受。但是，面对这样的世界格局，反全球化、逆全球化的潮流也相伴而生。一向标榜"世界主义""自由主义"的美国竟然带头反对和抑制全球化，赤裸裸地强调美国利益至上，单边主义、霸权主义盛行，致使世界现代化进程严重受阻。面对这样的大变局，人们不禁疑虑重重：现代化和全球化究竟走向何方？人类究竟走向何方？过去多少年很少考虑的问题，现在一下提到世人的面前。这些乱象的背后，实际上是资本逻辑与人的发展逻辑的较量。按照资本逻辑，发展只考虑的是资本的利益，完全不考虑人类的利益、人类的命运。对于全球化也是如此，对资本有利的就加入，不利的就脱钩。因此，要想合理、健康地推进现代化、全球化，必须打破资本逻辑的统治，回归人的发展逻辑。这就是要树立人类命运共同体的理念，正确处理个人、民族、国家和人类发展的利益，推动全球治理体系朝着更加公正、合理的方向发展。只有形成这样的体系和格局，现代化才能顺利推进，人的发展才能顺利实现。因为人的全面发展也有赖于人的世界历史性的存在，有赖于全球文明环境的形成，离开了这样的存在和环境，人的全面发展也是一句空话。

总的来看，伴随全面建设社会主义现代化的深入发展，人的问题越来越突出，没有对人的问题的高度理论自觉，很难透彻地理解、把握全面建设社会主义现代化强国的理念、价值指向以及各种重大举措。我们的人学研究应当对这些问题予以高度重视，作出有益的探索，为现代化提供一定的理论支撑。最后，预祝会议取得圆满成功！

谢谢！

目 录

一、中国式现代化道路的人学审视

人的全面发展：新时代共同富裕的价值旨归	钟明华	003
中国式现代化新道路：历程、特性和意义	李龙强 罗文东	009
中国式现代化的基本特征		
——基于人的现代化视角	涂可国	016
中国式现代化新路的超越和规律性	陈志刚	023
我们需要什么样的"新文明"	王庆丰	040
论人类文明视野下的中国式现代化新道路	张艳涛	054
论马克思劳动异化论视域下的中国式现代化新道路	董朝霞	060
西方现代化与中国式现代化的本质差异及中国作为	赵永春	067
社会主义的现代化对人的现代化的基本要求	林 青	074
全面建设社会主义现代化国家进程中女性发展的人学思考	覃志红	077
中国式现代化的道路探索及其经验启示	董 彪	084

二、以人民为中心的发展思想与中国式现代化

唯物史观视域中的反贫困思想与中国的脱贫攻坚实践	唐正东	095
中国传统政治文化的"民本""爱民"思想及其当代价值		
——从"民本""爱民"到"以人民为中心"的思想升华	贾英健	110
论以人民为中心的发展思想与中国式现代化	高惠珠 徐文越	122
以人民为中心的价值主体论	潘 宁	131
以人民为中心的中国式现代化之路	李 霞	138

马克思"世界历史"思想的主体之维与"以人民为中心的发展思想"
　　——兼论"美好生活"的中国特色社会主义道路　　　　　林　密　145
以人民为中心的发展思想与中国式现代化研究　　　　闫　涛　刘鑫炎　162
论"以人民为中心"发展思想的人学价值意蕴
　　——以方法论的视角　　　　　　　　　　　　郝淑芹　杨玉强　168

三、当代中国马克思主义与人的发展

坚持以人民为中心，全面建设社会主义现代化强国　　　　　田启波　177
以新发展理念推动和引领人的现代化　　　　　　　　　　　张三元　184
民生视角下建设社会主义现代化国家的人学思考　　　　　　刘向先　197
共同富裕的人学之维　　　　　　　　　　　　　　杨　蔚　李梓维　206
实现人民美好生活需要的行动纲领　　　　　　　　谢剑澍　武　晟　214

四、人学基础理论研究

"天人合一"思想需要完成现代转化　　　　　　　　　　　　徐　春　225
马克思人的需要理论的逻辑进路　　　　　　　　　　　　　吕翠微　232
人的定义的解构与重构　　　　　　　　　　　　　　　　　韩东屏　243
中国精神的本质规定及其内在逻辑　　　　　　　　左亚文　高晓英　250
从原著翻译来理解《资本论》中的"重新建立个人所有制"概念　胡为雄　262
中国共产党精神谱系的哲学基础　　　　　　　　　田毅松　赵晓楠　269
论马克思的宗教批判与人性复归思想　　　　　　　　　　　杨淑琴　276
人类命运共同体的哲学思考
　　——基于马克思主义人学视角　　　　　　　　　　　　齐晓明　284
现代性之后的主体困境及其当代发展　　　　　　　　　　　张茂钰　291
马克思人的全面发展学说新诠
　　——历史、可能、现实的三重视域　　　　　　　　　　李国涛　306
思想政治教育效力的生成逻辑与实现进路
　　——基于民族事务治理现代化的视域　　　　　　　　　王　寅　314
马克思《1844年经济学哲学手稿》对现代性劳动的透视与批判　梁舒娅　325

马克思私有财产批判的人学意蕴
　　——基于《1844年经济学哲学手稿》　　　　　　　张钟玥　338
生态文明社会的逻辑缘起及基本特征　　　　　卢　霄　吕锦芳　344

编后记　　　　　　　　　　　　　　　　　　　　　　　　352

一 中国式现代化道路的人学审视

人的全面发展：新时代共同富裕的价值旨归

中山大学马克思主义学院　钟明华

人的发展既是社会发展的内在要求，也是社会发展的最终体现。习近平总书记在"七一"重要讲话中指出，要"推动人的全面发展、全体人民共同富裕取得更为明显的实质性进展"[①]。共同富裕是社会主义的本质，也是中国式现代化道路的重要特征。实现共同富裕是中国共产党人的初心使命，步入新时代，共同富裕的丰富内涵和多重特性展现出其与人的发展的紧密相关性。实现人的全面发展是新时代共同富裕的价值旨归。

一、人的全面发展是共同富裕的根本价值目标

（一）共同富裕满足了人的全面发展的多重需要

马克思认为，人的发展离不开人的需要的满足，"人以其需要的无限性和广泛性区别于其他一切动物"[②]，"他们的需要即他们的本性"[③]。除了衣、食、住、行等自然的、物质的需求，人作为社会存在物还拥有着社会性的需求，他们通过社会关系和社会交往来实现精神生活的完满。也就是说，人的发展不仅需要在物质生活上，

---

① 习近平.在庆祝中国共产党成立 100 周年大会上的讲话[N].人民日报，2021-07-02（2）.
② 马克思，恩格斯.马克思恩格斯全集：第 49 卷［M］.中共中央马克思恩格斯列宁斯大林著作编译局，编译.北京：人民出版社，1982：130.
③ 马克思，恩格斯.马克思恩格斯全集：第 3 卷［M］.中共中央马克思恩格斯列宁斯大林著作编译局，编译.北京：人民出版社，1960：514.

还需要在更高层次的精神生活上得到满足，这种需要的丰富性是人的本质的具体体现，人要想以一种全面的方式占有自己的全面的本质，满足人的多重需要是前提。与此同时，马克思还批判了资本主义私有制条件下人的需要的异化，贬低为对物的占有和支配以及"粗陋的实际的需要"，"私有制使我们变得如此愚蠢而片面，以致一个对象，只有当它为我们拥有的时候，就是说，当它对我们来说作为资本而存在，或者它被我们直接占有，被我们吃、喝、穿、住等等的时候，简言之，在它被我们使用的时候，才是我们的"①。在马尔库塞那里，这种畸形的需要导致了片面的、单向度的人的出现，人被"富裕社会"所创造的各种商品化的需求所宰制而丧失了精神反思的能力和推动社会历史发展的可能。

习近平总书记指出："人，本质上就是文化的人，而不是'物化'的人；是能动的、全面的人，而不是僵化的、'单向度'的人。"② 共同富裕的全面性，要求在内容上不仅要追求衣、食、住、行等物质上的富裕，还要实现文化、娱乐等精神上的富裕，"是人民群众物质生活和精神生活都富裕"，为的是满足人民日益增长的美好生活需要。在全面建成小康社会基础上，美好生活更多的是落脚于群众的获得感、幸福感、安全感等。精神富裕要求我们必须不断满足人民群众多样化、多层次、多方面的精神文化需求，让广大人民群众的获得感、幸福感、安全感更加充实、更有保障、更可持续。

（二）共同富裕创造了人的全面发展的社会空间

人的实践和人的发展总是受特定社会历史结构的制约。马克思认为，人的本质在其现实性上是社会关系的总和。一方面，人总是在各种社会关系中展开他的实践，实现自身的发展。另一方面，"社会关系实际上决定着一个人能够发展到什么程度"，"一个人的发展取决于他直接或间接进行交往的其他一切人的发展"③。也就是说，人的全面发展需要自由、全面、丰富的社会实践、社会交往和社会关系为其提供空间和条件，依赖于"个人社会关系的高度丰富"。当个体的人在其社会交往

---

① 马克思，恩格斯.马克思恩格斯文集：第1卷［M］.中共中央马克思恩格斯列宁斯大林著作编译局，编译.北京：人民出版社，2009：189.
② 习近平.之江新语［M］.杭州：浙江人民出版社，2007：150.
③ 马克思，恩格斯.马克思恩格斯全集：第3卷：［M］.中共中央马克思恩格斯列宁斯大林著作编译局，编译.北京：人民出版社，1960：515.

中，通过参与各领域、各层次的实践，与这个社会产生丰富的物质和精神交换，在此过程中不断突破旧的社会关系，开辟社会交往的新境界，那么人就实现了其自身的发展。而社会所要做的，则是通过良性的制度安排、规则秩序为这种自由而丰富的交往和发展创造空间和可能性。与此同时，人必须全面地占有这种与社会的物质和精神的交往关系，而不能让其成为一种异己的力量反过来造成人的异化。"个人的全面发展，只有到了外部世界对个人才能的实际发展所起的推动作用为个人本身所驾驭的时候，才不再是理想、职责等等，这也正是共产主义者所向往的。"① 保障个体主体性和能动性的发挥空间，对促进人的全面发展同样重要。

党的十九大报告指出："人民美好生活需要日益广泛，不仅对物质文化生活提出了更高要求，而且在民主、法治、公平、正义、安全、环境等方面的要求日益增长。"而我们所要建立的共同富裕的社会，也不仅是物质和精神产品充足的社会，更是一个包含经济、政治、文化、社会以及生态文明等多方面内容共同组成、协调发展的完备的社会有机体。"中国特色社会主义就是要建设社会主义市场经济、民主政治、先进文化、和谐社会、生态文明，促进人的全面发展，促进社会公平正义，逐步实现全体人民共同富裕。"② 同时，"让每个人获得发展自我和奉献社会的机会，共同享有人生出彩的机会，共同享有梦想成真的机会，保证人民平等参与、平等发展权利"③。因此，共同富裕的社会是各社会领域都充分发展、高度发达、自由流动、相互促进的社会，是文明和谐、团结有序、公平正义的社会。正是在这个意义上，共同富裕促进了人的社会交往和社会关系的全面性、丰富性，以及主体性、创造性，为人的全面发展提供了优质的平台和空间。

（三）共同富裕推动了人的全面发展的能力提升

人的发展主要且依赖于人的能力的发展。马克思指出："全面发展的个人不是自然的产物，而是历史的产物。要使这种个性成为可能，能力的发展就要达到一定的程度和全面性，这正是以建立在交换价值基础上的生产为前提的，这种生产才在产生出个人同自己和同别人的普遍异化的同时，也产生出个人关系和个人能力的普

---

① 马克思，恩格斯.马克思恩格斯全集：第3卷［M］.中共中央马克思恩格斯列宁斯大林著作编译局，编译.北京：人民出版社，1960：330.
② 习近平.共倡开放包容 共促和平发展：在伦敦金融城市长晚宴上的演讲［N］.人民日报，2015-10-23.
③ 习近平.在中法建交50周年纪念大会上的讲话［N］.人民日报，2014-03-29.

遍性和全面性。"①在马克思看来，人的能力的提升和拓展是人的全面发展的重要前提和依据。这些能力不仅包括物质生产能力，还包括审美、批判等更加体现主体性的能力。这些能力使人可以随自己的兴趣今天干这事，明天干那事，上午打猎，下午捕鱼，傍晚从事畜牧，晚饭后从事批判。而在资本主义私有制条件下，人的能力的发展和发挥受被动分工的宰制，个人关系和个人能力呈现为一种异化和片面的状态。至于当代资本主义国家，"福利主义"无法有效地激励劳动人民参与劳动、提升技能，造成"养懒汉"现象，导致底层人民的堕落和严重的社会两极分化。精英阶层在通过各种方式锻炼提升自身能力的同时，普通群众却丧失了自我提升的机会和动力。

共同富裕不是平均主义，更不是无差别地在结果上"均贫富"，而是保障所有人都能够获得"致富"的能力。共同富裕的实现需要人人参与、共同奋斗，而不是通过"等、靠、要"。物质和精神产品的极大丰富在根本上依赖于人的知识、技能和创新，只有做大蛋糕基础上才能分好蛋糕。因此，在提高最低生活保障水平，兜住基本生活底线的基础上，共同富裕所要求和侧重的是保障每个人都有获得能力和提升能力的平等机会、向上流动和全面发展的平等机会，鼓励每个人凭借自身的丰富能力以更加积极主动的精神状态来勤劳创新实现美好生活。习近平总书记指出，"高质量发展需要高素质劳动者，只有促进共同富裕，提高城乡居民收入，提升人力资本，才能提高全要素生产率，夯实高质量发展的动力基础"，要"为人民提高受教育程度、增强发展能力创造更加普惠公平的条件，提升全社会人力资本和专业技能，提高就业创业能力，增强致富本领。要防止社会阶层固化，畅通向上流动通道，给更多人创造致富机会，形成人人参与的发展环境，避免'内卷''躺平'"②。

二、在共同富裕中实现所有人的自由全面发展

（一）树立新时代共同富裕观

要在实现共同富裕进程中实现人的发展，首先必须树立新时代共同富裕观。过

---

① 马克思，恩格斯.马克思恩格斯全集：第46卷上［M］.中共中央马克思恩格斯列宁斯大林著作编译局，编译.北京：人民出版社，1979：108-109.
② 习近平.扎实推动共同富裕［J］.求是，2021（20）：4.

去我们对共同富裕的理解往往侧重于生产资料的平均分配和物质生活的极大丰富，强调"耕者有其田"，以对财富的占有和支配来衡量共同富裕的水平。新时代以来，以习近平同志为核心的党中央采取有力措施保障和改善民生，打赢脱贫攻坚战，全面建成小康社会，开启了扎实推动共同富裕的历史阶段，在此过程中，对共同富裕的认识和理解也达到了新的理论高度。习近平总书记指出，要把促进全体人民共同富裕作为为人民谋幸福的着力点。[①]因此，人民幸福是新时代共同富裕的根本目标，而人的发展自然而然也被摆在了更加突出的位置。

新时代共同富裕观是以人的发展为价值指向的富裕观。首先是所有人的发展。针对我国发展不平衡不充分问题仍然突出，城乡区域发展和收入分配差距较大的现状，共同富裕强调全体人民的富裕，不是少数人的富裕，让广大人民群众共享改革发展成果，一个人都不能少，一个地区都不能少，一个民族都不能少。其次是人的全面发展。针对人的发展的各层次、各方面的需要，共同富裕强调要使人民群众物质生活和精神生活都富裕，并在发展空间上不断推进政治、经济、社会、文化和生态环境五位一体高度综合协调发展。再次是人的自由自主发展。主体性的发挥是人的发展的根本动力，共同富裕不在于"输血"而是"造血"，强调持续提升人的致富能力和发展的能力。幸福生活是奋斗出来的，需要增加人力资本的投资，给更多人创造致富机会，形成人人参与、人人尽力、人人享有的发展环境，鼓励勤劳创新致富。最后是人的循序协调发展。由于区域、行业，乃至个体的禀赋的差异，人的发展水平并不是整齐划一的。共同富裕强调循序渐进，在推进基本公共服务均等化的基础上，尊重差异，通过合理的制度安排促进社会公平正义，尽力而为、量力而行，不一蹴而就、不超越阶段，分阶段、分步骤逐渐实现均衡的共同富裕，缩小人的发展水平的差异。只有将新时代共同富裕观融入推进共同富裕的进程中并指导其实践，才能更好地实现人的自由全面发展。

（二）以高质量发展推进人的发展

在扎实推动共同富裕的总体思路中，习近平总书记指出，要"在高质量发展中促进共同富裕，正确处理效率和公平的关系，构建初次分配、再分配、三次分配协调配套的基础性制度安排，加大税收、社保、转移支付等调节力度并提高精准性，扩大中等收入群体比重，增加低收入群体收入，合理调节高收入，取缔非法收

---

① 习近平. 扎实推动共同富裕［J］. 求是，2021（20）：4.

入，形成中间大、两头小的橄榄型分配结构，促进社会公平正义，促进人的全面发展"①。推进人的发展同样需要高质量发展。高质量发展指的是能够很好满足人民日益增长的美好生活需要的发展，是体现新发展理念的发展。

在高质量发展中促进人发展，首先要以高质量的人力资源为支撑。实现高质量发展，创新是第一动力，人才是第一资源。经济的高质量发展和劳动生产率的提高归根结底还是要依靠人才，依靠人才的知识、技能和创新。因此，首先必须加大人力资本的投入，通过基础教育、职业教育、终身教育等方面促进人的认知、技能和管理水平等综合素质的提升，激发人才的创新活力，实现人的能力的发展；其次要优化协调分配的产业结构和区域结构，要增强区域发展的平衡性和行业发展的协调性，合理减少因区域差异和产业差异所引发的收入分配上的不平等，引导个体和其他生产要素在各行业各区域间自由流动，并在经济运行的各个环节获得较为公平的回报，促进社会公平正义，实现更平衡、更协调、更包容的发展，为人的发展创造社会条件；再次要以高水平开放增进社会交往，高质量的发展离不开高水平的开放，要坚持实施更大范围、更宽领域、更深层次对外开放，在"双循环"的新发展格局下继续建设更高水平开放型经济新体制，在经济交往、民间交流和人才培养等方面加强国际交往，在交流互鉴中强优势、补弱项，实现人的交往和发展的新境界；最后要完善以人民为中心的制度设计，制度具有根本性、全局性、稳定性和长期性，无论是共同富裕还是人的发展，制度的完善都是关键一环。将新时代共同富裕观贯彻到制度设计的全过程，完善社会主义基本经济制度和按劳分配为主体多种分配方式并存的分配制度，提高低收入群体收入，扩大中等收入群体规模，增加城乡居民住房、农村土地、金融资产等各类财产性收入，加强对高收入的规范和调节，防止两极分化、消除分配不公等，充分发挥制度对促进人的发展的效能。

---

① 习近平.扎实推动共同富裕[J].求是，2021（20）.

中国式现代化新道路：历程、特性和意义

青岛理工大学马克思主义学院　李龙强
中国社会科学院世界历史研究所　罗文东

现代化建设关系到我国经济社会发展的全局，关系到社会主义事业的兴衰成败。在一百年的奋斗历程中，中国共产党坚持以马克思主义为指导，把握中国的具体国情和时代的进步潮流，"创造了中国式现代化新道路，创造了人类文明新形态"[1]，拓展了发展中国家走向现代化的途径，给世界上那些既希望加快发展又希望保持独立的国家和民族提供了全新选择。

一、中国共产党对现代化道路的艰辛探索

中国是世界上唯一没有中断的文明古国，在相当长的历史时期里始终走在世界文明发展的前列。但1840年鸦片战争使中国开始面临"数千年未有之强敌"，受到西方资本主义的严峻挑战，逐步陷入半封建半殖民地的深渊。争取民族独立、人民解放，实现国家富强、人民幸福，就成为近代以来中国人民面临的两大历史任务；实现现代化和民族复兴，也必然成为中华民族最伟大的梦想。

早在革命和建设时期，中国共产党就领导人民为"四个现代化"而奋斗。1945年，毛泽东在党的七大上指出："中国工人阶级的任务，不但是为着建立新民主主义的国家而斗争，而且是为着中国的工业化和农业近代化而斗争。"[2] 1953年，

---

[1] 习近平.在庆祝中国共产党成立100周年大会上的讲话[M].北京：人民出版社，2021：13.
[2] 毛泽东.毛泽东选集：第3卷[M].北京：人民出版社，1991：1081.

毛泽东在确定党在过渡时期的"一化三改"总路线时，提出要在一个相当长的时期内，逐步实现国家的社会主义工业化。1964年12月，根据毛泽东的提议，周恩来在三届人大一次会议的政府工作报告中，明确提出实现"四个现代化"的战略目标和"两步走"的战略设想。他说："把我国建设成为一个具有现代农业、现代工业、现代国防和现代科学技术的社会主义强国，赶上和超过世界先进水平。"从第三个五年计划开始，我国经济发展分"两步走"：第一步，建立一个独立的比较完整的工业体系和国民经济体系；第二步，全面实现农业、工业、国防和科学技术的现代化，使我国经济走在世界的前列。① 在新中国成立以后29年里，一方面，党领导人民建立了独立的、比较完整的工业体系和国民经济体系，"四个现代化"取得了重大进展和历史成就；另一方面，由于党在全国范围内执政时间不长，对社会主义现代化建设缺乏足够的认识，加上当时复杂紧张的国际形势和"左"倾错误的影响，先后出现过反右派斗争扩大化和人民公社化运动等失误甚至"文化大革命"那样的内乱。

党的十一届三中全会以后，中国共产党领导人民解放思想、锐意进取，制定社会主义初级阶段的基本路线和社会主义现代化的发展战略，创造了改革开放和社会主义现代化建设的伟大成就。1979年12月，邓小平在与日本首相大平正芳会谈时提出：到20世纪末，争取国民生产总值达到人均1000美元，实现小康水平。他把这个目标称为"中国式的四个现代化"，即"小康之家"。1980年2月，他在十一届五中全会上重申："我们党在现阶段的政治路线，概括地说，就是一心一意地搞四个现代化。"② 党的十三大概括了邓小平的"三步走"战略思想：第一步，从1981年到1990年，国民生产总值翻一番，基本解决人民温饱问题；第二步，从1991年到20世纪末，国民生产总值再翻一番，基本消除贫困现象，人均达到1000美元，人民生活达到小康水平；第三步，到21世纪中叶，用30年到50年的时间再翻两番，达到中等发达国家水平，人民生活比较富裕，基本实现现代化。③

党的十五大上提出"新三步走"发展战略：第一步，21世纪第一个10年实现国民生产总值比2000年翻一番，使人民的小康生活更加宽裕，形成比较完善的社

---

① 周恩来.周恩来选集：下卷［M］.中共中央文献编辑委员会，编.北京：人民出版社，1984：439.
② 邓小平.邓小平文选：第2卷［M］.中共中央文献编辑委员会，编.北京：人民出版社，1994：276.
③ 邓小平.邓小平文选：第3卷［M］.中共中央文献编辑委员会，编.北京：人民出版社，1993：226.

会主义市场经济体制；第二步，再经过 10 年的努力，到建党 100 年时，使国民经济更加发展，各项制度更加完善；第三步，到 21 世纪中叶建国 100 年时，基本上实现现代化，建成富强民主文明的社会主义国家。党的十六大将第一个百年奋斗目标界定为"全面建设惠及十几亿人口的更高水平的小康社会"①。

党的十八大以来，以习近平同志为核心的党中央带领全党全国人民，统筹推进"五位一体"总体布局、协调推进"四个全面"战略布局，坚持和完善中国特色社会主义制度、推进国家治理体系和治理能力现代化，创造了新时代中国特色社会主义的伟大成就。党的十九大报告明确指出，从 2020 年到 2035 年，在全面建成小康社会的基础上，再奋斗 15 年，基本实现社会主义现代化。从 2035 年到本世纪中叶，在基本实现现代化的基础上，再奋斗 15 年，把我国建成富强民主文明和谐美丽的社会主义现代化强国。这一战略安排，既立足中国实际，也适应世界潮流，把我国基本实现现代化的时间提前了 15 年，并确定了全面建成社会主义现代化强国这一更高目标，勾画了全面建设社会主义现代化国家的时间表和路线图，可以说是"三步走"战略第三步目标的"升级版"，发出了实现中华民族伟大复兴中国梦的最强音。2021 年 7 月 1 日，习近平总书记庄严宣告："经过全党全国各族人民持续奋斗，我们实现了第一个百年奋斗目标，在中华大地上全面建成了小康社会，历史性地解决了绝对贫困问题，正在意气风发向着全面建成社会主义现代化强国的第二个百年奋斗目标迈进。"②

二、全面建设社会主义现代化国家的本质特征

从唯物辩证法关于一般和个别的关系来看，我们建设的中国式现代化不仅符合现代化的一般属性和普遍规律，而且体现社会主义的本质特征和特殊规律，还要适应中国现阶段的具体国情和发展要求，成功开辟了具有鲜明时代特征和中国特色的社会主义现代化新道路，彰显出欧美资本主义现代化无可比拟的本质特征和显著优势。

第一，坚持人民主体、实现共同富裕的现代化。中国式现代化在发展动力上强

---

① 习近平. 在党的十八届五中全会第二次全体会议上的讲话（节选）[J]. 求是，2016（1）: 3.
② 习近平. 在庆祝中国共产党成立 100 周年大会上的讲话 [M]. 北京: 人民出版社，2021: 2.

调全体人民共同建设现代化的伟大事业；在目标追求上强调全体人民共同享有现代化的成果；在评价标准上强调以人民群众满意作为检验现代化成效的标准。这种现代化不是对物的现代化的简单否定，而是人与物相统一的更高层次的现代化。这种现代化坚持人民主体地位，尊重人民首创精神，避免重蹈西方国家以资本为中心，导致物欲膨胀、人的异化、精神空虚的覆辙。共同富裕是社会主义现代化的本质要求，是人民主体地位在发展成果、财富分配上的体现，追求的是物质的客观尺度和人民的主体尺度的统一、生产力标准和人民利益标准的统一。

第二，坚持独立自主、适应中国国情的现代化。现代化的规律是不能违背的，但现代化的道路是可以选择的。中国的现代化既没有与人类文明"脱钩"，又没有模仿依附他人；既选择融入经济全球化，构建人类命运共同体，推动"一带一路"高质量发展，又没有滑向"西方轨道"。独立自主，自力更生，无论过去、现在，还是将来，都是我们建设社会主义现代化国家的立足点。

第三，坚持开放合作、维护世界和平的现代化。中国式现代化秉持和平发展、合作共赢理念，不走侵略掠夺、殖民扩张的西方资本主义道路，不认同"国强必霸"的逻辑，开辟了"强而不霸"的和平崛起之路。从世界近现代史看，16世纪葡萄牙、西班牙瓜分世界，17世纪荷兰争夺海上霸权，18、19世纪英法争霸，19世纪末20世纪初德国日本崛起、两次世界大战接踵而来，20世纪美苏对抗、冷战阴云弥漫全球。这些国家强大后都走上了霸权主义这条不归路。中国没有走昔日大国崛起争霸的老路，而是走和平发展道路实现现代化和民族复兴。

第四，坚持绿色发展、保护生态环境的现代化。绿色是大自然的底色，是生命的象征，绿色发展的要义是处理好人与自然和谐共生问题。在西方现代化过程中，由于掠夺性地开发自然资源，实行"先污染后治理""边污染边治理"的政策，造成了大气污染、水质恶化、资源枯竭等严重的生态危机。建设生态文明是社会主义现代化的必然要求和重要任务。习近平总书记指出："绿水青山就是金山银山。"① 这是重要的发展理念，也是推进现代化建设的重大原则。要从根本上解决生态环境问题，必须贯彻绿色发展理念，加快构建尊崇自然、绿色发展的生态体系，团结全国人民和世界人民一道建设美丽中国和美好世界。

全面建设社会主义现代化国家，既要建设现代化经济体系，又要推进国家治理和社会生活的现代化，既是一个鼓舞人心的宏伟蓝图，又是一个不懈奋斗的历史

---

① 习近平. 习近平谈治国理政：第3卷［M］. 北京：外文出版社，2020：361.

进程。习近平总书记指出,"现代化的本质是人的现代化","我们要建设的现代化是人与自然和谐共生的现代化";"要在坚持以经济建设为中心的同时,全面推进经济建设、政治建设、文化建设、社会建设、生态文明建设,促进现代化建设各个环节、各个方面协调发展"①。这些重要论述深化了对社会主义现代化建设规律的认识,为全面建设社会主义现代化国家提供了根本遵循。把握新发展阶段,贯彻新发展理念,构建新发展格局紧密联系、有机统一,集中体现了全面建设社会主义现代化国家的历史逻辑、理论逻辑和实践逻辑。

三、拓展发展中国家走向现代化的途径

中国实现现代化,建设社会主义现代化强国,是人类历史上前所未有的大变革。新中国成立以来特别是改革开放以来我国用几十年的时间,走过了西方发达国家几百年的现代化历程,而且避免了资本主义制度所造成的贫富两极分化、对外侵略扩张、生态环境破坏等深重灾难,创造了经济迅速发展和社会长期稳定的伟大奇迹,成功开辟出一条中国式现代化新道路。

坚持社会主义道路是中国式现代化取得成功的前提条件。早在改革开放之初,邓小平就提出:"我们要在中国实现四个现代化,必须在思想政治上坚持四项基本原则。这是实现四个现代化的根本前提。"②中国特色社会主义进入新时代,习近平总书记强调:"我们要全面建成小康社会、加快推进社会主义现代化、实现中华民族伟大复兴,必须始终高举中国特色社会主义伟大旗帜,坚定不移坚持和发展中国特色社会主义。"③

实现现代化,还要解决制度模式的选择问题。不顾本国实际和人民意愿,照搬照抄别国的制度模式从来都不会成功。习近平总书记在省部级主要领导干部学习贯彻党的十八届三中全会精神全面深化改革专题研讨班上强调:"我们治国理政的根本,就是中国共产党领导和社会主义制度。我们思想上必须十分明确,推进国家治

---

① 中共中央宣传部.习近平新时代中国特色社会主义思想学习纲要[M].北京:学习出版社,2019:59.

② 邓小平.邓小平文选:第2卷[M].中共中央文献编辑委员会,编.北京:人民出版社,1994:164.

③ 习近平.习近平谈治国理政:第1卷[M].北京:外文出版社,2018:8.

理体系和治理能力现代化,绝不是西方化、资本主义化!"①我们的国家治理体系是在我国历史传承和革命建设实践的基础上长期形成、内生演化的。国家治理体系需要不断改进,需要现代化,但要以坚持和改善党的领导、坚持和完善中国特色社会主义制度为根本前提和最终目的。否则,就会出现颠覆性错误,引起经济衰退、政治动荡和社会动乱等严重后果。

在历史长河中几十年不过是弹指一挥间,但中国式现代化所推动的经济社会发展亘古未有、世所罕见。我们不仅依靠自己的力量解决了十几亿人口的吃饭问题,而且建立了种类齐全的工业体系和国民经济体系,主要工农业产品的产量已居世界第一,人民生活大幅改善,城乡面貌焕然一新,国际地位显著提高。2020年在新冠肺炎疫情全球大流行的严峻形势下,我国成为唯一实现正增长的主要经济体,不仅稳居世界第二位,而且全面建成小康社会的目标如期达到,人均国内生产总值超过1万美元,稳步迈入中高收入国家行列。中国共产党100年艰苦卓绝的斗争、新中国70多年翻天覆地的变化、改革开放40多年举世瞩目的成就,都从不同层面体现和验证着中国式现代化新道路的强大活力和显著优势。

习近平总书记在党的十九届五中全会上提出:"我国现代化是人口规模巨大的现代化,是全体人民共同富裕的现代化,是物质文明和精神文明相协调的现代化,是人与自然和谐共生的现代化,是走和平发展道路的现代化。"②中国式现代化新道路既符合我国的基本国情,具有鲜明的民族特色,又吸收世界优秀文明成果,具有巨大的国际影响。尤其是东欧剧变以后,社会主义运动遭到严重挫折,国际金融危机又使资本主义世界陷入经济衰退和社会动荡,而中国的改革开放和社会主义现代化建设却持续推进,吸引着世界进步人士和国际舆论的广泛关注。一些媒体认为,中国"造就了20世纪最壮观的经济奇迹之一","扭转了20世纪后期世界社会主义运动陷入低潮的趋势","是对20世纪国际共产主义运动最重大的贡献"。巴勒斯坦人民党总书记巴萨姆·萨利希认为:"中国特色社会主义帮助中国人民实现了减贫脱贫,实现了最大限度的社会公平正义……使中国特色社会主义在21世纪焕发出了强大的生机活力。"③

---

① 习近平.在省部级主要领导干部学习贯彻十八届三中全会精神全面深化改革专题研讨班上的讲话[DB/OL].习近平系列重要讲话数据库,2015-11-11.

② 习近平.把握新发展阶段,贯彻新发展理念,构建新发展格局[J].求是,2021(9):7-8.

③ 宋涛.21世纪马克思主义与新时代中国特色社会主义:纪念马克思诞辰200周年国际会议实录[C].北京:人民出版社,2019:184-185.

在人类现代化进程中，实现工业化的国家不超过30个，人口不超过10亿。我们这个世界上最大发展中国家实现现代化，意味着比现在所有发达国家人口总和还要多的中国人民将进入现代化行列，其影响将是世界性的。邓小平曾经提到："我们的改革不仅在中国，而且在国际范围内也是一种试验，我们相信会成功。如果成功了，可以对世界上的社会主义事业和不发达国家的发展提供某些经验。"① 习近平总书记深刻指出："我们要建设的是中国特色社会主义，而不是其他什么主义。历史没有终结，也不可能被终结……中国共产党人和中国人民完全有信心为人类对更好社会制度的探索提供中国方案。"② 中国式现代化创造的奇迹和经验，不仅使处于低潮的世界社会主义运动增强了信心，而且为广大发展中国家走向现代化开辟了新路、贡献了智慧。当我国成为世界上第一个不是走资本主义道路，而是走社会主义道路建成富强民主文明和谐美丽的社会主义现代化强国时，中国共产党领导人民进行的伟大社会革命，将更加充分地展示出重大的现实意义和深远的历史意义。

---

① 邓小平.邓小平文选：第3卷[M].中共中央文献编辑委员会，编.北京：人民出版社，1993：135.
② 习近平.习近平谈治国理政：第2卷[M].北京：外文出版社，2017：37.

中国式现代化的基本特征

——基于人的现代化视角

山东社会科学院国际儒学研究院　涂可国

在庆祝中国共产党成立 100 周年大会上的讲话中，习近平总书记庄严宣布："我们坚持和发展中国特色社会主义，推动物质文明、政治文明、精神文明、社会文明、生态文明协调发展，创造了中国式现代化新道路，创造了人类文明新形态。"[①] 人既是现代化的主体也是现代化的客体，既是现代化的动力也是现代化的目的。实现人的现代化是整个社会现代化的有机组成部分，离开人的现代化而仅仅注重物的现代化，是不完整的片面现代化；只有同时实现人的现代化，才能保持与物的现代化或社会现代化相协调；与物的现代化相比，人的现代化更能直接为人的全面发展、全面进步创造基础性条件。中国式的现代化创造出完全不同于并优越于传统西方资本主义的现代化模式，它必定是以人的现代化为中心的"五位一体"现代化，并且鲜明地体现出时代性、人文性、智慧性、协调性、共享性和融合性六大基本特征。

一、时代性

世界现代化具有不同的模式、经历不同发展阶段，自 18 世纪以来以欧美为代表的现代化主要以工业化、理性化、标准化、专业化为核心，20 世纪 70 年代以后

---

① 习近平. 在庆祝中国共产党成立 100 周年大会上的讲话［M］. 北京：人民出版社，2021：14.

则更加注重信息化、全球化。迄今为止，西方现代化经历了三次大的浪潮。作为后发现代化国家，中国的现代化属于追赶型现代化，而在当今全球化背景下，中国现代化同样面临着西方发达国家相同的信息化、科技化等历史境遇。尤其是当今世界正经历百年未有之大变局，新一轮科技革命和产业变革深入发展，中国已转向高质量发展阶段，这些决定了中国的"五位一体"现代化强国建设呈现出较为鲜明的时代性特征。

从人的现代化的角度来说，要努力实现以"人本逻辑"超越"资本逻辑"，避免资本逻辑导致的财富鸿沟、人力鸿沟、城乡差异，推动共同富裕，不断增强中国人民群众的获得感、幸福感、安全感，促进人的全面发展和全面进步。

从经济现代化的角度来说，中国正处于工业发展的中后期，未来现代化的战略任务是引领产业升级的主导因素由资本、资源、劳动投入转向技术、文化要素的投入，着重壮大现代优势产业集群，推动科技创新成为产业升级的主要动力。

从政治现代化的角度来说，中国将根据不同阶段的形势和任务着力推进制度现代化、治理体系和治理能力现代化、民主现代化、法制现代化和国防现代化等，争取到2035年基本实现治理体系和治理能力现代化，平安中国建设达到更高水平，基本建成法治中国、法治政府、法治社会。

从文化现代化的角度来说，中国将致力于加快促进文化大国向文化强国的战略性转变，对优秀文化传统资源在扬弃基础上加以创造性转化与创新性发展，并推动中国文化向现代文化乃至后现代文化历史转型，最终发展成为社会主义文化强国。

从社会现代化的角度来说，中国将不断扩大中等收入群体的范围，逐步建立健全多层次社会保障体系，全面推进"健康中国"建设，完善共建共治共享的社会治理制度，力图到2035年建成高水平的科教强国、人才强国、健康强国、体育强国，达到中等发达国家的富裕水平。

从生态现代化的角度来说，中国将立足新发展阶段推动经济社会发展向全面绿色转型，推进碳排放达到峰值，构建继工业文明之后的生态文明体系，广泛形成绿色生产生活方式，促进生态环境根本好转，从而建设成为人与自然和谐共生的现代化"美丽中国"。

二、人文性

中国现代化建设最根本的目的是推动人的现代化，是实现人的素质、能力、知识、观念、行为等的现代化，是提高人民物质文化生活水平。这表明中国现代化建设必须注重人文性，也就是要重视人、尊重人、关心人、爱护人，充分体现人文关怀，展现人文精神。中国现代化尽管要像西方现代化那样充分体现科学民主、公平正义、效率契约、规范法制等理性精神，推动构建人类命运共同体，注重弘扬和平、发展、公平、正义、民主、自由的全人类共同价值，但也要引导人控制自己的欲望，遏制被物所奴役的异化现象发生和极端利己主义、拜金主义、享乐主义等价值观的滋生蔓延，倡导崇高的价值追求，塑造向上向善的道德情操，确保人的合理现代化，进而确保工具理性与价值理性、科学文化与人文文化之间保持必要的张力。

由于文化从人的角度加以判别可以分为主体文化、内在文化和客体文化、外在文化，因而人的现代化内在地包含着文化的现代化。文化现代化是现代化发展的重要力量和重要内容，人类社会每一次跃进，人类文明每一次升华，无不伴随着文化的历史性进步，现代化带来的社会变迁与转型同样会造成文化现代化的后果。中国现代化要体现人文性，就必须注重文化强国建设，发展面向现代化的社会主义新型文化，推动社会主义精神文明和物质文明协调发展。首先，文化现代化是现代化强国建设的重要内容和组成部分，只有同时实现中国文化现代化，才能确保现代化是全面的现代化，是协调的现代化。中国现代化的一项重要任务就是加强"文明中国""文化中国"建设，以促进中国人思想观念、价值取向、行为规范、道德情感、风俗习惯等人文要素的现代化。其次，中国现代化建设离不开文化现代化。要知道，中国文化现代化能够为中国整体现代化及其他现代化提供精神支撑、智力支持、科技保障、思想动力、知识动能和社会规范；只有同步实现文化现代化，才能保证精神文明水平的提升，才能避免西方现代化所导致的拜金主义、贫富差距、精神危机等问题。再次，文化现代化是中国现代化建设的必然要求。中国现代化的根本目的是满足广大人民群众日益增长的需要和美好期待，而文化现代化反映了文化消费需求快速增长的恩格尔系数，它能够提升中国城市居民的文化消费层次、文化素质和文明程度，提高中国的文化软实力，从而满足人民群众多样化、高档化的精神需求。

三、智慧性

随着云计算、物联网、区块链、大数据、人工智能和5G互联网传播模式等智能技术的广泛运用，随着移动应用、聚合类平台、网络直播、自媒体公众号、社交媒体、问答社区等智慧方式的大量涌现，一个全新的智慧时代已经来临——从智慧家居到智慧社区，从智慧汽车到智慧金融，从智慧制造业到智慧农业，从智慧微公交到智慧医院……中国现代化强国建设必然也应当多方面地适应数字化、网络化、智能化这一时代发展潮流。

一是广泛运用智能技术。充分利用物联网、区块链、大数据、自媒体、融媒体、人工智能和5G互联网传播模式等智能技术，不仅可以缩小数字鸿沟，实现传播速度和传播效益同步，实现传播质量和传播品质同步，实现传播效果和传播品牌同步，更重要的是借以改变中国人传统的交际方式、信息传播方式、生产方式、生活方式等。

二是大力发展智慧产业。坚持以快为先、以内容（产品）为王、以价格趋于价值平衡线为选择机会，促进知识力、传播力、引导力、影响力、公信力等要素成为中国新经济的衡量标准。积极推动产业数字化，大力发展体现智能技术的新产业、新产品、新零售、新资本模式等，释放数字对经济发展的放大、叠加、倍增作用，以此不断催生中国新产业、新业态、新模式。

三是建立智慧社会。党的十九大报告提出加快建设创新型国家，通过科技创新，为建设科技强国、质量强国、航天强国、网络强国、交通强国、数字中国、智慧社会提供有力支撑。未来中国现代化建设应当在建立知识社会的基础上，加快推进创新中国建设，注重建设一大批现代性的智慧家居、智慧汽车、智慧公交、智慧金融、智慧社区、智慧城市、智慧校园和智慧医院等，以网络化、平台化、远程化等信息化方式提高基本公共服务的覆盖面和均等化水平，构建立体化、全方位、广覆盖的社会信息服务体系，借以推动中国实现高质量发展，迎接智能时代的到来。

四、协调性

全面开创新时代现代化强国建设新局面，中国应当着力解决发展不平衡不协调的问题，不但推进信息化和工业化深度融合、工业化和城镇化良性互动、城镇化和农业现代化相互协调，促进工业化、信息化、城镇化、农业现代化同步发展，而且推动文明之间的高度协调发展、人的高度协调发展和区域之间的良好协调发展。

第一，文明的高度协调发展。现代化是一个人类社会从野蛮走向文明的过程和状态，也是一种文明形态实现整体转型的过程和状态。一方面，中国现代化强国建设固然包含着由农业文明向工业文明的历史性转换，但它必定是也应当是坚持物质文明建设与精神文明建设一起抓，以保持物质文明和精神文明的良好协调。另一方面，中国现代化强国建设势必按照"五位一体"的总体布局加以推进，以实现高质量的人的文明、物质文明、政治文明、精神文明、社会文明和生态文明，并确保这六大文明相互融合、相互协调和共同提升。

第二，人的高度协调发展。中国现代化强国建设必然表现为人与自然、与他人、与社会之间关系的现代转型，实现人与外在对象的全面协调发展。首先是人与自然的高度协调发展。党的十九大报告明确指出我们要建设的现代化是人与自然和谐共生的现代化。为此，要坚持节约资源和保护环境的基本国策，坚定走生产发展、生活富裕、生态良好的发展之路，加快建设资源节约型、环境友好型社会，推进"美丽中国"建设。其次是人与人的高度协调发展。中国现代化的重要理想之一即构建一种把注重感情与感情中立、普遍主义与特殊主义、所属本位与成绩本位、自我取向与集体取向、限定性与非限定性区别对待、有机结合的社会关系模式。再次是人与社会的高度协调发展。中国现代化必定充分体现以社会为本位的社会主义本质与优势，必须致力于培养社会成员的公共精神、公民道德、责任意识、规则意识、团队意识、集体观念等现代文明人格。

第三，区域之间的良好协调发展。在建设现代化强国过程中，由于区位优势、自然禀赋、历史传统、思想观念等方面存在一定的差异，东、中、西部区域之间的现代化程度必定不可能完全同步。但是我们一定会从共同富裕、协调发展的战略高度谋划中国的现代化进程，坚持总体推进、合理分工、以强带弱，使不同区域一起迈向现代化。要增强中国现代化的整体性、协调性，尤其要重点促进城乡区域协调发展，不断拓宽城乡发展空间，健全城乡发展一体化的体制机制，推动资源要素在城乡之间有序、自由流动，实现城乡基本公共服务均等化。

五、共享性

中国现代化强国建设的根本目的不仅是促进人的自由全面发展，也是为了全体人民共同富裕，切实做到发展成果由人民共享，使社会更加公平、正义。未来，中国要着力保障和改善民生，把增进人民福祉、促进人的全面发展作为现代化建设的根本出发点和落脚点，通过"人人参与、人人尽力、人人享有"的方式，使全体中国人民在共建共享发展中有更多获得感、幸福感、安全感，在现代化建设中平等参与现代化进程、共同分享现代化成果，实现人民生活水平和质量的普遍提高，在全面建成小康社会的基础上朝着"共同富裕中国""福祉中国"的目标稳步前行，从而多方面地呈现出共享性。

第一，公共服务共享。对社会化服务作出更有效的制度安排，注重机会公平、资源分配公平，保障基本民生，提高公共服务共建能力和共享水平。

第二，经济收入共享。防止发生像西方发达国家收入差距过大的现象，确保中国居民收入增长和经济增长同步、劳动报酬提高和劳动生产率提高同步，保障全国基尼系数维持在 0.4 左右。

第三，不同人群成果共享。巩固脱贫攻坚成果，进一步实施精准扶贫、精准脱贫，减少相对贫困的发生率。加大对欠发达地区财政转移支付力度，建立更加公平的社会保障制度。

第四，教育资源共享。推动义务教育均衡发展，普及高中阶段教育，扩大免除学杂费覆盖面，努力使中国教育均等化、普及化。

六、融合性

多元性融合发展已成为当今世界现代化发展的新趋势，现代化的融合是指现代性的各种要素借助于相互间的接触、交流、沟通，进而相互吸收、渗透，经过调适整合，融入其他要素之中，从而创造一种新的要素、形态、类型。中国现代化强国建设本质上是各种现代要素及其组合方式由低级到高级的突破性变迁过程，是社会系统各种要素相互融合、相互协调的革命性变化过程，它将从以下三点上表现出较强的融合性特点。

一是主动融入新发展格局。在推动现代化新征程路上，中国要立足于中华民族伟大复兴的战略全局和世界百年未有之大变局，构建以国内大循环为主体、国内国际双循环相互促进的新发展格局，扭住扩大内需这一战略基点，使生产、分配、流通、消费更多依托国内市场。

二是社会生活各个领域相融合。中国现代化强国建设是以人的现代化为主导的，它虽然要以经济建设为中心，努力建设经济强国，加快经济社会发展转型升级，增强中国的整体实力和竞争力，但也要注重其他五大建设的同步推进，确保人与物（自然与社会）、生产关系与生产力、上层建筑与经济基础的相互协调。

三是社会系统各要素相融合。不论是经济系统、政治系统、文化系统，还是社会系统、生态系统和人的系统，都是由无数要素、层面所构成的。未来中国现代化必定是全方位、多要素的总体推进历程，它势必表现出不同社会子系统内部各种要素的相互融合、相互渗透，借助于产教融合、科教融合、文旅融合和城乡融合等创新中国新业态、新产品，创建中国现代化融合发展新模式。

中国式现代化新路的超越和规律性

中国社会科学院马克思主义研究院　陈志刚

现代化是人类文明发展的趋势。马克思曾对不发达国家的现代化发展道路进行了不懈的理论探索，提供了重要的方法论启示。新中国成立后，中国共产党人坚持马克思主义的立场观点和方法，在经济、文化落后的困境中，几经周折终于走出了一条中国特色社会主义现代化的新路。70多年来，中国在一穷二白的基础上取得了经济快速发展和社会长期稳定的两大奇迹，成为世界第二大经济体，全面开启了社会主义现代化国家的新征程，这充分表明中国式现代化新路是正确的。这条新路既突破了马克思对社会主义的设想，也超越了西方的现代化道路，为不发达国家实现现代化提供了中国方案。中国的现代化新路深刻体现了现代发展的普遍性和特殊性、规律性和多样性的统一，拓展了我们对社会主义建设规律和人类社会发展规律的认识。

一、规律性和多样性：马克思对不发达国家现代化发展探索的启示

马克思认为，大工业"首次开创了世界历史"[1]，使每个文明国家以及这些国家中的每一个人的需要的满足都依赖于整个世界，消灭了各国以往自然形成的闭关自守状态，加强了文明之间的交往和联系，也使不发达国家遭遇了资本主义现代性，使其发展受到后者的影响和制约。这种遭遇将产生什么影响，不发达国家是否要继

---

[1] 马克思,恩格斯.马克思恩格斯文集：第1卷[M].中共中央马克思恩格斯列宁斯大林著作编译局,编译.北京：人民出版社,2009：566.

续西方现代化的道路，还是有不同的选择？现代资本主义给不发达的东方送来的，究竟是文明的福音，还是灾难？在深入坚持唯物史观的前提下，马克思站在世界历史的高度对这些问题进行了思考。

马克思对这一问题的思考是一个不断深入的过程，大致以19世纪70年代为界，分为前后两个阶段。在前期，他主要从历史的必然性的角度看，主张资本主义现代性对落后世界的统治，"使东方从属于西方"，具有某种必然的合理性；在后期，他则认为，由于与发达国家的同时存在，在充分利用发达国家生产力发展成果的情况下，不发达国家的现代化道路可能存在另一种可能性，可以避免遭受资本主义的苦难。

（一）不发达国家无法逾越的政治经济学的内在规律

在19世纪50年代，马克思曾经认为，亚细亚生产方式始终是"传统的、落后的和停滞的"，专制主义乃是亚洲和"东方"的"天然"状态和"统治模式"，如果不是"西方"及其资本主义的入侵把亚洲唤醒，亚洲就会永远沉睡。亚洲只有借助资本主义生产方式才能摆脱根深蒂固的停滞。因此，英国乃至欧洲不得不承担推广文明的使命，把"资本主义的发展和传播"当作发达的西方给予人类的礼物而推广到东方，对印度的入侵只是英国传播文明的一种形式，由此带来的灾难是文明传播的一个正常代价，虽然有些伤感，却具有历史的正义性。

正因此，针对英国对印度的殖民统治所带来的灾难，马克思认为，虽然不列颠人给印度斯坦带来的灾难在程度上要深重得多，但先进的资本主义生产方式淘汰落后的生产方式无疑是历史的进步，因为现代工业将必然会瓦解印度种姓制度所凭借的传统的分工。英国资产阶级在印度实行的一切，虽然既不会使人民得到解放，也不会改善他们的社会状况，相反却带来难以形容的残暴行为和大城市居民的屠杀，但这种破坏性"不过是在广大范围内显示目前正在每个文明城市起着作用的政治经济学本身的内在规律罢了"，殖民主义充当了历史的不自觉的工具，是在履行其所肩负的"为新世界创造物质基础的使命"[①]时所必然付出的代价。进一步说，在马克思看来，先进的生产力战胜落后的生产力，现代文明战胜传统文明，虽然会带来很多苦难，但这是历史发展的客观规律，只能顺应而无法拒绝。

[①] 马克思，恩格斯.马克思恩格斯文集：第1卷[M].中共中央马克思恩格斯列宁斯大林著作编译局，编译.北京：人民出版社，2009：691.

然而，历史发展是复杂的。资本主义一方面在全球呈现出扩张趋势，但这种东方对西方的从属并不意味着资本必然要按照其全部的面貌来改变世界。实际上，资本主义的发展在一定程度上是以非资本主义的存在为条件的，英国资本主义"它不仅没有对印度进行'现代化'，反而在英国政府的帮助下把印度退回到了更为古老的非资本主义的形态。这种对印度社会进行'传统化'的战略，被指责为通过牢固地确立甚至创造早已过时的地主—农民关系使得印度的经济与社会发展发生了倒退"①。即使是现在的印度，虽然鼓吹为民主国家，但落后的种姓制度仍然存在。

（二）资本主义卡夫丁峡谷的跨越和发展道路的规律性、多样性

在马克思晚年，为了回答俄国著名女革命家薇拉·伊万诺芙娜·查苏利奇对俄国农村公社发展前途的询问，马克思对俄国农村公社以及落后国家的现代性问题进行了新的思考。他提出了俄国有可能跨越资本主义卡夫丁峡谷的思想，从而为落后国家提出了一种不同于西欧现代发展道路的可能性设想，阐述了现代性发展道路多样性的宝贵思想。

在深入研究的基础上，马克思既没有肯定俄国农村公社必然重复西欧发展道路的命运，也没有肯定俄国农村公社一定可以避免这样的命运，而是指出俄国正处于历史发展的转折点，面临着两种可能。"如果俄国继续走它在1861年所开始走的道路，那它将会失去当时历史所能提供给一个民族的最好的机会，而遭受资本主义制度所带来的一切灾难性的波折。"②马克思明确指出，他在《资本论》中关于西欧资本主义起源的描述并不是要提供历史发展的一般道路，把西欧的发展模式当作普遍适用的模式。经过几年的研究，马克思对俄国农村公社有了更多的了解。在1881年给查苏利奇的复信中，马克思一方面揭露了殖民当局对当地的农村公社土地所有制的性质的歪曲，批判了他们以资产阶级经济学说为依据，打着"经济进步"的幌子而强制瓦解公社土地所有制并人为扶植大土地所有制的做法，认为这些做法给殖民地社会带来不是进步而深重的灾难。马克思甚至明确指出："比如说东印度，那么，大概除了亨·梅恩爵士及其同流人物之外，谁都知道，那里的土地公有制是

---

① 伍德.资本的帝国[M].王恒杰，宋兴无，译.上海：上海译文出版社，2006：83.
② 马克思，恩格斯.马克思恩格斯文集：第3卷[M].中共中央马克思恩格斯列宁斯大林著作编译局，编译.北京：人民出版社，2009：464.

由于英国的野蛮行为才被消灭的,这种行为不是使当地人民前进,而是使他们后退。"① 在这里,马克思已经改变了当初评价英国入侵印度问题的口吻。

另一方面,马克思虽然也承认公社的孤立性为专制制度提供了基础,却也看到俄国的农村公社并不同于原始的公社,它具有两重性。一方面,公社房屋的私有、耕地的小块耕种和产品的私人占有,使那种与较原始的公社条件不相容的个性获得发展;另一方面,耕地仍然是公有财产,公有制以及公有制造成的各种社会联系使公社基础稳固。这种两重性使俄国农村公社面临着两种选择,或者是它所包含的私有制因素战胜集体因素,或者是后者战胜前者。马克思认为,一方面,"农业公社制度所固有的这种二重性能够赋予它强大的生命力。它摆脱了牢固然而狭窄的血统亲属关系的束缚,并以土地公社所有制以及由此而产生的各种社会关系为自己的坚实基础。"同时,房屋的私有、耕地的小块耕种和产品的私人占有又使那种与较原始的公社不相容的个性获得发展。另一方面,"这种二重性也可能逐渐成为公社解体的萌芽"②。马克思并没有把西欧的道路强加于俄国,也没有像民粹派那样认为公社的公有制因素可以自然生长出共产主义,而仅仅从历史唯物主义出发强调:"先验地说,两种结局都是可能的,但是,对于其中任何一种,显然都必须有完全不同的历史环境。一切都取决于它所处的历史环境。"③ 马克思认为,由于和控制着世界市场的西方生产同时存在,俄国的农村公社的公有制因素有可能成为未来共产主义的起点、支点,使俄国可以不通过资本主义制度的卡夫丁峡谷,而把资本主义制度所创造的机器大工业成果用到公社中来,从而使得俄国农村公社不必自杀就可以获得新的生命。

而获得新生的前提条件是必须砍断伸向公社的魔爪,并利用机器生产对公社进行物质改造。所以,马克思认为,"要挽救俄国公社,就必须有俄国革命"④,并且必须有西方无产阶级革命的支持,二者缺一不可。1882年1月,马克思和恩格斯在

---

① 马克思,恩格斯.马克思恩格斯文集:第3卷[M].中共中央马克思恩格斯列宁斯大林著作编译局,编译.北京:人民出版社,2009:584.
② 马克思,恩格斯.马克思恩格斯文集:第3卷[M].中共中央马克思恩格斯列宁斯大林著作编译局,编译.北京:人民出版社,2009:586.
③ 马克思,恩格斯.马克思恩格斯文集:第3卷[M].中共中央马克思恩格斯列宁斯大林著作编译局,编译.北京:人民出版社,2009:574.
④ 马克思,恩格斯.马克思恩格斯文集:第3卷[M].中共中央马克思恩格斯列宁斯大林著作编译局,编译.北京:人民出版社,2009:582.

《共产党宣言》俄文版序言中也指出:"假如俄国革命将成为西方无产阶级革命的信号而双方互相补充的话,那么现今的俄国土地公有制便能成为共产主义发展的起点。"① 如果没有西方无产阶级革命的胜利以及胜利后对农村公社提供大工业的技术支持,仅凭农村公社本身是不能发展出生产力发达的共产主义来的。

很显然,马克思对于俄国农村公社问题的思考并没有把政治经济学的原理教条化、简单化,而是综合了人类学和世界历史视野的广阔性,立足俄国农村公社与原始公社的特殊性,提出了不发达国家现代性发展道路的多样性及其在选择历史发展道路上的平等性问题。当然,马克思也没有像民粹派那样否认政治经济学的规律,认为公社的公有制因素可以自然生长出共产主义。相反,马克思认为,只有在政治经济学规律作用的情况下,即在历史成为世界历史的情况下,俄国农村公社在得到西方先进生产力支持的前提下,才能成为未来共产主义的起点,从而为经济文化落后国家走向现代化指明了另一条道路。

概言之,不发达国家只有在开放中,在积极利用发达国家的先进成果的基础上,才能实现生产力和生产关系的跨越,才能避免或者缩短资本主义的苦难。俄国农村公社的跨越是以世界历史中存在更高的生产力、更高的社会形态为前提的,是以世界历史的不可跨越为前提的。所以,正是由于交往的影响和"历史正在向世界历史转化",单个国家在发展道路上面临着比以前更多的选择,在遵循政治经济学规律的基础上,可以呈现出一定的特殊性、多样性。

二、中国式现代化的不断开拓创新

新中国成立和社会主义制度的建立,开启了中国现代化建设的新纪元。经济文化落后的国情以及发达资本主义国家对中国的长期遏制,决定了我们推进社会主义现代化不能照搬马克思主义的"本本",而必须把马克思主义关于现代化的基本理论和中国不断发展的实际、时代特征相结合,建设中国式的现代化。70多年来,我们坚持马克思主义和不断发展的中国实际与时代特征相结合,不断深化发展了对现代化发展规律的认识,使中国式现代化不断开拓新局面。

---

① 马克思,恩格斯.马克思恩格斯文集:第2卷[M].中共中央马克思恩格斯列宁斯大林著作编译局,编译.北京:人民出版社,2009:8.

（一）奠定"向四个现代化前进的阵地"，实现"站起来"的伟大飞跃

新中国成立以后，由于西方发达国家的敌视和遏制，新中国的处境异常艰难。因此，以毛泽东为核心的第一代领导人，高度重视现代化建设问题，为实现"站起来"的伟大飞跃，进行了有益的探索。

第一，明确提出现代化建设对于民族独立、国家富强具有重要意义。马克思主义认为，经济基础决定上层建筑，社会主义只有建立在先进的生产力基础之上才能巩固。早在革命时期，毛泽东就提出，现代工业对于中华民族独立具有重要意义。"要中国的民族独立有巩固的保障，就必须工业化。"① "没有独立、自由、民主和统一，不可能建设真正大规模的工业。没有工业，便没有巩固的国防，便没有人民的福利，便没有国家的富强。"② 因此，社会主义制度建立以后，毛泽东明确指出："不能认为新制度一旦建立起来就完全巩固了，那是不可能的。需要逐步地巩固。要使它最后巩固起来，必须实现国家的社会主义工业化。"③ 否则，挨打就是不可避免的，甚至有被开除球籍的危险。所以，"中国民族和人民要彻底解放，必须实现国家工业化"④。为此，毛泽东提出了赶超战略，并强调："我们不能走世界各国技术发展的老路，跟在别人后面一步一步地爬行。我们必须打破常规，尽量采用先进技术，在一个不太长的历史时期内，把我国建设成为一个社会主义的现代化的强国。"⑤

第二，明确提出了四个现代化建设的宏伟蓝图。为了改变落后的农业国地位，避免陷入挨打局面，毛泽东明确提出要把我国"建设成为一个工业化的具有高度现代文化程度的伟大的国家"⑥。1964年年底，周恩来总理在三届全国人大一次会议的政府工作报告中，进一步提出了实现四个现代化的宏伟目标，要求建设"现代农业、现代工业、现代国防和现代科学技术的社会主义强国"⑦。从此"四个现代化"的目标广为传颂，激励着一代又一代人为之奋斗。

---

① 毛泽东.毛泽东文集：第3卷［M］.北京：人民出版社，1996：146.
② 毛泽东.毛泽东选集：第3卷［M］.北京：人民出版社，1991：1080.
③ 毛泽东.毛泽东文集：第7卷［M］.北京：人民出版社，1996：268.
④ 毛泽东.毛泽东文集：第6卷［M］.北京：人民出版社，1996：223.
⑤ 毛泽东.毛泽东文集：第8卷［M］.北京：人民出版社，1996：341.
⑥ 毛泽东.毛泽东文集：第6卷［M］.北京：人民出版社，1996：350.
⑦ 周恩来.周恩来选集：下卷［M］.中共中央文献编辑委员会，编.北京：人民出版社，1984：439.

第三，制定了"两步走"的现代化赶超战略。毛泽东认为，实现现代化的赶超必须辩证地看问题，既要有信心实现赶超，又要充分考虑经济落后带来的困难。因此他冷静地指出："社会主义和资本主义比较，有许多优越性，我们国家经济的发展，会比资本主义国家快得多。可是，中国的人口多、底子薄，经济落后，要使生产力很大地发展起来，要赶上和超过世界上最先进的资本主义国家，没有一百多年的时间，我看是不行的。"① 为了实现这个百年目标，在1963年9月召开的中共中央工作会议上，毛泽东提出了分两步走的现代化战略设想：第一步，建立一个独立的、比较完整的工业体系和国民经济体系，使我国工业大体接近世界先进水平；第二步，使我国工业走在世界前列，全面实现农业、工业、国防和科学技术现代化。

第四，坚持自力更生为主、争取外援为辅的实现现代化的方针。发达资本主义国家对中国的敌视、遏制和技术封锁，使得中国的现代化难以获得马克思设想的发达西方在先进技术上的大力支持，再加上这一时期中苏关系的紧张和苏联专家的撤离，使得中国不得不坚持自力更生、自主创新。毛泽东认为，民族独立是民族发展的前提，中华民族发展的命运必须掌握在自己手里，因此，他坚决维护中国主权的独立，反对依赖外国，反对苏联对中国农业国的安排，要求建立我们自己的工业体系。他明确指出："自力更生为主，争取外援为辅，破除迷信，独立自主地干工业、干农业、干技术革命和文化革命，打倒奴隶思想，埋葬教条主义，认真学习外国的好经验，也一定研究外国的坏经验——引以为戒，这就是我们的路线。经济战线上如此，军事战线上也完全应当如此。"② 正是因为新中国坚持自力更生，发挥集中力量办大事的优势，取得了"两弹一星"等尖端技术的自主创新，打破了少数国家的核垄断，极大地提高了我国的国际地位。

在社会主义建设时期，毛泽东已经明确提出了把马克思主义基本原理和中国实际进行第二次结合的重要思想，并在政治经济方面进行了有益的创新探索。在毛泽东的领导下，我们在一穷二白的基础上，以国家计划为主导，坚持重工业优先发展带动农业和轻工业的模式，现代化建设取得了巨大的成就。我们在工农业和科学技术方面打下了一个初步的基础，"有了一个向四个现代化前进的阵地"③。从1950—1977

---

① 毛泽东.建国以来毛泽东文稿：第10册[M].中共中央文献研究室，编.北京：中央文献出版社，1996：31.
② 毛泽东.毛泽东文集：第7卷[M].北京：人民出版社，1996：380.
③ 邓小平.邓小平文选：第2卷[M].中共中央文献编辑委员会，编.北京：人民出版社，1994：232.

年，我们工业产值以年均 13.5% 的速度增长，从一个落后的农业国变成了一个初具规模的工业国，建立了独立的、比较完整的工业体系和国民经济体系。在"两弹一星"等国防尖端科技方面实现了重大突破，维护了国家主权的独立和完整，摘掉了"东亚病夫"的帽子，真正站起来了。

（二）开辟中国特色社会主义道路，实现"富起来"的伟大飞跃

党的十一届三中全会以后，在科学研判国情与时代主题的基础上，邓小平作出了改革开放的战略抉择，重新回到以经济建设为中心的正确轨道，开辟了中国特色社会主义道路，开拓了"中国式的现代化"[①]的新阶段。江泽民、胡锦涛领导人民接续奋斗，坚持中国式的现代化道路，不断丰富发展现代化的新定位、新部署、新目标，取得了举世瞩目的成就。

第一，把社会主义和市场经济相结合，开拓现代化的新动力、新路径。改革开放实现了单一的所有制结构向多种所有制结构转变，社会主义计划经济向社会主义市场经济的转变，极大地解放了生产力，使中国的现代化获得了更加强劲的动力。把社会主义和市场经济结合起来，是中国共产党的一个伟大创造，极大地突破了马克思对未来社会的设想，开拓了中国现代化发展的新路径。

第二，接通世界文明发展的大道，在高起点上实现现代化。对外开放的实行，特别加入世界贸易组织，是中国顺应经济全球化的内在要求，使中国的现代化走出了半封闭的圈子，走上了世界文明发展的大道。一方面，对外开放促进了技术交流，使得我们有更多的机会吸收国外的一些先进技术，从而"把世界上一切先进技术、先进成果作为我们发展的起点"[②]。另一方面，对外开放也强化了我们的竞争意识、忧患意识，要求我们在国际竞争中不断提升现代化水平，促进生产和技术的变革。

第三，立足实际，不断丰富递进发展的现代化战略部署。在清醒把握中国社会主义初级阶段国情的基础上，邓小平以更加务实的态度，提出了由温饱到小康，再到基本实现现代化的"三步走"递进发展战略。在完成前两步的基础上，党的十五大又对第三步发展战略进行了细化，提出了"小三步"的新思路，由一个百年目标

---

① 邓小平. 邓小平文选：第 3 卷［M］. 中共中央文献编辑委员会，编. 北京：人民出版社，1993：29.

② 邓小平. 邓小平文选：第 2 卷［M］. 中共中央文献编辑委员会，编. 北京：人民出版社，1994：111.

拓展到两个百年目标，从而为基本实现现代化的美好理想铺就了更加科学、扎实和催人奋进的台阶。不仅如此，自从邓小平在改革开放初期把小康作为"中国式的现代化"提出来以后，就一直成为几代中国共产党人不断接续奋斗的目标，而且其标准也在提高，从小康拓展到全面建设小康，再拓展到全面建成小康，指引着中国人民不断奋勇前进。

第四，不断丰富和拓展现代化的内涵和外延。随着经济社会的发展，人民群众对现代化认识也不断发展，要求也不断增加，由最初的"两个文明"两位一体拓展到"富强民主文明"三位一体、"富强民主文明和谐"四位一体，再到党的十九大提出的"富强民主文明和谐美丽"五位一体的社会主义建设总体布局。这种拓展充分反映了中国共产党对马克思主义关于人的自由全面发展思想的践行。

改革开放几十年来，在成功开辟和坚持发展中国特色社会主义道路的基础上，我国的现代化走上了快速发展的轨道，中国发生了翻天覆地的变化，从落后于时代、赶上时代到引领时代。人民生活从不能解决温饱到奔向全面小康，国家面貌从封闭半封闭到成为全面开放，经济总量跃升为世界第二大经济体，实现了"富起来"的伟大飞跃。

（三）开拓新时代新征程，迎来"强起来"的伟大飞跃

党的十八大以后，中国特色社会主义进入了新时代，以习近平同志为核心的党中央面对实现中华民族伟大复兴的战略全局和百年未有之大变局，提出了一系列新理念、新思想、新战略，取得了决胜全面建成小康社会的伟大胜利，开启了全面建设社会主义现代化国家的新征程，迈进了现代化发展的新阶段，迎来了"强起来"的伟大飞跃。

第一，坚持"四个全面"战略布局，建设社会主义现代化强国。党的十八大以来，以习近平同志为核心的党中央，不但强调坚持"五位一体"的社会主义现代化建设总体布局，而且提出了"四个全面"战略布局的新思想以及新发展理念，为现代化建设提供了重要保障和指导。在党的十九大上，习近平总书记立足我国经济快速发展的奇迹，重新提出了毛泽东所主张的建设社会主义现代化强国这一振奋人心的伟大目标，还继续坚持科学规划、逐步推进的原则，勾画了"两步走"的新部署：第一步，提前在2035年基本实现现代化；第二步，在第二个百年建设社会主义现代化强国，实现几代中国人一直想实现的中华民族伟大复兴的中国梦。"两步

走"的新部署,为我们全面建设社会主义现代化国家、实现中华民族的伟大复兴提供了路线图和时间表。

第二,切实推进自主创新战略,确定创新在我国现代化建设全局中的核心地位。面对中华民族伟大复兴的战略目标,为了解决我国核心技术受制于人的短板,以习近平同志为核心的党中央提出必须实施自主创新发展战略加以应对。习近平总书记指出:"实施创新驱动发展战略决定着中华民族前途命运。没有强大的科技,'两个翻番''两个一百年'的奋斗目标难以顺利达成,中国梦这篇大文章难以顺利写下去,我们也难以从大国走向强国。"①2016年5月,中共中央、国务院印发《国家创新驱动发展战略纲要》,对我国实现创新驱动发展进行顶层设计和整体部署,提出了把我国在21世纪中叶建成世界科技强国的"三步走"战略目标:第一步,到2020年进入创新型国家行列,基本建成中国特色国家创新体系;第二步,到2030年进入创新型国家前列,发展驱动力实现根本转换,经济社会发展水平和国际竞争力大幅提升;第三步,到2050年,建成世界科技创新强国,成为世界主要科学中心和创新高地。而要实现自主创新,"人才资源是第一资源,也是创新活动中最为活跃、最为积极的因素。要把科技创新搞上去,就必须建设一支规模宏大、结构合理、素质优良的创新人才队伍"②。为此,党的十九届五中全会更是明确强调要"坚持创新在我国现代化建设全局中的核心地位,把科技自立自强作为国家发展的战略支撑,面向世界科技前沿、面向经济主战场、面向国家重大需求、面向人民生命健康,深入实施科教兴国战略、人才强国战略、创新驱动发展战略,完善国家创新体系,加快建设科技强国"③。

第三,提出国家治理体系和治理能力现代化的新命题、新要求。历史唯物主义告诉我们,社会发展是一个系统工程。党的十八大以来,以习近平同志为核心的党中央不仅深入推进现代化经济体系建设,还明确把国家治理体系和治理能力现代化纳入全面深化改革的总目标。党的十八届三中全会明确提出,全面深化改革的总

---

① 中共中央文献研究室.习近平关于社会主义经济建设论述摘编[M].北京:中央文献出版社,2017:128.

② 中共中央文献研究室.习近平关于社会主义经济建设论述摘编[M].北京:中央文献出版社,2017:129.

③ 中共中央关于制定国民经济和社会发展第十四个五年规划和二〇三五年远景目标的建议[N].人民日报,2020-11-04.

目标是完善和发展中国特色社会主义制度，推进国家治理体系和治理能力现代化。这实际上提出了一个关于现代化的新命题，拓展了现代化的新要求、新目标。这不但强调了现代化的系统性问题，即经济基础的现代化和上层建筑的现代化互相制约、互相促进的问题，而且突出强调了国家治理的民主化、制度化、体系化、高效化相统一的科学评判标准。这个新命题的提出意味着，现代化建设不能只是着眼于市场体制的变革，或者只是关注以简单的选举民主为主要内容的民主化，而必须着眼于生产力和生产关系、经济基础和上层建筑的全面变革。

第四，进一步定位市场和政府的关系，为中国式现代化发展确定了双轮驱动体制。党的十八届三中全会对市场在资源配置中的作用进行了重新定位，由基础性作用改为决定性作用，强调既要发挥市场这只"看不见的手"的微观引导作用，也要发挥政府这只"看得见的手"的宏观调控作用。对政府和市场关系的新定位，形成了相互补充、相互协调、相互促进的现代化双轮驱动体制，从而确保现代化建设既有力又有序，真正做到行稳致远。

第五，开拓现代化发展的新阶段。随着决胜全面小康任务的完成，中国的现代化进入了一个新发展阶段，开启了全面建设社会主义现代化国家的新征程。以习近平同志为核心的党中央立足新发展阶段的新矛盾、新挑战，以及世界百年未有之大变局，明确强调要以新发展理念引领高质量发展，构建以国内大循环为主体和国内国际双循环相互促进的新发展格局，这极大地深化了现代化发展的理念，调整了现代化发展的思路。

概括地说，中国特色社会主义进入新时代，面对着国内国际形势的新变化，面对全面深化改革的重任，我国现代化发展形成了新理念、新思路，提出了新目标、新部署，迈进了新阶段，丰富发展了社会主义建设规律和现代化发展规律的认识。

三、中国式现代化的本质特征及其规律性和多样性的统一

纵观我国 70 多年的现代化发展历程，充满曲折，充满辉煌。我们始终坚持把马克思主义的基本原理和中国不断发展的实际相结合，走中国特色的社会主义现代化道路，不断深化对现代化建设规律的认识，不断开拓新的局面，取得了经济快速发展和社会长期稳定的奇迹。我们必须深刻把握中国式现代化的本质特征，既要深刻把握其特殊性、多样性，也要把握其普遍性、规律性。

（一）深刻把握中国式现代化的超越和特殊性、多样性

70多年来，中国的现代化之所以能够成功，就在于几代中国共产党人一直努力地、自觉地探索和坚持中国式的现代化新路。这条新路既以马克思主义为指导，又坚持走自己的路，不断发展马克思主义；既承载着中华民族的千年梦想，又立足当代实际；既借鉴了人类文明发展的成果，又超越西方现代化道路，与西方的现代化道路具有本质的区别。

第一，中国式现代化是社会主义现代化，是以人民为中心的现代化，而不是资本主义现代化，以资本为中心的现代化。邓小平明确指出："现在我们搞四个现代化，是搞社会主义的四个现代化，不是搞别的现代化。""一个公有制占主体，一个共同富裕，这是我们所必须坚持的社会主义的根本原则。"[①] 中国式现代化的社会主义性质就体现在我们始终坚持公有制为主体不动摇，坚持按劳分配为主体不动摇。我们坚持改革，但决不为了迎合西方人的掌声，搞所谓的私有化。中国式现代化体现了科学社会主义的基本原则，并没有把马克思主义教条化，而是一切从社会主义初级阶段的实际出发来制定我们的政策，敢于突破马克思的个别论断，不断发展马克思主义。其中，把社会主义和市场经济结合起来，既积极发挥政府宏观调控的作用，包括加强现代化规划、促进社会公平，又充分发挥市场配置资源的决定性作用，这是中国式现代化对马克思主义的重大发展，对苏联建立在高度集中的计划经济体制上现代化模式的重大突破，以及对西方现代化道路的超越。党的十九届四中全会明确指出：我国经济制度具有"坚持公有制为主体、多种所有制经济共同发展和按劳分配为主体、多种分配方式并存，把社会主义和市场经济有机结合起来，不断解放和发展社会生产力的显著优势"[②]。正是这种显著优势使得中国式现代化取得了举世瞩目的成就。

从根本上说，西方的现代化遵循的是资本逻辑，是为少数人服务的现代化，是导致两极分化的现代化。法国学者托马斯·皮凯蒂撰写的《21世纪资本论》用翔实的数据证明，美国等西方国家的不平等程度已经达到或超过了历史最高水平。而中

[①] 邓小平. 邓小平文选：第3卷 [M]. 中共中央文献编辑委员会，编. 北京：人民出版社，1993：110-111.

[②] 中共中央关于坚持和完善中国特色社会主义制度 推进国家治理体系和治理能力现代化若干重大问题的决定 [M]. 北京：人民出版社，2019：3.

国的现代化坚持的是以人民为中心的根本立场，是为广大人民服务的，是走向共同富裕的现代化。党的十八大以来，习近平总书记明确指出，人民对美好生活的向往就是我们的目标，必须坚持以人民为中心的发展思想。人不仅是现代化的实践主体，是最活跃、最积极的因素，也是现代化的价值主体和终极目的。习近平总书记明确提出"现代化的本质是人的现代化"[1]这一新论断，也充分表明了我国现代化的社会主义取向和价值追求。党的十九届五中全会还强调，在全面开启社会主义现代化建设的新征程上，必须促进人的全面发展、全体人民共同富裕取得更为明显的实质性进展。这是我们党在新发展阶段的又一个郑重承诺，也充分体现了中国式现代化的社会主义本质。实践证明，"中国特色社会主义道路，是实现我国社会主义现代化的必由之路，是创造人民美好生活的必由之路"[2]。

第二，从发展进程来说，中国式现代化是并联式的，而不是串联式的。习近平总书记明确指出："西方发达国家是一个'串联式'的发展过程，工业化、城镇化、农业现代化、信息化顺序发展，发展到目前水平用了二百多年时间。我们要后来居上，把'失去的二百年'找回来，决定了我国发展必然是一个'并联式'的过程，工业化、信息化、城镇化、农业现代化是叠加发展的。"[3]中国的赶超战略以及对西方的学习借鉴，使得中国并没有亦步亦趋，没有完整地、一个接一个地经历西方现代化发展的所有阶段，而具有鲜明的压缩性、并联式发展的特点，我们用短短70多年的时间走完了发达国家200年走过的发展历程。

第三，从现代化建设的内容来看，中国式现代化是坚持全面发展、全面进步的现代化，而西方的现代化，特别是早期的现代化，则是单维的。包括马克思、马尔库塞在内的许多理论家曾批判西方早期的现代化造就了异化的、单维的人，一极是财富的积累，一极是贫困的积累；一极是物质文明的发展，一极是信仰缺失、价值式微，"一切神圣的东西都被亵渎了"[4]。不仅如此，西方的现代化在早期还把自然当作掠夺、征服的对象，在当前则努力向外转嫁环境成本。而中国共产党所推动的现代化则既坚持经济社会的协调发展，也强调人与自然的和谐共生。尤其是党的十八

---

[1] 中共中央文献研究室.十八大以来重要文献选编：上［M］.北京：中央文献出版社，2014：594.

[2] 习近平.习近平谈治国理政［M］.北京：外文出版社，2014：9.

[3] 中共中央文献研究室.习近平关于社会主义经济建设论述摘编［M］.北京：中央文献出版社，2017：159.

[4] 马克思，恩格斯.马克思恩格斯文集：第2卷［M］.中共中央马克思恩格斯列宁斯大林著作编译局，编译.北京：人民出版社，2009：34-35.

大以来，以习近平同志为核心的党中央不但深化对人类文明发展和社会主义建设规律的认识，提出了"五位一体"的总体布局和"四个全面"的战略布局，"促进现代化建设各个方面、各个环节相协调"①，展示了一个富强民主文明和谐美丽的社会主义现代化强国的光明前景。党的十九届五中全会全面系统地为我们擘画了一个全面建设社会主义现代化国家的新蓝图：我们不但要实现新型工业化、信息化、城镇化、农业现代化，建成现代化经济体系，而且要积极推进国家治理体系和治理能力的现代化；不但要建设创新型国家，还要建成法治国家、法治政府、法治社会，建成文化强国、教育强国、人才强国、体育强国、健康中国。

第四，中国式现代化不是对外掠夺的现代化，而是走和平发展道路的现代化。西方的现代化是代表少数大资产阶级利益的，既剥削国内的无产阶级，也大肆掠夺压榨殖民地。西方早期的现代化"使未开化和半开化的国家从属于文明的国家，使农民的民族从属于资产阶级的民族，使东方从属于西方"②。虽然在今天，西方发达国家因为亚非拉国家的独立解放已经放弃昔日赤裸裸的殖民掠夺方式，但他们构建的不公平的世界政治经济秩序，依然使得广大发展中国家处于不利地位。新自由主义全球化不但加剧了发达国家内部的两极分化，也加剧了全球范围的两极分化，并没有给发展中国家带来福音。除了中国和印度等少数新兴经济体获得快速发展，广大发展中国家与发达国家的两极分化依然加剧。而新中国自成立以来，就信奉和平共处五项原则。当前我们虽然正在从大国走向强国，不断走进世界舞台的中央，但中国的崛起是和平崛起，中国不认同"国强必霸"的陈旧逻辑。走和平发展道路，是我们党根据时代发展和我国根本利益作出的战略抉择，也是中国社会主义现代化的本质要求。中国是世界经济发展的引擎，对全球经济增长的贡献超过30%。中国是维护世界和平发展的重要力量。中国提出的"一带一路"倡议和人类命运共同体理念得到国际社会的广泛认同。目前中国已经同138个国家和30个国际组织签署200份共建"一带一路"合作文件，共同开展了超过2000个合作项目；中国与沿线国家货物贸易累计总额超过了7.8万亿美元，对沿线国家直接投资超过了1100亿美元。2019年国务院发布的《新时代的中国与世界》白皮书显示，据世界银行研究报告，"一带一路"倡议将使相关国家760万人摆脱极端贫困、3200万摆脱中度贫

---

① 中共中央文献研究室.习近平关于社会主义经济建设论述摘编[M].北京：中央文献出版社，2017：4.

② 马克思，恩格斯.马克思恩格斯文集：第2卷[M].中共中央马克思恩格斯列宁斯大林著作编译局，编译.北京：人民出版社，2009：35-36.

困,将使参与国贸易增长2.8%至9.7%、全球贸易增长1.7%至6.2%、全球收入增加0.7%至2.9%。①

概言之,如习近平总书记所说:"当代中国的伟大社会变革,不是简单延续我国历史文化的母版,不是简单套用马克思主义经典作家设想的模板,不是其他国家社会主义实践的再版,也不是国外现代化发展的翻版,不可能找到现成的教科书。"②中国式现代化实践充分表明,现代化并不只有西方一种模式。"世界上没有放之四海而皆准的具体发展模式,也没有一成不变的发展道路。历史条件的多样性,决定了各国选择发展道路的多样性。"③

(二)中国式现代化的普遍性和规律性

社会主义代替资本主义历史发展的必然。中国式的现代化不仅有其特殊性和多样性,也深刻体现了社会发展的普遍性和规律性。

第一,中国式现代化深刻体现了人类社会发展的客观规律。生产力和生产关系、经济基础和上层建筑矛盾运动的规律是人类社会发展的普遍规律。生产力决定生产关系,有什么样的生产力就需要有什么样的生产关系与之相适应。改革开放以来,我们坚持公有制为主体、多种所有制经济共同发展和按劳分配为主体、多种分配方式并存,把社会主义和市场经济有机结合起来,这是我们立足社会主义初级阶段的基本国情而做出的科学决策,极大地解放和发展生产力,体现了马克思所说的政治经济学内在规律的不可逾越性。新时代,我们党提出全面深化改革,核心就是要立足经济发展新常态,调整生产关系中不适应生产力发展的内容,不断解放和发展社会生产力,满足人民日益增长的美好生活需要。我们还积极推进党和国家机构等上层建筑的改革,推进国家治理体系和治理能力现代化,也是为了使上层建筑更好地适应、促进生产力、生产关系的发展。我们强调现代化发展既要发挥政府宏观调控的作用,也要发挥市场在资源配置种的决定性作用,也深刻地体现了生产力和生产关系、经济基础和上层建筑矛盾运动的规律。

第二,中国式现代化的长期的实践成效无可辩驳地证明了其普遍性、规律性。

---

① 数据来自世界银行《"一带一路"经济学:交通走廊发展机遇与风险》。
② 习近平.习近平谈治国理政:第2卷[M].北京:外文出版社,2017:344.
③ 中共中央文献研究室.十八大以来重要文献选编:上[M].北京:中央文献出版社,2014:699.

实践是检验真理的唯一标准。一种现代化模式是否正确不能简单地用理论来进行先验地判断，而必须用实践来检验，用长期的实践成效来检验。鞋子合不合脚，只有自己才知道。一种现代化模式成功不成功，别人说了不算，本国人民才最有发言权。概言之，任何事件，其覆盖的对象越多，影响的空间越大，经历的时间越长，成效越显著，则它所包含的普遍性、真理性就越强。反之，其普遍性、真理性就越弱。中国式现代化覆盖了14亿人口，超过所有西方发达国家不足10亿的人口总和；覆盖960多万平方公里的广泛国土，远远超过某些在几个小国或城市国家中总结出来的理论起作用的范围；持续了70多年的时间，远远超过只是短期发挥作用的理论；而且取得了经济快速发展和社会长期稳定的奇迹。这充分证明中国式现代化发展道路具有了规律性、普遍性。否则，它就不可能长期起作用，也不可能在广大的空间范围起作用。

第三，西方的种种现代化理论对中国预测的失效从反面证明了我们必须坚持走中国式的现代化道路，而不能照搬西方的现代化理论。自新中国成立以来，西方预测中国崩溃的观点就不绝于耳。改革开放以来，各种"中国崩溃论"预测更是甚嚣尘上。1989年，西方专家预测中国的政治体制即将崩溃；1997年亚洲金融危机爆发，西方专家又预测，中国的经济体制即将崩溃；2008年，世界金融危机以来，西方国家又提出"中国社会崩溃论"。然而，西方的预测从来就没有成功过，各种"中国崩溃论"最后都崩溃了。而中国不但没有崩溃，而且战胜了各种风险挑战，取得了举世瞩目的成就，成为世界上经济增长最快的经济体，一跃成为全球第二大经济体，与西方之乱形成了鲜明对比。2008年以来的世界经济危机，更是宣告了新自由主义的终结。西方的种种现代化理论并不能从根本上解决资本主义所固有的经济危机顽症，甚至很多西方国家至今仍然一筹莫展，都没有走出经济危机的阴影。不仅如此，一些发展中国家照搬西方的政治制度和政党制度，也没有带来福音，而是陷入了政治动荡、经济停滞、社会分裂、民族冲突、战乱频仍之中。正反两方面的实践充分说明，西方的种种现代化发展理论解释力低下，并没有把握现代化发展的本质，它既不能为西方的发展开出良方，也不能为发展中国家提供切实可行的指导，更不能解释中国。而只有不断发展的马克思主义中国化理论，才为中国的现代化发展指引了一条正确的道路。习近平新时代中国特色社会主义思想，作为当代中国马克思主义、21世纪马克思主义，它丰富发展了我们对社会主义建设规律、人类社会发展规律的认识，为我们实现中华民族的伟大复兴提供了行动指南。

总之，马克思关于不发达国家跨越发展的理论探索和中国的现代化实践都充分表明，现代化发展道路必须坚持规律性和多样性、普遍性和特殊性的统一。现代化是一个系统工程，是全面的现代化，只有坚持全面发展、全面进步，适应生产力和生产关系、经济基础和上层建筑矛盾运动的规律，遵循政治经济学的内在规律，才能取得成效。不发达国家实现现代化跨越发展的道路具有多样性，必须从本国的历史文化、经济发展阶段的实际出发，走自己的路。中国是第二次世界大战以来既保持独立又获得发展的屈指可数的几个发展中国家。中国现代化的广泛成效充分证明，中国式现代化不仅具有特殊性、多样性，也具有规律性和普遍性。我们必须保持战略定力，坚定不移地走中国特色的社会主义现代化道路，深刻把握新发展阶段的新特征、新挑战，不断开拓新局面，实现中华民族的伟大复兴。任何事物都是特殊性和普遍性的统一，不能以其特殊性就否定普遍性，也不能以普遍性就否定其特殊性。中国式现代化无疑为广大发展中国家实现现代化提供了中国方案，但这种方案只能借鉴、不能照搬。

我们需要什么样的"新文明"

吉林大学哲学基础理论研究中心　王庆丰

"文明"与"野蛮"相对,它代表了人类对美好生活的最高层次的渴望,即对一个真正文明、进步、合乎人性需要的生活世界的追求。我们可以说,文明表达了人类的一种理想抱负,是人之为人的本性展现。弗洛伊德曾经用"文明"来指代人类生活中所有提高自身处境,并使自身与动物相区别的方方面面。"文明是最崇高的联系纽带,人类在文明的旗帜下聚集在一起,虽然这种聚集是精神上的而非领土上的。文明代表了整个人类的社会存在理想。"①一种文明的最高理想,代表着一个民族的最高精神追求。一旦失去了文明理想,就意味着这个民族失去了精神的支柱和向前发展的动力源泉。然而,20世纪以来,困扰中国人最深刻的问题莫过于中华文明理想的丧失。一个多世纪以来,中国人在精神上最深刻的焦虑来源于失去了对一个伟大文明的精神信念,找不到自己在精神上的真正立脚点。中国人本来以"天朝上国"自居,以"夷""夏"的观念来区分文明和野蛮,或开化和不开化。"夷""夏"虽非种族主义概念,但"夏"却代表着开化、文明和先进,"夷"代表着未开化、野蛮和落后。自鸦片战争以来,随着国人对西方文明的深入了解,发现再用"夷""夏"的观念来区分西方和中国,就是莫大的讽刺了。中国人逐渐认识到:"西人治国有法度,不得以古旧之夷狄视之。"②并且,"今中国之人心风俗,政治法度,无一可比数于夷狄,何尝有一毫所谓夏者!即求并列于夷狄犹不可得,遑言变夏耶?"③传统的"夷""夏"观念已经不适用于近代中国和西方社会发展的现

---

① 马兹利什.文明及其内涵[M].汪辉,译;刘文明,校.北京:商务印书馆,2017:145.
② 康有为.我史[M].南京:江苏人民出版社,1999:9.
③ 谭嗣同.谭嗣同全集[M].蔡尚思,方行,编.北京:中华书局,1981:225.

实。近代西方文明在当时多少了解它的中国人眼里，已不再是不如华夏文化的"夷狄"，也不仅仅徒然以物质力量优胜，而是一种本末俱高出我们原有文化的现代文明形态。"文明"作为西方人的"国家意识"，不仅是西方人自己的自我意识，也为包括中国在内的非西方国家所认可和艳羡。近现代历史上，"全盘西化""脱亚入欧"的思潮充分说明了这一点。

中华民族的伟大复兴，绝不仅仅是政治、经济乃至军事上的复兴，而是一种新型文明形态的诞生。我们究竟需要什么样的"新文明"？一方面，这个新型文明形态的建构需要承载起中华民族伟大复兴的梦想，这是一个伟大文明的理念，一种可以使一个民族长治久安、永远立于世界民族之林而不败的伟大理想；另一方面，这个新型文明形态是一个本质上与西方现代文明完全不同的文明形态，必须能够给世界上那些既希望加快发展又希望保持自身独立性的国家和民族提供全新选择，为解决人类问题贡献中国智慧和中国方案。站在两个一百年的历史交汇点上，思考"新文明"形态的问题，其所具有重大的理论意义和实践意义越发显得重要。实现中华民族的伟大复兴，重铸中国文明的最高理想，绝不是要凝练出一套理论上完美无缺的价值体系强加给这个民族，也不是要炮制出一个乌托邦式的盛世蓝图去满足人们的美好愿望，而是要切实地去探索，探索什么样的理想和道路才能使中华民族成为一个真正进步、文明的民族。

一、掌控巨大物质力量的精神文明

文明作为人类社会进步与开化状况的标识，是人们在改造世界的社会实践过程中所创造的积极成果，它表现在社会物质生产和生活与社会精神生产和生活两个基本方面，这也就是我们通常所说的"物质文明"和"精神文明"。所谓物质文明，就是人们在改造世界的社会实践中所创造出来的物质层面的积极成果，它表现为物质资料的生产、社会生产力的发展、生产工具和技术的改进、生产规模的扩大、社会财富的积累等人类改造自然界的物质成果。物质文明标志着人类社会物质生产的进步和物质生活的提高。所谓精神文明，就是人们在改造世界的社会实践中所创造出来精神层面的积极成果，它表现为人们在国家治理、社会模式、经济体制、政治制度、文化生活和价值观念等方面的进步和发展。精神文明标志着人类社会精神生产的进步和精神生活的提高。

物质文明的发展方向首先是一个"自然历史过程"。但据此就提出物质文明的发展方向不"需要精神力量予以保证",进而主张废除"社会主义精神文明可以保证物质文明的正确发展方向"的观点,则是完全错误的。其理论根源是在物质文明和精神文明的关系中推行一种机械决定论:物质文明决定精神文明,物质文明可以脱离精神文明独立发展。实际上,物质文明不可能脱离精神文明独立发展和进步。一方面,精神文明对物质文明的进步起到推动作用。人的理想境界的高低是一个国家的民族意识强弱的第一标志,而一个民族有了共同理想就有可能使一个国家强盛起来。理想有一种内在的凝聚力和火炬般的牵引力。从一定意义上说,英国正是基于这一点而开创了工业文明的新纪元,那时的英国人普遍关心国家的命运,民族意识特别强烈。另一方面,精神文明对物质文明的发展起到规范作用。物质文明的无限度发展有可能侵蚀人类最基本的价值观念和伦理底线,将人类所有的一切都沉浸到金钱的冰水当中去,从而将人类社会带入歧途。

因此,物质文明的发展虽然是一个"自然历史过程",但同时也是一个"自觉创造过程"。物质文明的发展是"自然历史过程"和"自觉创造过程"的双重统一,这种统一的基础是社会实践,其主体或核心是人。人是全部社会文明的主体,任何文明都是以人为核心的,都属于人所创造的果实,都是人的本质力量的对象化。马克思和恩格斯指出:"历史不过是追求着自己目的的人的活动而已。"[1]文明是实践的事情,基于实践活动的人类文明的发展同样是合目的性和合规律性的统一。在人类文明的发展过程中,既要注重客观实际和遵循客观规律,又要注重在社会实践中引发主体的主动性与人的潜能。基于这样的理解,精神文明对物质文明所具有的推动作用和规范性作用就会凸显出来。只有当生活在文明社会的人养成足以让他们去完善自我、完善社会的精神习惯时,物质文明才会变成真正的文明。否则,物质文明根本配不上"文明"二字。

然而在实际生活中,人们很容易忽视一个社会在精神文明层面上的进步,而过分看重物质文明的成就,这导致人类不能正确地认识人类文明本身。"我们过于欣赏物质成就,完全忘掉了生活中的精神成分同样也是非常生动、非常重要的。现在这些事实的确值得我们反思一下过去的行为了。这些情况听起来很刺耳,但却向我们真正地揭示出了这样的事实:若我们的文明只在物质层面得以发展,而在相应的

---

[1] 马克思,恩格斯.马克思恩格斯文集:第1卷[M].中共中央马克思恩格斯列宁斯大林著作编译局,编译.北京:人民出版社,2009:295.

精神层面却步履蹒跚，那就会像一艘舵机出了问题的轮船，航速虽不断加快，但方向却完全失控，最终将撞向冰山，带来灾难性的后果。"① 物质财富的增长和进步遮蔽了我们的双眼，我们天真地满足于巨大的物质成就，完全屈服于此；我们无限度地追逐物欲的狂欢，完全沉湎于此。当我们减少了精神因素的价值之时，便将自己暴露在危险面前，而我们却不去反思这些危险。这导致人类在面对资本主义物质文明的成就时，变得异常浅薄，从而彻底迷失了方向。

"物质成就带给人类文明最普遍的危险在于，虽然人类生活发生了巨大变革，但绝大多数人却变得更加不自由，而不是更加自由。"② 马克思在其一系列重要著作中非常明确而又深刻地向我们指明了这一点。在《1844年经济学哲学手稿》中，马克思指出工人生产的财富越多，他的生产的影响和规模越大，他就越贫穷。工人创造的商品越多，他就越变成廉价的商品。在马克思看来，这就是"当前的国民经济的事实"。因此，"劳动对工人来说是外在的东西，也就是说，不属于他的本质；因此，他在自己的劳动中不是肯定自己，而是否定自己，不是感到幸福，而是感到不幸，不是自由地发挥自己的体力和智力，而是使自己的肉体受折磨、精神遭摧残"③。工人的劳动不是自由的劳动，而是被迫的强制劳动。

马克思在《共产党宣言》中将这一危险以一种强烈对比的方式呈现了出来。马克思高度赞扬了资本主义在物质文明方面取得的伟大成就。马克思指出："资产阶级在它的不到一百年的阶级统治中所创造的生产力，比过去一切世代创造的全部生产力还要多，还要大。自然力的征服，机器的采用，化学在工业和农业中的应用，轮船的行驶，铁路的通行，电报的使用，整个大陆的开垦，河川的通航，仿佛用法术从地下呼唤出来的大量人口——过去哪一个世纪料想到在社会劳动里蕴藏有这样的生产力呢？"④ 资本主义所创造的生产力，使人类社会的物质文明实现了高速发展，达到了前所未有的文明的辉煌。但同时，马克思又激烈地批判了资本主义所造成的人类存在的奴役状态。"现代工业已经把家长式的师傅的小作坊变成了工业资本家的大工厂。挤在工厂里的工人群众就像士兵一样被组织起来。他们是产业军

---

① 史怀哲.文明与伦理[M].孙林，译.贵阳：贵州人民出版社，2018：3.
② 史怀哲.文明与伦理[M].孙林，译.贵阳：贵州人民出版社，2018：4.
③ 马克思，恩格斯.马克思恩格斯文集：第1卷[M].中共中央马克思恩格斯列宁斯大林著作编译局，编译.北京：人民出版社，2009：159.
④ 马克思，恩格斯.马克思恩格斯文集：第2卷[M].中共中央马克思恩格斯列宁斯大林著作编译局，编译.北京：人民出版社，2009：36.

的普通士兵，受着各级军士和军官的层层监视。他们不仅仅是资产阶级的、资产阶级国家的奴隶，他们每日每时都受机器、受监工、首先是受各个经营工厂的资产者本人的奴役。这种专制制度越是公开地把营利宣布为自己的最终目的，它就越是可鄙、可恨和可恶。"① 资本主义发展的事实表明：物质文明虽然取得了巨大成就，但人却越来越不自由。马克思在《资本论》中明确指出："劳动者的奴役状态是产生雇佣工人和资本家的发展过程的起点。这一发展过程就是这种奴役状态的形式变换，就是封建剥削转化为资本主义剥削。"②

"人类文明的灾难性特征之一是物质文明比精神文明发达得多。物质与精神间的平衡已被完全打破。"③ 在某种意义上，我们可以将资本主义所开辟的现时代称为"物化的时代"。我们所看到的周遭世界满眼都是物质景观，巨量的机械复制的物品使周围世界的事物失去了自身的"殊异性"，而没有一丝精神的存在，就连精神世界最后的堡垒——宗教也被资本化、市场化了。人类在时间中漂泊，如同身处波涛汹涌的大海，没有精神文明的指引，人类的世俗之路终会迷失方向。文明的关键不在乎于物质成就的高低，而在于精神是否能够掌控物质。轮船航行不取决于速度的快慢，而在于航向是否正确，舵机是否运转良好。虽然人类文明的进步直接表现为物质文明的成就，但文明的本质更多体现为精神文明，精神文明对物质文明的发展方向能起推动和保证作用。我们需要能够掌控巨大物质力量的精神文明，否则人类就会迷失于物欲狂欢的拜物教之中。

改革开放以来，中国在经济方面实现了快速增长，伴随着这一举世瞩目的"经济奇迹"而来的是物质财富的巨大扩张。虽然邓小平同志在改革开放之初，就强调在特别注意建设物质文明的同时，还要建设社会主义的精神文明，但是，随着中国跃居世界第二大经济体，物质文明和精神文明之间的平衡彻底被打破了。因此，我们所面临的最紧迫、最重大的思想任务之一，是当代中国的精神建设。当拜金主义和虚无主义弥漫于社会，当"躺平"成为一种生活姿态，我们可以明显地感觉到普遍而深刻的精神缺失。"这种缺失意味着：以往的或既与的精神样式已不再具有普遍的约束力了；虽说某些部分或片段依然在起作用，但缺少一种已然成熟的定型的

---

① 马克思，恩格斯. 马克思恩格斯文集：第2卷[M]. 中共中央马克思恩格斯列宁斯大林著作编译局，编译. 北京：人民出版社，2009：38.
② 马克思，恩格斯. 马克思恩格斯文集：第5卷[M]. 中共中央马克思恩格斯列宁斯大林著作编译局，编译. 北京：人民出版社，2009：823.
③ 史怀哲. 文明与伦理[M]. 孙林，译. 贵阳：贵州人民出版社，2018：2.

完备的精神形态，一种足以掌握并协调日益巨大的物质力量并使之获得自由表现的精神形态。"① 精神文明能够为物质文明的发展提供精神动力和智力支持，为它的正确发展方向提供有力的思想保证。物质方面的成就与精神上的自由紧密地捆绑在一起，实现文明理想仅仅有物质成就是远远不够的，唯有能够掌控巨大物质力量的精神文明才能提出文明理想并将其真正实现。

二、返璞人类自然本性的技术文明

每一时代的物质文明都有它的技术标志，技术领先引导着物质文明领先，技术落后导致物质文明落后，技术革命的浪潮导引出物质文明的波浪式发展，这种事实在近现代表现得尤为明显。直接推动物质文明的是技术或技术革命，但技术或技术革命的前提又是科学或科学革命。物质文明的波浪式发展又和科学革命联系在一起。马克思指出："自然界没有造出任何机器，没有造出机车、铁路、电报、自动走锭精纺机等。它们是人的产业劳动的产物。是转化为人的意志驾驭自然界的器官或者说在自然界实现人的意志的器官的自然物质。它们是人的创造出来的人脑的器官；是对象化的知识力量。固定资本的发展表明，一般社会知识，已经在多么大的程度上变成了直接的生产力，从而社会生活过程的条件本身在多么大的程度上受到一般智力的控制并按照这种智力得到改造。"② "社会知识"转变成了直接的生产力，马克思的这一观点最终演变成了"科学技术是第一生产力"的重要论断。

科学与工业的结合，开启了18世纪技术革命的先河。"起源于科学本体的观念，就被发展成为各种新工业。其中最早并最重要的是蒸汽机——即十八世纪初期所谓的自然哲学发动机；但是它的一般原理一经熟悉，它的制造法和使用法就被吸收到实用工程里去。"③ 当时的科学和技术已呈现一体化的趋势，不是科学等待转化为技术再应用于生产，而是一旦有科学发现就立即寻求技术上的应用。一旦技术工业开始发现科学知识的奥秘，人类通过技术改造自然的能力便得到迅速提升。首先

---

① 吴晓明.当代中国的精神建设及其思想资源[J].中国社会科学，2012（5）.
② 马克思，恩格斯.马克思恩格斯全集：第31卷[M].中共中央马克思恩格斯列宁斯大林著作编译局，编译.北京：人民出版社，1998：102.
③ 贝尔纳.历史上的科学（卷二）：科学革命与工业革命[M].伍况甫，彭家礼，译.北京：科学出版社，2015：387.

是以 18 世纪英国发明纺织机为起点、以蒸汽机的发明为标志的技术革命,解决了传统以马力、木材为主的动力问题,加速提升手工业的劳动生产率;最重要的是,蒸汽机促进交通运输业的发展;机械化的科学手段形成了手工业劳动分工协作机制。"蒸汽和新的工具机把工场手工业变成了现代的大工业,从而把资产阶级社会的整个基础革命化了。工场手工业时代的迟缓的发展进程变成了生产中的真正的狂飙时期。"①19 世纪的电磁理论推动了电动机和发电机的技术革命,弥补了蒸汽机时代动力不足的问题,机械化时代开始向电气化和自动化发展。

众所周知,欧洲机器工业是从 1760 年开始的。从蒸汽机开始,人类进入了机器工业时代,直到 1945 年原子弹爆炸,才真正宣告了我们所谓的"技术统治时代"的到来。原子弹爆炸以后,现代技术进入了加速状态,速度越来越快。对于现代社会来说,加速是全方面的,而不仅仅是科学技术加速。当代德国社会批判理论家哈特穆特·罗萨把社会加速概括为三个方面:科技加速、社会变迁加速和生活步调加速。"最明显、也是最能够测量的加速形式,就是关于运输、传播沟通与生产的目标导向(zielgerichtet)过程的有意的速度提升,这可以定义为科技加速。"②科技加速对社会现实的影响无疑是巨大的。尤其是,这完全改变了社会的"时空体质",也就是说,改变了社会生活的空间和时间的知觉与组织。最终导致了整个人类社会文明性质的改变:一方面是技术工业文明的上升,另一方面是自然人类文明的下降,这差不多构成了今天人类文明的基本状况。

在自然生命的意义上,人类首先是一种动物,这种动物有它生理层面的局限性,而技术就是其超越自身局限性的工具。唯此,我们才能正确地审视人类文明的脆弱性与对技术的依赖性。但是,我们不能据此就认为,人类必须匍匐在技术的力量面前,完全成为其附庸。人应当主宰技术,而不是技术来主宰人。人主宰技术意味着:技术文明应当返璞归真于人类的自然本性,而不是与之背道而驰。我们总有一种错觉,以为科技的进步缓和了底层劳工、农奴或奴隶所受到的不人道待遇,使他们也得以过上有尊严的生活。其实,这是一种误解。科技进步的最大作用乃在于取代成本越来越高的劳动力。工业革命是人类历史上最重要的一次生产力飞跃,其产生的后果,却是将大量工人驯化为机器附庸。工业革命之后,以自然经济为支柱

---

① 马克思,恩格斯.马克思恩格斯文集:第 3 卷[M].中共中央马克思恩格斯列宁斯大林著作编译局,编译.北京:人民出版社,2009:533.
② 罗萨.新异化的诞生:社会加速批判理论大纲[M].郑作彧,译.上海:上海人民出版社,2018:13.

的传统手工业，其生产能力在机器面前不值一提。归根结底，这是因为我们每个人都不同程度地接受了工业文明生产体系的驯化。"在工场手工业和手工业中，是工人利用工具，在工厂中，是工人服侍机器。在前一种场合，劳动资料的运动从工人出发，在后一种场合，则是工人跟随劳动资料的运动。在工厂手工业中，工人是一个活机构的肢体。在工厂中，死机构独立于工人而存在，工人被当作活的附属物并入死机构。"①

实际上，人与机器之间的边界，最危险之处并不在于机器能够变得多么像人，而在于人在多大意义上已经变得像机器——像机器一样只在规范之内定义自己，成为单向度的人，无意识地受到资本主义社会主流观念潜移默化的影响以及消费主义的各种操纵，而无力反思更高层面的问题。毕竟，脑神经科学已经提醒我们，人的自由意志能力，并不体现在他们愿意做什么，而体现在他们不愿意去做什么。机器与人的共生关系已经在多大程度上改变了人本身的生活状态。我们深入反省一下，就可以发现人类自己在技术进步的过程中已经丧失了自觉，丢失了对自由的更深刻的理解，而不是机器夺去了我们的自由。人与机器的关系，关键不在于机器会变得怎样，而在于人会变得怎样，以及人类在多大程度上还相信并努力实现自由、平等、尊严——这些世代以来被我们奉为"好的生活标准"的普遍价值。人类在被技术化之后，已经丧失了对崇高的热情和渴望。

人类今天面临着两种意义上的技术化，一种是精神意义上的技术化，我们的精神世界已经不断被算法、互联网、大数据所控制，还有一种是身体意义上的技术化，通过生物工程、基因工程、疫苗接种、化工产品及其所造成的环境激素，我们的身体不断被技术化改造。现代技术已经成为一种自主的力量，我们人类已经无法控制它了。在我们的时代，"技术统治"压倒了"政治统治"，或者说"政治统治"本身也变成了"技术统治"（治理术）。通过今天的新技术，人工智能和生物技术，技术将越来越成为世界和社会组织的支配性力量，我们不得不习惯于这样一种新政治运作和新治理状态，同时也要求应对之策和可能的抵抗方式。我们自然人类文明及其统治方式衰退了，我们从自然人类生活世界切换到了技术人类生活世界。

人类世界正在以前所未有的速度飞速发展，这些变化使我们既兴奋又恐惧。科技为我们带来更多便利的同时也伴随着更多的风险。从生物技术到人工智能，第四

---

① 马克思，恩格斯.马克思恩格斯文集：第5卷[M].中共中央马克思恩格斯列宁斯大林著作编译局，编译.北京：人民出版社，2009：486.

次工业革命引发的爆炸式创新重新定义了人类的意义所在。第四次工业革命不仅正在改变我们的行为，也在改变着我们自身。它对每个个体都产生了多方面的影响，包括我们的身份认同及其相关方面，如隐私保护意识、所有权观念、消费方式、工作与休闲时间的分配以及如何发展职业生涯、学习技能等。人工智能和数字技术促使现代社会由传统的规范社会转变为控制社会。不仅国家和政府，包括公司和企业都在利用数字技术对我们每个人进行精准的数据分析和操纵管控。现代社会正在通过人工智能和数字技术，以一种不可抗拒的强大力量决定着每一个降生于这一机制之中的个人的生活，甚至也决定着那些并未直接参与经济获利的个人的生活。数字资本主义正在把现代社会构建成一个极其严密的"数字全景敞式监狱"。

保罗·克鲁岑呼吁必须用一个新词来描述我们现在生活的年代，这个词就是"人类世（Anthropocene）"。在这个时代，能够对地球表面、地下、水体和大气造成最重要改变的，就是我们的人类。我们已经不是自然人了，我们已经被技术工业加工了，身体和精神两方面都被深度加工过了，而且还在不断地被加工。此即海德格尔所说的现代技术"已经在人类的本质处触动了人类"。在这个技术统治的时代里，我们必须对技术文明进行反省和抵抗。因为如果没有抵抗，自然人类文明将加速崩溃。技术从来都是启蒙人类的第一力量，技术时代的到来已经无可避免。抵抗技术规训，保卫个体自由，是未来哲学和未来艺术的根本使命。但是在强大的技术力量面前，人类通过艺术和哲学所发起的抵抗大多成为一种诗意的批判和理论的想象。技术是人类意志的延伸，几乎内化于人的本质，人类处理与技术的关系，约等于处理人类自己。我们必须像霍布斯、洛克和卢梭一样探讨技术时代的社会契约，像启蒙时代的哲学家劝诫国王一样劝诫专家，像美国制宪会议所做的一样探讨论我们该以何种方式控制和规范技术的发展。倘若不这样做，我们就无法排除人类历史上最大也是最坏的政治危机：以进步为名，迎来完全不受控的技术集权时代。

尼采"超人"的意义在于忠实于大地。什么意思？大地就是身体，就是自然。今天必须有一种理想，要恢复和保存我们的自然性，这是我们人类面临的艰巨任务。我们今天被普遍而深刻地技术化以后，我们人类如何保持我们作为自然物种的最后脸面和底线？这才是一个关键的问题。我们从自然人类生活世界切换到了技术人类生活世界。随着自然人类不断被技术化（也即非自然化），我愿意在此强调的是，重振"自然本性"不是主张复古和复辟，而要回归生活世界，应和新文明的要求和未来的可能性。"因为这种被现代技术所规定的新文明唯一值得期待的状态，是自然性和技术性的平衡——或者我们可以采用尼采的说法，是达到自然性与技术性之间的'控制性协调'。"①

三、超越私有资本逻辑的共享文明

资本主义文明尤其是 19 世纪以来的资本主义文明建立在四个制度之上。"首先，是一个世纪以来防止大国间发生任何持久和破坏性战争的势力均衡体系；其次，是象征着某种独特的世界经济组织方式的国际金本位制；再次，是造就了空前物质福利的能够自我调节的市场；最后，是自由主义国家。这四种制度，两种是经济的，另两种是政治的；或者按另一种方式划分，两种是国家性质的，另两种是国际性的。正是这些制度，勾勒出我们西方文明历史特有的轮廓。"②在这些制度中，金本位制被证明是关键性的。在波兰尼看来，势力均衡体系是建立于金本位基础之上，并部分地通过它来运转的上层建筑；但是金本位体系的源泉和基体则是自我调节的市场，金本位制不过是把国内市场体系扩大到国际领域的一种尝试；而自由主义国家本身就是自我调节的市场的结果。虽然国际金本位制在四种制度中居于关键位置，但无论是国际金本位制，还是势力均衡体系、自由主义国家，实际上都植根于自我调节的市场。正是这个创新催生了一种特殊的文明。现代资本主义文明的起源要追溯到一百多年前西欧的社会和技术剧变，正是从工业革命和技术革命中产生了自我调节的市场观念。因此，19 世纪制度体系的关键就存在于统治市场经济的那些法则之中。统治市场经济最根本的原则是什么？一言以蔽之，资本增殖的逻辑。

何谓资本增殖的逻辑？其最直接的定义就是"G—W—G"的逻辑。资本之所以是资本，就在于它能"增殖自身"。但是，事情本身远非如此简单。在资产阶级社会里，起支配和决定作用的是以资本增殖为目的的等价交换原则。这一原则以一种强大的同一性逻辑，迫使资产阶级社会的一切行为，都被纳入以增殖资本为目的的交换关系当中。资本作为一种颠倒的社会关系，同时又是一种"支配一切的权力"。这种社会力量，在颠倒的、以资本增殖为目的的资产阶级社会生产关系中，却反过来成了一种"普照的光"，一种"特殊的以太"。资本逻辑作为资本主义社会里统治一切的最高原则和控制力量，是同一性形而上学在现实世界中的"感性显现"。资

---

① 孙周兴.人类世的哲学[M].北京：商务印书馆，2020：289.
② 波兰尼.大转型：我们时代的政治与经济起源[M].冯钢，刘阳，译.北京：当代世界出版社，2020：3.

本"按其本质来说，它是对无酬劳动的支配权"①，即对剩余价值的掠夺权和控制权。这是资本与生俱来的权力，是资本生存的根本目的，也是资本存在的根本理由。在资本主义条件下，资本的逻辑在其本质上是一种私有资本的逻辑。资本逻辑本身是客观的、中立的，它就是资本增殖的逻辑运动，但在资本主义条件下，这种资本的增殖却转变成了对剩余价值的攫取，转变成了对工人的剥削，维护的是资本家的私人利益。资本主义文明说到底是资本家的文明，社会的文明成果为少数人所垄断。我们需要一种超越私有资本逻辑的社会主义文明。

其实，中国历史上有着丰富的超越资本主义文明的思想资源。基于儒家的立场，孔子设想的理想社会是："大道之行也，天下为公，选贤与能，讲信修睦。故人不独亲其亲，不独子其子，使老有所终，壮有所用，幼有所长，矜、寡、孤、独、废疾者皆有所养，男有分，女有归。货恶其弃于地也，不必藏于己；力恶其不出于身也，不必为己。是故谋闭而不兴，盗窃乱贼而不作，故外户而不闭，是谓大同。"②孔子将大同世界作为一个理想的"乌托邦"，现实世界是要建设一个比大同世界低的"小康"社会。康有为在《大同书》中，憧憬了一个"去国而世界合一之体"的大同社会。"无邦国，无帝王，人人相亲，人人平等，天下为公，是谓大同，此联合之太平世之制也"③。康有为认为发达资本主义社会并不是人类的终极目标，而只是"升平世"，"升平世"之后还有一个更高的社会发展阶段，即实现了人类大同的"太平世"，这个世界是消除了一切界限与差别的、人人平等、人人幸福的世界。1924年，孙中山提出，他为之奋斗的未来社会，没有贫富悬殊和少数富人压迫穷人的不公正现象，全体人民"生活上幸福平等"；完全实现"民有""民治""民享"，真正做到古人所说的"公天下"。

1949年，毛泽东在《论人民民主专政》中指出："康有为写了《大同书》，他没有也不可能找到一条到达大同的路。资产阶级的共和国，外国有过的，中国不能有，因为中国是受帝国主义压迫的国家。唯一的路是经过工人阶级领导的人民共和国。"④在毛泽东看来，不论是孔夫子还是康有为、孙中山，他们关于"大同世界"的理想都只能是一个乌托邦，他们没有也不可能找到一条到达大同的道路。西方资

---

① 马克思，恩格斯．马克思恩格斯文集：第5卷［M］．中共中央马克思恩格斯列宁斯大林著作编译局，编译．北京：人民出版社，2009：611.
② 杨天宇．礼记译注［M］．上海：上海古籍出版社，2010：265.
③ 康有为．大同书［M］．上海：上海古籍出版社，2019：77.
④ 毛泽东．毛泽东选集：第4卷［M］．北京：人民出版社，1991：1471.

产阶级的共和国维护的是资本家的权益,也无法实现中国人的"大同理想"。"西方资产阶级的文明,资产阶级的民主主义,资产阶级共和国的方案,在中国人民的心目中,一齐破了产。资产阶级的民主主义让位给工人阶级领导的人民民主主义,资产阶级共和国让位给人民共和国。这样就造成了一种可能性:经过人民共和国到达社会主义和共产主义,到达阶级的消灭和世界的大同。"①

毛泽东所提出的"经过人民共和国到达社会主义和共产主义"就是中国共产党带领中国人民所开辟的中国特色社会主义发展道路。习近平总书记指出:"让广大人民群众共享改革发展成果,是社会主义的本质要求,是社会主义制度优越性的集中体现,是我们党坚持全心全意为人民服务根本宗旨的重要体现。"②共享发展就是坚定不移地走共同富裕道路,促进人的全面发展,做到发展为了人民,发展成果由人民共享。坚持共享发展,应该从更广泛的角度去认识发展、理解发展、谋求发展。对于共享发展的理解,需要超越单纯的经济增长范畴,要从经济、社会、政治三个领域出发,将促进人的全面发展作为最终目标。全体人民,各尽所能,共同创造各种财富,各得其所,共同分享社会福祉,和谐共处,共同构筑幸福安康,朝着共同富裕方向稳步前进。

在马克思主义看来,共享发展是实现共产主义理想的基本要求。无产阶级专政的任务就是"达到消灭一切阶级差别,达到消灭由这些差别所由产生的一切生产关系"③。把资产阶级占有的生产资料、产品及其管理生产的权利,转化为全社会占有管理,使不断增加的劳动产品成为"扩大、丰富和提高工人生活的一种手段",为人自由而全面的发展奠定基础。1875年,马克思在《哥达纲领批判》中进一步阐释其共享思想,他指出,通过社会福利、社会保障等形式,使全民共享社会发展成果,是马克思主义创始人设想的共产主义社会的重要特征。"从一个处于私人地位的生产者身上扣除的一切,又会直接或间接地用来为处于社会成员地位的这个生产者谋利益。"如"用来应付不幸事故、自然灾害等的后备基金或保险基金","用来满足共同需要的部分,如学校、保健设施等","为丧失劳动能力的人等等设立的基金"等,通过社会再分配,让所有社会成员都充分地享受到社会发展的成果,促进

---

① 毛泽东.毛泽东选集:第4卷[M].北京:人民出版社,1991:1471.
② 习近平.习近平谈治国理政:第2卷[M].北京:人民出版社,2017:200.
③ 马克思,恩格斯.马克思恩格斯文集:第2卷[M].中共中央马克思恩格斯列宁斯大林著作编译局,编译.北京:人民出版社,2009:166.

人的自由而全面的发展。①

建立在资本增殖逻辑基础上的资本主义文明，其本质上是一种私享意义上的文明。这是因为，资本主义所带来的人类的巨大的物质文明成果为资本家所私享。共享发展要求坚定不移地走共同富裕的道路，发展成果由人民共享，在此意义上，中国特色社会主义的共享发展其实质上是一种共享文明。"把资本变为公共的、属于社会全体成员的财产，这并不是把个人财产变为社会财产。这里所改变的只是财产的社会性质。它将失掉它的阶级性质。"②"资本"的性质是超越资本主义文明的关键所在。资本主义条件下，资本的性质是资产阶级的性质。必须把资本变为公共的、属于社会全体成员的财产，就是改变资本的社会性质，把资本由私有资本变为公共性资本，超越私有资本逻辑的逻辑是要建立一种公共资本的逻辑。

未来中国文明的核心价值是什么？中华民族的前进动力机制和根本方向在哪里？当代中华文明重建的根本使命是什么？什么是中华文明的最高理想？这一系列复杂的问题集中到一点，就是中华文明重建的问题，当然也是中国现代性的塑造问题，更是我们需要什么样的"新文明"的问题。100多年来，中华民族面临的最紧迫的任务始终是在西方文明的强势面前如何重建自我的问题。中国需要以开放的心态向世人展现自己重建一个伟大文明的胸襟和气度。在今天这种资讯高度发达的全球化时代，任何一种文明都不可能在纯粹的本土性中自我陶醉和自我满足。任何文明都有其自身内在的问题需要克服，要有效地吸纳其他文明特别是西方资本主义文明的积极成果。对本土文明与西方文明成分进行创造性的融合，在今天这个全球化时代早已是大势所趋。

未来的中华文明不是传统文明本身的幽灵式复活，而是创造性转化和创新性发展；不是西方资本主义文明的生搬硬套，而是解决人类问题的中国智慧和中国方案。"中国特色社会主义是党和人民历经千辛万苦、付出巨大代价取得的根本成就，是实现中华民族伟大复兴的正确道路。我们坚持和发展中国特色社会主义，推动物质文明、政治文明、精神文明、社会文明、生态文明协调发展，创造了中国式现代化新道路，创造了人类文明新形态。"③思考和预见未来是哲学的基本任务。如果失

---

① 马克思，恩格斯.马克思恩格斯文集：第3卷［M］.中共中央马克思恩格斯列宁斯大林著作编译局，编译.北京：人民出版社，2009：432-433.
② 马克思，恩格斯.马克思恩格斯文集：第2卷［M］.中共中央马克思恩格斯列宁斯大林著作编译局，编译.北京：人民出版社，2009：46.
③ 习近平.在庆祝中国共产党成立100周年大会上的讲话［M］.北京：人民出版社，2021.

去了展望未来的能力,人就失去了自己的本质规定性,哲学也就失去了自己的思想洞察力。"一个伟大的民族并不会因为数千年的光辉历史的重负就变得苍老。只要它有能力有勇气保持对自己的信心,保持自己历来具有的伟大本能,这个民族就能永远年轻。"① 中华文明的重建应该是一种"不忘本来、吸收外来、面向未来"的综合创新,中国特色社会主义道路必将在开辟人类文明新形态的高度上获得世界历史的意义。

【基金项目】国家社会科学基金重大项目"文明形态变革的哲学理念创新"(项目编号:18ZDA015)的研究成果。

---

① 韦伯.韦伯政治著作选[M].阎克文,译.北京:东方出版社,2009:23.

论人类文明视野下的中国式现代化新道路

厦门大学马克思主义学院 张艳涛

中国共产党带领中国人民开辟中国道路的百年探索归根结底在于探寻中国现代化的道路、实现中华民族伟大复兴的道路。"走自己的路，是党的全部理论和实践的立足点，更是党百年奋斗得出的历史结论。"[①] 中国共产党是中国式现代化的开创者，更是中国式现代化的践行者和引领者。"在新的历史方位上，当今中国发展的世界历史意义在于，中国在完成其社会主义现代化任务的同时正在开启出一种新文明类型的可能性。"[②] 中国学者要从哲学高度阐明中国式现代化新道路的解释框架，阐明中国式现代化新道路的理论逻辑、历史逻辑、实践逻辑和文明逻辑。

一、现代化的本质是人的现代化：深化对社会主义现代化建设规律的认识

历史地看，现代化主要是指从以自然经济为基础的、体现农业文明的传统社会向以市场经济为基础的、体现工业文明和商业文明的现代社会过渡。现代化是现代社会的"量的规定"，其核心是推进人的全面发展、社会全面进步。"现代化的本质是人的现代化"[③]，这进一步深化了对社会主义现代化建设规律的认识。在广义上，

---

① 习近平. 在庆祝中国共产党成立 100 周年大会上的讲话 [M]. 北京：人民出版社，2021：13.
② 吴晓明. 世界历史与中国道路的百年探索 [J]. 中国社会科学，2021（6）.
③ 中共中央文献研究室. 十八大以来重要文献选编：上 [M]. 北京：中央文献出版社，2014：594.

一、中国式现代化道路的人学审视

现代化是一个世界历史性进程，是工业革命推动下传统农业社会向现代工业社会和商业社会的全球性大转变，工业主义和商业文明的全球性弥漫使得经济、政治、社会、文化、思想各个领域发生深刻变化；在狭义上，现代化是落后国家适应现代世界环境，迅速赶上先进工业国家水平的发展过程[①]。现代化是全人类的共同方向和共同命运，没有哪个国家和民族能够真正逃避现代化大潮的洗礼。虽然人类现代化的大方向是共同的和确定无疑的，但是各个国家通达现代化的道路却可以有所不同，正可谓"殊途"而"同归"。实际上，世界上既不存在"定于一尊"的现代化模式，也不存在"放之四海而皆准"的现代化标准，每个国家都要依据自身历史和文化特点，选择适合本国具体国情的现代化道路。历史地看，"现代化至少应从社会的整体变革、全球性的社会变迁和新的文明出现这样三个基本层次去理解和把握"[②]。

现实地看，"发展中国家在走向现代化的过程中，其存在的最大问题并不是理性运用过度而恰恰是理性运用不足，人的理性发展水平不仅是影响社会现代化的重要因素，更是影响人的现代化的重要因素"[③]。用未来的眼光看，如果要坚持现代化的本质是人的现代化，那么就要始终坚持创新在现代化建设全局中的核心地位，以创新推进人的现代化和社会全面发展。我们不仅要懂得世界现代化以来的经验教训和一般规律，更要懂得如何把这些规律与中国具体实际和中华优秀传统文化相结合，走出一条中国式现代化新道路。中国通过建设社会主义现代化，打破了资本主义现代化的神话，重构了世界现代化的整体图景。

中国式现代化新道路创造性地处理了文明复兴和文明互鉴的关系。100多年来，中华民族在中国共产党领导下成功开创了文明发展新道路，中国共产党团结带领中国人民以开创世界现代化新道路和人类文明新形态的勇气推进中国式现代化。中国式现代化作为一种新的现代化道路，打破了西方对现代化道路解释权的垄断，结果把世界现代化道路从"西方命题"变成了"世界命题"、从"单选题"变成了"多选题"，极大地拓展了世界现代化道路的视野和发展中国家走向现代化的途径，是一种"新道路观"和"新文明观"。

---

① 罗荣渠.现代化新论：世界与中国的现代化进程[M].增订本.北京：商务印书馆，2004：17.
② 丰子义.现代化的理论基础：马克思现代社会发展理论研究[M].北京：北京师范大学出版社，2017：146.
③ 丰子义.论现代化进程中的理性与非理性[J].北京大学学报（哲学社会科学版），1998（5）.

中国式现代化新道路创造性地处理了人口素质和社会素质的关系。恩格斯曾指出，文明是"社会的素质"①。习近平总书记在党的十九大报告中强调，"要提高人民思想觉悟、道德水准、文明素养，提高全社会文明程度"②。中国式现代化新道路致力于实现人的全面发展、社会全面进步，关键是提升社会的素质和人的素质。从积贫积弱的"东亚病夫"到挺拔屹立的新中国，从"一穷二白"到世界第二大经济体，中国共产党高举马克思主义旗帜，带领中国人民创造中国奇迹。实现社会主义现代化是十四个"五年规划"一以贯之的主题，我们要在实现"两个一百年"奋斗进程中，不断推进中国人的现代化发展水平和社会文明程度。

中国式现代化新道路创造性地处理了人的全面发展与社会全面进步的关系。人的现代化是社会主义现代化的核心内容和本质要求。中国把"实现什么样的人的现代化、怎样实现人的现代化"置于并融入"建设什么样的社会主义现代化强国、怎样建设社会主义现代化强国"的伟大历史实践之中。在一定意义上说，实现中华民族伟大复兴的中国梦，就是旨在实现中国人的现代化的伟大梦想。"中国特色社会主义道路是实现社会主义现代化、创造人民美好生活的必由之路，中国特色社会主义理论体系是指导党和人民实现中华民族伟大复兴的正确理论，中国特色社会主义制度是当代中国发展进步的根本制度保障，中国特色社会主义文化是激励全党全国各族人民奋勇前进的强大精神力量。"

二、中国式现代化新道路及其鲜明特征：彰显中国共产党的新文明观

中国共产党的文明观反映出中国共产党如何看待文明、主张什么、反对什么等一系列关于文明的基本看法和主要观点。

第一，树立制度优势文明观，建设更高水平的中国式现代化。这里的关键是统筹发展和现代化，走中国特色社会主义之路，建设更高水平的中国式现代化。在新时代要从"城市文明"和"乡村振兴"相结合的视角看中国式现代化的创新与创造。要从文明论高度看中国式现代化建设和中国现代性建构。其意义在于，中国式

---

① 马克思，恩格斯.马克思恩格斯文集：第1卷［M］.中共中央马克思恩格斯列宁斯大林著作编译局，编译.北京：人民出版社，2009：97.
② 习近平.在中国共产党第十九次全国代表大会上的报告［DB/OL］.习近平系列重要讲话数据库，2017-10-28.

现代化用几十年时间走完了发达国家几百年走过的工业化历程，破除了"现代化等于西方化"的谬论，打破了对现代化模式"只此一家，别无分店"的迷思，彰显了中国人的首创精神和主体性。

第二，树立共同富裕文明观，朝着实现全体人民共同富裕的现代化迈进。这里的关键是统筹发展和富裕，走共同富裕之路，建设更高水平的"富裕中国"。实现共同富裕是我们社会主义国家的目标，也是中国式现代化的重要特征。我们党领导人民"干革命""搞建设""抓改革""促开放"，归根结底都是为了实现共同富裕、使人民过上美好生活。全体人民共同富裕，彰显了中国式现代化的社会主义性质，丰富了人类现代化的内涵，为解决人类问题贡献了中国智慧和中国方案。"中国式现代化新道路是驾驭资本的现代化。它既充分激活'资本的文明面'，不断解放和发展社会生产力，又有效驾驭资本，始终坚持实现共同富裕的社会主义发展方向。"[1]

第三，树立协调发展文明观，不断提高社会主义现代化建设水平。这里的关键是统筹发展和健康，走协调发展之路，建设更高水平的"均衡中国"。推动中国发展实现更高水平的均衡关键是推动供需均衡、时间均衡、空间均衡、生态均衡、内外均衡。"两个文明"相协调是中国式现代化的题中应有之义。习近平总书记强调，"当高楼大厦在我国大地上遍地林立时，中华民族精神的大厦也应该巍然耸立"[2]，"没有社会主义文化繁荣发展，就没有社会主义现代化"[3]。在经济道路上，中国走出了一条既超越苏联式计划经济又超越资本主义市场经济的社会主义市场经济新路。社会主义市场经济创造比资本主义更高水平的市场经济。

第四，树立社会主义生态文明观，形成人与自然和谐发展现代化建设新格局。这里的关键是统筹发展和生态，走绿色发展之路，建设更高水平的"绿色中国"。习近平总书记指出："我们要建设的现代化是人与自然和谐共生的现代化，既要创造更多物质财富和精神财富以满足人民日益增长的美好生活需要，也要提供更多优质生态产品以满足人民日益增长的优美生态环境需要。"[4]中国式现代化抛弃轻视

---

[1] 唐爱军.唯物史观视域中的中国式现代化新道路[J].哲学研究，2021（9）.
[2] 习近平.在文艺工作座谈会上的讲话[DB/OL].习近平系列重要讲话数据库，2015-10-15.
[3] 习近平.在教育文化卫生体育领域专家代表座谈会上的讲话[DB/OL].习近平系列重要讲话数据库，2020-09-23.
[4] 习近平.习近平谈治国理政：第3卷[M].北京：外文出版社，2020：39.

自然、支配自然、破坏自然的现代化模式，绝不走"先污染后治理""边污染边治理""污染物外移"的西方现代化的老路，而是坚定不移地走生态优先、绿色发展之路，建设人与自然和谐共生的现代化。

第五，树立和平发展文明观，走出一条既发展自身又造福世界的和平主义现代化新路。这里的关键是统筹发展与和平，走文明崛起与和平崛起之路，建设更高水平的社会主义"文明中国"。世界和平的真正重建有赖于和现代资本主义完全不同的社会基地。习近平总书记强调："中国走和平发展道路，不是权宜之计，更不是外交辞令，而是从历史、现实、未来的客观判断中得出的结论，是思想自信和实践自觉的有机统一。"① 中国走和平主义现代化新路主要有两大思想资源：其一是文化传统中的和平基因，其二是社会主义方向。

总之，从制度文明的视角看，一个地球，两种主要制度，表面上看是两条道路的竞争，本质上则是两种制度、两类文明之间的竞争。在人类文明视野下，中国特色社会主义具有明显的制度优势，把制度优势有效转化为国家治理效能，是中国共产党团结带领中国人民开辟中国道路、创造中国奇迹的关键密码。

三、中国式现代化新道路开创了人类文明新形态：拓展了发展中国家走向现代化的途径

中华文明曾对人类文明进步作出重要贡献，中国共产党是中华文明的传承者和创新者。中国共产党对国家的伟大贡献，体现在引领中国不可逆转地走出了近代以后100多年内忧外患、积贫积弱的悲惨境遇，创造了经济快速发展奇迹和社会长期稳定奇迹，用几十年时间走完了发达国家几百年走过的工业化和现代化历程，走出了一条中国式现代化新道路。"中国道路是一种不同于西方现代化的新现代性类型，它将中华文明、社会主义文明和现代性文明有机融合，开创了一种人类文明新形态。"② 中国道路彰显了中国共产党和中国人民的"首创精神"，也破除了"西方现代化道路的唯一性""西方多党制的唯一性""西方价值的普世性"，进而揭示了世界现代化道路的非唯一性、西方多党制的非唯一性、西方价值的非普世性。中国学者要牢牢掌握阐明中国道路、解读中国奇迹的话语权。

---

① 习近平. 习近平谈治国理政：第1卷[M]. 北京：外文出版社，2014：267.
② 唐爱军. 新现代性初探：关于中国道路的解释框架[J]. 浙江学刊，2021（4）.

中国式现代化新道路的世界历史意义和文明意蕴同样值得重视。在新的历史起点上，全面建成富强民主文明和谐美丽的社会主义现代化强国，实现中华民族伟大复兴的中国梦，具有开创人类文明新形态的意蕴。"中国发展道路的现实可能性首先来自它走西方资本主义道路的不可能性，这种不可能性从基本性质上规定了中国现代化实践的出发点和立足点，规定了它的实际内容和价值取向。"① 阐释中国道路不能囿于"富强逻辑"等表层，而要上升到"文明论"高度，揭示其内在的本质的"以人为本"逻辑和"制度文明"逻辑。一句话，中国人通过自己的努力，以自己的方式，从另外的起点和路径，通向人类文明的制高点。

中国共产党的自我革命致力于推动实现自身的现代性，目的在于推动国家治理体系和治理能力现代化，带领中国人民实现人的现代化，开创中国特色社会主义现代化道路，并为世界上其他社会主义国家和发展中国家的治理现代化、发展现代化、执政党自身现代化建设和人的现代化提供中国样本、贡献中国智慧。从开辟人类文明新形态的高度看，中国式现代化的目的绝不止于"强国富民"，而应是建构"现代文明秩序"。中国特色社会主义制度立足国情、面向世界因而具有开放包容的品格，善于学习借鉴包括资本主义国家在内的世界其他国家的文明成果，在博采众长中不断自我发展和完善。中国式现代化新道路走出一条人类前所未有的现代化道路，经济上超越"两级分化"逻辑和"中等收入陷阱"、政治上超越"国强必霸"逻辑和"塔西佗陷阱"、对外关系上超越"强强对抗"逻辑和"修昔底德陷阱"，是一条有别于西方现代化道路的新路。

【基金项目】2021年国家社科基金重点项目"习近平新时代中国特色社会主义思想话语体系研究"（项目编号：21AKS001）的研究成果。

---

① 吴晓明.论中国学术的自我主张[M].上海：复旦大学出版社，2016：74.

论马克思劳动异化论视域下的中国式现代化新道路

四川师范大学马克思主义学院　董朝霞

2021年1月11日，习近平总书记在省部级主要领导干部学习贯彻党的十九届五中全会精神专题研讨班上的讲话中指出："我们的任务是全面建设社会主义现代化国家，当然我们建设的现代化必须是具有中国特色、符合中国实际的，我在党的十九届五中全会上特别强调了5点，就是我国现代化是人口规模巨大的现代化，是全体人民共同富裕的现代化，是物质文明和精神文明相协调的现代化，是人与自然和谐共生的现代化，是走和平发展道路的现代化。"[①] 习近平总书记在庆祝中国共产党成立100周年大会上的讲话中指出，我们坚持和发展中国特色社会主义，"创造了中国式现代化新道路，创造了人类文明新形态"[②]。学界和政界对中国式现代化新道路问题给予了多维度的关注，研究成果十分丰富。但是鲜有着眼于马克思主义人学向度对中国式现代化新道路的深层次探讨。笔者认为，异化概念或范畴是人类现代化进程中绕不开的分析视角。马克思在《1844年经济学哲学手稿》（简称《手稿》）中提出的劳动异化和人的异化理论，虽然还处于马克思思想剧烈转型时期，但是，这一理论及其分析视角对于正确理解中国式现代化新道路，具有重要的理论参照和学理价值。

---

① 习近平. 把握新发展阶段，贯彻新发展理念，构建新发展格局［J］. 求是，2021（9）.
② 习近平. 在庆祝中国共产党成立100周年大会上的讲话［N］. 人民日报，2021-07-02.

一、马克思劳动异化理论是审视人类社会现代化道路的重要分析视角

客观而历史地考察，近代以来世界现代化进程伴随着人类的理性反思。无论对资本主义工业化现代化，还是对社会主义现代化的历史与现实，国内国际学界都有过以异化的视角的研究成果。这些成果为我们审视中国式现代化新道路和人类文明新形态，提供了宝贵的思想理论资源和重要的分析视角。

对于资本主义现代化和文明发展中异化问题的探讨，早在19世纪中期，青年马克思在《手稿》中从四个方面提出了资本主义私有制和雇佣劳动制度下劳动的异化和人的异化理论（这正是本文的理论支点，后续即将展开分析）。尽管这一理论因为马克思正处于思想形成期而遭到学界不同的评价。但是，这一审视资本主义文明的思维视角，引发了世界范围内学者对现代化和文明问题的人学思考。比如，在西方马克思主义者中，匈牙利的卢卡奇在《历史和阶级意识》中提出"物化"概念。他指出："在市场经济充分发展的地方，一个人的活动变得同他自己疏远开来，它变成一种商品，这种商品服从社会的自然法则的非人的客观性。"[①] 在卢卡奇之后，德国的埃里希·弗罗姆于1941年出版的代表作《逃避自由》一书中也对比性地从人类性格和心理学角度探讨了中世纪以前、资本主义文明产生之后的人类性格和心理发展中的异化演进问题。另外，马尔库塞、霍克海默、阿多尔诺、列裴伏尔等新马克思主义者也对现代资本主义工业社会中出现的种种异化现象问题进行了批判性思考，提出了诸多具有启发性的理论观点。

关于社会主义现代化进程中是否存在异化问题的讨论，无论东欧学界还是我国哲学界都曾有过热烈的讨论。东欧南斯拉夫实践派和波兰意识形态批判学派的学者，曾侧重于社会主义国家中异化现象问题进行了不同层面的讨论。东欧南斯拉夫实践派弗兰尼茨基在异化的积极性意义层面认为，从历史发展的角度来看，异化在一定意义上是一种积极现象。他曾指出："人只有彻底把自己分裂，把自己异化，才能在他迄今艰难的历史路程中实现自己的进步。"[②] 可见，东欧学界马克思主义者对社会主义社会里的异化问题也是颇有见地的。20世纪80年代，我国学界也曾一

---

① 卢卡奇.历史和阶级意识[M].王伟光，张峰，译.北京：华夏出版社，1989：86.
② 人道主义、人性论研究资料：第4辑[M].北京：商务印书馆，1965：67.

度掀起了一股关于人道主义、社会主义和异化问题的热烈讨论。综观自近代以来世界范围内学界对现代化进程中异化问题的讨论，我们认为："不论是资产阶级思想家还是无产阶级思想家，不论是左翼评论家还是右翼评论家，都承认人的异化是我们所生活的时代的一个关键问题。"① 这句话，对于今天的时代，仍然适用。

二、中国式现代化新道路致力于实现人及其劳动产品的同在而非异化

在中国式现代化进程中，作为实践主体的劳动者"人"，通过自己的劳动和对劳动成果的享有，不仅得到人之为人的生理满足、心理满足和精神满足，而且也享受到人与自然、社会的和谐生态。因此，在中国式现代化新道路上，劳动者作为实践主体"人"实现了与自身劳动产品的同在性，而非异化和远离。

在《手稿》中提出"异化劳动"的第一个规定就是从生产结果看，劳动者的劳动和他的劳动产品相异化。他指出："工人在他的产品中的外化，不仅意味着他的劳动成为对象，成为外部的存在，而且意味着他的劳动作为一种与他相异的东西不依赖于他而在他之外存在，并成为同他对立的独立力量；意味着他给予对象的生命是作为敌对的和相异的东西同他相对立。"② 相较而言，中国式现代化的劳动者与其劳动产品具有同一性。中国共产党自从诞生以来，就致力于打破私有制和剥削制度下劳动产品异化而带来的劳动群众的生存异化现象。新中国成立后为确立社会主义制度而进行的社会主义革命和建设，以及改革开放和社会主义现代化建设新时期的中国特色社会主义的开创、坚持和发展，始终致力于在人口规模最大的国家实现共同富裕。其间，一度经历过"公平"与"效率"之间的艰难博弈。但是，最终逐步健全和完善了中国特色社会主义经济制度和社会保障制度，既超于资本主义现代化中"资本逻辑"支配下的不公平分配，又超越了传统社会主义现代化中重国家集体而轻劳动者个体利益的产品分配形式，从而建构和完善起了确保"为绝大多数人谋利益"③ 的新型现代化道路。

---

① 徐崇温."西方马克思主义"[M].北京：中国社会科学出版社，2007：50.
② 马克思，恩格斯.马克思恩格斯选集：第1卷[M].中共中央马克思恩格斯列宁斯大林著作编译局，编译.北京：人民出版社，2012：52.
③ 马克思，恩格斯.马克思恩格斯选集：第1卷[M].中共中央马克思恩格斯列宁斯大林著作编译局，编译.北京：人民出版社，2012：411.

简言之，中国式现代化新道路的马克思主义人学价值导向和中国共产党的价值追求以及中国特色社会主义制度保障，为中国式现代化新道路把握了基本方向，即确保劳动者的劳动产品不是被"剥夺"成为其"对立面"，而是实现了人与劳动产品的一致性和同一性。

三、中国式现代化新道路致力于在劳动中彰显人的价值尊严而非异化

中国式现代化新道路与中国共产党的性质和宗旨、初心和使命保持一致——始终代表中国最广大劳动人民的根本利益，力求让广大劳动人民群众在生产劳动实践中感受到人之为人的价值和尊严，而非在自身劳动行为中感受到异己的、异化的存在。

马克思在《手稿》中提出"异化劳动"的第二个规定就是从生产过程来看，劳动者和他的劳动行为本身相异化。马克思曾指出，资本主义雇佣劳动制度下劳动者"在自己的劳动中不是肯定自己，而是否定自己，不是感到幸福，而是感到不幸，不是自由地发挥自己的体力和智力，而是使自己的肉体受折磨、精神遭摧残"①。但是，马克思认为，劳动者与其劳动过程和自身劳动行为应该是同在的，而非异己的。中国共产党以马克思主义人学理论为指导，在开创中国式现代化新道路过程中，走出了资本主义现代化"以物为中心"的发展误区，把实现人的全面自由发展作为价值目标，充分体现"以人为本"的价值取向。正是为了顺应中国式现代化新道路上作为实践主体"人"的需要，中国共产党自改革开放以来，逐步构建、逐步完善起"五大文明"整体性协调性发展的文明格局。国民经济和社会发展第"十四五"规划和2035年远景目标中明确提出要让"国民素质和社会文明程度达到新高度"②这一目标，充分体现了中国式现代化新道路正是马克思当年批判的资本主义文明发展中劳动者与其劳动行为异化的反向运动，旨在实现人之为人的价值和尊严。

简言之，中国式现代化新道路既不"翻版"资本主义现代化模式中劳动者与自

---

① 马克思，恩格斯.马克思恩格斯选集：第1卷［M］.中共中央马克思恩格斯列宁斯大林著作编译局，编译.北京：人民出版社，2012：53.
② 本书编写组.中共中央关于制定国民经济和社会发展第十四个五年规划和二〇三五年远景目标的建议［M］.北京：人民出版社，2020：5.

身劳动行为相异化的行为模式,也不"再版"传统社会主义现代化中劳动者在劳动行为中过度倾向于"公而忘私"的"忘我"境界,而是致力于确证劳动者"人"的价值和尊严的存在,而非致使劳动者在劳动中限于与自身劳动行为相异化。

四、中国式现代化新道路致力于实现人与人的类本质的同一而非异化

相对于崇尚或盛行"商品拜物教""货币拜物教""单向度的人"的其他类型的现代化模式而言,中国式现代化新道路旨在消除对人的类本质或类特性的剥夺现象,力求实现人与人的类本质的同一性。

马克思在《手稿》中提出"异化劳动"的第三个规定就是从人的类本质来看,人的类本质与人相异化。马克思指出:"一个种的全部特性,种的类特性,就在于生命活动的性质,而人的类特性恰恰就是自由的自觉的活动。"[①] 但是,资本主义现代化生产方式导致劳动者"他的人的本质同人相异化"[②]。而中国式现代化新道路高度重视劳动者作为"人"的自由自觉的类本质。在改革开放和社会主义现代化进程中,以人为中心的工作导向、人的主体性的全面发挥,得到了坚强有力的领导制度保障和社会制度保障。2013年11月,习近平总书记在中共十八届三中全会第二次全体会议上讲到"四个自信"问题时指出:"这就要靠通过不断改革创新,使中国特色社会主义在解放和发展社会生产力、解放和增强社会活力、促进人的全面发展上比资本主义制度更有效率,更能激发全体人民的积极性、主动性、创造性,更能为社会发展提供有利条件,更能在竞争中赢得比较优势,把中国特色社会主义制度的优越性充分体现出来。"[③] 事实上,关于中国特色社会主义"四个自信",其根本在于人的主体性自信。透过改革开放40多年所取得的经济快速发展和社会长期稳定"两个奇迹",可以自信地认为,中国式现代化新道路在实现人与其类本质相统一问题上,做到了目标和手段的辩证统一、合规律性与合目的性的辩证统一。

质言之,相对于资本主义现代化和传统社会主义现代化模式而言,中国式现代

---

① 马克思,恩格斯.马克思恩格斯全集:第42卷[M].中共中央马克思恩格斯列宁斯大林著作编译局,编译.北京:人民出版社,1979:96.
② 马克思,恩格斯.马克思恩格斯选集:第1卷[M].中共中央马克思恩格斯列宁斯大林著作编译局,编译.北京:人民出版社,2012:57.
③ 习近平.习近平谈治国理政:第1卷[M].北京:外文出版社,2018:93.

化新道路致力于以人的逻辑取代资本逻辑进而远离异化的道路上，充分彰显了实现人与人的类本质相统一的价值取向。显然，中国式现代化新道路在使人成为富有激情和创造活力的"自由的人"的道路上朝前迈进了一大步。

五、中国式现代化新道路致力于实现人与外界关系的和谐性而非异化

中国式现代化新道路上的劳动实践本身在追求劳动者与其劳动产品、与其劳动行为、与人的类本质的同在性的同时，必然以实现人与人的和谐为终极价值关怀。换言之，中国式现代化新道路就是致力于实现人和与人相关的各种外界关系的和谐而非异化。

人的本质"是一切社会关系的总和"[①]。马克思在《手稿》中提出"异化劳动"的第四个规定就是从人与他人的关系来看，就是人与人关系相异化。基于"社会"的存在论意蕴，马克思在《手稿》中指出："只有在社会中，人的自然的存在对他来说才是自己的人的存在，并且自然界对他来说才成为人。""社会是人同自然界的完成了的本质的统一，是自然界的真正复活，是人的实现了的自然主义和自然界的实现了的人道主义。"[②] 中国式现代化新道路正是坚持和发展马克思关于人与社会和谐发展的理论，在创新性的中国特色社会主义现代化实践中，一方面最大限度地解构资本主义现代化进程中的"社会达尔文主义""丛林法则"；另一方面打破了传统社会主义现代化进程中的平均主义、主体性缺失等落后观念和做法，而力求构建起不同层面的和谐关系。从关系角度看中国式现代化新道路，可以从国际国内两个层面、三个维度来审视：第一个层面，就人与人、人与社会层面，在国内致力于构建和谐劳动关系；在国外致力于推动构建人类命运共同体；第二个层面，就人与自然的关系层面，中国式现代化新道路致力于超越传统工业文明老路，而走向现代生态文明，从而形成了"五大文明"协调发展新格局。

综观中国式现代化新道路在处理人所涉及的"一切社会关系"的理论与实践，我们不得不承认"人"和"人的价值回归"始终是中国式现代化新道路的出发点和

[①] 马克思，恩格斯.马克思恩格斯选集：第1卷[M].中共中央马克思恩格斯列宁斯大林著作编译局，编译.北京：人民出版社，2012：139.

[②] 马克思，恩格斯.马克思恩格斯全集：第3卷[M].中共中央马克思恩格斯列宁斯大林著作编译局，编译.北京：人民出版社，2002：335.

归宿。或许，这正是中国式现代化新道路之"新"的具体表象和形式背后最深层的独特优势——远离或消除劳动的异化和人的异化。

结　语

中国式现代化新道路正是由于致力于实现人与劳动产品同在而非异化，致力于实现人在其劳动过程中感受到自己的价值和尊严而非异化，致力于实现人与人的类本质的统一性而非异化，致力于实现人与外界各种关系的和谐一致而非异化，才凸显其"新"的优势。但是，以马克思主义人学理论观之，人类的现代化根本在于"人"的本质的回归和人性解放。正如美国社会学家阿历克斯·英格尔斯指出："现代化的关键是人的现代化。"这一点，无论中国，还是世界上其他国家，都还有很长的路要走。但是，中国式现代化新道路在彰显马克思主义人学价值向度方面，毕竟扮演了先行者、引领者的角色，为世界上其他国家实现现代化拓展了新的路径，提供了可资借鉴的方案。

【基金项目】教育部人文社会科学研究青年基金项目"习近平新时代中国特色社会主义思想的人学价值研究"（项目编号：19YJC710032）、四川省大中小学思想政治教育一体化建设研究中心"大中小学社会主义核心价值观教育衔接问题研究"（项目编号：DZX2020B002）的研究成果。

西方现代化与中国式现代化的本质差异及中国作为

哈尔滨远东理工学院　赵永春

2013年12月12日,习近平总书记在中央城镇化工作会议上指出:"现代化的本质是人的现代化。"① 在中国社会转型的重要历史时期,习近平总书记的这一论断有其深刻的理论蕴意和实践的导向性。围绕这一问题,深入研究和探讨西方现代化与中国式现代化的区别,划清西方现代化和中国式现代化理论上和实践上的界限,对于推进中国各项现代化建设事业,具有重大的理论意义和深远的实践意义。

一、西方现代化的发展与人的主体地位的缺失

现代化作为一个历史性的动态概念,在不同的社会历史发展阶段,有不同的内涵、特征和标志,这是人类社会发展由低级到高级纵向坐标呈现出来的基本图式。在这个图式上原始社会有原始社会的现代化,奴隶社会有奴隶社会的现代化,封建社会有封建社会的现代化,资本主义社会有资本主义的现代化,社会主义社会有社会主义的现代化。

现代化以社会生产力发展的最高水平为标志,体现当时社会生产力发展的广度、深度、最高、效率和先进性。在这个意义上,原始社会的现代化以人类的第一大发明弓箭的问世为标志,奴隶社会的现代化因金属工具和青铜器的发明和使用而产生,中国的"四大发明"是封建社会现代化水平具有世界性的亮点,而以瓦特发

---

① 中共中央文献研究室. 十八大以来重要文献选编:上 [M]. 北京:中央文献出版社,2014:594.

明的蒸汽机为标志的18世纪的英国工业革命,大机器在工业领域的广泛使用,把人类社会传统意义上的现代化形态转变为现代意义上的现代化形态。19世纪末20世纪初,以德国的化工革命和美国的电力革命为标志,把人类社会现代化的水平提高到化工合成与电器化时代。20世纪中后期,以原子能的利用、电子计算机、空间技术、信息技术、新材料、新能源、生物工程、海洋工程等高科技的广泛应用,人类由工业社会现代化形态向信息社会现代化形态转变,人类的现代化水平进入人工智能阶段。可见,现代化是一个社会经济、科学技术、文化、管理体制和管理内容的更新,反映的是社会发展的新理念,呈现的是社会发展的时代性、先进性、创新性,是一个与时俱进的概念。生产工具的巨大变革和人类生存技能的高新技术化,是当代社会现代化水平最凸显的标志。

人类社会现代化的历史演进过程,除了由生产力发展的规律决定,还有这样一个基本事实:西方资本主义社会现代化走的是资本催生的道路,这样的现代之所以迅速发展是资本魔幻般催化的结果。马克思说:"总括起来说:生产资本越增加,分工和采用机器的范围就越扩大。"[1] "工厂工人人数的增加以投入工厂的总资本在比例上更迅速得多的增加为条件。"[2] 在资本的作用下,"资产阶级在它的不到一百年的阶级统治中所创造的生产力,比过去一切世代创造的全部生产力还要多,还要大。自然力的征服,机器的采用,化学在工业和农业中的应用,轮船的行驶,铁路的通行,电报的使用,整个大陆的开垦,河川的通航,仿佛用法术从地下呼唤出来的大量人口"[3],这一切成为自由竞争时期资本主义现代化的显著标志。

19世纪西方现代化的产生,在引起社会巨大变革、推动人类社会文明进步的同时,也造成人的主体地位的缺失,给劳动人民带来深重的灾难。马克思指出:"18世纪在英国所引起的最重要的结果就是:由于工业革命,产生了无产阶级。新的工业总是需要大批常备的工人来供给无数新的劳动部门,而且需要的是以前未曾有过的工人。"[4] 由于这些新的工人不占有任何生产资料,成为雇佣工人,成为机器的一

---

[1] 马克思,恩格斯.马克思恩格斯文集:第5卷[M].中共中央马克思恩格斯列宁斯大林著作编译局,编译.北京:人民出版社,2009:741.
[2] 马克思,恩格斯.马克思恩格斯文集:第5卷[M].中共中央马克思恩格斯列宁斯大林著作编译局,编译.北京:人民出版社,2009:523.
[3] 马克思,恩格斯.马克思恩格斯文集:第5卷[M].中共中央马克思恩格斯列宁斯大林著作编译局,编译.北京:人民出版社,2009:106.
[4] 马克思,恩格斯.马克思恩格斯文集:第5卷[M].中共中央马克思恩格斯列宁斯大林著作编译局,编译.北京:人民出版社,2009:106.

部分，成为新的机器，工人彻底丧失了人的主体地位。他们与机器所不同的，他们是资本主义生产关系下的人，他们一方面受资本的剥削和压迫，另一方面受工人之间为获得一份养家糊口的工作开展激烈竞争之苦。由于"分工和采用机器的范围越扩大，工人之间的竞争就越剧烈，他们的工资就越减少"①，工人越来越处于非人的境地。马克思在《1844年经济学哲学手稿》，恩格斯在《英国工人阶级状况》等文本中，都阐述了18、19世纪工人丧失主体地位和生活极其困难的思想，这是人们所熟知的。

在当代，西方发达国家的现代化发展到人工智能阶段。但是，在美国这样现代化的国家仍然存在骇人听闻的"现代奴隶制"。所说的美国奴隶制是指一种强迫劳动，严重侵犯人权的制度，它是美国历史上一道极其丑陋的伤疤。1986年美国国会授权制定的"客工计划"，这是一份帮助美国雇主在不取代美国工人的情况下，满足他们对劳动力的季节性需求的计划。这份计划被前美国劳工部官员李·威廉斯称为"合法化的奴隶制"制度，是"合法化奴隶制"的升级版。美国前众议院筹款委员会主席查尔斯·兰赫尔称"这个计划是我见过的最接近奴隶制的东西"②。在美国还存在"白人至上主义"③。无数事实证明，资本主义现代化的目的是占有财富，而不是人的幸福。

二、中国式现代化的理论蕴意及本质特色

中国式现代化是人类社会现代化的有机组成部分，它遵循生产力发展的规律，在借鉴和吸收西方发达国家先进的科学技术成果的基础，是对人类最先进的社会生产力、科学技术、思想文化理念、管理经验的继承和实践展开。

建设社会主义强国，实现四个现代化，是中国共产党人执政强国的理念。早在20世纪50年代，中国共产党人就把建设社会主义强国实现四个现代化，作为国家发展的战略目标。到60年代中期，周恩来根据毛泽东的建议，首次提出在20世纪

---

① 马克思，恩格斯.马克思恩格斯文集：第2卷［M］.中共中央马克思恩格斯列宁斯大林著作编译局，编译.北京：人民出版社，2009：35.
② 阳光下的罪恶劣：美国的"现代奴隶制"［EB/OL］.（2021-07-14）. http://m.news.cctv.com/2021/07/14/ARTIQpbiQG2XGbcyzxeWUUTr210714.shtml.
③ 阳光下的罪恶劣：美国的"现代奴隶制"［EB/OL］.（2021-07-14）. http://m.news.cctv.com/2021/07/14/ARTIQpbiQG2XGbcyzxeWUUTr210714.shtml.

内，把我国建设成为农业、工业、科学技术和国防现代化强国。历经艰难探索，中国共产党人对建设社会主义强国，实现四个现代化目标的认识日趋深化。建设社会主义强国实现四个现代化，并不以农业、工业、科学技术、国防四个方面为限，而是覆盖社会主义建设事业的各个方面。这个理性认识在20世纪70年代末叶剑英在庆祝新中国成立30周年大会讲话中已经形成。后来，邓小平在多篇文本中也指出，现代化建设的任务是多方面的，各个方面需要综合平衡，不能单打一。这表明中国共产党人对中国式现代化的理论蕴意和基本内容的认识日益成熟。

从党的十一届三中全会到党的十九大，在长达近半个世纪的改革开放实践中，中国共产党人所理解的中国式现代化内涵着中国道路、中国制度、中国理论、中国文化的统一，内涵着国家硬实力上的工业、农业、国防和科学技术现代化的统一，内涵着"高度民主"，"高度的精神文明"与和谐社会的统一，内涵着改变我国社会传统的生产方式、生活方式、思维方式和行为方式，重组我国社会经济结构、城乡结构、社会阶层结构，确立新的生产方式、生活方式、思维方式、行为方式的统一。习近平总书记在党的十九大报告把中国式现代的内涵凝练成："把我国建设成为富强民主文明和谐美丽的社会主义现代化强国。"① 至此，中国共产党人对中国式现代化的认识从"四个现代化"的局部层面上升到经济、政治、文化、社会和生态的层面。中国特色社会主义现代化建设的整体布局，从"三位一体"和"四位一体"发展为"五位一体"。这是中式现代化最壮丽的外观。

从人学的视野审视中国式现代化的内涵，不难发现：中国式现代化解决的不仅是经济目标质的提升和量的扩张问题，也不仅是科学技术发展的时代性、先进性和抢占科学技术制高点的问题，更重要的是实现人的主体性和人的全面发展问题。习近平总书记指出，"现代化的本质是人的现代化"，这一精辟论述深刻揭示出中国式现代化与西方国家现代化的本质区别。中国式现代化呈现出鲜明的以人为本的特征。

第一，在中国式现代化产生的人的心理感受性上，中国式现代化是中国人民实现中华民族伟大复兴中国梦美好理想的实践展开，凝聚着近代以来中国人民实现国家富强、民族振兴的伟大梦想和夙愿。但是，近代以来一代一代先进的中国人为此而进行的不懈奋斗都失败了。自从有了中国共产党，中国发生了翻天覆地的大变

---

① 习近平. 在中国共产党第十九次全国代表大会上的报告［DB/OL］. 习近平系列重要讲话数据库，2017-10-28.

化。100年来，中国共产党人不忘初心，牢记使命，领导人民取得了新民主主义革命的伟大胜利，建立了中华人民共和国，中国人民实现中华民族伟大复兴中国梦的美好理想得以在实践上展开。这是中国其他任何阶级和政党不可能做到的事情。

第二，在中国式现代化实现的人的生活目标上，中国式现代化是要解决我国新时代"人民日益增长的美好生活需要和不平衡不充分的发展之间的矛盾"①，通过解决这个主要矛盾，实现"两个百年"奋斗目标，让人民"有更好的教育、更稳定的工作、更满意的收入、更可靠的社会保障、更高水平的医疗服务、更舒适的居住条件、更优美的环境"，让"孩子们能成长得更好、工作得更好、生活得更好"②。这是实现人的全面发展的前提条件。

第三，在中国式现代化展现出来的人的存在形式上，中国式现代化必然为中国人民提供国家富强、社会和谐、环境美丽的生活环境。中国式现代化是人与自然和谐共生的现代化。中国人民在美好的生活环境中，实现环境创造人，人也创造环境的良性互动。这正是中国式现代化打造出来的中国人民存在状态的美丽外观。

第四，在中国式现代化实现的政治目标上，中国式现代化秉承"人民就是江山"的理念，坚持以人为本，全面提高人民群众依法管理国家事务能力，建立和完善人民代表大会政治制度，中国共产党领导的多党合作制度、民族区域自治制度、基层群众自治制度，实现国家治理体系现代化，建设高度民主的国家，充分保障人民民主，实现人的主体性。中国共产党的领导，人民当家作主与依法治国的有机统一，是中国式的现代化的政治标志。

第五，在中国式现代化对人的素质诉求上，中国式现代化要求实现人的全面发展。一方面，在经济上努力增加国民经济发展总量，提高国民经济发展质量，为推动人的全面发展创造各方面有利条件；另一方面，在人的整体素质上，努力促进科学、教育、文化、医疗卫生、社会保障、公共服务各方面的发展协调，大力培养政治觉悟高、思想性强、理念先进，掌握先进的科学技术和管理经验，具有创新意识、勇于拼搏进取的各方面人才，以适应中国式现代化对人的全面发展的要求。人的全面发展既是实现中国式现代化的重要保障，又是实现中国式现代化的核心目标。

---

① 习近平.决胜全面建成小康社会 夺取新时代中国特色社会主义伟大胜利：在中国共产党第十九次全国代表大会上的报告［M］//中国共产党第十九次全国代表大会文件汇编.北京：人民出版社，2017.

② 习近平.习近平谈治国理政：第1卷［M］.北京：外文出版社，2008：4.

三、实现中国式现代化的中国作为

中西方现代化的本质差异性，客观上要求我们在思考中国式现代化所应有的作为时，必须借鉴西方发达国家实现"四个现代化"的历史经验教训，又要认真总结自己的经验，走自己的路，方能大有可为。

首先，实现中国式现代化，中国不搞对外掠夺和扩张。当今世界处于百年不遇大变局，在这样的历史条件下，实现中国式现代化，"我们要坚持多边主义，不搞单边主义；要奉行双赢、多赢、共赢的新理念，扔掉我赢你输、赢者通吃的旧思维"[1]。坚持走和平发展道路，将自身的发展经验与世界各国共享。

其次，实现中国式现代化必须坚持以人民为中心的发展思想。在实现"四个现代化"的依靠力量上，紧紧依靠人民群众，充分发挥人民群众的积极性、主动性和创造性，充分发挥人民群众在推动社会进步，创造历史，实现中国式现代化的决定性作用；在建设中国式现代化的成果上，坚持以保障和改善民生为重点，发展各项社会事业，让现代化的成果由人民共享；在实现人民群众的主体性上，保证人民平等参与权、决策权、监督权、平等发展的权利，使人民真正成为国家的主人；在实现中国式现代化的理念上，使人民坚持中国特色社会主义道路自信、理论自信、制度自信、文化自信，坚持社会主义核心价值观，坚持马克思列宁主义、毛泽东思想、中国特色社会主义理论体系，坚持习近平新时代中国特色社会主义思想，坚定不移地走建设中国特色社会主义道路。

再次，实现中国式现代化，必须处理好三个关系。一是处理好中国式现代化发展与实现人的现代化的关系。中国式现代化和人的现代化始终是互相渗透、互相促进的关系。即要用国家的现代化促进实现人的现代化，使人具有中国式现代化的政治理念、科技理念、经济理念、文化理念、民族精神和适应现代化建设发展的素质，又要用人的现代化促进国家现代化的发展。二是处理好经济发展与人的全面发展的关系。经济发展是实现人的全面发展的物质前提，没有物质财富的大发展，就不可能实现人的全面发展。三是处理好中国式现代化和世界人民共同发展的关系。

---

[1] 七问：疫情下的全球化何去何从？[N].人民网，2020-05-31.

中国式现代化的发展离不开世界，世界也离不开中国。因此，我们既要有现代化的国际视野，不断吸收国外最先进的科学技术，加快实现中国式现代化，又要秉承建设人类命运共同体的理念，同世界人民一道，建设中国式现代化。中国式现代化既是中国的，又是世界的。中国必将为世界作出更大的贡献。

社会主义的现代化对人的现代化的基本要求

复旦大学马克思主义学院　林　青

一、社会主义现代化对人的一般要求

就现代化的一般逻辑而言，主要是指西式现代化。这种现代化基本上与资本主义生产方式同时诞生的，或者说资本主义生产方式催生了现代化的进程。在这个进程中，一方面是发达商品经济所实现的人的经济交往方式的变革，另一方面是资产阶级所实现的"政治解放"所带来的政治生活的变革。这双重的变革是西式现代化最大的框架。这个框架的社会效应就是个人主义原则成为社会的主导原则。经济活动得益于以土地的绝对人身依附关系的解除，而政治活动不再依附于某个外在的组织，比如某个特殊的行会、出身（家庭）、阶层、宗教等。理性经济人就是其典型的人的存在样态。这意味着要在资本主义这种生产方式下进行有效社会生产和社会交往，就必须实现向这种人的存在样态的转换。那些所谓的宗法的关系、行会的师徒关系等原则下的人的存在样态要得到彻底的革新，以适应现代化的需要。这是资本主义现代化对传统社会人的存在样态的否定。

而社会主义现代化对人的现代化的要求，在一定意义上是对资本主义现代化情境中的人的现代化存在样态的否定。从一般意义上来说，就是首先要扬弃这种原子式的、个人主义的原则。就像马克思在《关于费尔巴哈的提纲》中所说的，旧唯物主义立足于市民社会，新唯物主义立足于人类社会或社会化的人类。这种人的存在样态，就不再是一种个人主义的存在。当然，这种存在不是人的主观意识的产物，而是与社会主义的生产模式相关。马克思恩格斯在《德意志意识形态》中讨论真正社会共同体时强调，自由人的联合体是联合起来的个人重新驾驭那些曾经管理着人的那些物的力量。这些物的力量是资本主义现代化所带来的、现代社会发达生产力的一种体现。联合起来的人驾驭这些物的力量，就是驾驭现代社会的生产力。这是社会主义现代化的前提。从这个判断，我们可以得出两点启示，一个是社会主义现代化的人，不再是个人主义式的存在，而是联合型的。这种联合性的人，马克思在后来的《大纲》中给出了一个说法，叫作"社会个人"。马克思认为，社会仅仅存在于构成社会的个人之中并通过这些个人而存在。后来古尔德直接使用了"社会个人的共同体"来描述社会主义中人的存在样态。真正的共同体意识是社会主义所要求的。另一个启示就是科学地对待"曾经管理着人的那些物的力量"，这涉及如何理解现代社会，涉及对人的社会认知的要求。

二、社会主义现代化对人的要求还体现在对社会主义论题的言说方式上

社会主义现代化是一个进程。就像马克思恩格斯在《德意志意识形态》中所说的一样，社会主义是一场运动，其条件是由现实过程来提供的。所以，对于社会主义、社会主义现代化的探索，必须要立足于现代社会的基本条件。在一定意义上，这就需要人们要在现有的现实条件中来寻找社会主义现代化的路径。这就要求人们正确对待传统的社会观念。这涉及人的观念的现代化。马克思恩格斯在《共产党宣言》中所说的"两个决裂"的其中一个就是同传统的观念的决裂。这就要求在对社会主义论题上，要有合适的言说方式，这种言说方式的基本底色是唯物史观的，但基本的内容是来自正在进行的社会实践过程。因此，不能简单地套用传统观念和传统的价值观来做社会主义现代化的阐释。这种简单套用，不仅不能解决社会主义现代化的问题，反而在一定程度上会误导社会主义论题的讨论。这一方面要求人的现代化必须要有对社会现实条件深刻的把握和认识能力，在此基础上寻找激发实现社会主义现代化的条件。另一方面是在社会观念上要实现自我革命，从而形成与社会主义现代化要适应的时代精神或者时代意识。只有这样，对社会主义现代化的讨论才会是一件"现代化"的事情，才能避免以一种非现代化或前现代化的方式来讨论一个现代化的事情。

三、社会主义现代化在独特中国语境中对人的现代化的具体要求

一个是对现代社会的基本认知，或者说对西式现代化的基本认知。中国的社会主义现代化进程因为缺乏一个完整的资本主义发展历史，所以这更加要求我们在现代化的探索进程中，首先要在社会认知层面实现现代化。这就是对现代化、对资本主义的文明成果及其历史界限要有一个整全的认知。

在马克思恩格斯那里，社会主义本身并不是一个追求现代化的进程，而是一个扬弃现代化的进程。但落后地区和国家完成社会主义革命之后，核心的问题就是自身现代化的问题。按照马克思恩格斯的论述，这个现代化本身应该是在资本主义社会中达到和完成的。在这种经济发展与政治制度错位的情况下，就需要思考社会主义国家的现代化问题。这个问题不是一个简单地回复到资本主义阶段的操作，而是如何驾驭人类历史上已有的资本主义现代化成果。

因此，社会主义现代化的一个重要前提就是：在社会生产力还没有完全现代化的前提下，我们在认知层面要先实现这种现代化。这就对社会主义社会中的人的认知提出了要求。不能说，马克思恩格斯已经完成了对现代化的扬弃，就是意味着我们在现实生活中就完成了这种扬弃。因为我们本身并没有经历现实中的这个过程。我们是在理论认知上"先行"地完成这个过程。

这就反过来揭示了马克思恩格斯经典著作的重要性，比如《共产党宣言》。这是一部讨论现代化社会的诞生与变奏的文献，讨论了现代资产阶级社会诞生的历史进程。在对这个进程的理论描述中，我们可以看到现代化的一些基本内容，比如大工业生产所带来的发达的商品经济、城市化、科学技术，这些都是现代化的基本手段。社会主义的现代化在一定意义上也是在借用这些手段，因为我们并没有创造出一套完全有别于西式现代化的现代化模式，关键问题在于如何在社会主义的原则下来驾驭这些手段。而前提就是对资产阶级社会的现代化有一个完整的认识。既有肯定性的认识，同时也有否定性的认识。在这一点上，人的现代化是极其重要的，尤其是社会主义现代化语境中人的现代化问题。社会主义现代化对人的现代化提出的要求就是人必须要有现代意识，这表现为对现代化进程中各种社会要素在其中发挥作用的客观的认识和评价。在此基础上来展开对社会主义现代化的思考。

全面建设社会主义现代化国家进程中女性发展的人学思考

河北省社会科学院 覃志红

随着第一个百年奋斗目标——全面建成小康社会的实现，全面建成社会主义现代化强国的第二个百年奋斗新征程已经开启。新征程提出新的目标和要求，也为中国女性发展带来新的机遇和挑战，从人学的视野加以前瞻性审视，可以为更好地促进妇女与经济社会同步发展提供理论支撑。

一、新征程新目标与中国妇女运动的时代主题

只有正确认识国家所处的历史方位，精准界定民族所处的发展阶段，才能明确女性发展的目标和任务并找到实现的途径。全面建设社会主义现代化国家新征程的开启，标志着我国已进入了一个新的发展阶段。进入新发展阶段、贯彻新发展理念、构建新发展格局，成为中国现代化新征程发展的三个要素，也是当前女性现代化发展的重要前提和依据。

新阶段，面对世界百年未有之大变局，我们要深刻认识当前我国社会主要矛盾变化带来的新特征、新要求，深刻认识错综复杂的国际环境带来的新矛盾、新挑战。2020年，突如其来的新冠肺炎疫情和愈演愈烈的逆全球化思潮，再一次让人们看到发展中的风险和挑战。只有抓住机遇，乘势而上，才能推动我国现代化建设取得新的成就。新阶段要坚定不移贯彻创新、协调、绿色、开放、共享的新发展理念。理念是行动的先导，管全局、管根本、管方向。新发展理念充分体现了中国特色社会主义事业再创新辉煌的内在要求，充分体现了新时代人民对美好生活的向

往。新发展阶段面临新机遇、新挑战。贯彻新发展理念，必须与把握新发展阶段、构建新发展格局相统一，以转变发展方式为原则，以质量变革、效率变革、动力变革为路径，以实现更高水平、更高质量、更有效率、更加公平、更可持续、更为安全的发展为目标，切实把新发展理念贯穿发展全过程和各领域，夺取更多、更大的胜利。新发展阶段是我们面临的实际情况，也是我国现代化发展的历史方位；新发展理念是我们的行动哲学，明确了我国现代化建设的指导原则；新发展格局是我们的战略布局，也明确了我国全面现代化的路径选择。

实现现代化是近代以来中国人民梦寐以求的夙愿，实现中华民族伟大复兴是近代以来中华民族最伟大的梦想。党的十九大报告中指出，新时代"总任务是实现社会主义现代化和中华民族伟大复兴"①。这既是党和国家工作大局，也是当代中国妇女运动的时代主题。

现代化的进程，同样是妇女解放的过程。纵观历史，没有妇女解放和进步，就没有人类解放和进步。马克思早就把妇女的解放看作人类解放的重要标志，但这种解放显然不仅是一个被动的过程，而且还是当事者积极参与的过程。因而女性只有把自身发展与国家相系、与时代相契合，才能谋求自身的解放与进步。

二、从"现实的人"视角看中国女性发展现状

马克思主义人学理论中的人，不是抽象的人，而是"现实的人"，"人的本质不是单个人所固有的抽象物，在其现实性上，它是一切社会关系的总和"②。在马克思和恩格斯看来，人总是生活在一定的社会关系中，是实践着的、活生生的、现实的、社会的、历史生成中的人。因而在分析妇女问题产生的根源时，一方面要看到男女两性间的自然差异，要承认两性间的生理和性别差异；另一方面还要看到男女两性的社会差异，以及因性别差异而导致的性别歧视，并探究造成这种性别歧视的历史根源。离开妇女问题赖以产生的社会历史条件，脱离对现实问题的具体分析，妇女问题的探讨只能停留于表面。

人类社会在走向现代化的过程中，离不开妇女的发展。马克思提出了"两种

---

① 习近平. 在中国共产党第十九次全国代表大会上的报告［DB/OL］. 习近平系列重要讲话数据库，2017-10-28.
② 马克思，恩格斯. 马克思恩格斯选集：第1卷［M］. 中共中央马克思恩格斯列宁斯大林著作编译局，编译. 北京：人民出版社，1995：56.

生产"理论，肯定了女性在社会物质生产和人的生产中的不可替代的贡献。毛泽东"妇女能顶半边天"的表述更是深入人心。习近平总书记强调："妇女是物质文明和精神文明的创造者，是推动社会发展和进步的重要力量。没有妇女，就没有人类，就没有社会。"[①] 现代化的程度和标准，从一定意义上讲，必须以妇女发展为尺度。尤其像中国这样一个从几千年封建社会走出来的发展中国家，实现现代化必须加快妇女发展的进程。我们党始终坚持把实现妇女解放和发展、实现男女平等写在自己奋斗的旗帜上。

新中国成立70多年，我国在促进妇女发展和男女平等方面取得了重大进展。党的十八大以来，以习近平同志为核心的党中央站在党和国家事业发展全局的高度，将促进男女平等和妇女全面发展放在统筹推进"五位一体"总体布局和协调推进"四个全面"战略布局的大格局之中。在2015年全球妇女峰会上，习近平总书记提出了促进男女平等和妇女全面发展的4点主张：推动妇女和经济社会同步发展；积极保障妇女权益；努力构建和谐包容的社会文化；创造有利于妇女发展的国际环境。《中国妇女发展纲要（2021—2030）》中指出，"妇女是人类文明的开创者、社会进步的推动者，是全面建设社会主义现代化国家的重要力量。"党的十八大以来，"妇女参与经济社会发展的能力和贡献率明显提升，社会地位显著提高，合法权益得到有效保障，健康状况得到极大改善，受教育程度不断提高，参与决策和管理的途径更加多元，社会保障水平稳步提升，在家庭生活中的重要作用进一步彰显，发展环境日益优化。妇女事业和男女平等发展取得了历史性新成就"[②]。

中国的妇女解放先后经历了身体层面的解放（放开裹足），到争取经济、政治、法律等权利的社会层面解放，再到心理和价值层面的主体意识觉醒的解放历程。而这最后一个层面，即实现女性在心理意义和观念上的解放，则是一条更为艰难的解放道路，也是一种更具深刻意义的解放。

在现代化进程中，职业妇女扮演着社会与家庭诸多方面多重的角色，现代科技的创新与智能生产逐渐缩小了生产者的性别差异，使得女性可以在时间、精力、能力和资源分配上寻求平衡，但也常常会面临矛盾与冲突。据智联招聘联合宝宝树发布的《2020中国女性职场现状调查报告》显示，目前中国职场女性整体薪酬低于

---

① 习近平.促进妇女全面发展 共建共享美好世界：在全球妇女峰会上的讲话[N].人民日报，2015-09-28.
② 中国妇女发展纲要（2021—2030）[N].全国妇联女性之声，2021-09-28.

男性 17%，收入差距迅速拉近；女性领导力被普遍认可，但女性领导者依然凤毛麟角；"职业性别"不平衡，男性多在技术岗，女性多在职能岗；生育是女性职业发展的主要瓶颈，职场妈妈在育儿和工作中分身乏术，部分职场女性正在逃离婚育……①

进入新时代，我国社会主要矛盾发生历史性变化，妇女群众对美好生活的需要日益广泛，妇女发展的不平衡不充分问题仍然突出。正如国家主席习近平在全球妇女峰会上的讲话中说到的："各国各地区妇女发展水平仍然不平衡，男女权利、机会、资源分配仍然不平等，社会对妇女潜能、才干、贡献的认识仍然不充分。现在全球 8 亿贫困人口中，一半以上是妇女。每当战乱和疫病来袭，妇女往往首当其冲。面对恐怖和暴力肆虐，妇女也深受其害。时至今日，针对妇女的各种形式歧视依然存在，虐待甚至摧残妇女的事情时有发生。事实证明，实现男女平等，还需要我们付出巨大努力。我们要不懈努力，为妇女事业发展开辟广阔道路。"②

三、从人的自由全面发展目标看妇女的现代化

人类作为社会文明进步的创造者和接受者，其全面发展是社会发展的必然趋势。同样，作为人类主要组成部分的女性的地位逐步提高、女性独立人格的形成也是历史的必然。从本质上来说，人始终是实现社会现代化的个体，并且是处在社会发展阶段上、处在一定社会关系中的现实的主体。在既定的实体条件和关系条件下既创造和更新个体世界也在创造和更新着主体自身。如果从人的整体发展与社会发展的统一视角来看，首先要解决的问题是应当通过什么途径来实现人的现代化。从一定意义上说，女性现代化的实现程度和实现水平决定了人的现代化的实现程度和实现水平。而现代化作为一个社会进步的过程，对妇女的影响也是多方面的。

（一）自我觉醒

信息网络技术打破了旧的生产局限，为男女两性平等协调发展创造了更多便利条件，由此所产生的与妇女相关的、适应妇女地位变化的新的道德伦理观念，还男

---

① 参见《2020 中国女性职场现状调查报告》。
② 习近平. 促进妇女全面发展　共建共享美好世界：在全球妇女峰会上的讲话［N］. 人民日报，2015-09-28.

女之间真正的平等，形成适应知识经济发展的妇女的健康心理。科技进步、观念更新使女性的主体意识开始回归，秉持平等、差异、协调的性别意识，她们强烈地意识到自己是社会性与家庭属性的统一，"事业与家庭兼顾"日渐成为广大女性的主流思想，这是女性自我意识的真正觉醒，也是自我角色理想的完美追求。女性自我意识的觉醒与自身素质的提高又演绎出价值观、世界观、人生观、家庭婚姻观、生育观等的变革，她们崇尚自由平等，追求自我价值的社会实现；她们胸怀国家与民族，放眼世界与未来，树立"自尊""自信""自立""自强"的坚定信念，当代中国妇女只有在主体意识得到强化，心理深层有所觉醒，思想上有所成熟时，才能在观念上爆发深刻的革命，真正完成现代化的转型，成为真正意义上的"半边天"。

（二）全面发展

从"完整的人"认识女性存在之本，从"整体的人"把握女性解放之路，是马克思主义人学思想的本质要求。马克思在《1844年经济学哲学手稿》中强调："人以一种全面的方式，就是说，作为一个总体的人，占有自己的全面的本质。"[①] 因此，人是一种自然产物，也是一种社会产物，而劳动和创造作为人的本质特征，又赋予了人精神属性。自然存在、社会存在、精神存在，构成了人的存在的金字塔，自然性、社会性、精神性，构成了人的三重属性。

全面建设社会主义现代化国家是经济、政治、文化、社会、生态文明共同推进的现代化，从妇女生存发展的基本需求出发，着力解决关涉妇女切身利益的现实问题，努力实现妇女在政治、经济、文化和社会等各方面的全面发展就成为题中应有之义。

（三）自由人格

中国女性现代化的发展正处在世纪之交的关键时刻，占我国人口半数的女性在创造人类文明和推动社会发展中具有巨大的推进作用。在一个社会中，女性受教育的水平，女性被认可的程度，女性价值观的层次，女性对社会成员的影响能力直接关系全社会人的现代化的实现程度。实现女性在心理意义和观念意识上的解放，是一条更为艰难也更具深刻意义的解放之路。而这种思想和心灵的解放更多是通过接

---

① 马克思，恩格斯.马克思恩格斯全集：第3卷［M］.中共中央马克思恩格斯列宁斯大林著作编译局，编译.北京：人民出版社，2002：303.

受现代教育来实现的。女性受教育水平关系到女性的自我认知、自我调适、自我发展的自觉程度,关系到女性经营婚姻家庭的态度和能力,也就在很大程度上影响着家庭与社会的和谐。只有女性具备成为一名现代人的基本条件,才能够在现代社会充分发挥女性的积极作用。如今社会已经普遍意识到教育关系到民族的未来。儿童,特别是女童的教育不仅仅涉及其自身的发展,也涉及下一代的成长。女性教育水平的提高非常有利于女性自身及其家庭甚至后代,女性有了文化,女性有了思想,就会潜移默化地对其他社会成员进行教育和培养。从这个意义上说,获得"七一勋章"的张桂梅老师以忘我的精神坚持办免费女子高中10年,助力山区女孩走出大山,接受现代教育,开启崭新人生,意义重大而深远。

四、构建现代化发展新格局中汇聚"她力量"

人既在特定的历史环境中生成,是历史的产物,又肩负着构建未来的使命,是未来社会的创造者。这一思想是历史唯物主义和马克思主义人学的重要内容和重要方法论原则,也为女性的全面自由发展提供了实践遵循。恩格斯指出:"妇女解放的第一个先决条件就是一切女性重新回到公共的事业中去。"① 毛泽东也曾说:"要真正求得社会解放,就必须发动广大的妇女参加;同样,要真正求得妇女自身的解放,妇女们就一定要参加社会解放的斗争。"②

人是"他们本身历史中的剧中人和剧作者",作为"剧中人",女性的发展现状是社会历史综合作用的结果。而作为时代的"剧作者",女性应担负重要的时代使命。同时,女性也是个人的"剧作者",应充分发挥自身潜能,书写全面自由发展的精彩人生。女性解放既要利用好中国全面建设社会主义现代化国家的战略机遇期,也要在自身解放发展的同时推进中国社会的改革创新。

一来在立法、政策及具体项目层面,应将社会性别与发展相融合,在思考问题和制定政策时将男女两性的利益放在同等重要的地位来考虑,即将男女都视为社会主体,同时也要对女性生育阶段的独特性给予充分考量,以保证男女能够真正平等地分享社会发展的成果。

---

① 马克思,恩格斯.马克思恩格斯文集:第4卷[M].中共中央马克思恩格斯列宁斯大林著作编译局,编译.北京:人民出版社,2009:88.
② 毛泽东.毛泽东文集:第2卷[M].北京:人民出版社,1993:169.

二来在思想文化层面上，需要将传统文化与现代文明进行有机整合，形成符合人类整体利益的文化形态，为妇女塑造独立、自信、自强、勇于开拓的健康人格提供有益的社会人文环境。

三是注重发挥妇女在家庭生活中的独特作用，推动社会主义核心价值观在家庭落地生根，形成爱国爱家、相亲相爱、向上向善、共建共享的社会主义家庭文明新风尚。

四是创造社会条件鼓励女性突破传统观念定向的交往圈子，发扬传统的利他主义精神，积极参与践行公益慈善和志愿活动，汇聚"她力量"，融入和契合全面建设社会主义现代化国家的实践，在全面建设社会主义现代化国家的新征程中，做伟大事业的建设者、做文明风尚的倡导者、做敢于追梦的奋斗者。

中国式现代化的道路探索及其经验启示

北京大学习近平新时代中国特色社会主义思想研究院　董　彪

现代化是整个人类文明的革命性变革，是广大发展中国家摆脱落后面貌的必由之路，也是中国实现民族复兴的战略支撑。鸦片战争后，在西方列强坚船利炮的攻击下，中国被动地进入资本主义世界体系，开始了缓慢的现代化进程。但新中国成立后，中国才真正走上独立的现代化道路。进入新时代，中国共产党明确将建设社会主义现代化强国、实现中华民族伟大复兴作为坚持和发展新时代中国特色社会主义的奋斗目标。中国的现代化道路越走越宽、越走越好，不仅对中国人民和中华民族具有重大意义，对于世界社会主义运动、发展中国家的现代化建设乃至人类文明的发展都具有重要意义。

一、现代化：从资本主义到社会主义

所谓现代化，就是从传统社会向现代社会转变的过程，是人类社会从物质生产、政治结构、日常生活、精神风貌等的整体转型。"现代化"最早可追溯到欧洲中世纪经院神学，其真正思想开端是启蒙运动。启蒙运动高扬人的理性、确立了人的主体性地位，奠定了人类知识增长、科学发展的人学基础；同时，它把进步变成人类的基本信念，人类社会从此被当作不断发展、不断跃迁的过程，自由、民主、平等、幸福成为人类普遍的价值追求。尽管启蒙运动为"现代化"提供了思想背景和精神支撑，但现代化真正变成现实则是由工业革命推动的。18世纪60年代肇始于英国英格兰中部地区的工业革命，推动了资本主义生产由工场手工业向机器大生产的发展，使人类的生产方式和交往方式发生了划时代变革，而与之相适应的资产阶级革命则推动着资产阶级民主制度、资产阶级文化以及资产阶级生活方式的形成。物质生产的工业化、政治活动的民主化、生活方式的城市化、精神风貌的个人化，等等，表征的正是社会发展核心动力、社会关系结构形式以及社会文化基本样式的转型，即传统社会向现代社会转型。

资本主义是现代化的开拓者和支配者，它不仅利用资本的力量改变了民族国家自身的面貌，而且通过商品输出、资本输出、军事侵略等殖民扩张手段改变了世界的面貌，现代化由此成为世界历史的过程。但是，由资本全球化所推动的现代化并不是均质的、公正的，它建立的是以资本主义生产方式为主导、充满着矛盾和冲突的全球性的文明等级秩序。在乡村从属于城市、未开化半开化国家从属于文明国家、农民民族从属于资产阶级民族、东方从属于西方的背后，隐藏着人与自然、资产阶级与无产阶级、压迫民族与被压迫民族之间的深刻矛盾。

作为历史唯物主义的创立者，马克思既看到了资本主义所产生的、推动全球现代化的普遍性力量，也探索了不经历资本主义发展阶段而走上社会主义现代化道路的可能性。他在分析资本主义生产起源时，把劳动者和生产资料分离、剥夺农民的运动的历史必然性严格"限制在西欧各国的范围内"，并指出如果将这种历史概述变成一般发展道路的历史哲学理论，认为"一切民族，不管它们所处的历史环境如何，都注定要走这条道路"[①]，那就会给他本人"过多的侮辱"。可见，马克思揭示的现代化一般规律与实现规律的具体道路是不同的，道路的多样性不仅丝毫不排斥规律的必然性，反而是规律自我实现的体现。人类社会由前资本主义社会向资本主义社会，再向社会主义社会和共产主义社会的发展，是世界历史也就是"大历史观"意义上的一般发展规律，但它并不否定不同的民族、国家根据具体国情探索跨越式发展道路的可能性。马克思晚年提出的东方社会理论，探索了俄国农村公社不经历资本主义的"卡夫丁峡谷"直接过渡到社会主义的理论可能性，其条件包括俄国公社与世界市场保持充分联系、保留一定集体劳动、避免资本主义生产的波折而吸收其积极成果，等等。十月革命的胜利以及苏俄的社会主义建设实践则使跨越资本主义的社会主义现代化成为现实。1920年，列宁提出了"共产主义就是苏维埃政权加全国电气化"的著名论断，强调实现全国电气化、把小农经济变成大工业经济对于巩固苏维埃政权和战胜资本主义的重要性。实际上已经把生产力和生产关系相对剥

---

① 马克思，恩格斯.马克思恩格斯文集：第3卷[M].中共中央马克思恩格斯列宁斯大林著作编译局，编译.北京：人民出版社，2009：466.

离，将物质财富创造能力和科学技术中性化，因此，社会主义对资本主义的扬弃就不是完全抛弃资本主义生产方式（生产力和生产关系的结合），而是消灭资本主义生产关系，在社会主义生产关系及其上层建筑的基础上利用资本主义生产力成果。1940年，苏联已经成为世界第二大经济体，其国民生产总量仅次于美国。资本主义国家用几乎百年才走完的工业化历程，苏联仅仅用了十几年就完成了。苏联社会主义现代化模式的成功开辟，不仅给全世界无产阶级极大的鼓舞，也为新中国现代化事业的发展提供了重要经验。

二、中国的现代化：从追随模仿到赶超引领

根据发生时间、动力机制的不同，可以将现代化大致分为先发内生型现代化（或先发引领型现代化）和后发外生型现代化（或后发追赶型现代化）。前者以英法为代表，这些国家的现代化具有时间早、资源足、空间大、竞争压力小等优势，因而采取了实行私有制，发展自由市场，以轻工业带动重工业、以自发性力量推动内部新陈代谢的发展模式。后者以德日为代表，由于这些国家内部的经济发展较为落后，外部又面临着早发现代化国家的竞争，因而特别重视国家计划和政府引导，并且采取了以重工业带动轻工业的方式发展模式。

19世纪中叶，在西方坚船利炮的攻击下，中国被迫打开国门并卷入资本主义世界体系，由接受朝贡的"天下国家"变成了半边缘化的"民族国家"。先进中国人从各个方面学习资本主义，试图实现从器物到制度再到文化层面的现代化。但从19世纪中叶到20世纪中叶的百年时间里，中国的现代化只是零星的、局部的，在地域上往往被限制在中国东部和沿江沿海城市，在产业上往往被限制在部分轻工业、运输业和服务业领域。中国没有真正走上独立自主的道路，更没有形成系统化的、内生性的现代化力量。客观地说，外国资本主义的入侵破坏了中国的自然经济，为中国的商品经济和资本主义发展创造了一定条件，但帝国主义的目的不是将中国变成资本主义国家，而是勾结封建主义势力把中国变成它们的半殖民地[①]。

历史表明，中国选择社会主义现代化道路的必然性恰恰在于中国选择资本主义现代化的不可能性。十月革命一声炮响，为中国送来了马克思列宁主义，给中国的革命事业和现代化事业带来了全新的可能性。自成立时起，中国共产党就把将中国

---

① 毛泽东. 毛泽东选集：第4卷［M］. 北京：人民出版社，1991：1470.

建设成为一个独立、民主、自由、统一和富强的国家作为奋斗目标。在中国共产党的领导下，中国取得了新民主主义革命胜利，走上了社会主义道路，开辟了中国特色社会主义事业。

一是"站起来"阶段，中国采取"以苏为师+自主探索"的模式，奠定了现代化的根基。经过28年的奋斗，中国共产党带领中国人民推翻了"三座大山"，实现了国家的独立和统一，为现代化建设奠定了坚实的基础。在解放战争时期，中国共产党就开始了政治、经济和社会生活方面的现代化探索，为夺取全国政权后的现代化建设积累了宝贵经验。新中国成立后，为尽快摆脱积贫积弱的农业国面貌，中国学习苏联的社会主义现代化模式，实行高度集中的计划经济体制，优先发展重工业。在随后20多年里，中国建设了一批重大工程和重大项目，农业现代化、科学技术现代化、国防现代化获得快速发展，人民生活水平进一步提高。新中国成立30年来，中国的现代化建设取得重大成就的同时，也存在偏重生产关系革命而忽视生产力的根本性地位、过度依赖计划经济体制而忽视市场的作用和经济主体的活力、忽视对外开放对现代化建设的重大意义等问题。但总体说来，这些累进式、赶超式发展成果，不仅使中国的社会主义制度更加巩固，中国的综合国力和国际地位进一步提高，而且也为我国进一步推动现代化建设创造了坚实基础。

二是"富起来"阶段，中国通过市场经济改革和对外开放，加快现代化建设的步伐。党的十一届三中全会后，中国摆脱了苏联模式，逐渐走上了中国特色社会主义道路，进入社会主义现代化建设的新阶段。首先，把经济建设作为党和国家的中心工作，把改革本身视为一场革命，重新确立了社会主义现代化建设的重要地位。其次，实行改革开放的基本国策，充分利用自身比较优势，积极融入经济全球化和加入世界贸易组织，在学习世界、贡献世界的过程中开辟了现代化建设的全新格局。再次，建立社会主义市场经济体制，充分利用并驾驭资本，激发市场主体活力、提升劳动生产率水平、推动各类创新中的作用，防止资本权力造成的贫富分化、阶层固化等问题，为解放和发展生产力、促进现代化建设、实现全社会共同富裕提供了强大动力。最后，形成了包括"初级阶段论""主要矛盾论""主要任务论""市场经济论""判断标准论"在内对社会主义建设规律的系统认识①，并把现代化建设从器物、技术层面拓展到政治、经济、文化、教育、社会生活等各个方面，

---

① 韩庆祥，等.哲学思维方式与领导工作方法[M].北京：中共中央党校出版社，2014：49.

深化了对中国特色社会主义现代化建设的理论探索。这一时期的现代化建设问题在于发展不平衡不充分的问题日益突出，关键技术领域存在重引进模仿轻自主创新的缺陷，"两头在外"的格局增大了经济发展风险，生态环境问题日益突出等。

三是"强起来"阶段，中国推动"四个全面""五位一体"的布局，推动现代化强国的建设。党的十八大以来，中国共产党抓住社会主要矛盾发生转化的基本事实，坚持党的全面领导、坚持以人民为中心，统筹推进"五位一体"总体布局、协调推进"四个全面"战略布局，在改革稳定发展、内政外交国防、治党治国治军中取得了重要成就，中国的现代化建设进入新的发展阶段。中国式现代化呈现出并联式赶超的特征。正如习近平总书记指出："西方发达国家是一个'串联式'的发展过程，工业化、城镇化、农业现代化、信息化顺序发展，发展到目前水平用了二百多年时间。我们要后来居上，把'失去的二百年'找回来，决定了我国发展必然是一个'并联式'的过程，工业化、信息化、城镇化、农业现代化是叠加发展的。"[①]首先，中国以建设现代化经济体系为目标，贯彻新发展理念，推动供给侧改革和引领经济新常态，打好"脱贫攻坚""重大污染防治""防范化解重大风险"，不断实现经济高质量发展。其次，以完善和发展中国特色社会主义制度和推动国家治理体系治理能力现代化为目标，着力将制度优势转化为治理效能，为建设社会主义现代化强国提供了强大的制度支撑。再次，以中华文化的创造性转化和创新性发展为目标，准确把握传统与现代、中国与世界的辩证关系，反对历史虚无主义和文化虚无主义，坚持不忘本来、吸收外来、面向未来的态度，在守正创新中推动中国文化的现代转型，以文化复兴支撑民族复兴。最后，以应对世界百年未有之大变局、构建人类命运共同体为目标，积极推动形成新发展格局和高水平对外开放格局，积极推动公正合理的国际政治经济新秩序的构建，为解决人类的治理赤字、信任赤字、和平赤字、发展赤字提供中国智慧和中国方案。

中国的现代化从"站起来""富起来"到"强起来"，勾勒了中国革命、建设、改革的基本历程，构成了社会主义现代化"前30年"和"后30年"互不否定的发展"道统"，为中国实现第二个百年目标指明了方向。一方面，"站起来"是"富起来""强起来"的基本前提，没有新民主主义革命的胜利，没有社会主义革命留下的物质遗产、制度遗产、思想遗产，现代化的"富强"梦便是无本之木、无源之

---

① 中共中央文献研究室.习近平关于科技创新论述摘编[M].北京：中央文献出版社，2016：24.

水。另一方面，"富起来"进一步巩固了"站起来"的成就，为"强起来"奠定了坚实基础。在新时代，中国的发展进入了"强起来"阶段，它既是对两个阶段积极成果的继承和发展，又注重解决前两个阶段存在的问题和矛盾。"强起来"的中国须将国家的安全与发展、人民的富裕与幸福摆在突出位置，处理好改革发展稳定的关系，解决好不平衡不充分的矛盾；继续坚持和完善独立自主的和平外交政策，树立"富而不骄""强而不霸"的国际形象，为世界繁荣和人类福祉作出新的更大的贡献。从新中国成立近30年的"以苏为师"，到改革开放30多年的"特色道路"，再到新时代的"引领发展"，极大地体现出中国社会主义现代化道路的优越性。

三、中国现代化道路的经验启示

历史和实践表明，西方国家只是现代化的先行者，但却不是不容置喙、唯一的现代化范本，更不是评价其他国家现代化成败得失的标准。削足适履式地照搬照抄只能导致进退失据、失魂落魄，甚至可能失去独立自主的地位，陷入发展停滞、政局动荡、社会失序的"泥淖"。近代中国在选择"西天取经"失败后，走上了一条社会主义现代化道路。中国式现代化，不是以资本为中心的现代化，而是以人民为中心的现代化；不是征服自然的现代化，而是人与自然和谐共生的现代化；不是物质丰裕精神匮乏的现代化，而是物质文明与精神文明协调发展的现代化；不是贫富差距扩大社会两极分化的现代化，而是全体人民共享发展成果、共同富裕的现代化；不是对外搞殖民扩张的现代化，而是独立自主、自力更生的现代化，物质文明与精神文明协调发展，为发展中国家实现现代化拓宽了道路、提供了经验。

（一）现代化必须保障国家的独立、自主和统一

旧中国的现代化道路走得跟跟跄跄、步履维艰，就在于内部受到封建主义压迫、外部受到帝国主义侵略，不仅无法聚集力量、处处受制于人，还存在随时被打断、被破坏的风险。新中国成立后的现代化之所以能够高歌猛进、成绩斐然，其关键原因就在于结束了旧中国一盘散沙的状态，形成了统一的国家疆域、独立自主的国家主权、强有力的中央政府，为集中力量办大事创造了和平环境、制度条件和组织基础。中国社会主义道路的成功开辟表明，一国的现代化和其独立统一是关联在一起的，现代化需要独立统一为前提，而独立统一则需要现代化作为保障。以牺牲

国家统一、主权独立来换取短期发展利益，最终只能自食其果。所以，新中国成立后，中国共产党始终坚持独立自主、自力更生的发展原则，始终不渝地捍卫国家的独立和统一，维护国家的主权、安全和发展利益，为中国的发展赢得了主动权和主导权，为现代化建设奠定了坚实基础。

（二）现代化必须依靠坚强有力的领导核心

根据亨廷顿的研究，第二次世界大战后的一些发展国家中，一党制（包括共产党制）国家较之多元政党体制独立后发生政变更少，力量更为强大，更趋稳定，因而更能集中力量搞好现代化[①]。中国的现代化建设具有起步晚、任务重的特征。1949年新中国成立之时，不可能像西方资本主义国家那样通过军事侵略、资本输出、殖民扩张来解决本国的资源和市场问题，要在国际上站稳脚跟、赢得尊重，中国必须汇聚内部各方面条件和力量，依靠自身解决人均资源匮乏、劳动力素质不高、发展基础薄弱等问题，化解稳定与发展、开放与变革、抓重点与促均衡之间矛盾，实现累进式、浓缩式、跨越式发展。要完成这样的任务，没有中国共产党作为坚强有力的领导核心总揽全局、协调各方是不可能的。而且中国共产党的领导保障了现代化建设的正确政治方向。作为中国的最高政治领导力量，中国共产党始终坚持科学社会主义的基本原则，牢牢把握现代化的社会主义方向，既不走改旗易帜的邪路，也不走封闭僵化的老路，奋力实现国家富强、人民富裕和民族复兴的目标。总之，中国能够创造举世瞩目的辉煌成就，关键在于中国共产党举旗定向、导航把舵，把现代化建设与中国特色社会主义事业和民族复兴统一起来，使中国现代化的巍巍巨轮在正确的航道上乘风破浪、行稳致远。

（三）现代化必须确立科学的指导思想、制度机制和工作原则

从理论上看，中国共产党坚持把马克思主义普遍真理和中国实际具体结合，形成了毛泽东思想、邓小平理论、"三个代表"重要思想、科学发展观和习近平新时代中国特色社会主义思想，这为中国的革命事业、现代化建设事业和民族复兴事业提供了科学的理论指导。从制度体系上看，中国坚持和完善中国特色社会主义根本制度、基本制度、重要制度，逐渐构建起系统完备、科学规范、运行有效的制度体

---

① 亨廷顿.变化社会中的政治秩序[M].王冠华，等译.上海：三联书店，1989：376.

系，形成党领导决策—政府执行落实—社会动员响应—有效监督纠错于一体的动态机制，在重点领域关键事项施行"新举国体制"，充分发挥集中力量办大事、办难事、办急事的优势，使"中国之制"持续转化为"中国之治"，使中国制度成为最有效能和韧性的制度。从工作方法上看，中国的现代化，注重立足内部条件和外部环境构成的形势格局，准确判断国家发展所处的阶段方位，坚持把改革力度、发展速度和社会可承受的程度统一起来，在保持社会稳定中推进改革发展，通过改革发展促进社会稳定；注重科学认识社会的主要矛盾，善于抓重点领域、抓关键关节、抓要害问题，善于破解思想瓶颈、避免发展陷阱、走出改革困境，达到一子落而满盘活的效果；坚持顶层设计与自主探索相结合，坚持独立自主与对外开放的统一，充分调动一切可以调动的力量、充分利用一切可以利用的先进成果，推动中国社会的发展和进步。

（四）现代化应回归并发掘其自身内部的主体性力量

费正清认为，传统中国社会长期为一种巨大的惰性所牵绊，只是在西方侵略的强烈冲击下，中国才作出缓慢而迟钝的回应，才逐渐由传统社会步入近现代社会[①]。应当承认，近代以来的中国现代化道路的开启是被动的，但并非完全按照"冲击—反应—再冲击—再反应"的链式模式进行，而是充分发挥了中国自身的内部的主体性力量。首先，中国人对传统社会的主动反思为现代化提供了思想准备。近代以来，由于受到西方现代化的影响，中国人理解世界和社会的进路发生了极大的变化，不再是封建小农社会内部的时运转移和人心向背，而是农业文明面对工业文明时的自我调适和激越变革；不再是血缘之家国、夷夏之天下、道德之天命的重建和再造，而是在全新世界格局中寻找国家富强、民族复兴、人民幸福的道路，这些对中国现代化起了思想启蒙的作用。其次，中国已有资源和禀赋的激活是推动现代化的重要动力。在封建社会，大量的过剩人口无法被有效消化，只能"内卷"到传统的低效率的农业生产活动中，进而在工业生产和商品经济发展起来后，这些人口却能转换为劳动力和消费动力，形成集聚优势，产生超大规模效应。在社会主义条件下，中国人吃苦耐劳、坚韧不拔、重视家庭的传统转换成了现代化建设中不怕牺牲、敬业奉献、爱家爱国的品质。最后，中国优秀传统文化和核心价值观的弘扬，对于"化现代""化世界"具有重要意义。现代化并不是割裂传统，而是要继承传

---

① 费正清. 美国与中国 [M]. 张理京, 译. 北京：世界知识出版社，2000：132-134.

统、再造传统，发挥传统文化及其核心价值观在思维认知、身心安顿、经世济民、治国理政、重建世界中的作用，解决西方现代化过程中因主客二分、心物二分、过度"去魅"造成的物质与精神、知识与智慧、科技与人文之间的矛盾，实现人与自然、人与人、人与社会、人与自身的和谐统一。

总之，中国特色社会主义现代化，植根于中国历史和文化，立足于中国特色社会主义道路、理论、制度，是实现国家富强、民族复兴和人民幸福为宗旨的现代化，是积极面向世界、融入世界、贡献世界的现代化。中国特色社会主义为现代化指引了正确的政治方向，而现代化的成功开展又巩固和发展了中国社会主义。中国在经济、政治、文化、社会、生态文明领域推动现代化建设并最终实现人的现代化，不仅将推动中国社会的现代转型，也将孕育一种全新的文明形态。中国道路越走越宽、越走越好，其意义不仅是民族性的，更是世界性的，它拓展了发展中国家走向现代化的途径，更为解决现代世界的问题、促进人类的发展贡献了中国智慧和中国方案。

【基金项目】国家社科基金重大项目"近现代中国价值观念史"（项目编号：18ZDA020）的研究成果。

二 以人民为中心的发展思想与中国式现代化

唯物史观视域中的反贫困思想与中国的脱贫攻坚实践*

南京大学哲学系　唐正东

不管是从实践的维度还是从理论的维度来看，西方国家对贫困的本质及反贫困路径的探索都是由来已久的，而且还一直延续到当下。就实践的维度来说，英国在1563年就颁布了济贫法令，对未被雇佣以及无法被雇佣的人进行救济。而在当下的欧美国家中，对贫困者的救济仍然是一个令执政者头疼的问题。就理论的维度来说，如果从1696年英国学者约翰·贝勒斯出版的《关于创办一所一切有用的手工业和农业的劳动学院的建议》开始算起，西方学界对贫困问题的探索已经长达300多年。在此期间经过弗·伊登、欧仁·毕莱等人的推动，此种探索也曾出现过一些有深度的观点。而当今的西方理论界也仍然有一批像阿马蒂亚·森、阿比吉特·班纳吉这样的学者在探索着贫困的原因及反贫困的路径。但问题是他们的思路就像当年围绕着济贫法改革而出现的是直接救济还是给穷人提供劳动机会的争论那样简单，只不过把重点转向了要给贫穷地区投资还是鼓励他们彻底市场化的争论上来。即使是像阿马蒂亚·森这样的少数学者提出了多维贫困论的观点，但在对贫困的社会历史性本质的探索上依然裹足不前。而与此形成鲜明对照的是，中国的脱贫攻坚战不仅在实践维度上完成了消除绝对贫困的艰巨任务，区域性整体贫困问题得到了根本解决，而且在理论维度上也形成了精准扶贫等中国特色的反贫困思想。从根本上说，这得益于我们在中国共产党领导下对马克思主义反贫困思想的继承与发展。因此，对唯物史观视域中的反贫困思想与中国的脱贫攻坚实践之间的内在辩证法关系进行梳理与研究，不仅有助于我们很好地总结决战脱贫攻坚的理论意义，而且对于我们

---

*　原载于《哲学研究》2021年第7期。

在接下来的乡村振兴实践中把握住正确的方法论也是很有启发作用的。

一、贫困的社会历史性基础

要想找到反贫困的有效路径，首先必须搞清楚贫困的主体及其生成背景。在西方思想史上，马克思、恩格斯是准确地把握住贫困的社会历史性基础的代表人物。从他们的整个理论历程来看，他们对不同历史语境下的贫困问题进行了不同的解读。这其中既有对德国封建专制制度下穷人的贫困状况所做的分析，譬如，马克思1842年2月在《关于林木盗窃法的辩论》《摩泽尔记者的辩护》等论文中从财产权、政府管理能力等角度对群众的贫困现状的分析，"摩泽尔河沿岸地区的贫困状况同时也就是管理工作的贫困状况。国家中某一地区的经常性贫困状况……体现了现实和管理原则之间的矛盾，正如不仅人民而且政府也都把某一地区的富裕状况视为管理得当的实际证明一样。但是管理机构由于自己的官僚本质，不可能在管理工作范围内，而只能在处于管理工作范围之外的自然的和市民私人的范围内发现造成贫困的各种原因"[①]。这种贫困跟资本主义社会的转型没有直接关系，只是一种跟封建专制制度的腐朽和低能相关的特定现象。同时，这其中也包括对由资本主义社会转型而带来的、因失去劳动机会而导致的贫困现象的分析。不管是英国的济贫法，还是后来的圣西门、欧文等空想社会主义者所关注的穷人的劳动权问题，其实都是针对这一类贫困现象的。马克思、恩格斯对这一类贫困问题也进行了分析。在《资本论》第一卷的"所谓原始积累"章中，马克思对无法被工场手工业所吸纳的穷人的状况进行了剖析："由于封建家臣的解散和土地断断续续遭到暴力剥夺而被驱逐的人，这个不受法律保护的无产阶级，不可能像它诞生那样快地被新兴的工场手工业所吸收……因此，15世纪末和整个16世纪，整个西欧都颁布了惩治流浪者的血腥法律。现在的无产阶级的祖先，当初曾被迫转化为波浪者和需要救济的贫民而受到惩罚。"[②] 恩格斯在《国民经济学批判大纲》等文本中也对因资本主义竞争而导致失业的工人贫困状况进行过深入的解读。这种贫困是跟因资本主义工业和商业的发展而导致的工人的失业直接相关的。除此之外，还有一种贫困就是由资本主义生产方式

---

① 马克思，恩格斯.马克思恩格斯全集：第1卷[M].中共中央马克思恩格斯列宁斯大林著作编译局，编译.北京：人民出版社，1995：376.

② 马克思，恩格斯.马克思恩格斯全集：第44卷[M].中共中央马克思恩格斯列宁斯大林著作编译局，编译.北京：人民出版社，2001：843.

的特性所决定的雇佣工人的贫困。在马克思恩格斯看来,不管资本主义的积累规律会在劳动价格等方面建构出什么样的上升假象,但资本关系的特性决定了资本的自我增殖过程必然表现为工人的不断贫困化过程。"这个保存价值和创造新价值的力量,是资本的力量,这个过程表现为资本自行增殖的过程,并且宁可说表现为工人贫困化的过程,因为工人是把他所创造的价值同时作为与自身相异化的价值创造出来的。"①

如果不能区分这三种不同的贫困及其背后的社会历史性基础,那就很难对贫困的本质作出准确的把握。英国16世纪的济贫法是针对那些未被雇佣以及无法被雇佣的穷人的,但它显然没有考虑到那些被雇佣着但仍然不断变穷的劳动者的贫困状况。这导致随着时间的推移这一法案越来越无法与资本逻辑所需要的统一的劳动力市场的发展需求相一致,"在经济人的新政体下,如果一个人什么工作都不做就可以生存,那就没有人再愿意为了工资而工作了"②。当英国空想社会主义者罗伯特·欧文在1817年的《致工业和劳动贫民救济协会委员会报告书》中说目前贫困现象的直接原因在于由普遍使用机械力而导致的人类劳动不值钱,并在此基础上提出"必须为贫民和失业劳动阶级找到有益的职业,并使机器服从他们的劳动,而不要像现在这样用机器来代替他们的劳动"③时,他的问题也在于没有考虑到除了失业所带来的工人贫困外,还存在着由资本主义生产方式所决定的雇佣工人的贫困。这也是他的理论无法摆脱空想性的原因。在当代西方理论界,美国学者杰弗里·萨克斯在2005年的《贫穷的终结》一书中乐观地认为,只要富国在20年间每年能拿出1950亿美元来援助贫穷国家,那么全世界的贫穷问题就可以得到彻底解决,但他考虑的也只是外国投资带给穷国的劳动机会,而不是穷国本身的生产方式有可能建构出的劳动者贫困问题。

其实,马克思、恩格斯对贫困问题的社会历史性解读也是一步一步地发展而来的。他们在唯物史观形成之前对贫困的理解也不是特别深刻的。譬如,青年恩格斯在1839年的《伍珀河谷来信》(也译为《乌培河谷来信》)中尽管提到了伍珀河谷

---

① 马克思,恩格斯.马克思恩格斯全集:第38卷[M].中共中央马克思恩格斯列宁斯大林著作编译局,编译.北京:人民出版社,2019:71.
② 波兰尼.大转型:我们时代的政治与经济起源[M].刘阳,冯钢,等译.杭州:浙江人民出版社,2007:68.
③ 欧文.欧文选集:第1卷[M].柯象峰,何光来,秦果显,译.北京:商务印书馆,1979:180.

的工厂工人普遍处于可怕的贫困状态，却没有指出这种贫困的来由。即使是在他到达英国之后，恩格斯也不是一下子就能抓住资本主义贫困的本质的。在从1842年11月的《国内危机》到1843年9月的《国民经济学批判大纲》的文本群中，他主要还是从商业危机、竞争关系导致工人失业的角度来谈论劳动者的贫困问题的。也就是说，他主要关注的还是上述第二种贫困现象。因此，当他在《国民经济学批判大纲》中强调"要是让竞争自由发展，它虽然也会起同样的作用，然而是在对立之中起作用……一部分工人每天工作14或16小时，而另一部分工人却无所事事，无活可干，活活饿死"①的时候，他在解读视域上还不能从根本上超出竞争使生产过剩与工人饿死相并存的层面。按照马克思后来在《资本论》中的思路，因失业而导致的过剩人口即产业后备军的现象，必然被放在资本主义扩大再生产即积累的一般规律的层面上来加以解读，把它看作被资本主义积累规律所决定的资本主义人口规律的一种表现形式。而这一阶段的青年恩格斯显然还没有看到因失业而贫困的劳动者背后所蕴含的、如此复杂的社会历史内容。

从1844年1月的《英国状况·十八世纪》开始，恩格斯逐步把解读的重点从竞争关系转移到了工厂制度上面，或者说，从商业竞争关系转移到了工业生产力与社会关系的矛盾上来，这种矛盾的最集中体现就是工厂制度。从这一视角所看到的工人的贫困，不再只是因失业而带来的后果，而是变成了英国的社会关系与工业生产力之间的对立和矛盾性。"英国工业的这一次革命化是现代英国各种关系的基础，是整个社会的运动的动力。上面已经谈过，它的第一个结果就是利益被升格为对人的统治。利益霸占了新创造出来的各种工业力量并利用它们来达到自己的目的；由于私有制的作用，这些按照法理应当属于全人类的力量便成为少数富有的资本家的垄断物，成为他们奴役群众的工具。"②正是在这一维度上，恩格斯说英国工人阶级的贫困不仅具有全国性的意义，而且还具有世界历史意义。这一意义便是它彰显了资本主义社会关系的内在矛盾性，以及向新社会制度转变的必然性。这种解读方法的转变显然具有十分重要的作用，它不仅使恩格斯在接下来的《英国工人阶级状况》中清晰地看到了工业革命最重要的产物是英国无产阶级的产生，而且还使他（与马克思一起）在《德意志意识形态》中明确地从生产力与交往形式矛盾运动的

---

① 马克思，恩格斯.马克思恩格斯全集：第3卷［M］.中共中央马克思恩格斯列宁斯大林著作编译局，编译.北京：人民出版社，2002：464.

② 马克思，恩格斯.马克思恩格斯全集：第3卷［M］.中共中央马克思恩格斯列宁斯大林著作编译局，编译.北京：人民出版社，2002：544.

层面来理解贫穷的本质及其可能的理论与实践意义。对他来说，贫穷不再具有独立的意义，如果脱离了生产力与交往形式的发展线索，它就无法为共产主义革命提供必然性的论证。"生产力的这种发展（随着这种发展，人们的世界历史性的而不是地域性的存在同时已经是经验的存在了）之所以是绝对必需的实际前提，还因为如果没有这种发展，那就只会有贫穷、极端贫困的普遍化；而在极端贫困的情况下，必须重新开始争取必需品的斗争，全部陈腐污浊的东西又要死灰复燃。"①

马克思也是一样。在《1844年经济学哲学手稿》中，他尽管已经准确地抓住了处在劳资关系中的劳动者的贫困问题，而不只是停留在对失业劳动者的贫困状况的关注上，但他对此问题的分析还尚未跟资本主义生产方式联系起来，还只是从由私有财产所体现出的人的劳动本质的异化的角度来加以理解。"劳动为富人生产了奇迹般的东西，但是为工人生产了赤贫。劳动生产了宫殿，但是给工人生产了棚舍。"②这使他暂时还无法解释清楚工人的贫困到底是怎么来的。不过，青年马克思此时对异化借以实现的手段本身是实践的这一观点的强调，即"通过异化劳动，人不仅生产出他对作为异己的、敌对的力量的生产对象和生产行为的关系，而且还生产出他人对他的生产和他的产品的关系，以及他对这些他人的关系"③，倒是为他在日后的思想发展过程中能够从生产力和生产关系内在矛盾运动的角度，来展开对包括贫困在内的经济现象之社会历史本质的剖析提供了一定的方法论基础。当然，马克思对贫困现象的最经典的阐释当属《资本论》及其手稿。在这一文本群中，他不仅从相对贫困的角度对在岗的雇佣工人的贫困现象进行了准确的界定，而且还从绝对贫困的角度对失业的相对过剩人口的贫困状况进行了分析，并且通过准确地把他们界定为产业后备军而清晰地梳理了失业人口与在岗工人在资本主义生产方式基础上的内在关联性，以及他们的贫困规律与资本主义积累规律之间的辩证统一性。

在《1861—1863年经济学手稿》《1863—1865年经济学手稿》等文本中，马克思首先对资本主义简单再生产维度上的工人贫困问题进行了分析。按照《〈政治经济学批判〉导言》中所说的从抽象上升到具体的科学方法论，他的这种分析应

---

① 马克思，恩格斯.马克思恩格斯全集：第1卷[M].中共中央马克思恩格斯列宁斯大林著作编译局，编译.北京：人民出版社，2009：538.
② 马克思，恩格斯.马克思恩格斯全集：第3卷[M].中共中央马克思恩格斯列宁斯大林著作编译局，编译.北京：人民出版社，2002：269.
③ 马克思，恩格斯.马克思恩格斯全集：第3卷[M].中共中央马克思恩格斯列宁斯大林著作编译局，编译.北京：人民出版社，2002：276.

该属于科学抽象层面的解读，尽管与商品关系层面相比，这种对资本主义简单再生产过程的分析已经是一种较高层级的科学抽象了。马克思首先从作为资本主义生产过程之前提的劳资关系的维度来解读工人的贫穷性。在他看来，基于资本主义生产关系的劳资交换的历史性特征决定了劳动能力本身一定会以"绝对的贫穷"的形式表现出来，因为劳动能力与它的实现条件即劳动资料是完全分离的，因此，这种交换本身就是以工人作为赤贫者为前提的。"被剥夺了劳动资料和生活资料的劳动能力是绝对贫穷本身，工人作为劳动能力的单纯的人格化，他有实际的需要，但他为满足他的需要进行的活动却只是无对象的、仅仅包含在他自己的主体中的能力（可能性）。工人本身，按其概念是赤贫者，是这种自为存在的、与自己的对象性相脱离的能力的化身和承担者。"① 其次，马克思从资本直接生产过程的角度对工人贫困化的过程性特征进行了阐释。他指出，工人的贫困不只是一种状态，而是一种过程。由于工人在生产过程中创造的价值是以资本本身的价值形式而表现出来的，因此，资本的自我增殖过程就必然表现为工人的贫困化过程。"资本不仅生产资本，它还生产不断增长的大量工人……工人主体的贫穷、困苦和依附性也按同样的比例发展起来。工人的贫乏化和上述的丰饶是互相对应，齐头并进的。同时，资本的这种活的生产资料的数量即劳动无产阶级也在增加。"② 当马克思把工人的贫穷不只是当作一种可悲的状况，而是当作与资本的自我增殖紧密相连的一种客观社会现象，并从工人从属于资本的角度探讨出他们的贫乏化特征时，他在反贫困路径的思考上当然也就不可能再停留在非历史性的、抽象的替代性方案的层面上了。应该看到，这是马克思在贫困本质思考上的一个新跨越。

当然，这种在资本直接生产过程（即简单再生产过程）层面上的贫困解读理论，是马克思整个贫困问题思考的基础，但不是全部，因为一旦把解读视域拓展到资本的扩大再生产过程（即资本的积累过程）的层面上，马克思发现还有比这更复杂的内容。他是从以下三个方面来展现其新发现的。首先，他看到了在岗的雇佣工人的贫困并不总是以绝对贫困的形式表现出来，它在有些时候也会以相对贫困即劳动工资的增长速度与资本的增殖速度相比不断减慢的形式表现出来。马克思指出，在资本主义积累的前提下，当资本对劳动力的需求超过了工人的供给量时，工人的

---

① 马克思，恩格斯．马克思恩格斯全集：第32卷［M］．中共中央马克思恩格斯列宁斯大林著作编译局，编译．北京：人民出版社，1998：44.
② 马克思，恩格斯．马克思恩格斯全集：第38卷［M］．中共中央马克思恩格斯列宁斯大林著作编译局，编译．北京：人民出版社，2019：147.

工资是会提高的。"因为雇佣的工人一年比一年多，所以迟早必定会出现这样的时候：积累的需要开始超过通常的劳动供给，于是工资提高。在整个15世纪和18世纪上半叶，在英国就可以听到这方面的怨言。但是这些多少有利于雇佣工人的维持和繁殖的情况，<u>丝毫不会改变资本主义生产的基本性质</u>。"①也就是说，资本主义的积累规律决定了工人的贫困化过程并不简单地以越来越贫困的形式表现出来，而是以劳动工资有时提高、有时又不断降低的形式把雇佣劳动的贫困积累规律呈现了出来。从贫困积累规律的维度来深化对工人贫困化过程的理解，标志着马克思在贫困解读上的又一次思想递进。当然，马克思同时又明确指出，这种工资的提高以及由此而带来的工人生活待遇的上升，绝不是一种像资产阶级经济学家们所说的那样代表了资本关系的优越性，而是恰恰相反，它必然会随着资本积累的进一步发展而走向其反面。当劳动价格的提高由于削弱了资本积累量而导致对劳动力需求的减少的时候，资本与可剥削的劳动力之间的上述不平衡就会被打破，从而使劳动价格又回到适合于资本增殖需要的水平上。"可见，劳动价格的提高被限制在这样的界限内，这个界限不仅使资本主义制度的基础不受侵犯，而且还保证资本主义制度的规模扩大的再生产。可见，被神秘化为一种自然规律的资本主义积累规律，实际上不过表示：资本主义积累的本性，决不允许劳动剥削程度的任何降低或劳动价格的任何提高有可能严重地危及资本关系的不断再生产和它的规模的不断扩大的再生产。"②

其次，马克思看到了失业劳动者的绝对贫困问题。他此时已经不再简单地从工人之间的竞争关系或者劳资之间的不平等交换关系的角度来谈论这一点，而是深入由资本主义积累规律所建构的资本对工人的吸收力与排斥力之辩证关系的角度来思考这一问题。在马克思看来，随着资本积累的增长，其中的可变资本部分虽然在绝对量上也会增加，但与不变资本的增长相比，它的增长比例一定会越来越小。因而，资本主义的扩大再生产必定会生产出超过资本增殖需要的过剩的工人人口。这样，由失业者的贫困所凸显出来的相对过剩人口问题，便不再像马尔萨斯所说的那样只是一种纯粹的人口增长规律的问题，而是被提升到了资本主义生产方式所决定的资本积累规律的层面上来加以理解。马克思指出，与前一种雇佣工人的相对贫困不同，这一类失业劳动者的贫困则是一种绝对的贫困。他把这一类赤贫者分成了三

---

① 马克思，恩格斯.马克思恩格斯全集：第44卷［M］.中共中央马克思恩格斯列宁斯大林著作编译局，编译.北京：人民出版社，2001：708.
② 马克思，恩格斯.马克思恩格斯全集：第44卷［M］.中共中央马克思恩格斯列宁斯大林著作编译局，编译.北京：人民出版社，2001：716.

种类别来加以说明:"这个社会阶层由三类人组成。第一类是有劳动能力的人。只要粗略地浏览一下英格兰需要救济的贫民的统计数字,就会发现,他们的人数每当危机发生时就增大,每当营业复苏时就减少。第二类是孤儿和需要救济的贫民的子女。他们是产业后备军的修补者……第三类是衰败的、流落街头的、没有劳动能力的人。"①马克思实际上是从有劳动能力但未被雇佣、未来有劳动能力但目前还没有、没有劳动能力这三个维度来界定这一社会阶层的种类的。对他来说,这一社会阶层处在相对过剩人口的最底层,因而也是最需要救济的赤贫阶层。但严格地说,如果不摆脱资本主义生产方式的束缚,要想完全解决困扰这一阶层的绝对贫困现象是不可能的。18—19 世纪西欧理论界关注贫困问题的学者实际上研究的就是这一类未获得劳动机会的穷人的贫困问题。但他们大多只是从为穷人提供劳动机会的角度来思考这一点,相比而言,马克思此时在这一问题上的思考显然要深刻得多。

再次,马克思还看到了失业劳动者的绝对贫困与雇佣劳动者的相对贫困之间的内在关联性,它们都是由资本主义积累的一般规律所决定的劳动者贫困现象。马克思指出,资本的积累规律不仅决定了可变资本与不变资本相比的增长缓慢性、相对过剩人口的赤贫性,而且还决定了这两者必将随着资本积累的增长而获得同步发展。也就是说,资本增长的规模越大,处在相对贫困状态的雇佣工人的人数就越多,同时,处在失业和绝对贫困状态的产业后备军的人数也会越大。"产业后备军的相对量和财富的力量一同增长。但是同现役劳动军相比,这种后备军越大,常备的过剩人口也就越多,他们的贫困同他们所受的劳动折磨成反比。最后,工人阶级中贫苦阶层和产业后备军越大,官方认为需要救济的贫民也就越多。这就是资本主义积累的绝对的、一般的规律。"②正是在这一意义上,马克思说,资本主义的积累一方面创造出了失业劳动军中处于绝对贫困状态的相对过剩人口,另一方面又创造出了现役劳动军中不断增大的各阶层的贫困。这就是与资本主义积累规律相适应的贫困积累的规律。

二、反贫困路径的唯物史观思考

对贫困的社会历史性基础理解到什么程度,对贫困的本质也就把握到什么程

---

① 马克思,恩格斯.马克思恩格斯全集:第44卷[M].中共中央马克思恩格斯列宁斯大林著作编译局,编译.北京:人民出版社,2001:741.
② 马克思,恩格斯.马克思恩格斯全集:第44卷[M].中共中央马克思恩格斯列宁斯大林著作编译局,编译.北京:人民出版社,2001:742.

度，从而对反贫困路径的选择也就深入到什么程度。如果从非社会历史性的方法入手，把穷人的贫困简单地归咎于纯粹的个人或政府的问题，那就很难找到解决贫困问题的真正办法。从欧洲思想史上来看，一种流行的观点是把穷人的贫困视为由穷人本身的负面特性所导致的结果。"有观点认为，穷人是一个完全不同的群体，天生就目光短浅，所以才会贫穷。这种观点一直以各种不同的形式延续多年。……诺贝尔奖得主、'现代经济学之父'加里·贝克在1997年的一家报纸上称，拥有财富可以激励人们投入时间，变得更有耐心。其言外之意就是，贫穷会永久性地腐蚀人的耐心。"[1] 这种观点不仅支撑英国的济贫法以及救济院的设立，正因为需要救济者的贫穷是由其本人的负面特性所导致的，因此，救济院便难免实施一种管教式救济，从而使它对穷人来说呈现出一种噩梦般的存在。而且，这种观点还导致了在伯纳德·曼德维尔、约翰·贝勒斯等人那里把穷人的贫困视为一种只需要缓解而不需要根本解决的问题。约翰·贝勒斯明确地提出了穷人的劳动是富人的财源的观点，而伯纳德·曼德维尔则更为直接地说："那些靠每天劳动为生的人，很少受到骄傲和贪心的有力影响；所以只有贫困才能激励他们去工作，缓解这种贫困是明智的，但把它治好则是愚蠢的。"[2] 这种观点既反映新兴资产者的剥削本性，也体现了他对贫困的社会历史性本质的无知。

也有人把穷人的贫困归咎于政府的失职，因而把解决贫困的路径放在政府职能的调整上。这种观点在19世纪主要集中在空想社会主义者那里。譬如，圣西门在谈到失业工人的贫困问题时说："有没有办法平息构成法国人民的基本群众的非熟练工人的愤恨情绪呢？有没有办法满足他们的正当要求呢？有，这就是采取措施，保证他们就业，而就业措施首先要求设置一笔巨额基金。筹集所需基金的唯一办法，就是缩减政府的其他开支，而首先是缩减那些金额大的开支。"[3] 傅立叶在谈到穷人的贫困时也直指变化无常的政治剥夺了他们的劳动权，并主张通过政治的调整来解决这一问题。所有把社会历史性的贫困问题简单归因于政府失职的解读思路，都因没有探讨这种政府失职背后所蕴含着的生产方式的矛盾性，而使其思路难免具有简单化的局限性。这种思路在当代欧美理论界的表现就是美国学者杰弗里·萨克斯在《贫穷的终结》一书中所提出的通过加大外国援助来解决穷国的贫困

---

[1] 班纳吉，迪弗洛. 贫穷的本质：我们为什么摆脱不了贫穷 [M]. 景芳，译. 北京：中信出版社，2018: 207.
[2] MANDEVILLE B. The fable of the bees [M]. London: Gale ECCO, 1724: 212-213.
[3] 圣西门. 圣西门选集：第2卷 [M]. 董果良，译. 北京：商务印书馆，1982: 8.

问题的观点。

当然，在思想史上也有像黑格尔这样的辩证法家在解读贫困问题时试图超越个人与社会的二元论框架，从扬弃市民社会的角度来提出新的解决思路。在分析了对贫困者的主观援助和社会治理的两种思路后，黑格尔指出："如果由富有者阶级直接负担起来……来把走向贫困的群众维持在他们通常生活方式的水平上，那末，穷人用不着以劳动为中介就可保证得到生活资料；这与市民社会的原则以及社会上个人对他独立自尊的感情是相违背的。反之，生活资料通过劳动（通过给与劳动机会）而获得，生产量就会因之而增长。但是祸害又恰恰在于生产过多，而同时缺乏相应比数的消费者——他们本身是生产者。"[①] 他由此而得出了必须上升到作为伦理理念之实现形式的国家的层面才能解决这一问题的结论。必须承认，黑格尔对贫困的本质以及反贫困路径的思考是有较强的理论深度的。但由于他未能像马克思那样，把这一问题置放在社会历史过程的层面上来加以考虑，因而，他没有也不可能把这种理论的深刻性贯彻到底。

真正把这一问题搞清楚的是马克思和恩格斯。他们站在唯物史观的维度上把对反贫困路径的思考推进到了一个新的理论高度。具体来说，他们不再纠结于个人或政府的维度来思考解决贫困的路径问题，而是从具体的社会历史过程的角度入手，既在历史本质论层面上分析了资本主义制度的被颠覆是解决工人贫困化问题的根本路径，又在历史现象论层面上指出了在资本主义内在矛盾尚未发展到激化状态时可使用的暂时解决贫困问题的办法。学界有些学者只是笼统地把马克思恩格斯的反贫困思想与私有制的灭亡联系起来，这虽然抓住了他们在这一问题上的核心思想，但由于未区分马克思、恩格斯思想在本质与现象维度上的不同表现形式，因而难免把他们的思想加以简单化，忽略了其思想的丰富性。从根本上说，马克思恩格斯是从社会历史过程即生产方式内在矛盾运动的角度来思考反贫困路径问题的，就像马克思从资本主义扩大再生产过程的角度把贫困的本质阐释得非常清楚一样。他们之所以在政治维度上强调资本主义制度的被颠覆是解决贫困的根本路径，那是因为他们在历史观维度上看到了资本主义生产方式内在矛盾运动的结果必然是资本主义制度的灭亡。对他们来说，一方面，私有制生产方式的内在矛盾发展到什么程度，反贫困路径的可选择性也就推进到什么程度。但另一方面，他们也看到了只有资本主义生产方式的被颠覆，才是解决这一问题的根本办法。

---

① 黑格尔.法哲学原理[M].范扬，张企泰，译.北京：商务印书馆，1961：245.

我们以马克思为例来加以说明。他从资本主义积累的一般规律的角度对工人贫困问题的深刻解读，预示并决定了他对解决这一问题的路径的思考必然也是建立在唯物史观的维度上的。事实也是如此。在《资本论》第一卷"资本的积累过程"篇的最后，他就明确地指出："随着那些掠夺和垄断这一转化过程的全部利益的资本巨头不断减少，贫困、压迫、奴役、退化和剥削的程度不断加深，而日益壮大的、由资本主义生产过程本身的机制所训练、联合和组织起来的工人阶级的反抗也不断增长。……生产资料的集中和劳动的社会化，达到了同它们的资本主义外壳不能相容的地步。这个外壳就要炸毁了。资本主义私有制的丧钟就要响了。"①而在《资本论》第三卷中，马克思更是明确地说："在这个必然王国的彼岸，作为目的本身的人类能力的发挥，真正的自由王国，就开始了。"②从私有制被颠覆的角度来思考工人贫困问题的解决路径，是马克思自青年时代开始就已经具有的思路。当我们读到《1844年经济学哲学手稿》的如下文字，即"共产主义是私有财产即人的自我异化的积极的扬弃，因而是通过人并且为了人而对人的本质的真正占有"③时，我们能感受到青年马克思坚定的共产主义立场。但我们同时也要看到，唯物史观的形成使马克思完成了解读视域上的如下转变：他不再从人性发展史的角度来理解共产主义的必然性，而是从生产方式内在矛盾运动规律的角度来理解它。这一转变不仅标志了马克思赋予共产主义革命以科学社会主义的理论基础，而且也使他在思考解决贫困问题的出路时具有了更为宽广和丰富的解读视域，即能够把资本主义生产方式内在矛盾发展到激化状态时所采取的私有制被颠覆的思路，与当这种内在矛盾尚处于不发达状态时所采取的其他解决思路放在一种历史发生学的线索中来加以理解，并看出其前后发展的必然性。这样一来，马克思便不再抽象地认定只有私有制的被颠覆才能解决工人的贫困状态，而是把这种解决贫困的路径指认为一种具有社会历史性的政治选择。

事实上，当马克思在思考资本积累的历史发展、相对过剩人口的存在形式等问题时就是这样做的。当资本积累处在发展状态时，资本主义生产方式的内在矛盾

---

① 马克思，恩格斯. 马克思恩格斯全集：第44卷[M]. 中共中央马克思恩格斯列宁斯大林著作编译局，编译. 北京：人民出版社，2001：874.
② 马克思，恩格斯. 马克思恩格斯全集：第46卷[M]. 中共中央马克思恩格斯列宁斯大林著作编译局，编译. 北京：人民出版社，2003：929.
③ 马克思，恩格斯. 马克思恩格斯全集：第3卷[M]. 中共中央马克思恩格斯列宁斯大林著作编译局，编译. 北京：人民出版社，2002：297.

无疑是处在不发达阶段的。正是在这一前提下，马克思考察并关注到了反贫困的其他路径。他首先看到的是工人因贫困而移居国外的现象。在谈到资本通过大量使用少年工人而使成年工人处于失业状态时，马克思指出："少年期一过，便只剩下极少数的人能够被原生产部门继续雇用，而大多数的人通常要被解雇。他们成了流动过剩人口的一个要素，这个要素随着工业规模的扩大而增大。其中一部分人移居国外，其实不过是跟着外流的资本流出去。"① 移民虽不是工人解决贫困问题的根本方法，但在资本主义内在矛盾尚未激化的状态下却是工人暂时缓解贫困状况的一个有效路径。其次，马克思还看到了农村贫困人口通过向城市转移而暂时缓解赤贫状况的现象。在谈到因资本占领农业而使一部分农业工人处在相对过剩的赤贫状态时，马克思说："一部分农村人口经常准备着转入城市无产阶级或制造业无产阶级的队伍，经常等待着有利于这种转化的条件。……它不断地流向城市是以农村本身有经常潜在的过剩人口为前提的，这种过剩人口的数量只有在排水渠开放得特别大的时候才能看得到。因此，农业工人的工资被压到最低限度，他总是有一只脚陷在需要救济的赤贫的泥潭里。"② 他之所以能在本质层面上的颠覆私有制的思路之外还能看到这些在历史过程层面上的具体的反贫困路径，一个重要的原因就在于他已经把对这一问题的理解跟社会历史发展的过程性特征紧紧地联系在了一起。恩格斯其实也是这样的。他的研究重点不是资本积累逻辑与工人的贫困积累之间的关联性，这虽然使他没有在相对过剩人口的贫困等问题上作出像马克思那样的详尽解读，但他对工人贫困性在不同领域的表现形式等问题上所表现出的理论敏锐性却是令人印象深刻的。这在《英国工人阶级状况》等文本中有明确的体现。囿于文章篇幅，笔者在此就不展开论述了。

三、中国的脱贫攻坚实践对唯物史观中反贫困思想的继承与发展

中国共产党自成立以来始终把反贫困斗争放在极其重要的位置上，在不同的历史时期均取得了重要的建设成就。党的十八大以来，以习近平同志为核心的党中央

---

① 马克思，恩格斯.马克思恩格斯全集：第44卷［M］.中共中央马克思恩格斯列宁斯大林著作编译局，编译.北京：人民出版社，2001：738.
② 马克思，恩格斯.马克思恩格斯全集：第44卷［M］.中共中央马克思恩格斯列宁斯大林著作编译局，编译.北京：人民出版社，2001：740.

把反贫困斗争即脱贫攻坚战提升到了全面建成小康社会的理论与实践高度,把它纳入"五位一体"总体布局、"四个全面"战略布局的层面上来加以实施,全面推进了决战脱贫攻坚的伟大实践,并在2020年实现了现行标准下农村贫困人口的全部脱贫,解决了区域性整体贫困的问题。从理论上来总结这一伟大实践,我们不难看出,它既是对唯物史观中反贫困思想的科学继承,又是在中国当下实践语境中对它的重大发展。我们可以从以下三个方面来加以理解。

首先,中国的脱贫攻坚战是对社会主义制度优势的充分彰显,从而是对唯物史观反贫困思想的制度基础的凸显与深化。马克思、恩格斯是把工人的贫困与资本主义制度联系在一起,并从私有制被颠覆的角度来解读反贫困的根本路径的。这一思想的核心是从制度基础的角度来思考反贫困问题的本质。而当中国共产党人超越了私有制的制度束缚,在中国特色社会主义的历史语境中来思考反贫困路径时,我们当然首先要充分彰显社会主义尤其是中国特色社会主义的制度优势。早在20世纪80年代,邓小平就明确地指出:"搞社会主义,一定要使生产力发达,贫穷不是社会主义。我们坚持社会主义,要建设对资本主义具有优越性的社会主义,首先必须摆脱贫穷。"①党的十八大以来,中国共产党人在新时代的语境中推进反贫困斗争时,更是把对制度优势的强调放在更加突出的位置上。习近平总书记在总结中国人民向贫困宣战过程中所取得的突出成就时指出:"我国成为世界上减贫人口最多的国家,也是世界上率先完成联合国千年发展目标的国家。这个成就,足以载入人类社会发展史册,也足以向世界证明中国共产党领导和中国特色社会主义制度的优越性。"②在具体实施精准扶贫、精准脱贫的基本方略时,中国共产党人始终坚持政府投入的主体和主导作用,大力推动东西部的协作扶贫、党政机关的定点扶贫、社会力量的参与扶贫等。所有这些具有中国特色的反贫困措施的实施,离开了中国特色社会主义的制度优势是根本无法做到的。当今世界上的很多国家之所以无法从根本上解决贫困人口的脱贫问题,一个重要的原因就在于没有制度优势的支撑。这导致他们只能从某些孤立的角度来谈论反贫困的路径,但为此付出的代价是始终难以走出悖论式的困境:如果选择了政府救济则面临资金不足,如果选择了外国投资增加就业机会则面临资本剥削,如果选择了提升国内市场化程度则面临利益瓜分等问题。在这一意义上,我们可以说,发挥中国特色社会主义的制度优势,是中国式脱贫攻坚实

---

① 邓小平. 邓小平文选:第3卷 [M]. 中共中央文献编辑委员会,编. 北京:人民出版社,1993:225.
② 习近平. 习近平谈治国理政:第2卷 [M]. 北京:外文出版社,2017:84.

践的最重要的创新之处。

其次，中国的脱贫攻坚战通过强调大的产业扶贫思路，深化和拓展了唯物史观反贫困思想在生产方式维度上的理论观点。马克思、恩格斯当年面对的是资本主义私有制的生产方式，他们看到的是劳资关系的历史性特征以及资本主义积累的一般规律所决定的工人阶级的贫困化趋势，因此，在反贫困的生产方式基础的问题上，他们关注的重点是私有制生产方式的被取代是解决工人贫困问题的关键。而当中国共产党人在社会主义市场经济这种新的生产方式前提下来谈论反贫困问题时，当然就拥有了对反贫困的生产方式基础的更广阔的发展空间。我们已经具备了生产关系优势，因而对生产方式基础性的强调便可以通过产业发展的路径来实施精准脱贫的方略。在贯彻大产业扶贫思路的过程中，中国共产党人着力在直接产业扶贫和易地搬迁扶贫这种间接产业扶贫的路径上下功夫。前者是在有产业发展空间的贫困地区通过发展生产来让有劳动能力的贫困人口实现就地脱贫，后者是在那些没有产业发展空间、很难实现就地脱贫的地区，通过易地搬迁的方式让贫困人口在有条件发展产业的新地方实现脱贫。习近平总书记在2015年的中央扶贫开发工作会议上就明确地把发展生产脱贫一些、易地搬迁脱贫一批，视为解决好"怎么扶"问题的前两项重要工程。他在2018年的打好精准脱贫攻坚战座谈会上，更是明确地强调了产业扶贫和易地扶贫搬迁在整个精准施策中的重要性："这里特别要强调产业扶贫和易地扶贫搬迁。产业增收是脱贫攻坚的主要途径和长久之策，现在贫困群众吃穿不愁，农业产业要注重长期培育和发展，防止急功近利。易地扶贫搬迁，国家投入的资金最多。目前，要重点防止为整体搬迁而搬迁，把不该搬的一般农户搬了，而应该搬的贫困户却没有搬。"①这里不仅强调了产业扶贫的核心作用，而且还凸显了产业扶贫的长期性和复杂性。当国外学者仍在争论由投资带来的产业脱贫路径是否可行时，中国的产业扶贫方略已经取得了卓越的成就，贫困地区的特色优势产业、易地搬迁后的产业新业态，给贫困地区的发展注入了动力和活力，同时也把唯物史观在反贫困的生产方式基础问题上的理解水平提升到了一个新高度。

最后，中国的脱贫攻坚战通过实施"五个一批"的精准脱贫工程，把唯物史观在反贫困的多种路径问题上的理解水平推进到了一个全新的高度。"五个一批"的脱贫工程，除了上述提到了产业脱贫和易地搬迁脱贫，还有生态补偿脱贫、教育脱贫、社会保障脱贫等三种具体的脱贫路径。这是中国共产党人在新时代中国特色社

---

① 习近平.习近平谈治国理政：第3卷[M].北京：外文出版社，2020：156.

会主义的语境中把扶贫开发纳入"五位一体"总体布局的必然结果。对于我们来说，扶贫脱贫首先是经济建设的事，其次又跟政治建设、文化建设、社会建设和生态文明建设紧密联系在一起，其目的只有一个，即满足人民日益增长的美好生活需要。这是一种全新的反贫困理念，是基于优质社会制度优势的大脱贫方略。马克思、恩格斯当年虽然提到过通过国外移民、农村人口向城市的转移、提高教育水平等途径来局部性的改善穷人的贫困状况，但那是在私有制生产方式的内在矛盾尚未发展到激化状态时的暂时性措施，并非根本性的脱贫策略。而中国共产党人在既具有中国特色社会主义的制度优势，又具有这种优势制度在新时代语境中的整体发展水平的前提下，创新性地把多维度的反贫困策略提升到精准脱贫的核心工程的层面上来加以理解和实践。于是，通过生态补偿脱贫，我们既解决了有劳动能力的贫困人口通过就地转成护林员等就业手段的脱贫问题，又促进了生态文明建设。通过教育脱贫，我们既阻断了贫困的代际传递问题，又促进了社会主义的文化建设。通过东西部协作扶贫，我们既解决了西部贫困县的脱贫问题，又通过这种方式畅通了党政机关了解贫困地区的渠道，推进了党员干部的作风转变和干部培养水平的提升。通过社会保障扶贫，我们既解决了丧失劳动能力的贫困人口的社会救助问题，又促进了中国特色社会主义的社会建设的发展。中国在2019年年底，建成了覆盖超过13亿人的基本医疗保险制度和覆盖近10亿人的基本养老保险制度，建成了世界上最大的社会保障体系。这些成就的取得在其他国家是完全无法实现的。

中国脱贫攻坚实践的核心要素是精准扶贫、精准脱贫。它既是对中国特色社会主义制度优势的精准坚持，对产业扶贫的重要作用的精准把握，又是对生态脱贫等多维度脱贫路径的精准实施。在一定意义上可以说，中国的脱贫攻坚实践对唯物史观反贫困思想的发展也是一种精准式的发展，它把这一思想中每一种观点的实践价值在新时代的历史语境中都发挥到了极致。在庆祝中国共产党百年华诞的今天，对上述思想发展过程的准确梳理与总结，既能帮助我们深化对党史的理解，又能推动我们在未来的发展中坚持正确的方向，在乡村振兴等新的实践中谱写更为灿烂的篇章。

中国传统政治文化的"民本""爱民"思想及其当代价值

——从"民本""爱民"到"以人民为中心"的思想升华

山东师范大学马克思主义学院 贾英健

中国传统政治文化中,从上到下是通过建立完善的君、臣、民之间的权力关系实施对国家管理的。在这一权力关系中,臣子处于君民之间,它所扮演的角色就是接受代表君主意愿的君令,臣子相对于民而言,他的职责就是将代表国家权力的君主之令,利用自己所在职位赋予的权力,通过民并转化为民的行动和生活规范而贯彻落实好。民在与君臣的这种关系中的角色定位,注定了中国传统社会中孕育而生一种与其相伴的"民本""爱民"的政治文化传统。尽管它从根本上说是服务于封建统治阶级的统治地位和利益需要的,但作为中国传统优秀政治文化精华的"民本""爱民"思想,不仅为我们党在革命和建设过程中提供了可供挖掘、借鉴和弘扬的理论资源,而且也有助于我们正确地把握新时代"以人民为中心"思想提出的当代价值。

一、中国传统政治文化的"民本"德政

在中国传统政治文化中,不乏围绕着"民"而展开的德政思想。"民"之所以构成传统政治文化的重要内容,既有历史延续的原因,也有对历史经验教训的反思,更有对统治者政权巩固的渴望。正是基于上述问题的思考,才逐渐形成了中国

二、以人民为中心的发展思想与中国式现代化

历史上源远流长的"民本"德政思想,并成为中国传统政治道德的重要内容。

中国传统政治文化中的民本思想始于史前时期,在原始共同体的民主意识普遍性的过程中产生的。"至德之世,同与禽兽居,族与万物并"(《庄子·外篇·马蹄》)就是他们生活的真实写照。在后来氏族部落的发展过程中,先后经历了以黄帝、唐尧、虞舜、夏禹为首领的几个发展阶段,氏族成员之间在共同劳动过程中,各自都尽其所能,根据自己的需求各得其所,过着没有剥削、没有压迫、人人平等的"大同"生活。氏族时期先民们对大同理想和平等民主的追求,实际上是以最原始、最朴实的形式表述了成为后来中国传统文化中的重民等民本思想的历史之源。当人类的发展进程步入春秋时期,一些有政治眼光的思想家和开明君主,便开始将自己的施政目光下移至百姓,不仅看到了百姓在一国发展中的重要地位,而且也将对德政的认识提升到对民心的关注和取信于民的高度加以把握,并逐渐成为这一时期的人们思维的一种政治取向。孔子率先提出了朴素的民本观点。孔子不仅要求官员重视"民、食、丧、祭",而且还提出了合民心、如民意、随民愿、得民赞的"宽、信、敏、公"四种政策,"宽则得众,信则民任焉,敏则有功,公则说"(《论语·尧曰》)。孔子的上述思想在孟子、荀子那里得到了进一步的发展。在孟子的民本思想中,以"民贵君轻"思想最为著名。在此基础上,孟子提出了以"不忍人之心"实施"不忍人之政"(《孟子·公孙丑上》)的思想。荀子还以马和君主、舟和水、"仪"(盘盂)与"影"(水形)的关系论述君主和民众之间的关系。从两汉到唐宋,古代民本德政思想不仅在理论上实现了不断完善,而且也在政治实践中持续推进。汉代初期思想家贾谊立足于民之本来思考政治,他认为:"闻之于政也,民无不为本也","民者,诸侯之本也。"(《新书·大政下》)贾谊还从国家、君主和官吏与民的关系中论述民本的重要性。他指出:"国以民为安危,君以民为威侮,吏以民为贵贱,此之谓民无不为本也。"(《新书·大政上》)董仲舒从"天人合一"出发,不仅提出了上天君主为万民而设的观点,而且也要求君主在治理民众的过程中既体现天意,又符合道德的诉求。"天之生民,非为王也;而天立王,以为民也。"(《春秋繁露·尧舜不擅移汤武不专杀》)唐朝李世民作为一代明君,在治理国家的过程中总是以隋为戒,想方设法避免隋朝因猛于虎的苛捐杂税而引发的民怨沸腾造成的亡国教训。李世民认为,无论做什么事情,都必须把握根本。这个根本不是别的,而在于民,尤其是民的衣食,"凡事皆须务本。国以人为本,人以衣食为本"。(《贞观政要·卷八·论务农》)唐王李世民还常常用孔子的君舟民水思想来论述君和民的关系,

"舟所以比人君，水所以比黎庶，水能载舟，亦能覆舟。尔方为人主，可不畏惧"。（《贞观政要·卷四·教戒太子诸王》）在宋代，民本思想进一步被提升到"天理"的意义上得到解释，并逐渐为统治者所接纳，体现在治国上，提出了一系列以民众功利为要求的"安民""宽民""顺民""足民"等民本政策。范仲淹要求君主要"先天下之忧而忧，后天下之乐而乐"。明清时期，是中国传统"民本德政"思想发展的最后阶段，其民本思想的提出，源于对君主制的批判，这不仅使传统民本德政思想获得了进一步发展，而且也通过对民本德政内在依据的哲学论证，提出了"天下为公""民贵君轻"等观点。这一时期涌现出了顾炎武、王夫之和黄宗羲等一批杰出的思想家。顾炎武不仅提出了以天下百姓大公作为治理天下的首选的主张，而且还提出立足于民众之基巩固君主统治的民本德政理念。他指出："君以民为基……无民而君不立。"（《读通鉴论》卷十七）在王夫之看来，将民视为君主之基处理君民关系，实际上肯定了民心向背对统治者统治之巩固的关键地位和作用，他要求君主要把握好天与民辩证关系的方法论，既不能离开民心而谈论天，也不能离开天而谈论民情。黄宗羲则提出了"民主君客"的民本思想。黄宗羲指出"天下为主，君为客"（《明夷待访录·原君》），他要求君主治乱，要坚持"以天下万民为事"的标准，以天下百姓之乐为出发点来治理国家，"天下之治乱，不在一姓之兴亡，而在万民之忧乐"（《明夷待访录·原臣》）。黄宗羲的上述思想被谭嗣同称为自孔子以来"万一有当于孔教"之作。

从上面分析中可以看出，在中国传统政治思想发展中，许多思想家从不同的角度对民本德政思想作出了比较系统的阐发，尽管各家对这一思想的理解不同，论述也有差异，但是，一方面，这些不同的论述都为我们概括中国传统民本德政思想的主要内容提供了重要条件；另一方面，只要我们深入思考，就不难发现，在对这种思想看似各异论述中，实际上还是可以概括提炼出一些最基本的思想内容的。正所谓异中有同、同中有异，既可以从同中发现异，也可以从异中求得同。基于以上考虑，我们对这一思想的主要内容进行如下的概括和总结。

第一，民为政之基。何谓政治，简单地说，政治的"政"指的是众人的事情，政治的"治"就是治理，将这两个字的意思合起来，就是将众人的事情治理好。很显然，治理众人的事，离不开众人的参与，但是任何治理都不能缺少治理的组织者和管理者。在中国传统政治文化中，国家的治理是通过君主和官吏来组织实施的，但这并不意味着作为广大的民众就可以置身于治理之外。实际上无论在哪个社会，民众都是国家治理不可或缺的重要主体。正因为如此，不少思想家对这个问题进行了许多有益的探索。老子提出的"道法自然"思想中的"道"，就是对民众这一事关执政之基的问题给予高度重视。贾谊则不仅将民看作是君之本和吏之本，而且也是国之本，更是政之基。董仲舒在他的"君权神授"说中，通过"假天意以限君威"，不仅表达了上天君主为万民而设的观点，而且也要求君主在治理民众的过程中既体现天意，也符合"为民"的道德诉求。王夫之立足于"君以民为基""无民而君不立"的观点，提出了立足于民众之基巩固君主统治的民本德政理念，意在通过对民为君主之基的强调，注重民心向背对政权巩固的基础地位。

第二，为政在贵民。中国的传统政德思想，是围绕着天（神）、君和民的关系展开的，如何摆正它们之间的关系，不仅为君主的政治权力和政治统治提供着合法性的依据，而且关系到国家的前途和命运。孟子从民、社稷和君王的关系中去审视民，提出了"民贵君轻"思想。荀子则从自然的现实的天这一现实主义的论证视角出发，主张用民来解释天（自然界）和君主，在他看来，"天之生民，非为君也；天之立君，以为民也"（《荀子·大略》）。贾谊也从国家、君主和官吏与民的关系中论述民本的重要性。他指出："国以民为安危，君以民为威侮，吏以民为贵贱，此之谓民无不为本也。"（《新书·大政上》）显然，贾谊这一思想不仅强调了民为国之本，而且也强调了它是君和吏之本，无论是国家，还是君主和官吏，都应该将民放在治国理政这一根本之上。明清思想家黄宗羲提出了"民主君客"的民本德政思想。他从对君德的理解出发，进一步推及臣德，主张君臣之间是平等的关系，要求下属官员如同君主一样，"天下为事"。

第三，治国为富民。这里的"富民"侧重于实践层面的内容。人生在世，首要的是要解决自己的衣食住行等生存资料的问题，为了解决这些问题，就会提出对这些方面的物资需求，这种需求能否得到满足，则取决于能够有充足的物质生活资料提供保障。但是，人对自己生活的需求不会总是停留在一个相同的或者较低的水平，而是以追求幸福生活为目的的，其中，让个人更快地解决自己的富有就成为民众首先渴望实现的欲望。正是在这种意义上，孔子说，"富与贵，是人之所欲也；不以其道得之，不处也。贫与贱，是人之所恶也；不以其道得之，不去也"（《论语·里仁》）。既然人都有对富裕的追求，那么，对于一国国君而言，就应该把富民作为自己治理国家的目标。孟子则要求统治者凡事要将百姓的利益诉求放在第一位，将自己"所欲与之聚之，所恶勿施"（《孟子·离娄上》），他要求统治者将那些与民之利益关系密切的事情，万万不能轻视，更不能拖着不做。他说："民事不可缓。"(《孟子·滕文公上》)荀子还专门写了《富国》，提出了"裕民以政""开源节流""节用裕民""强本抑末"等富民措施。汉代贾谊更是对统治者提出告诫，"民不足而可治者，自古及今，未之尝闻"(《汉书·卷二十四·食货志》)。明代张居正为了百姓利益，多次上书为民请愿，并提出一些重民惜民举措。

第四，善政在教民。对于统治者而言，治国的治理好坏取决于能否对民实施一种善的道德教化以便收获民心。在这方面，周公不仅最早认识到治国之本在治民、治民之本在治心的道理，而且首倡礼乐教化，要求从改变人的心性入手，进行道德修身，并开启了礼乐教化实践先河。儒家也十分重视周公这一思想，孔子就主张将"教"与"庶"和"富"一起作为治国之策，提出"有教无类"，"不教而杀谓之虐"(《论语·尧曰》)。孔子要求通过对民众的教化，使其明礼仪和知廉耻，他指出："道之以德，齐之以礼，有耻且格。"(《论语·为政》)孟子也十分注重教民的重要性，他说："善政不如善教之得民也。"(《孟子·尽心上》)汉代陆贾则要求统治者要将教民作为为政之本，"教者，政之本也"(《新书·大政下》)。北宋的王安石认为，富民和教民对于为政者来说，虽然都不能或缺，但是却有先后之别。在他看来，"民既富而可以教"，"是所谓富之然后善者，政以善之也"(《临川先生文集·洪范传》)。

应该看到，中国传统民本德政思想尽管对民众利益的维护、民众生产积极性的提高，以及社会秩序的稳定、社会发展的促进等方面起到了非常重要的积极意义，同时它也存在着难以避免的时代局限性。一方面，这些民本德政思想仅仅停留在价值理念和价值目标的层次上，在实践中如何将这种价值理念和价值理想转化为民本德政的实践，并且使之能够很好地体现这一要求，缺乏有效的制度上的整体设计和保障措施。另一方面，虽然民本德政的上述思想深得民心，也正如民所愿，更是民心中所向往和孜孜追求的理想目标，但从根本上来说，这些思想所具有的价值是以不危及统治者政权巩固为前提的。

二、中国传统政治文化的"爱民"之维

中国传统政德文化中，不仅有着对于"民本"德政的大量论述，而且也有着关于"爱民"的丰富思想。就中国传统政治文化的"爱民"主体而言，既包括君

主，也包括臣子，与之相适应，君、臣与民三者之间构成了君臣、臣民和君民三重关系，其中与"民"相关的有君民和臣民两重关系。关于君与民之间的关系，学术界已经有很多学者进行了论述，这里仅围绕着臣与民的关系，对源于臣的"爱民"思想加以阐述。之所以强调臣民之间的"爱民"，是因为臣子处于君与民中间，它不仅搭建起君主与民进行沟通的桥梁，发挥着上传下达的作用，而且也对确保政令畅通起着无法替代的作用，在他们身上，更能够使民直接地获得臣对民之爱的现实体验。

在中国传统政治文化史上，源于从臣出发提出的"爱民"思想，开始于西周，生成于春秋战国，定格于明清之际。在这一悠久的历史传统中，自从在早期的政治文化中开启了从"重神"向"重民""敬民""民贵君轻"的转变以后，"民惟邦本"的致思路向就始终没有发生过改变。这说明，不管是哪朝哪代，无论是统治者和统治政策发生了哪些变化，而围绕着君、臣、民的关系调节而引发的治国理政的思考，都始终处于首要的位置，并成为衡量一个政权是否具有正当性、合法性的重要来源和基本原则。对民的重视，早在《尚书·夏书·五子之歌》的"民惟邦本，本固邦宁"中，就已经蕴含了对民众在巩固统治者的统治地位中的重要地位，正是从这一认识出发，中国传统政治文化主张，既要为民尽心，又要顺应民意、体察民情的"爱民"思想，要求杜绝各种虐民的行为，做民众的保护神。在此基础上，强调了对民要敬更要保的重要性，这在先秦的法家所崇尚的君主专制的论述中可见一斑。但是，在儒家传统那里，从周公的"敬天保民"思想中汲取了营养，而进一步提出了以强调民众的主体地位为特征的爱民思想。春秋时期，传统的宗族血缘关系瓦解，各诸侯国相继划分势力范围，展开了不断厮杀，使周王室遭到重创。在这种情况下，君臣上下、文人墨客都看到了民众对于一个国家的重要性，相继出台并颁布了一些意在让利于民、惠及于民的政策，以此来收买民心。民众的地位也就不断地被提到"神本"、君本和邦本的高度，要求为政者既要重民又要养民。到战国时期，各诸侯国的矛盾进一步升级激化，演变成一次次的战争。在战争中，一方面，民众的参与为战争的胜利提供了重要保证；另一方面，也造成大量的民众流离失所，无家可归。这就使得当时很多思想家将目光移到民众身上，聚焦民众之苦，从提出"君依存于民"开始，经"国依存于民"，到"民贵君轻"的"正在得民"思想。民对于国家、君主的这种重要性，也就使得为臣者在为政实践中，应该致力于贯彻好这一思想，形成了关于为官者对民生问题的广泛重视。从上述的分析中，我们可以看出，臣与民的关系问题，是中国传统政治文化中"爱民"思想的重要维度。不仅很多思想家，而且很多封建统治者，也都围绕着自己和民众的关系进行了深入的思考，以希望实现"民本邦固"的目的。

第一，政以仁为德。既然为政要充分体现民的基础地位和作用，那么，这种政治就要求围绕着"民"这一中心展开，这就需要统治者不能拒民于千里之外，而应该让民回归到政治中来。要实现这一要求，就需要在政策上制定一些亲民爱民的措施，即仁政。在中国传统政德文化中，孔子虽然没有明确提出"仁政"概念，但是他却在如同北辰"居其所而众星共之"（《论语·为政》）的观点中，通过对"为政以德"，实际上对"德政"作出了自己的诠释。在他看来，"德政"与"仁政"并不是截然对立的，而是完全相通的。从这一认识出发，孔子要求为政者首先要做到身正，以正率下，上下同心，形成向心力和凝聚力，才能向着理想目标不断迈进。孟子作为仁政的首倡者，其仁政诉诸民本核心价值理念。孟子用人人皆有的"不忍人之心"来解释人的这种仁爱之心和恻隐之心，并要求君主把这种仁爱之心，用于国家治理，并提出"以不忍人之心，行不忍人之政，治天下可运之掌上"（《孟子·公孙丑上》）。

第二，仁以爱民立。"仁"是什么？这首先可以从构成"仁"的"人"和"二"中得到解释，那就是发生在两个人之间，并表征着两人关系的一个概念。人与人之间的关系有很多种，但基本的关系人与人之间的亲密无间和友好相处。在《论语》中，孔子是用"爱人"来解释"仁"，赋予其对他人施予关爱之意，然后将这种对人的关爱推及统治者的角度来看，就赋予仁以"仁民"之意，即要有一颗爱民慈心。孔子说："古之为政，爱人为大。"（《礼记·哀公问》）孟子用与民同乐和与民同忧来表达爱民的最高境界，他说："乐民之乐者，民也乐其乐；忧民之忧者，民也忧其忧。"（《孟子·梁惠王下》）在孟子看来，君主虽然爱物但却不能赋予其仁慈，同样，君子有对民的仁慈但却不具有任何亲情，但是如果把这个问题倒过来解释，就能够让我们体会到这种源于"爱亲"的情怀，完全可以通过对百姓的慈爱，达到对各种生物的喜欢和珍惜。这一方面表明，处在一定社会关系中的人，在处理亲人和他人之间关系的时候，有着亲疏、远近上的不同；另一方面也表明，在这种不同、差异的背后，彰显着对待他人及生物的一颗拳拳爱心，却始终存在着，不会发生任何变化。孟子还认为，在人际关系中存在的这种友好和慈善关系，其内在根据在于人性中的善良之心和情感意志。在他看来，人的本性之善又取决于天的本性之善，反过来，从天的本性之善就能够认识和把握人的本性之善，进而通过人的"恻隐之心"，去实施体现"仁者爱人"关怀的"仁政"。可见，孟子通过这种论证，为我们提供了一个基于人性论的仁爱天赋理论。荀子则认为，在为政者与民的关系中，为政者要想让百姓对自己亲近，获得百姓的爱戴，就必须让自己首先亲近百姓和对百姓施于仁爱，"有社稷者而不能爱民，不能利民，而求民之亲爱己，不可得也。民不亲不爱，而求其为己用，为己死，不可得也"（《荀子·君道》）。在荀子看来，为政者唯有能够让百姓感到亲爱，方能做到"庶人安政，然后君子安位"（《荀子·王制》）。

第三，爱民在裕养。荀子从孟子的"七十者可以衣帛食肉，黎民不饥不寒"（《荀子·梁惠王上》）的富国裕民思想出发，立足于对"礼"的涵养解释，把"裕民以政"作为一个重要的方法，不过是"轻田野之税，平关市之征，省商贾之数，罕兴力役，无夺农时"（《荀子·富国》）几件事而已。荀子认为："故修礼者王，为政者强，取民者安，聚敛者亡。"（《荀子·王制》）对百姓的"生养"，不仅要使人人都有温饱，更重要的还要使人人都能平安快乐。《淮南子》要求为官者对百姓要有"忧劳"的政治情感，将"忧民""养民"作为自己的臣民观，把民众的利益作为头等大事，"事起天下利而除万民之害"（《淮南子·修务训》）。《淮南子》还不仅对先秦的贤臣名相大加赞扬，给予了充分的肯定，称他们不仅胸怀民众，在为民谋利上做出了榜样、树立了政治标杆，而且也对他们"忧劳百姓甚矣"的为官品格给予了很高的评价和推崇。在此基础上，从"臣"提出要求和规范，并提出了"立公去私"的治民理政的重要原则。这里的"公"首先指的就是"民"的利益。如果不能做到，不仅会出现民怨沸腾的局面，而且也有可能给自己带来不可预知的灾祸。顾炎武从"有私常情"出发，不仅主张私心为善，公开为人的私欲进行辩护。但是，他并没有因此放纵私欲，走向极端自私。他要求官员在基本满足自己物质需求的基础上不仅要崇尚"奉公忘私"，而且通过维护民众合法的生财权，在确保其基本生活得到有效保障的前提下，尽可能使民"兴孝兴弟"。

尽管上述思想表现出臣对民的重视，但终归只是维系封建专制秩序的手段和工具，是着眼于统治者及其所代表的阶级利益提出的，最终要服务于实现对其政权的巩固和社会的安定之目的。这是因为，民众在社会中处于最下层，不享有对国家治理的权力，这就使得他们许多的利益诉求都无法真正实现，而对于君臣而言，他们手中握有大权，却又不愿意用手中权力为广大民众谋利益，只能用手中权力通过不断地将公共利益私有化，来满足自己的私利，达到巩固自己的江山社稷的目的。所以，中国传统政治文化发展史上的这些"重民"思想，它既不能从根本上改变常态情况下臣民之间在政治上的隶属关系，也不能彻底改变民对臣、民对君的人身依附关系。这说明，中国传统政治文化中的"爱民"思想，具有非常明显的局限性。不过，这只是问题的一个方面，另一方面，在这一思想深处，也蕴含着一个深刻的道理，这就是，任何一个时代的为政者，都应该立足于人民来确立自己的为政理念和执政方式，这既是对为政者权力的一种限制，也为其指明了执政为民的发展方向。从这个意义上说，在今天，我们党倡导的"以人民为中心"的思想，就是在对传统"民本""爱民"思想进行批判的继承基础上提出的。习近平总书记在很多讲话中都曾引用"民为邦本，本固邦宁""乐民之乐之，民亦乐其乐；忧民之忧之，民亦忧其忧"等古训，也表明了中国共产党人对中国传统政德文化中的"爱民"传统重要性的认识。

三、从"民本""爱民"到"以人民为中心"的思想升华

中国传统政治文化关于"民本""爱民"的思想，实际上是围绕着对权从何而来、权为谁所有、权为谁所用等所进行的诠释，其中表现出权力高度集中的封建专制统治下的难能可贵的仁政和德治的思想，构成了中国传统政德文化"民本"和"爱民"思想的精华所在，也为今天在新时代治国理政的实践中，如何使中国传统政德文化的这一理论资源得到更好地挖掘和弘扬提供了重要理论前提。要想实现中国传统政治文化的"民本""爱民"思想在今天的弘扬，需要将这种"民本""爱民"思想进一步提升到当前我们正在进行的社会主义现代化强国建设的高度来进行审视，需要将中国传统政治文化中的"爱民"思想转化为马克思主义的现代性话语中来进行思考。从这个意义上说，要求我们围绕着"民本""爱民"，致力于从"民本""爱民"向"以人民为中心"思想升华的高度来把握"民本""爱民"思想的当代价值。

值得注意的是，中国传统政治文化中对民的关注虽然很多，但对其的理解却是纷繁复杂，各说其是，既有"庶民""百姓""子民"之称，也有"野人""小人"之别。这些称谓表现在不同的关系中，赋予其的意义也就有所不同。就前者而言，表达的是与君臣的关系，就后者而言，表达的是好与坏、善与恶的关系。但是，无

论是处于哪种关系中，其实又都可以归结为统治与被统治的关系。更何况，为官者在国家的治理中，不仅需要民作为纳入统治的对象范围之内，并通过对民的剥削和压榨，来实现公众利益的私利化，而且也试图通过仁政和德治，采取一些重民、亲民、惠民的措施，将自己对民的统治地位控制在现有的制度所维系的社会秩序之内。这种政治设计的考虑，就决定了君、臣、民的关系协调，不仅构成了中国传统社会秩序稳定的重要内容，而且也成为统治者国家治理必须面对并着力思考的一个重要话题。

中国传统政治文化中的君臣与民的关系问题，如果转换为今天的话语，实际上就是国家的管理者与人民的关系问题。这一关系问题的实质是如何看待人民在管理国家中的地位和作用问题，这需要站在历史唯物主义的高度来回答。在历史唯物主义视野中，人民群众作为历史的创造者，不仅创造社会的物质财富和精神财富，而且也是推动历史发展的决定力量。历史唯物主义的这一基本原理告诉我们，既然人民群众是创造历史的主体，那么我们无论做什么工作都必须将立足点放到尊重人民群众的主体地位、充分发挥人民群众的主体性作用上。中国共产党在将历史唯物主义这一基本原理运用于中国革命和建设的实际过程中，创造性地发展了这一原理，形成了我们党一切依靠群众、一切为了群众，从群众中来、到群众中去的群众路线和工作方法，形成了中国共产党人鲜明的人民执政理念。中国共产党人的大公无私，使其对权力的理解不代表任何特殊的利益集团，而将其置于为人民群众谋幸福、为中华民族谋复兴这一主题价值诉求之中，不仅从根本上真正解决了权从何来的问题，而且也解决了权为谁所用和如何使用的问题。我们党在领导革命和建设的不同时期，从提出"全心全意为人民服务"到执政为民、"三个代表"重要思想、科学发展观，再到新时代的"一切以人民为中心"，无不体现着中国共产党人一以贯之的人民本位、人民主体、人民导向，实现了从"为民做主"到"为民服务"的转变。

党的十八大以来，在我们党波澜壮阔的治国理政实践中，围绕着人民中心，始终把人民作为执政的力量源泉、最强依靠和最大底气；把人民对美好生活的向往作为奋斗目标；把人民利益高于一切当作一切工作的出发点和落脚点；把人民群众作为"阅卷人"、以人民"是哭还是笑"作为检验工作得失和政策好坏的根本标准；把发展成果由人民共享、让人民群众有更多获得感作为新发展理念的价值目标；把"我将无我，不负人民"和"为人民服务，担当起该担当的责任"作为党的执政理念。从提出"老百姓关心什么、期盼什么,改革就要抓住什么、推进什么",到强调"人民群众反对什么、痛恨什么,我们就要坚决防范和纠正什么",再到防控新冠肺炎疫情中,我们党带着对人民生命安全的深切牵挂,发出"生命重于泰山,疫情就是命令,防控就是责任"的总号令,以及党领导的疫情防控的人民战争、总体战、阻击战,都生动诠释了"以人民为中心"这一马克思主义人民群众是历史的创造者这一政治立场。很显然,上述这种转变,为我们正确认识新时代的民主政治的执政党和政府官员与人民群众的关系指明了正确立场和方向,但要真正让这种立场和方向变成我们处理好为这一关系的重要指导,还需要借鉴中国传统政德文化中的"民本""爱民"思想,实现"民本""爱民"思想从手段向目的的思想升华。

在中国传统政治文化中,"民本""爱民"思想不过是统治者用来作为维持自己统治者统治地位的手段。之所以如此,是因为民的存在既为权力之所需,也是危及权力的一个重要因素。尤其是历史上出现很多因为民揭竿而起而引发的危及统治者统治的危机,乃至统治被推翻的教训,就使得统治者认识到,要想维护自己的长期统治,就必须采取一些安民、重民、亲民、利民等措施,将民安抚好。只有这样,才能确保江山社稷的长治久安。也就是说,统治者"民本""爱民"是以维护统治为前提和目的的,在君臣与民的关系中,"民本""爱民"只是实现维护统治目的的手段而已。手段服从目的,目的的实现离不开手段,如果说君臣与民的关系还存在着某种程度上的一致性的话,这种一致性也仅仅停留在这种话语中的一致和对等。正所谓"民不可与虑始,而可与乐成"(《商君书·更法》),"民可使由之,不可使知之"(《论语·泰伯》)。实际上,由于君臣与民之间关系上存在着不对称性。一方为统治者,另一方为被统治者,前者对后者具有统治权,后者只能处于被统治者的地位,这样的关系,也就决定了民的地位虽然重要,但也无法享有与君臣分权的权力。面对强大的绝对权力,人民对统治者的权力的约束也只是停留在形式上,更谈不上作为主体享有参与国家治理的权力。就此而言,不管是明君圣主,还是贤臣清官,虽然都强调在国家治理中要施与仁政,崇尚德治,但是,这也仅仅是一种基于道义目的所做的一定限度的妥协,是为了缓和与民的矛盾而为。无论统治者如何重视民,在他们眼里,民也不过是其"子民",为其所"治",他们无论如何都不会将管理国家的权力交给人民来行使。因此,即便是中国传统政治文化中有着丰富的"民本""爱民"思想,也不意味着统治者能够将民主交给人民,原因在于,中国传统政治文化中的"民本""爱民"思想,是基于"为民做主"这种制度预设之上的,这样的制度，也就注定了只能选择君主专制。只要不从体制上解决问题，就不会实现现代民主的生成。要解决这一问题，就要首先确立一种"人民主权"的政治理念，并在此基础上建立一种体现这种要求的、崭新的制度形式，这种制度形式以民主为特征，将管理国家的权力交给人民，将维护人民大众的利益作为政治权力的目的，实现从"民本""爱民"到"人民做主"的转变。

伴随着从"为民做主"到"人民做主"和"为人民服务"的转向，也就必然会实现由德治向德法合治的现代转换。在中国传统社会，历代统治者都视"德"为处理和调节君民和臣民之间关系的"为政之本"和为君为臣之道，并以此来实现维持专制统治的长治久安之目的。因此，他们要求无论是为君还是为臣，都应该服务于这一目的，身体力行，并通过"为政以德"和道德修养，主张"王道仁政"，"隆礼贵义"，以便不仅获得百姓的归顺和服从，而且也实现百姓的安定。这种对"德"的理解，就不仅仅是停留在一种个人私德的基础上，而是将这种"德"的要求和修养，提升到为政者政治规范的高度，实现了德性与为政者行为规范的结合，这虽然对为政者的统治来讲的确具有一定的作用，但也存在着权力在握的为官者，在遇到各种利益巨大诱惑时，难以保证能够守住道德底线的风险。更何况在专制制度下，官官相护，很难对为官者起到约束作用。即便有法治的约束，对君也起不到任何作用，再加上君主也不是完人，自己的喜怒哀乐和一己私利，都有可能让那些违法的官吏逍遥法外。因此，法治也就仅仅成为一种摆设而已。在这种情况下无法让道德发挥其应有作用。这恰恰说明，要想发挥道德对为政者的自律作用，就要使之成为一个有德之人。这不仅需要为政者自身的修养，还需要有一条能够确保让有德之人走上治国之路的有效途径，否则，对道德的强调就会变成一种空谈。所以，对于为官者而言，道德品行只不过是为政的前提条件，而不是唯一条件。要想使这种前提条件真正成为对为政者的约束和制约条件，还必须将道德的要求进一步提升到制度化、法律化的意义上，才能真正使其成为为官者行为规范的刚性要求，也就会使得对民的重视不再像之前那样因停留在"人治"层面，既不能实现真正的"民本""爱民"目的，让其变成一种自觉的价值追求，也不能实现真正的"民本""爱民"善治之效果。这样，唯有将对"民本""爱民"的理解，实现了从德治到德法共治的转变，才能够"在法治层面更加规范且限制政府的行政权力，在德治层面注重约束执政者的个人行为，才能使'人治'的民本走向'法治'的民本"。

论以人民为中心的发展思想与中国式现代化

上海师范大学 21 世纪马克思主义研究中心　高惠珠
上海城建职业学院马克思主义学院　徐文越

中国共产党百年历史表明，中华民族的伟大复兴，是以一场彻底的社会革命为推力，这一社会革命的要务就是建立中国特色的社会主义社会，以推进中国式现代化的进程。70 多年的建设实践已表明，以人民为中心的发展思想是中国特色社会主义最基本、最鲜明的价值取向，是中国式现代化最鲜明的时代特征，是人类文明发展的新形态。以人民为中心的发展思想何以成就了中国式现代化，本文拟对此作一探析。

一、新时代人民概念的内涵

众所周知，在中国化马克思主义理论中，"人民"始终是个核心概念。在习近平总书记"七一"重要讲话对中国共产党伟大建党精神的概括中，"坚持真理、坚守理想，践行初心、担当使命，不怕牺牲、英勇斗争，对党忠诚"最后的落实处就是"不负人民"。[①]

何谓"人民"，人民概念的内涵包含什么？回顾历史，可以发现，其是随历史任务的推进而不断变化的。1949 年 6 月 30 日，在新中国成立前夕，毛泽东在其名著《论人民民主专政》中，对"人民"的定义是："人民是什么？在中国，在现阶段，是工人阶级，农民阶级，城市小资产阶级和民族资产阶级。这些阶级在工人阶级和共产党的领导之下，团结起来，组成自己的国家，选举自己的政府，向着帝国

---

① 参见：习近平. 在庆祝中国共产党成立 100 周年大会上的讲话 [N]. 人民日报，2021-07-02（2）.

主义的走狗即地主阶级和官僚资产阶级以及代表这些阶级的国民党反动派及其帮凶们实现专政，实行独裁……"①在此，毛泽东指出了新中国属于人民的阶级、阶层，而且指明了"人民"在国家和革命中的主体地位。新中国成立后，在对民族资产阶级的社会主义改造完成后，毛泽东在《关于正确处理人民内部矛盾的问题》一文中，概括新形势、新任务，对"人民"给出了新的解释："在建设社会主义的时期，一切赞成、拥护和参加社会主义建设事业的阶级、阶层和社会集团，都属于人民的范围；一切反抗社会主义革命和敌视、破坏社会主义建设的社会势力和社会集团，都是人民的敌人。"②显然，在这一定义中，对社会主义的态度与立场，成为"人民"概念的基本内涵。

最令人瞩目的是改革开放后，"人民"概念的三次扩展。第一次扩展体现于1979年6月15日，在全国政协第五届二次会议上，邓小平强调："我国广大的知识分子，包括从旧社会过来的老知识分子的绝大多数，已经成为工人阶级的一部分，正在努力自觉地为社会主义事业服务。"③由此，邓小平同志提出了新时期党的建设社会主义的统一战线，已成为"工人阶级领导的、工农联盟为基础的社会主义劳动者和拥护社会主义的爱国者的广泛联盟"④。

第二次扩展体现于江泽民在2001年7月1日庆祝中国共产党成立80周年大会上的讲话。江泽民针对改革开放后出现的新情况，对"人民"概念做了新阐释。具体而言，即我国实行了社会主义市场经济，建立了以公有制为主体、多种所有制共同发展的基本经济制度后，逐步形成了由民营科技企业的创业人员和技术人员、受聘外资企业的管理技术人员、个体户、私营企业主、中介组织的成员、自由职业人员等组成的社会新阶层，对这一新社会阶层中的广大人员，江泽民指出："这些新的社会阶层中的广大人员，通过诚实劳动和工作，通过合法经营，为发展社会主义社会的生产力和其他事业作出了贡献。……他们也是有中国特色社会主义事业的建设者。"⑤显然，随着中国特色社会主义事业的发展，"人民"的概念也在演进与

---

① 毛泽东.毛泽东选集：第4卷[M].北京：人民出版社，1991：1475.
② 毛泽东.建国以来毛泽东文稿：第6册[M].中共中央文献研究室，编.北京：中央文献出版社，1992：317.
③ 邓小平.邓小平文选：第2卷[M].中共中央文献编辑委员会，编.北京：人民出版社，1994：185-186.
④ 邓小平.邓小平文选：第2卷[M].中共中央文献编辑委员会，编.北京：人民出版社，1994：187.
⑤ 江泽民在庆祝中国共产党成立八十周年大会上的讲话（全文）[EB/OL].央视国际.http://sports.cctv.com/specials/80zhounian/sanji/zxbb0702_1.html.

扩展。

第三次扩展是在中国特色社会主义建设进入新时代,党的十九大修改的《中国共产党章程》明确指出:"进一步发展和壮大由全体社会主义劳动者、社会主义事业的建设者、拥护社会主义的爱国者、拥护祖国统一和致力于中华民族伟大复兴的爱国者组成的最广泛的爱国统一战线。"2018年的宪法修正案也体现了此内容。这表明,新时代的"人民"概念,涵盖了全体中国特色社会主义事业的建设者、劳动者,拥护社会主义及民族复兴和祖国统一的爱国者。这一新时代的"人民"定义,其内涵具有鲜明的时代性、创新性与广泛性。就时代性而言,它既体现了"和平与发展"这一世界性的时代特征,又体现了中国共产党作为百年大党率领全国人民建设社会主义现代化强国的新时代;就创新性而言,其既克服了传统社会主义学说对"人民"概念的固化理解,又克服了"东方社会"发展的历史局限性,创新了"人民"概念在中国现代化道路实践中的重要主体作用;就广泛性而言,新时代的"人民"定义,超越了中国传统马克思主义实践史乃至以《共产党宣言》为代表的经典马克思主义理论,真正实现了"团结一切可以团结的人,发挥一切积极因素并将消极因素转化为积极因素"的战略方针,达到了在目前国内外新场域中最大的广泛性。

二、"以人民为中心"建设中国式现代化

(一)须认清中国式现代化发生的时空场域

之所以在"现代化"前面,定以中国式,这就表明,现代化并非只有一种模式,也就是说,我们不是以"特色"论将现代资本主义发展的一切优秀成果拒之门外,而是在扬弃其二重性的前提下,确立实现中国式现代化。为此,首先必须认清中国式现代化发生的时空场域。众所周知,资本主义现代化是资本主义从封建社会萌芽、发生、发展,直至占据统治地位,使历史进入了"世界历史"时代。这一以资本主义为特征的"世界历史"时代,马克思曾概括了它的三大变化,即如资产阶级"使农村从属于城市一样,它使未开化和半开化的国家从属于文明的国家,使农民的民族从属于资产阶级的民族,使东方从属于西方"[①]。对于这种历史现象,马克思

[①] 马克思,恩格斯.马克思恩格斯文集:第2卷[M].中共中央马克思恩格斯列宁斯大林著作编译局,编译.北京:人民出版社,2009:36.

曾对此作了辩证的批判和分析：一方面马克思尖锐批判资本的罪恶，马克思将资本揭露为从头到脚，每个毛孔都浸润着"血和肮脏的东西"，资本的最大罪恶，即"它用公开的、无耻的、直接的、露骨的剥削代替了由宗教幻想和政治幻想掩盖着的剥削"①。与此同时，马克思也肯定了资产阶级的历史功绩，他和恩格斯在《共产党宣言》中指出："资产阶级在它不到一百年的阶级统治中所创造的生产力，比过去一切世代创造的全部生产力还要多，还要大。"②他们还在《资本论》中指出："资本一出现，就标志着社会生产过程的一个新时代。"③另一位马克思主义革命家列宁也看到了这一点。1921年，列宁在《论粮食税》一文中指出："同社会主义比较，资本主义是祸害，但同中世纪制度、同小生产、同小生产者涣散性引起的官僚主义比较，资本主义则是幸福。"④这就明确向我们揭示了资本主义现代化的二重性。这对于我们这样直至1949年才成立的新中国，我国的现代化建设无疑将面对两大时空场域的特点。

一是我国现代化进程中历时性矛盾和共时性矛盾的并存。所谓历时性矛盾，从工业化的角度看，是前工业化（即小农经济的存在）、工业化与后工业化的矛盾；从资本本身的发展样式看，一方面，马克思主义的资本主义现代性的批判依然奏效，另一方面，必须利用并驾驭资本发展社会主义市场经济；从发展的结果来看，当像我国这样的后发国家为达到先发国家的人均经济水平而奋战时，又需避免和防止如先发国家在资本主义现代化过程中所引发的生态和环境危机。

二是我国现代化过程中，基础性问题和前沿性问题的并存。所谓基础性问题，主要指民生问题，如改革开放之初的20世纪七八十年代，我国贫困人口总数，相当于欧洲中型国家。前沿性问题，自然指关涉工农业、军事国防及教育医疗卫生事业方面的科技发展水平和成果的许多方面不达标、有空白。面对这一建设中国式现代化的时空场域，邓小平明确告知全党全国："社会主义要赢得与资本主义相比较

---

① 马克思，恩格斯.马克思恩格斯文集：第2卷[M].中共中央马克思恩格斯列宁斯大林著作编译局，编译.北京：人民出版社，2009：34.
② 马克思，恩格斯.马克思恩格斯文集：第2卷[M].中共中央马克思恩格斯列宁斯大林著作编译局，编译.北京：人民出版社，2009：36.
③ 马克思，恩格斯.马克思恩格斯文集：第5卷[M].中共中央马克思恩格斯列宁斯大林著作编译局，编译.北京：人民出版社，2009：198.
④ 列宁.列宁选集：第4卷[M].中共中央马克思恩格斯列宁斯大林著作编译局，编译.北京：人民出版社，1995：510.

的优势，就必须大胆吸收和借鉴人类社会创造的一切文明成果。"① 他还向全国人民说明："现在虽说我们也搞社会主义，但事实上不够格。"② 由此又强调，什么是社会主义、怎样建设社会主义，是我国的首要问题。由此，上述创新的新时期"人民"概念，使"人民"在中国式现代化发生的时空场域中得以发挥主体性作用，工农大众和新阶层的所有爱国者、社会主义建设者，都是解决我国现代化进程中这两大矛盾的积极力量，催生并形成了社会主义初级阶段理论，成为中国式现代化的开端。

（二）"以人民为中心"是中国式现代化的鲜明特征

首先，从中国式现代化的建构基础看，中国式现代化是以人民本位区别于西方社会的个人本位。从马克思《论费尔巴哈的提纲》等著作中我们可以看到，西方资本主义文明的基础是个人本位。所谓的"市民社会"就是以"原子个人"为基础的，具有资本主义性质的"市民社会"，黑格尔就称其为"一切人反对一切人的战争"。在此，我们可以当今人们最关心的"民主"为例，众所周知，民主也是社会主义核心价值之一，民主也是不同于传统帝王制的封建社会之现代社会才有的观念。虽然这个词的英文译文是一样的，在中国式现代化中的民主，与资本主义现代化所说的民主，有本质的不同。西方民主强调"个人本位"，否定"人民本位"，由此产生了其在政治上、国家与社会关系上的一系列我们今天看到的西方世界的普选制及无政府主义等乱象。

而我们"以人民为中心"的民主，践行的是"人民本位"，就是从全体人民的根本利益出发，来实现每个人的平等与自由。将民主建设与个人自由发展、人民共享进步、社会持续和平发展和国家有效治理有机统一。如今，又提出"全过程民主"。全过程民主是2019年11月习近平总书记在考察上海长宁区时所提出的。③ 这一关于民主的中国特色社会主义基本要求，已在2021年3月十三届人大四次会议通过的《中华人民共和国全国人民代表大会组织法》和《中华人民共和国全国人民代表大会常务委员会议事规则》中明确写入。全过程民主是指民主选举、民主决策、民主管理、民主监督等采用民主做法、步骤的全部过程。这对于被一些人吹捧的西方民主自由，是一个有力回击。全过程民主相对于西方选举民主的暂时性、形

---

① 邓小平. 邓小平文选：第3卷 [M]. 中共中央文献编辑委员会，编. 北京：人民出版社，1993：373.
② 邓小平. 邓小平同志重要谈话 [M]. 北京：中央文献出版社，1987：23.
③ 全过程民主：人民民主的时代命题 [N]. 新华网，2021-08-27.

式性而言，着重于真正的公平正义的实现，是对西方选举投票民主现存的种种局限性、片面性的超越，使"以人民为中心"的基本要求，通过全过程民主，展现一条中国特色的政治发展道路。

其次，从中国式现代化的发展目标看，中国式现代化坚持以人民为中心的发展思想，不断保障和改善民生，增进人民福祉，走全体人民共同富裕的道路。这与资本主义现代化，在资本逻辑的宰制下"使人与人之间除了赤裸裸的利害关系，除了冷酷无情的现金交易，就再也没有任何别的联系了"根本不同。中国式现代化，在"以人民为中心"的思想指导下，把让人民群众有更多的获得感，作为中国式现代化追求的目标。正是在此思想指导下，党的十九届四中全会明确提出了建立三次分配制度，即提高劳动报酬所占企业全部收益比重的初次分配，健全以税收、社会保障、转移支付等为主要手段的再分配调节机制的二次分配，以及积极发展慈善等社会公益事业的三次分配。① 在实行社会主义市场经济的条件下，这三次分配制度体现了利益平衡机制。现在，对过高收入的合理调节、对隐性收入的合理规范、对非法收入的严肃取缔，以及积极增加低收入者收益和壮大中等收入者队伍等，已成为党和国家政策着力点。据新华社报道，在中共中央政治局2021年2月26日下午进行的第二十八次学习会上，就完善覆盖全民的社会保障体系提出了一系列新的举措，习近平总书记在会上强调，"这是治国安邦的大问题"。②

2020年，在新冠肺炎疫情的冲击下，我国各级政府部门根据中央的政策实行减税降费和财政资金直达机制等规模性助企纾困政策落地见效，不但经济持续稳步恢复，财政收入也逐季好转。据统计，全国一般公共服务、城乡社区支出分别下降1.1%、20%的同时，疫情防控、脱贫攻坚、基层"三保"等重点领域支出得到了有力保障。就在2019年年底，我国脱贫攻坚取得了全面胜利，在现行标准下，使9899万农村人口全部脱贫，832个贫困县全部摘帽，12.8万个贫困村全部出列，区域性整体贫困得到解决，完成了消除绝对贫困的艰巨任务。这一彪炳史册的人间奇迹，使"以人民为中心"的中国式现代化达到了新高度。分析的马克思主义者理查德·诺文就认为，人们被马克思主义所吸引是基于这样一些判断：资本主义是建立在剥削和压迫基础上的，它压迫和束缚人的生命，阻碍人们充分实现潜能，它应该

---

① 参见：习近平. 正确认识和把握我国发展重大理论和实践问题［J］. 求是，2022（10）：3.
② 参见：习近平在中共中央政治局第二十八次集体学习时强调 完善覆盖全民的社会保障体系 促进社会保障事业高质量发展可持续发展［DB/OL］. 习近平系列重要讲话数据库，2021-02-27.

让位于社会主义,在那里人们能够获得更大的自由和更多的平等,社会主义不是那种用意识形态合理化来为社会现状作辩护、保护持权者利益的制度。[①]

再次,从中国式现代化的发展机制看,中国式现代化是以公有制为主体、多种所有制共同发展的社会主义市场经济,区别于以私有制为基础的、资本逻辑为主宰的资本主义市场机制。公有制为主体,就是"以人民为中心"在经济领域的鲜明体现。以公有制为主体的社会主义市场经济,以"人民为中心"主宰和驾驭资本逻辑,使其"利润挂帅""利润为中心"的消极面得到有效钳制,从而发挥其经济逻辑、增殖逻辑的积极作用,由此为中国式现代化创建了适应新时代的经济动力机制。中国式现代化的成功实践,证实了邓小平说的:"计划多一点还是市场多一点,不是社会主义与资本主义的本质区别……计划和市场都是经济手段。"[②]"以人民为中心"的中国式现代化的发展机制,具有实践上的三大特点:一是其践行的长期性,这一时间维度,不是以十年计,而是以百年千年计,一句话,即在中国特色社会主义建设即中国式现代化道路上的每个环节、每个方向、每个阶段,都围绕"人民"为出发点和根本落脚点;二是其践行的全面性,即不是做"选择题",而是做"综合题",结合各地实际情况,坚持因地制宜、扬长补短,坚持"以人民为中心"的创新发展、协调发展、绿色发展、开放发展和共享发展;三是其践行的高标准性,也就是说,对中国式现代化建设成果不仅实现"全时空覆盖",而且要求实现高质量发展,把高质量发展同满足人民日益增长的美好生活需要结合起来,真正实现"人民富裕、国家强盛、中国美丽"的中国式现代化。

三、"以人民为中心"的发展思想实现中国式现代化的重大意义

"以人民为中心"的发展思想,建设中国特色社会主义,实现中国式的现代化,在马克思主义发展史、国际共产主义运动史以及人类文明发展史上,都具有重要意义。

---

① 韦尔.分析马克思主义新论[M].鲁克俭,等译.北京:中国人民大学出版社,2002:5.
② 邓小平.邓小平文选:第3卷[M].中共中央文献编辑委员会,编.北京:人民出版社,1993:373.

（一）"以人民为中心"的中国式现代化开创了实现新型现代性的现实路径

一般而言，虽然现代化与现代性并不完全一致，因为现代化是近代人类社会历史发展过程中形成的社会现象，是从工业革命开始的人类实践的成果，而现代性则是人们基于社会的现代发展而作出的理论概括，是一个属于理论反思结果的理论范式。但以历史唯物主义生产力决定生产关系和经济基础决定上层建筑的观点分析，现代化和现代性本质上具有同根同源性。但现今西方国家的现代化是由资本逻辑主导的现代化，而我们中国式现代化是在"以人民为中心"的社会主义原则主导下的现代化，贫富分化是资本逻辑展开的必然结果，而"以人民为中心"，则坚持"权为民所用、情为民所系、利为民所谋"的原则，践行"发展为了人民，发展依靠人民，发展成果人民共享"的价值观，"共创、共享、共治"是"以人民为中心"实现中国式现代化的现实路径，由此开创了根本区别于西方现代性的社会主义新型现代性。

（二）"以人民为中心"的中国式现代化开创了人类文明新形态

如前所述，我国"以人民为中心"的发展思想，立足于中国式现代化不同发展阶段的条件和要求，始终以最广大人民的根本利益制定实施科学的发展战略和具体政策措施，为最终实现全体人民的共同富裕而创新发展，由此提出了"新发展理念"和构建"新发展格局"，统筹推进"五位一体"的总体布局，使我国在中国特色社会主义的建设进程中，推动了中国社会物质文明、政治文明、精神文明、社会文明、生态文明的协调发展，从而体现了一种不同于西方文明的人类文明新形态。众所周知，有比较才有鉴别，在西方资本主义国家，劳动与资本之间的冲突不可调和，时时发生，让人难以避免，因此也常常导致国家发展政策的左右摇摆莫衷一是；而"以人民为中心"的中国式现代化既调动了广大劳动者的生产积极性，又创造了使社会财富不断涌流、人民生活水平不断提高的社会现状，达到了"人民富裕、国家强盛、中国美丽"，使不同于传统西方文明的人类文明新形态的出现成为历史必然。

（三）"以人民为中心"的中国式现代化是马克思人学理论的时代拓新

马克思的人学理论，一直聚焦于人的生存和发展，目的就在于追求人的自由全面发展。马克思的人学理论区别于形形色色的抽象人论的根本点就在于，马克思从现实的人出发，追求现实人的自由和全面发展。但马克思早就指出："人的本质不是单个人所固有的抽象物，在其现实性上，它是一切社会关系的总和。"① 由此，十分明确地告诉我们，现实的人并不是独住荒岛的鲁滨孙，而是有社会关系在社会群体中生存。马克思甚至对这一人群共同体作了描述："在共产主义社会中，即在个人的独创和自由的发展不再是一句空话的唯一的社会中，这种发展正是取决于个人间的联系，而这种个人间的联系则表现在下列三个方面，即经济前提，一切人的自由发展的必要的团结一致以及在现有生产力基础上的个人的共同活动方式。"② 但这在共产主义社会才得以形成的"自由人共同体"，在社会主义社会如何为其组成创造条件？限于历史条件，马克思、恩格斯并未作出更具体的说明，如今"以人民为中心"的中国式现代化道路对此做了回答，也就是说，当剥削阶级被消灭之后，"以人民为中心"的社会人群共同体是走向"自由人共同体"的现实路径。无疑，这是对马克思人学理论的时代拓新，是 21 世纪马克思主义人学理论的重要理论创新。因为在马克思那里，其人学理论立基于唯物史观基础之上的，从对资本主义人性异化的个人主义的种种批判中，可以引申出无产阶级集体主义在建立理想社会征程中的重要性和必要性，而"以人民为中心"，正是无产阶级集体主义的重要原则，这不仅有文本依据，而且符合马克思主义人学理论追求人的彻底解放和自由全面发展的价值旨归。

---

① 马克思，恩格斯.马克思恩格斯文集：第 1 卷［M］.中共中央马克思恩格斯列宁斯大林著作编译局，编译.北京：人民出版社，2009：501.
② 马克思，恩格斯.马克思恩格斯全集：第 3 卷［M］.中共中央马克思恩格斯列宁斯大林著作编译局，编译.北京：人民出版社，1960：516.

以人民为中心的价值主体论

上海对外经贸大学马克思主义学院　潘　宁

价值观的核心问题,就是以什么人为价值主体和价值评判标准的问题。价值是事物相对于人的需要而言的某种有用性,人是价值主体。依据唯物史观,一方面,人直接地是自然存在物;另一方面,人是为自身而存在着的存在物,是类存在物,也是社会存在物。价值关系正是人在自己的活动中而得以逐渐形成的。正是在改造对象世界中,人才真正地证明自己是类存在物和社会存在物。追求价值、创造价值是人们实践活动的目的性和能动性的集中体现,也是人们从事实践活动所追求的一个基本目标。作为社会历史的主体,从事物质实践活动的人民群众是在自觉地、能动地、有目的地改造对象世界的实践活动中主客体关系相互作用的确立者和推动者,也就成为追求价值、创造价值和享有价值的主体。所谓人民主体论的价值观念,是指"以人民为最高的价值主体和评价主体,以人民群众的利益、要求和实践为最高的价值标准和评价标准的社会价值观念体系"。"'为什么人的问题'是价值观念中的主体问题,即谁是价值的主体和评价的主体,以谁的利益和要求作为价值标准问题。"[①] 发展为了谁的问题是我们在发展中需要解决的一个根本问题,涉及基本价值取向问题,一切理论和实践都不能回避。对这一问题的回答,取决于主体的基本立场、观点和方法,取决于其价值主、客体的选择和确立,涉及主体的政治立场和价值理念。发展为了谁是区分唯物史观和唯心史观的分水岭,也是判断马克思主义政党的试金石,本质上体现的是中国共产党作为执政党如何对待人民群众的态度问题。

---

① 黄凯锋,胡振平."三个代表"重要思想与马克思主义价值论[J].毛泽东思想研究,2004(6).

而价值既是一个关系范畴，也是一个历史范畴。作为关系范畴，价值所反映的是价值客体对于价值主体的意义，即作为价值主体的人民群众与价值客体的关系；作为历史范畴，它反映的则是作为历史主体的人民群众之生存、发展、活动及其结果的意义。首先，人民群众价值主体问题是唯物史观的题中之义。马克思曾说："哲学家们只是用不同的方式解释世界，而问题在于改变世界。"① 改变世界就是主体对世界的评价问题，世界为什么要改变、为谁改变以及改变成什么样，这正是世界观的价值问题，是认识世界和改变世界的价值主体问题和价值立场问题。其次，人民群众价值主体论是唯物史观的价值立场。实现改变世界的价值目标，不能没有价值主体的参与，更不能没有正确的价值主体的设置。人民群众是一切价值的主体，也是创造价值的主体。得出这一结论在于：其一，人的实践活动的发生具有能动性和价值性；其二，人民群众活动过程的社会历史性；其三，人民群众实践创造活动趋势的社会进步性。马克思恩格斯认为"历史上活动和思想都是'群众'的思想和活动。……历史活动是群众的事业"②。"工人才创造一切，甚至就以他们的精神创造来说，也会使得整个批判感到羞愧。"③ 马克思主义经典作家运用历史唯物主义的方法考察人民在社会历史创造中的主体地位，其历史观总是与价值观相联系。显然，人民群众既是历史的主人，也是一切价值和价值创造的主体是唯物史观的应有之义。马克思恩格斯关于"自由人的联合体"思想在中国演化为"以人民为中心"的发展理念、坚持人民主体地位的执政理念、人民至上的价值观，彰显了马克思主义政党的根本价值立场和价值取向。

以习近平同志为核心的党中央在领导中国改革开放和推进中国特色社会主义理论和实践的进程中，坚持并且不断融入历史唯物主义人民价值主体思想。习近平总书记在其一系列重要讲话中强调："中国特色社会主义是亿万人民自己的事业，所以必须发挥人民主人翁精神，更好保证人民当家作主。"④ "人民是历史的创造者，

---

① 马克思，恩格斯.马克思恩格斯选集：第1卷［M］.中共中央马克思恩格斯列宁斯大林著作编译局，编译.北京：人民出版社，1995：57.
② 马克思，恩格斯.马克思恩格斯全集：第2卷［M］.中共中央马克思恩格斯列宁斯大林著作编译局，编译.北京：人民出版社，1957：103-104.
③ 马克思，恩格斯.马克思恩格斯全集：第2卷［M］.中共中央马克思恩格斯列宁斯大林著作编译局，编译.北京：人民出版社，1957：22.
④ 习近平.在主持十八届中央政治局第一次集体学习时的讲话［DB/OL］.习近平系列重要讲话数据库，2015-07-27.

群众是真正的英雄。人民群众是我们力量的源泉。"①"历史是人民创造的,中国的发展成就是中国人民用自己的双手创造的,是一代又一代中国人顽强拼搏、接力奋斗创造的。"② 这些新思想和新观点作为人民主体价值观的新理念始终贯穿于习近平新时代中国特色社会主义思想中,进一步深化了历史唯物主义人民价值主体思想。

一、人民群众是价值创造的主体

人民群众是价值创造的主体。这是由中国共产党的性质、根本宗旨以及人民群众是创造历史的主体作用所决定的。追求价值、创造价值是人们实践活动的目的性和能动性的集中体现,也是人们从事实践活动所追求的一个基本目标。"人民群众依据客体对象的特点、本质、规律,根据自己的利益、目的、需要及本质力量,所进行的价值创造活动,既成为联系主要目的需要和客观现实存在的中介和桥梁,又创造和实现了价值。"③ 作为社会历史的主体,从事物质实践活动的人民群众是在自觉地、能动地、有目的地进行改造客观世界和主观世界的实践活动中主客体关系相互作用的确立者和推动者,也就成为追求价值和创造价值的主体。

依据历史唯物主义基本原理,在历史发展进程中起决定作用的是社会的物质生产而不是自我意识,人民群众在历史发展中起着主体作用。人民群众既是历史的创造者,也是各项价值的创造者。人民群众既是物质财富创造的主体,也是物质价值创造的主体;人民群众既是精神财富创造的主体,也是精神价值创造的主体;人民群众还是社会变革的主体。人民群众的生产和生活不但推动了社会发展的量变,而且还推动了社会发展的质变。而人们为之奋斗的一切,都同他们的利益有关,这也必然同价值有关。

基于唯物史观的人民群众观,习近平总书记指出:"实现中国梦必须凝聚中国力量。这就是中国各族人民大团结的力量。中国梦是民族的梦,也是每个中国人的梦。"④ 这明确地表明了中国梦蕴含着人民主体思想的本质属性。在马克思

---

① 习近平. 人民对美好生活的向往就是我们的奋斗目标[N]. 人民日报,2012-11-16(4).
② 习近平. 在2017年春节团拜会上的讲话[N]. 新华网,2017-01-26.
③ 衣芳,等. 人民群众主体论:群众观、党群关系、群众工作理论研究[M]. 北京:人民出版社,2008:61-62.
④ 习近平. 推动全党学习和掌握历史唯物主义[N]. 新华网,2013-12-04.

那里，对物质利益及客观的关系在现实生活中的作用的问题研究推动了他向历史唯物主义的转变。马克思指出："'思想'一旦离开'利益'，就一定会使自己出丑。"① 人们的物质利益直接表现为经济关系。争取经济利益是人们积极参加生产和社会活动的决定性因素。人们活动的思想动机总是这样或那样地、直接或间接地受人们的物质利益所制约、所决定。所以，实现中华民族的伟大复兴需要凝聚中国各民族人民大团结的力量，需要人民群众的共同参与和支持。而人民群众的积极性和创造性的发挥则取决于他们的利益能否实现以及能在多大程度上实现，因此，切实尊重和保障人民各项权益是人民群众的积极性和创造性充分发挥的关键所在。习近平总书记以人民为价值创造主体的价值观，科学地揭示了人民群众创造历史的主体地位，客观地反映了社会历史进程的本来面目，符合社会历史发展的一般规律，体现了最广大人民群众的根本利益，是对历史唯物主义"人民是价值创造主体"思想的创新和发展。

实现中华民族伟大复兴始终是近代以来中国人民最伟大的梦想。中国梦意味着中国人民和中华民族的价值体认和价值追求。马克思有一个经典格言："人们为之奋斗的一切，都同他们的利益有关。"② 人们的物质利益直接表现为经济关系。人们活动的思想动机总是受人们的物质利益所制约、所决定。所以，中国梦的实现需要凝聚中国各民族人民大团结的力量，需要人民群众的共同参与和支持。而现阶段我国的主要矛盾仍然是人民群众日益增长的物质文化需要同落后的社会生产之间的矛盾。显然，实现中国梦的根本目的就是在不断满足人民物质、文化需求的基础上，实现国家繁荣稳定，人民幸福安康。而价值是以人为主体用以表示事物具有满足主体需要的属性。坚持人民主体地位，切实尊重和保障公民的人身权、财产权、基本政治权利等各项权利不受侵犯，保证公民的经济、文化、社会等各方面的权利得到落实，努力维护最广大人民的根本利益，保障人民群众对美好生活的向往和追求才能保证人民社会实践的热情，从而使人民群众以极大的热情自觉地把个人梦想融入实现中国梦的伟大实践过程中。

---

① 马克思，恩格斯.马克思恩格斯全集：第2卷［M］.中共中央马克思恩格斯列宁斯大林著作编译局，编译.北京：人民出版社，1995：103.
② 马克思，恩格斯.马克思恩格斯全集：第1卷［M］.中共中央马克思恩格斯列宁斯大林著作编译局，编译.北京：人民出版社，1956：82.

二、人民群众是价值活动的评价主体

坚持人民群众是价值评价主体思想，是执政的马克思主义政党的基本价值立场。历史唯物主义人民价值主体论主张，人民群众是价值活动的评价主体。"人民群众的活动作为一切价值的本质和源泉，说明人民群众是历史发展和社会进步的主体根据，是一切价值生成、发展的主体根据，理所当然也应当是历史的主体和主人，是价值的主体和主人，当然也是人民群众也是价值评价的主体和主人。"[1] 马克思主义执政党必须以人民群众的评价来判定作为执政党的社会价值，自觉地把人民群众放在价值评价主体的位置，把全心全意为人民服务作为党的宗旨。

苏联解体、东欧剧变的惨痛教训告诉我们，任何政党的前途和命运最终都取决于人心向背。"人心就是力量。"人民是党的工作的最高裁决者和最终评判者。评价党的执政水平和执政成效必须以最广大人民群众根本利益为最高标准。诚如习近平总书记所指出："检验我们一切工作的成效，最终都要看人民是否真正得到了实惠，人民生活是否真正得到了改善，人民权益是否真正得到了保障。"[2] 党的一切工作成效应由人民来评判凸显了我们党从维护最广大人民根本利益的高度，坚持人民主体地位，时刻把群众安危冷暖放在心上，正确处理最广大人民根本利益、现阶段群众共同利益、不同群体特殊利益的关系，切实把人民利益维护好、实现好、发展好，认真及时地解决群众反映强烈的突出问题的坚强信心和决心。

三、人民群众是价值成果的享受主体

人类的真正价值要不断得到实现和丰富发展，唯有依靠人民自己创造价值，由人民自己来占有价值和掌握实现价值的条件。不断实现人民群众价值的享有主体地位，这就从理论上要求不断解决人民日益增长的美好生活需要和不平衡不充分的发展之间的矛盾，集中力量发展社会生产力，实现人的自由全面发展。

---

[1] 衣芳，等.人民群众主体论：群众观、党群关系、群众工作理论研究［M］.北京：人民出版社，2008：70.
[2] 中共中央文献研究室.十八大以来重要文献选编：上［M］.北京：中央文献出版社，2014：698.

人民群众既然是价值创造的主体,其创造的价值成果理应由人民群众共享。秉承唯物史观,以习近平同志为核心的党中央一再重申,作为物质财富和精神财富的创造主体,人民理所当然地应该享受改革开放带来的发展成果,实现改革开放的发展成果更多、更公平地惠及全体人民。"不断在实现发展成果由人民共享"写入了党的十八大报告中,党中央提出要加快释放改革红利,使改革发展成果更多更公平惠及全体人民。这是我们党对人民至上的价值观的创新性发展。

发展成果由人民共享是马克思主义执政党的价值所在,也是党领导全国各族人民群众实现中华民族伟大复兴的根本保证。作为当下广大人民群众的共同诉求,实现发展成果更多、更公平地惠及全体人民,必须以保障和改善民生为重点,解决好人民最关心、最直接、最现实的利益问题。我们党的全心全意为人民服务的根本宗旨也内在地要求全面深化改革必须着眼更加公平正义的社会环境,不断克服各种有违公平正义的现象,使改革发展成果更多、更公平地惠及全体人民。目前,我们已经实现了人民生活从温饱不足到总体小康、奔向全面小康的历史性跨越,彰显了公平正义作为社会主义的基本原则的巨大优越性。关于社会主义,列宁在《告贫苦农民》一文中曾明确指出:"我们要争取新的、更好的社会制度:在这个新的、更好的社会里不应该有穷有富,大家都应该做工。共同劳动的成果不应该归一小撮富人享受,应该归全体劳动者享受。机器和其他技术改进应该用来减轻大家的劳动,不应该用来使少数人发财,让千百万人民受穷。这个新的、更好的社会就叫社会主义社会。关于这个社会的学说就叫社会主义。"①

当然,我们承认,我国现阶段存在有违公平正义的现象。这些现象多是发展中的问题,是能够通过不断发展,通过制度安排、法律规范、政策支持加以解决的。我们必须通过创新制度安排,努力克服人为因素造成的有违公平正义的现象,逐步建立以权利公平、机会公平、规则公平为主要内容的社会公平保障体系,努力营造公平的社会环境,保证人民平等参与、平等发展的权利,努力做到发展为了人民、发展依靠人民、发展成果由人民共享。发展成果由人民共享既要体现在人民生活水平的显著提高,也要体现在人民精神文化生活更加丰富多彩上,还要不断增进民主法制建设、社会建设、生态文明建设取得新进步以及社会公正正义等各方面权益上。有饭可吃、有学可上、有房可住、有病能医等基本需求是人们生存和发展的底

---

① 列宁.列宁全集:第44卷[M].中共中央马克思恩格斯列宁斯大林著作编译局,编译.北京:人民出版社,1984:188.

线，是基本人权的底线，是社会文明的底线，也是发展成果由人民共享的底线。把促进社会公平正义、增进人民福祉作为全面深化改革的出发点和落脚点，是以习近平同志为核心的党中央治国理政的科学的价值理念。

【**基金项目**】国家社会科学规划项目"人民主体观的当代中国形态研究"（项目编号：15BKS041）的研究成果。

以人民为中心的中国式现代化之路

德州学院马克思主义学院　李　霞

现代是与古代相对的概念，可以表现为两层含义，一是与"古代"对立的意义上，二是表现了现代的变动性和发展性，这一点也是与古代社会根本不同的特征。现代社会在时间历史上，是指启蒙时代以来新的世界体系生成的时代，现代性的缘起与资本主义起源密切相关。而现代化则是社会走向现代从而使得现代性成为现实的过程。中国式现代化有独特的发展内涵和发展路径。

一、中国式现代化是一个动态的概念

现代化是物质基础和社会运行规则从传统向现代转化的过程，现代伴随着近代以来资本主义世界体系的产生而成为现实。中国近代以后的现代化之路，无论是"师夷长技以制夷"的器物路线，还是制度的改良甚至革命，都没有为中国的现代化铺平道路。只有中国共产党领导的新民主主义革命的胜利，才"为现代化建设从而为实现中华民族伟大复兴创造了根本社会条件"[①]。

我国最早提出现代化是在 1964 年，周恩来在三届全国人大一次会议上郑重提出实现"四个现代化"的历史任务，这时现代化的目标主要是物质基础的现代化。但是单一的计划经济体制并没有使我们完成现代化的使命。

1979 年 3 月，邓小平在党的理论工作务虚会上发表《坚持思想基本原则》的讲话，第一次明确提出："现在搞建设，也要适合中国情况，走出一条中国式的现

---

① 习近平.在庆祝中国共产党成立 100 周年大会上的讲话［N］.人民日报，2021-07-02.

代化道路。"① 在 1979 年 12 月，邓小平在会见日本首相大平正芳时提出："我们要实现的四个现代化，是中国式的现代化。我们的四个现代化的概念，……是'小康之家'。"② 1984 年 3 月 25 日，邓小平在会见日本首相中曾根康弘时说："翻两番，国民生产总值人均达到八百美元，就是到本世纪末在中国建立一个小康社会。这个小康社会，叫作中国式的现代化。"③ 小康一词，最早出自《诗经·大雅·民劳》"民亦劳止，汔可小康"。小康是一个相对概念，通常指某一个社会历史时期家庭处于中等宽裕、能够安稳度日的生活水平。邓小平用"小康"来诠注中国式的现代化，为我国的现代化建设提出了一个明确的奋斗目标。但是，这里对于中国式现代化的理解还是低水平的，主要是从物质生活条件来说。1987 年党的十三大明确提出"三步走"现代化战略设想，明确了小康是现代化的阶段性目标，这里的现代化既包括经济现代化，也包括政治和文化现代化，并且指出，从生产资料的社会主义改造基本完成，到社会主义现代化的基本实现，整个社会主义初级阶段历史使命就是基本实现社会主义现代化。④ 1992 年党的十四大确定我国经济体制改革的目标是建立社会主义市场经济体制，我国改革开放和社会主义现代化建设事业进入新的发展阶段。⑤ 1997 年党的十五大明确了社会主义现代化的富强民主文明"三位一体"的战略目标，对于现代化建设目标指向更为具体和全面。⑥ 2002 年党的十六大提出，我国要在 21 世纪头 20 年，全面建设惠及十几亿人口的更高水平的小康社会。2006 年 10 月，党的十六届六中全会提出构建社会主义和谐社会重大战略目标，使中国特色社会主义事业总体布局扩展为经济建设、政治建设、文化建设、社会建设"四位一

---

① 邓小平.邓小平文选：第 2 卷[M].中共中央文献编辑委员会，编.北京：人民出版社，1994：163.
② 邓小平.邓小平文选：第 2 卷[M].中共中央文献编辑委员会，编.北京：人民出版社，1994：237.
③ 邓小平.邓小平文选：第 2 卷[M].中共中央文献编辑委员会，编.北京：人民出版社，1994：54.
④ 参见：赵紫阳.沿着有中国特色的社会主义道路前进——在中国共产党第十三次全国代表大会上的报告[N].人民日报，1987-11-04（1）.
⑤ 参见：江泽民.加快改革开放和现代化建设步伐 夺取有中国特色社会主义事业的更大胜利——在中国共产党第十四次全国代表大会上的报告[N].人民日报，1992-10-21（1）.
⑥ 参见：江泽民.高举邓小平理论伟大旗帜，把建设有中国特色社会主义事业全面推向二十一世纪——在中国共产党第十五次全国代表大会上的报告[N].人民日报，1997-09-22（1）.

体"。①2007年党的十七大阐述了科学发展观的内涵，提出把"转变经济增长方式"表述为"转变经济发展方式"，标志着我们党对社会主义现代化的实现路径有了更科学的把握。党的十八大提出了中国特色社会主义的总布局是社会主义经济建设、政治建设、文化建设、社会建设、生态文明建设"五位一体"，对于社会主义现代化建设结构体系的认识更加全面。②

党的十八大以来，中国特色社会主义进入新时代，我们党对现代化有了更全面的理解。2013年11月，党的十八届三中全会审议通过的《中共中央关于全面深化改革若干重大问题的决定》，明确全面深化改革的总目标是完善和发展中国特色社会主义制度，推进国家治理体系和治理能力现代化。③2014年10月，党的十八届四中全会明确全面推进依法治国的总目标是建设中国特色社会主义法治体系，建设社会主义法治国家。④2015年2月，习近平总书记在学习贯彻党的十八届四中全会精神专题研讨班开班式上的讲话，明确将"四个全面"定位为"战略布局"，擘画了推进改革开放和现代化建设的顶层设计。统筹推进"五位一体"总体布局、协调推进"四个全面"战略布局的形成，标志着党对中国特色社会主义建设规律的把握达到了一个前所未有的新高度。⑤2015年10月，党的十八届五中全会明确提出了以人民为中心的发展思想，提出了创新、协调、绿色、开放、共享的发展理念。新发展理念是对社会主义现代化建设路径认识的进一步深化。⑥2017年10月，党的十九大作出中国特色社会主义进入新时代的重大政治判断，提出我国社会主要矛盾已经转化为人民日益增长的美好生活需要和不平衡不充分的发展之间的矛盾，这是关系全局的历史性变化。⑦2019年10月，党的十九届四中全会系统总结我国国家制度和国

---

① 参见：江泽民. 全面建设小康社会，开创中国特色社会主义事业新局面——在中国共产党第十六次全国代表大会上的报告[N]. 人民日报，2002-11-18（1）.
② 参见：胡锦涛. 高举中国特色社会主义伟大旗帜 为夺取全面建设小康社会新胜利而奋斗——在中国共产党第十七次全国代表大会上的报告[N]. 人民日报，2007-10-25（1）.
③ 参见：中共中央关于全面深化改革若干重大问题的决定[N]. 人民日报，2013-11-16（1）.
④ 参见：中共中央关于全面推进依法治国若干重大问题的决定[N]. 人民日报，2014-10-29（1）.
⑤ 参见：习近平在省部级主要领导干部学习贯彻十八届四中全会精神全面推进依法治国专题研讨班开班式上发表重要讲话强调：领导干部要做尊法学法守法用法的模范 带动全党全国共同全面推进依法治国[N]. 共产党员网，2015-02-02.
⑥ 参见：中共中央关于制定国民经济和社会发展第十三个五年规划的建议[N]. 人民日报，2015-11-04（1）.
⑦ 参见：习近平. 在中国共产党第十九次全国代表大会上的报告[DB/OL]. 习近平系列重要讲话数据库，2017-10-28.

家治理体系的巨大成就和显著优势,对新时代坚持和完善中国特色社会主义制度,推进国家治理体系和治理能力现代化做出顶层设计和全面部署。①2020年10月,党的十九届五中全会指出,我国进入全面建设社会主义现代化国家的新发展阶段,全面贯彻创新协调、绿色、开放、共享的新发展理念,加快构建以国内大循环为主体、国内国际双循环相互促进的新发展格局,为社会主义现代化提供了新发展阶段的行动指南。②习近平总书记在庆祝中国共产党成立100周年大会上的讲话中明确指出:"我们坚持和发展中国特色社会主义,推动物质文明、政治文明、精神文明、社会文明、生态文明协调发展,创造了中国式现代化新道路,创造了人类文明新形态。"③这是对中国式现代化道路的自信宣言。

从百年党史和我国社会主义的发展进程看,中国式现代化的过程就是中华民族伟大复兴的过程。从人类历史的角度,现代化属于一种文明方式,不同的现代化路径和目标体现了不同的文明特点。

二、中国式现代化道路是中国特色社会主义道路

中国式现代化道路有什么独特性呢?中国式现代化道路就是中国特色社会主义道路。这条道路是社会主义道路,"科学社会主义基本原则不能丢,丢了就不是社会主义"④。中国共产党从开始成立,就确立了最高纲领是共产主义、最低纲领是实现中华民族的解放。新民主主义革命是社会主义革命的必经阶段,社会主义制度的建立为中华民族的伟大复兴奠定了制度基础。进入改革开放和社会主义现代化建设阶段,我们党重新阐释了社会主义的本质,就是推进生产力的发展,最终实现共同富裕。但是,"社会主义并没有定于一尊、一成不变的套路,只有把科学社会主义基本原则同本国具体实际、历史文化传统、时代要求紧密结合起来"⑤,才能探索出人民解放的道路。因此,这条道路又是中国特色的,是站在中国土地上,在中国现有基础上进行社会主义建设,这条道路就产生于当代中国的伟大社会变革中,是

---

① 参见:中共中央关于坚持和完善中国特色社会主义制度 推进国家治理体系和治理能力现代化若干重大问题的决定[N].人民日报,2019-11-06(1).
② 参见:中共中央关于制定国民经济和社会发展第十四个五年规划和二〇三五年远景目标的建议[N].人民日报,2020-11-04(1).
③ 习近平.在庆祝中国共产党成立100周年大会上的讲话[N].人民日报,2021-07-02.
④ 习近平在纪念马克思诞辰200周年大会上的讲话[N].人民日报,2018-05-05.
⑤ 习近平在纪念马克思诞辰200周年大会上的讲话[N].人民日报,2018-05-05.

中国独创的一条社会主义现代化建设道路。这条道路坚持这样几个原则。首先是马克思主义理论的指导。马克思主义理论是为人类求解放的理论，它以科学性为人类社会的发展指明了方向。在马克思主义指导下，我们取得了新民主主义革命的胜利，探索社会主义革命和社会主义建设的道路，探索出了中国特色社会主义道路。其次是中国共产党的领导。中国共产党领导是社会主义最本质的特征，中国特色社会主义制度的最大优势。中国共产党奋斗的主题就是中华民族伟大复兴，就是为中国人民谋幸福。中国共产党是领导中国人民走出剥削和压迫、走出贫困、带领中华民族走向富强的领导力量。只有中国共产党才使得中国凝聚起中华民族伟大复兴的中国力量，才带领中国人民创造出伟大的中国精神。再次，这是一条走向现代化的道路。社会主义不仅仅是作为理论原则而存在，没有生产力的高度发展，没有社会交往的普遍化，社会主义就不会成为现实。社会主义必须在社会现实中找到它的落脚点。所以，社会主义离不开现代化，现代化是社会主义的现实根据。

中国式现代化是独立自主的现代化。《中共中央关于党的百年奋斗重大成就和历史经验的决议》指出："独立自主是中华民族精神之魂，是我们立党立国的重要原则。"① 中国独立自主走出中国式现代化道路的过程就是创造中国特色社会主义道路的过程。没有哪个政党比中国共产党更能体会独立自主的力量。革命战争年代，只有在中国共产党独立自主地领导中国革命时，中国革命才一步步走出误区，走向胜利。这种独立自主的精神贯穿到社会主义革命和社会主义建设过程中。认识到了中国的国情，我们提出了社会主义初级阶段理论，提出了社会主义市场经济理论，形成以公有制为主体、多种所有制并存的经济制度体系，以按劳分配为主体、多种分配方式并存的分配制度体系，认识到中国共产党的领导是中国特色社会主义最明显的特征，中华民族伟大复兴最大的政治优势，认识到全国一盘棋，集中力量办大事的优势，等等，中国特色社会主义道路的显著优势都是中国独立自主探索和形成的。

三、中国式现代化是新文明发展之路

中国式现代化是新文明的现代化。中国式的现代化，不是跟在世界物质文明后

---

① 中共中央关于党的百年奋斗重大成就和历史经验的决议[M].北京：人民出版社，2002：67.

面拾人牙慧，而是独立地创造出一种新的文明形态。历史对人类文明的选择是按照它对世界的贡献和意义选取的，每个民族的文明都无法掩盖其他文明的光彩。我国作为世界文明大国，不仅在历史上创造了璀璨的文明，在革命战争年代形成了信念的力量，而且也在现代化的过程中创造了人类文明新形态。我们的现代化不仅仅是物质的现代化、科技的现代化，更体现为独特的政治文明、精神文明、社会文明和生态文明。这些文明体现了人对自然的态度，体现了人对人的态度，体现了人对自身的态度，反映了人的文化和教养。所以，现代化本身就是人的文明表现，中国式现代化是区别于资本主义现代化的新文明现代化。

四、中国式现代化是以人为中心的现代化

中国式现代化，一方面具有现代化的共性，即建立最先进科技基础上的工业化、信息化等物质生产条件；另一方面，中国式现代化体现当代中国特色社会主义制度特点，它是共同富裕的现代化，是以人的发展为目的的现代化，体现着以人民为中心的发展思想。

中国式现代化是共同富裕的现代化。《共产党宣言》指出，共产党人"没有任何同整个无产阶级的利益不同的利益"①。邓小平在南方谈话中谈到社会主义的本质："解放生产力、发展生产力、消灭剥削、消除两极分化，最终达到共同富裕。"② 习近平总书记提出以人民为中心的发展思想。中国共产党始终代表最广大人民的根本利益，除了中华民族的利益，没有任何自己特殊的利益。我们实现现代化的首要目的是使人民群众获得更好的物质生活条件，实现经济上的解放。不断改善的物质生活条件针对的是最广大的人民群众，而不平等的少数人的富裕恰恰是阶级社会的本质特征。中国人民实现了共同富裕，就是实现了中国式现代化。中国式现代化即走向共同富裕的现代化是走向共产主义的一个必经阶段。

中国的现代化是以人民为中心的现代化，这种现代化有它的领导力量、依靠力量、服务力量，体现着以人民为中心的发展思想。它的领导力量就是中国共产党，它的依靠力量和服务力量是最广大的人民群众。中国共产党的初心使命就是"为中

---

① 马克思，恩格斯. 马克思恩格斯文集：第 2 卷 [M]. 中共中央马克思恩格斯列宁斯大林著作编译局，编译. 北京：人民出版社，2012：44.
② 邓小平. 邓小平文选：第 3 卷 [M]. 中共中央文献编辑委员会，编. 北京：人民出版社，1993：373.

华民族谋复兴，为中国人民谋幸福"。中国革命波澜壮阔，无数的革命者放弃荣华富贵，冒着牺牲生命的危险参加中国革命，都是为了中国人民的解放。新中国成立，中国人民摆脱了受压迫受屈辱的日子，当家作主，中国人民站起来。改革开放以来，探索中国特色社会主义道路，增进民生福祉，人民逐渐富起来。中国特色社会主义进入新时代，历史性地解决了绝对贫困问题，使人民有更多获得感、尊严感、安全感，满足人民日益增长的美好生活需要，促进人的全面发展，成为新时代最主要的历史任务。无论是面对灾难的"人民之上、生命之上"的原则，还是走向共同富裕的社会主义本质，还是建设社会主义现代化强国的目的，都是为了中国人民的幸福。中国式现代化的核心就是人民的发展，是每个人的现代化。

总之，中国走出了独特的中国式现代化道路，这条道路就是中国特色社会主义道路，也是一条新文明发展之路，也是以人民为中心的发展之路，不仅是中国走向现代化的必由之路，也拓展了发展中国家走向现代化的途径。

马克思"世界历史"思想的主体之维与"以人民为中心的发展思想"

——兼论"美好生活"的中国特色社会主义道路

厦门大学马克思主义学院　林　密

党的十九大报告指出，中国特色社会主义进入了新时代，"我国社会主要矛盾已经转化为人民日益增长的美好生活需要和不平衡不充分的发展之间的矛盾"[①]。这是一个意蕴非凡的科学论断，也是一种时代精神的表达，更是当今世界影响力最大的现代无产阶级政党吹响的新时代冲锋号角。新时代社会主要矛盾转化无疑具有划时代的意义，不仅对于中国特色社会主义道路的实践与探索具有重大的意义，在世界历史范围内对于世界社会主义运动与人类追求自由与解放的宏大历史进程都有深远影响，其深层意蕴"需要放到世界和我国发展大历史中去看"[②]。从世界历史的客体向度来看，这一科学论断无疑坚持了以物质生产发展为基础的社会历史观，尤其关于"不平衡不充分的发展"问题的指认，更是基于社会历史发展的客观规律及其现状的尊重。从世界历史的主体视角来看，"人民日益增长的美好生活需要"这一表述，不仅秉承了人民是社会历史发展主体这一历史唯物主义的基本立场，同时也充分彰显了中国共产党全心全意为人民服务的根本宗旨和"以人民为中心"的发展思想、执政理念。因此，为了更深入地把握新时代主要矛盾转化的内涵、意蕴与影响，我们有必要深入探析马克思"世界历史"的思想及其主体之维，基此探究"美

[①] 习近平.决胜全面建成小康社会 夺取新时代中国特色社会主义伟大胜利：在中国共产党第十九次全国代表大会上的报告［M］//中国共产党第十九次全国代表大会文件汇编.北京：人民出版社，2017：9.

[②] 习近平.在哲学社会科学工作座谈会上的讲话［N］.人民日报，2016-05-19.

好生活"的中国道路及其世界历史意义。

一、"世界历史"与作为"世界历史性的存在"的历史主体

马克思关于"世界历史"的思想存在着一个发展和具体化的过程。在《德意志意识形态》中，马克思恩格斯基于物质生活生产方式的历史运动及其规律，对世界历史的必然趋势及其后果做了初步阐发。马克思恩格斯指出，伴随人们围绕物质生活需要开展的生产与社会交往的发展，各区域各民族的人们逐渐告别"自然形成的闭关自守的状态"，走出原先分散的、各自孤立发展的民族历史，迈向了普遍交往与紧密联系的世界历史。资本主义大工业"首次开创了世界历史，因为它使每个文明国家以及这些国家中的每一个人的需要的满足都依赖于整个世界，因为它消灭了各国以往自然形成的闭关自守的状态"[①]。值得注意的是，在这个历史唯物主义的奠基性文本中，马克思剖析了"世界历史"的现实必然性，而非德国古典哲学意义上的概念或逻辑必然性。"历史向世界历史的转变，不是'自我意识'、世界精神或者某个形而上学幽灵的某种纯粹的抽象行动，而是完全物质的、可以通过经验证明的行动，每一个过着实际生活的、需要吃、喝、穿的个人都可以证明这种行动。"[②]从历史哲学的视域来看，马克思第一次将世界历史之本确立为人们现实的、物质生活的生产与再生产总体过程。并且，这也构成了共产主义的深层逻辑基础，其相关思想也呈现在《共产党宣言》之中并逐渐丰富。在《资本论》及其手稿中，马克思以资本主义生产方式的历史运动为核心视点，对世界历史的生成机制、客观效应与未来可能性展开了具体化的科学论证。值得注意的是，以往学术界更多地聚焦于马克思"世界历史"思想的客体维度，即作为客观规律与普遍必然性的"世界历史"及其生成机制，并衔接全球化与现代性等宏大议题。在一定程度上，这种理论"偏好"无疑压抑了马克思"世界历史"思想的主体维度，侧面见证了资本逻辑的强势，反衬了无产阶级运动与世界社会主义运动的低潮。

众所周知，在《共产党宣言》中，马克思发出了振聋发聩的历史性号召——"全世界无产者，联合起来！"马克思之后，第二国际的内部分裂与失败，以及20

[①] 马克思，恩格斯.马克思恩格斯选集：第1卷[M].中共中央马克思恩格斯列宁斯大林著作编译局，编译.北京：人民出版社，2012：194.

[②] 马克思，恩格斯.马克思恩格斯选集：第1卷[M].中共中央马克思恩格斯列宁斯大林著作编译局，编译.北京：人民出版社，2012：169.

世纪西方马克思主义的多元化、多视角理论建构，实际上都是对资本主义何以活力不减、无产阶级何以不革命或无法"联合起来"的理论回应。现实的历史发展已经向我们展现了资本主导的全球化与世界历史的展开过程，其本质在于资本"时间消灭空间"的同质化逻辑以及作为一种全新的世界秩序与空间结构的建构过程。那么，作为资本发展的对立面，无产阶级如何被这"世界历史"形塑，并在资本的操控、驾驭、剥夺中不断成长与壮大，构成了马克思世界历史思想极为重要的主体之维。就深层理论逻辑而言，世界历史的主体之维直指历史发展的一个核心问题：人类社会历史发展是否能真正实现"以人民为中心"？如果缺失了这一极为关键的主体维度，我们就很难真正把握中国特色社会主义步入新时代的深层意蕴。事实上，党的十八大以来不断强化与凸显的"以人民为中心"的发展思想，十九大报告中将人民的"美好生活"需要与追求作为判定社会主要矛盾的中心议题凸显出来，以及将人的全面发展与社会的全面进步视为最终落脚点等思想，在其理论逻辑与现实意义上无疑都是对马克思"世界历史"思想主体向度的新时代回应。

从马克思的思想发展历程总体来看，马克思"世界历史"思想的主体之维，不仅体现在历史发展的纵向视域中的世界历史个体生成的辩证思考中，也体现在资本主义生产方式"时间消灭空间"的空间生产这一横向视域中。

首先，从马克思社会历史发展的纵向时间视轴来看，世界历史的生成与不断现实化过程，也是人类摆脱"人的依赖性"、步入并最终力图超越"物的依赖性"时代的宏大历史进程。这一外显为生产力发展的历史过程，在马克思看来，既是物质生活生产与再生产的社会形式发生质变的过程，也是人类社会交往形式的历史发展与同质化空间布展过程。总体而言，人类将历经"人的依赖关系"、"以物的依赖性为基础的人的独立性"和"个人全面发展和他们共同的、社会的生产能力成为属于他们的社会财富这一基础上的自由个性"这三个阶段。① 值得注意的是，马克思强调，在"物的依赖性"这种历史形成的社会历史形式下，"才形成普遍的社会物质变换、全面的关系、多方面的需要以及全面的能力的体系"②。在这些要素与条件当中，除了作为表征生产力发展客观效果的"普遍的社会物质变换"，其余的都是表征主体在历史发展中不断丰富与成长的特质。事实上，不论是"全面的关系"或

---

① 马克思, 恩格斯. 马克思恩格斯全集：第30卷 [M]. 中共中央马克思恩格斯列宁斯大林著作编译局, 编译. 北京：人民出版社, 1995：107-108.

② 马克思, 恩格斯. 马克思恩格斯全集：第30卷 [M]. 中共中央马克思恩格斯列宁斯大林著作编译局, 编译. 北京：人民出版社, 1995：107.

"多方面的需要"还是"全面的能力的体系",表征的都是建立在一定社会生产力发展基础上的社会交往模式与社会关系结构。细细品悟,其中有两个要点值得我们深入探究。

其一,马克思以一种辩证的矛盾分析视野来看待历史主体不断丰富起来的社会交往模式与社会关系结构。马克思强调,作为"物的依赖性"时代的典型代表,资产阶级社会内部充满了"对立的社会统一形式",比如分工的发展与密集劳动和协作、私人交换与世界市场的内在需要、分散的交换与银行信用体系、竞争与资本积聚、私人利益与阶级利益等对立统一形式。从劳动者个体视角来看,这些矛盾对立的形式说明社会个体依旧是处在创造自身解放的社会历史条件过程中,社会财富创造过程的"生产关系与交往关系"对于个体而言依旧是作为一种"完全异己的力量威慑和驾驭着他们"。"生产和消费的普遍联系和全面依赖随着消费者和生产者的相互独立和漠不关心而一同增长;因为这种矛盾导致危机等等,所以随着这种异化的发展,在它本身的基础上,人们试图消除它;……虽然这一切在现有基地上并不会消除异己性,但会带来一些关系和联系,这些关系和联系本身包含着消除旧基地的可能性。"①从整个社会交往与社会关系的矛盾运动及其丰富发展的视角来看,资本推动的社会关系现代化升级过程"全都是对立的统一形式,而统一又引起对立本身","在以交换价值为基础的资产阶级社会内部,产生出一些交往关系和生产关系,它们同时又是炸毁这个社会的地雷"②。马克思强调,这些孕育于资产阶级社会内部的"交往关系和生产关系"都是无产阶级解放运动以及未来更高级社会形态建构所必需的。因此,"如果我们在现在这样的社会中没有发现隐蔽地存在着无阶级社会所必需的物质生产条件和与之相适应的交往关系,那么一切炸毁的尝试都是唐·吉诃德的荒唐行为"③。

其二,马克思以一种历史发展的眼光来看待资产阶级社会推动的"交往关系和生产关系"的丰富与发展过程。如前所述,尽管在这"物的依赖性"时代,社会个体的个性丰富发展是以"个人互相独立和漠不关心"为代价和基础的,但是,"这

---

① 马克思,恩格斯.马克思恩格斯全集:第30卷[M].中共中央马克思恩格斯列宁斯大林著作编译局,编译.北京:人民出版社,1995:110-111.
② 马克思,恩格斯.马克思恩格斯全集:第30卷[M].中共中央马克思恩格斯列宁斯大林著作编译局,编译.北京:人民出版社,1995:109.
③ 马克思,恩格斯.马克思恩格斯全集:第30卷[M].中共中央马克思恩格斯列宁斯大林著作编译局,编译.北京:人民出版社,1995:109.

种物的联系比单个人之间没有联系要好,或者比只是以自然血缘关系和统治从属关系为基础的地方性联系要好"①。这是因为,这种以物的关系为中介的社会交往与社会关系,是历史的产物,是我们每个个体在历史给定的条件中追求自己的美好生活过程中形成的。"它属于个人发展的一定阶段",是"各个人在一定的狭隘的生产关系内的自发的联系",并且,"这种联系借以同个人相对立而存在的异己性和独立性只是证明,个人还处于创造自己的社会生活条件的过程中,而不是从这种条件出发去开始他们的社会生活"②。可见,物的依赖性时代,人们自由个性的发展受限于一种类似自然规律一样的"自发的联系",有待于上升到一种集体有意识的、自为的联系,方可实现联合起来共同驾驭社会的财富生产与社会主体自我再生产的总体过程。从这个视角来看,物的依赖性时代是历史的产物与必要的过渡环节,更高社会形态所需要的"生产关系与交往关系"都将孕育其中。"要使这种个性成为可能,能力的发展就要达到一定的程度和全面性,这正是以建立在交换价值基础上的生产为前提的,这种生产才在产生出个人同自己和同别人相异化的普遍性的同时,也产生出个人关系和个人能力的普遍性和全面性。"③在上述意义上,马克思强调:"留恋那种原始的丰富,是可笑的,相信必须停留在那种完全的空虚化之中,也是可笑的。"④

综上,人作为"世界历史性的存在"及其社会关系丰富性、全面性的社会历史生成机制,是贯穿马克思"世界历史"思想的主体向度。其中,社会个体的丰富性和能力发展,与社会全面进步之间存在着历史的、辩证的关系。

其次,从"时间消灭空间"的横向视域来看,世界历史的生成与不断现实化过程,也是人们的世界性交往与社会关系普遍化的时代,是"世界历史性的、经验上普遍的个人"在全球层面上的生成过程,也是"世界文学"的时代。马克思分别从个体、民族与阶级三个视域层层推进,深入阐发世界历史生成与空间布展过程的主体效应,其最终落脚点在于人的全面发展与社会全面进步的现实必然性与历史

---

① 马克思,恩格斯.马克思恩格斯全集:第30卷[M].中共中央马克思恩格斯列宁斯大林著作编译局,编译.北京:人民出版社,1995:111.

② 马克思,恩格斯.马克思恩格斯全集:第30卷[M].中共中央马克思恩格斯列宁斯大林著作编译局,编译.北京:人民出版社,1995:111.

③ 马克思,恩格斯.马克思恩格斯全集:第30卷[M].中共中央马克思恩格斯列宁斯大林著作编译局,编译.北京:人民出版社,1995:112.

④ 马克思,恩格斯.马克思恩格斯全集:第30卷[M].中共中央马克思恩格斯列宁斯大林著作编译局,编译.北京:人民出版社,1995:112.

趋势。

在《德意志意识形态》中，基于生产力发展的世界历史宏图徐徐展开。马克思一方面强调了生产力发展的基础性作用，另一方面也凸显了世界历史的主体线索，即人作为"世界历史性的存在"。只有基于生产力的普遍发展，"人们的普遍交往才能建立起来"，从而，"人们的世界历史性的而不是地域性的存在同时已经是经验的存在了……地域性的个人为世界历史性的、经验上普遍的个人所替代"[1]。如此，单个社会个体才能摆脱民族和地域的限制，融入世界性的生产过程中，并"获得利用全球的这种全面的生产（人们的创造）的能力"[2]。

不仅个人如此，一切民族也如此，都将成为世界性的、普遍交往的、相互依赖的民族存在。马克思指出，在全球空间层次上，资本"以时间消灭空间"的内在必然性与运动趋势，破除了所有历史的、自然的差异与阻隔，缔造了一个同质化的全球空间，诸如世界贸易、世界市场以及相应的世界经济体系和政治秩序等都是具体的表现。这是一个"一切等级的和固定的东西都烟消云散了的"宏大历史过程。[3]这个过程也促成了世界各民族之间日益广泛与深入的世界性交往与联系，"各个民族各方面互相往来和各方面互相依赖"。"资本按照自己的这种趋势，既要克服把自然神化的现象，克服流传下来的、在一定界限内闭关自守地满足现有需要和重复旧生活方式的情况，又要克服民族界限和民族偏见。资本破坏这一切并使之不断革命化，摧毁一切阻碍发展生产力、扩大需要、使生产多样化、利用和交换自然力量和精神力量的限制。"[4]

这一由大工业推动的生产同质化过程，在文化与精神的维度上则表现为世界普遍意义上的社会交往基础上的"世界的文学"的形成。在世界市场的形成过程中，"一切国家的生产和消费都成为世界性的了"，"过去那种地方的和民族的闭关自守和自给自足状态已经消逝……各个民族的精神活动的成果已经成为共同享受的东西。民族的片面性和狭隘性已日益不可能存在，于是由许多民族的和地方的文学形

---

[1] 马克思，恩格斯.马克思恩格斯选集：第1卷[M].中共中央马克思恩格斯列宁斯大林著作编译局，编译.北京：人民出版社，1995：86.

[2] 马克思，恩格斯.马克思恩格斯选集：第1卷[M].中共中央马克思恩格斯列宁斯大林著作编译局，编译.北京：人民出版社，1995：89.

[3] 马克思，恩格斯.马克思恩格斯选集：第1卷[M].中共中央马克思恩格斯列宁斯大林著作编译局，编译.北京：人民出版社，2012：403.

[4] 马克思，恩格斯.马克思恩格斯全集：第30卷[M].中共中央马克思恩格斯列宁斯大林著作编译局，编译.北京：人民出版社，1995：390.

成了一个世界的文学"。这种本质上表现为资本主义生产方式的全球化过程中,"资产阶级,……它迫使一切民族——如果它们不想灭亡的话——采用资产阶级的生产方式;它迫使它们在自己那里推行所谓的文明,即变成资产者。一句话,它按照自己的面貌为自己创造出一个世界"①。

与此同时,这也意味着资本主义大工业消灭了各民族的特殊性,在全球范围内逐渐培育出一个在世界各民族那里都具有共同利益的阶级。唯其如此,共产主义才能突破地域性的限制,借助普遍化的、不堪忍受的"交往的力量",成为世界性的、普遍化的议题。"共产主义只有作为占统治地位的各民族'一下子'同时发生的行动,在经验上才是可能的,而这是以生产力的普遍发展和与此相联系的世界交往为前提的。……无产阶级只有在世界历史意义上才能存在,就像共产主义——它的事业——只有作为'世界历史性的'存在才有可能实现一样。而各个人的世界历史性的存在,也就是与世界历史直接相联系的各个人的存在。"②正是基于世界历史普遍生成与全球布展的宏大历史视野,马克思实际上强调了人不可避免地成为"世界历史性的"存在,成为社会历史化的个体,成了必须基于一定的社会生产形式并依靠一定的社会关系而存在的世界历史性个体。这是一种历史发展的客观必然性。这就意味着,想要超越特定社会关系的奴役与统治,单个个体是不可能的,必须首先成为"世界历史性的存在",并汇集成超越个体与民族的阶级力量。正如马克思指出的那样:"对这种外部关系或这些条件的进一步考察表明,属于一个阶级等等的各个人作为全体来说如果不消灭这些关系或条件,就不能克服它们。个别人偶尔能战胜它们;受它们控制的大量人却不能,因为它们的存在本身就表明,各个人从属于而且必然从属于它们。"③从这个意义上来看,阶级分析以及无产阶级政党对于世界历史发展的重要意义,是马克思"世界历史"思想主体向度的内在逻辑延展。

综上,以人类真正自由与解放为主旨的无产阶级解放政治学所必要的主体条件,乃是基于世界历史客观进程方可生成的"世界历史性的、经验上普遍的个人"。同样,共产主义必须建立在"生产力的普遍发展和与此相联系的世界交往"基础之

---

① 马克思,恩格斯.马克思恩格斯选集:第1卷[M].中共中央马克思恩格斯列宁斯大林著作编译局,编译.北京:人民出版社,1995:276.

② 马克思,恩格斯.马克思恩格斯选集:第1卷[M].中共中央马克思恩格斯列宁斯大林著作编译局,编译.北京:人民出版社,1995:86-87.

③ 马克思,恩格斯.马克思恩格斯全集:第30卷[M].中共中央马克思恩格斯列宁斯大林著作编译局,编译.北京:人民出版社,1995:114.

上①。这是世界历史发展的必然趋势，伴随生产力发展、交往的世界性与普遍性，人的世界历史化是必然的结果，也是共产主义实现的必要前提。在马克思看来，人成为世界历史性的存在不是历史发展的目的，只是必要的历史条件，最终导向的是人的全面发展与社会的全面进步。当然，这一最终目的的实现并非自然而然的，而是充满了矛盾与斗争。人类要真正实现将人本身作为生产的中心与目的，必须要跋涉过资本逻辑的泥沼，超越资本逻辑为人们追求美好生活所设立的种种界限，必须不断地通过抗争来确保"时间是人类发展的空间"。

二、"时间是人类发展的空间"与"美好生活需要"的历史生成及其资本限度

人的世界历史性存在的深层意蕴在于"时间是人类发展的空间"，世界历史的发展趋势在于真正实现以人为中心和根本目的的"自由王国"。不论是时间的纵向视轴，还是空间的横向视域，世界历史的具体化与普遍化过程促成了个体作为"世界历史性的存在"之必然趋势与未来可能性。然而，更深层的问题在于，在资本的历史运动过程中，历史主体的丰富性与全面性何以可能？在《资本论》及其手稿中，马克思以历史辩证的视角深入探析了主体的丰富性与全面性历史生成的矛盾机制，从而深刻指认了资本逻辑统治下的"美好生活需要"的生成机制及其历史限度。

一方面，马克思揭示了资本的财富生产体系如何不断地将人类的社会需要制造出来，走出自然的规定性，迈向"历史产生的必要性"，并导致了"需要的多样性"及其对于社会主体个性丰富与发展的重要意义。从生产过程来看，资本的运动趋势表现为突破一切既定的自然障碍与历史限制，逐步抽离社会财富生产的"自然形成的基础"，并将生产的条件设定为一种普遍的社会联系，"过去多余的东西便转化为必要的东西，转化为历史地产生的必要性"。马克思指出，这就是资本的趋势，导致"一切生产部门的共同基础是普遍交换本身，是世界市场，因而也是普遍交换所包含的全部活动、交易、需要等等"②。在剖析资本逻辑的历史生成及其空间运动机

---

① 马克思，恩格斯.马克思恩格斯选集：第1卷[M].中共中央马克思恩格斯列宁斯大林著作编译局，编译.北京：人民出版社，1995：86.
② 马克思，恩格斯.马克思恩格斯全集：第30卷[M].中共中央马克思恩格斯列宁斯大林著作编译局，编译.北京：人民出版社，1995：525.

制过程中，马克思以农业发展与其他相关产业与部门之间的关系为例，说明了需要如何成为必要的过程，见证了任何一种看似简单的生产，在历史的发展过程中都越来越离不开社会，必须在一定的社会关系中才能进行。"历史地自行产生的需要即由生产本身产生的需要，社会需要即从社会生产和交换中产生的需要越是表现为必要的，现实财富的发展程度便越高。财富从物质上来看只是需要的多样性。"①可见，所谓"历史地自行产生的需要"是以资本的生产方式来推动和创造的"社会需要"。

从资本主义生产方式运动的空间趋势来看，这一表征为生产与流通范围不断扩大的过程，同时也是历史生成的"社会需要"范围的普遍化过程。资本的运动趋势则致力于"为游离出来的资本和劳动创造出一个在质上不同的新的生产部门，这个生产部门会满足并引起新的需要"，同时致力于"要从一切方面去探索地球，以便发现新的有用物体和原有物体的新的使用属性，……要把自然科学发展到它的顶点；同样要发现、创造和满足由社会本身产生的新的需要"②。不论是从整个社会的财富生产或生产力的发展视角，还是从单个社会个体的视角来看，表现为生产发展与扩张后果的"新的需要"或"历史的必要"，都意味着社会个体不可逃避地身处于一个不断扩大、日益广泛、日益丰富的需要体系之中，意味着社会个体之间"不断扩大的个人交往"与"交往的普遍性"，以及"个人的最丰富的发展"，从而构成了"个人全面发展的可能性"基础。因此，"个人的全面性不是想象的或设想的全面性，而是他的现实联系和观念联系的全面性"③。

可见，从资本的历史进步意义来看，以资本为基础的生产方式，致力于"培养社会的人的一切属性，并且把他作为具有尽可能丰富的属性和联系的人，因而具有尽可能广泛需要的人生产出来——把他作为尽可能完整的和全面的社会产品生产出来（因为要多方面享受，他就必须有享受的能力，因此他必须是具有高度文明的人）"④。正是在这个意义上，马克思强调"资本是生产的"，它驱使劳动超过需要的

---

① 马克思，恩格斯.马克思恩格斯全集：第30卷［M］.中共中央马克思恩格斯列宁斯大林著作编译局，编译.北京：人民出版社，1995：524.
② 马克思，恩格斯.马克思恩格斯全集：第30卷［M］.中共中央马克思恩格斯列宁斯大林著作编译局，编译.北京：人民出版社，1995：389.
③ 马克思，恩格斯.马克思恩格斯全集：第30卷［M］.中共中央马克思恩格斯列宁斯大林著作编译局，编译.北京：人民出版社，1995：539-540.
④ 马克思，恩格斯.马克思恩格斯全集：第30卷［M］.中共中央马克思恩格斯列宁斯大林著作编译局，编译.北京：人民出版社，1995：389.

自然界限，迈向"历史地形成的需要"，为"发展丰富的个性"创造物质条件，同时也创造日益丰富与发展的社会交往关系。①

另一方面，马克思深刻指出，以利润增殖为目的的资本主义财富生产体系，主观上并不会致力于社会个体的个性丰富与全面发展，而是想方设法地将人们的需要限制在资本增殖的限度之内，将人们追求"美好生活"的需要视为资本增殖的手段。以资本为基础的生产方式，其财富生产的目的并不在于人。表现为不断丰富与发展的需要体系，以及表现为"对自然界和社会联系本身的普遍占有"的现代社会个体的生产与发展，只是作为资本生产的副产品，其本质是资本实现自身扩大再生产的基础与前提。这种以资本逻辑为中心的需要体系和劳动体系的塑造，实际上只是利用人们追求美好生活的"需要"，同时也为这一需要的满足和实现设定了界限。马克思指出，资本"寻求一切办法刺激工人的消费"，不断创造"新的诱惑力"，"强使工人有新的需求"等，这是资本"重要的文明因素"，是"资本的历史的合理性"的基础，且"资本今天的力量也是以此为基础的"。② 在与资本交换的过程中，工人交换出去的是一种可以不断重新发动起来的"生命力"，将自己特定时空中的活劳动能力作为使用价值让渡给资本家，换回财富的一般形式，即"维持动物般的最低限度的需要和生活资料"。③ 不论工人如何勤劳和节约，不论工人的需要看起来如何丰富与多样化，但多数工人的过度勤劳和节约并不会换来财富的积聚，而是始终受资本操控，保持在最低限度的生活享受。"工人也不为自己生产财富，因为工资使他得到的只是生活资料，只是他的个人消费的或多或少的满足，而决不是财富的一般形式，决不是财富。"④ 概而言之，马克思的《资本论》及其手稿通过对资本主义财富生产基本形式的剖析，展现了资本主义财富生产系统的本质是一个不断扩大再生产的"剥削他人劳作的系统"，因而"是一个总体物象化和异化的动力系统"，表现为"死劳动统治活劳动、物统治人、产品统治生产者、神秘的主体统治真实的主

---

① 马克思，恩格斯.马克思恩格斯全集：第30卷[M].中共中央马克思恩格斯列宁斯大林著作编译局，编译.北京：人民出版社，1995：286.
② 马克思，恩格斯.马克思恩格斯全集：第30卷[M].中共中央马克思恩格斯列宁斯大林著作编译局，编译.北京：人民出版社，1995：247-248.
③ 马克思，恩格斯.马克思恩格斯全集：第30卷[M].中共中央马克思恩格斯列宁斯大林著作编译局，编译.北京：人民出版社，1995：242-245.
④ 马克思，恩格斯.马克思恩格斯全集：第30卷[M].中共中央马克思恩格斯列宁斯大林著作编译局，编译.北京：人民出版社，1995：251-252.

二、以人民为中心的发展思想与中国式现代化

体、客体统治主体的机构",因而是资本统治下的"伪世界历史"①。

从资本运动的一般趋势上,在利润与竞争的驱动下,科学技术在资本主义生产过程中得到了广泛的应用与发展,必要劳动时间趋于不断缩短,生产劳动之外的自由时间不断增加,这就为人的丰富与发展提供了可能。在这个意义上,马克思强调"时间是人类发展的空间"。但同时,马克思犀利地指出:"一个人如果没有自己处置的自由时间,一生中除睡眠饮食等纯生理上必需的间断以外,都是替资本家服务,那么,他就还不如一头载重的牲畜。他不过是一架为别人生产财富的机器,身体垮了,心智也犷野了。现代工业的全部历史还表明,如果不对资本加以限制,它就会不顾一切和毫不留情地把整个工人阶级投入这种极端退化的境地。"② 事实上,不论是在《资本论》及其手稿中的拜物教理论以及有关工作日等问题的研究,还是 20 世纪西方马克思主义的资产阶级社会意识形态批判、以"消费社会"为主题的日常生活批判、生态批判、资本空间生产逻辑批判等议题,都贯穿了一个严肃的理论主题:资产阶级社会中的"美好生活"是以资本增殖为中心驱动的,其本质是为资本主义关系再生产服务的。③

必须肯定的是,以资本为基础的财富生产形式,毕竟让人类逐渐从必要性的物质生产劳动中解放出来,获得了越来越多的自由时间,从而为人的自我发展创造了客观物质前提,以及必要的主观条件——"在普遍交换中产生的个人的需要、才能、享用、生产力等等的普遍性"④,亦即自由个性的发展、丰富的社会关系与联系、全面的社会交往能力等。这就为人类超越资产阶级财富生产的狭隘形式,致力于实现人的全面发展,使"人类全部力量的全面发展成为目的本身",并作为"社会化的人,联合起来的生产者,将合理地调节他们和自然之间的物质交换,把它置于他们的共同控制之下,而不让它作为盲目的力量来统治自己",从而超越物质生产领域的"必然王国",步入"作为目的本身的人类能力的发展"这一"真正的自由王

---

① 科西克. 具体的辩证法:关于人与世界问题的研究 [M]. 傅小平,译. 北京:社会科学文献出版社,1989:137.
② 马克思,恩格斯. 马克思恩格斯选集:第2卷 [M]. 中共中央马克思恩格斯列宁斯大林著作编译局,编译. 北京:人民出版社,1995:90.
③ 林密. 意识形态、日常生活与空间:西方马克思主义社会再生产理论研究 [M]. 北京:中国社会科学出版社,2016.
④ 马克思,恩格斯. 马克思恩格斯全集:第30卷 [M]. 中共中央马克思恩格斯列宁斯大林著作编译局,编译. 北京:人民出版社,1995:479.

国"①。在这个意义上，时间才真正成为人类发展的空间。

当然，这也仅仅是一种历史发展的客观趋势与可能性，其未来美好图景的现实化历程，注定是资本与劳动之间持久缠斗的世界历史进程。在理论上，20世纪西方马克思主义从不同视角推进的研究显示，这些从劳动生产过程中游离出来的自由休闲时间，并没有如马克思所愿那般立即转化为人类发展自己的空间，反而成为资本不停制造出来的新需要、新欲望的滥觞，成就了资本逻辑"虚假的需要"（列斐伏尔、波德里亚、马尔库塞等人语）导演的消费狂欢和"娱乐至死"时代。借助当代西方左派基于西方资本主义社会历史进程与现实经验的反思和批判，我们也更加深刻意识到，发达的生产力与丰裕的物质条件并非以人的发展为旨归的"自由王国"的唯一基础，还需要建立在普遍化的社会交往与日益丰富发展的社会关系这一基础上的无产阶级，以及在劳资矛盾运动过程中不断形成科学阶级意识的无产阶级政党，凝成一股有意识的、有组织的、有方向的、有策略的集体力量，来共同限制资本和驾驭资本，使之真正服务于人的发展这一目的，践行以人民为中心的发展思想，并最终超越资本这种狭隘的、充满对抗性的社会生产形式，从而加速"自由王国"的实现。

三、"以人民为中心的发展思想"与"美好生活"的中国特色社会主义道路

在2013年中共中央政治局第十一次集体学习会上，习近平总书记强调，必须推动全党深入学习历史唯物主义基本原理和方法论，更好地认识历史发展规律，更好地认识国情、认识党和国家发展大势，从而更好地推动中国特色社会主义事业发展。习近平总书记强调："在革命、建设、改革各个历史时期，我们党运用历史唯物主义，系统、具体、历史地分析中国社会运动及其发展规律，在认识世界和改造世界过程中不断地把握规律、积极运用规律，推动党和人民事业取得了一个又一个胜利。历史和现实都表明，只有坚持历史唯物主义，我们才能不断把对中国特色社会主义规律的认识提高到新的水平，不断开辟当代中国马克思主义发展新境界。"②

---

① 马克思.资本论：第3卷［M］.中共中央马克思恩格斯列宁斯大林著作编译局，编译.北京：人民出版社，2004：928.
② 习近平.推动全党学习和掌握历史唯物主义 更好认识规律更加能动地推进工作［N］.人民日报，2013-12-05.

党的十九大报告进一步强调了以全新的视野深化对"共产党执政规律、社会主义建设规律、人类社会发展规律"的认识,从而深入认识与把握中国特色社会主义进入新时代"在中华人民共和国发展史上、中华民族发展史上""在世界社会主义发展史上、人类社会发展史上"所具有的重大历史意义。这正是我们探讨马克思"世界历史"思想及其主体维度的题中之义。

如前所述,以"美好生活"为导向的物质生产发展是世界历史的基础,而世界历史的时空拓展则同时以矛盾运动的方式孕育了人类社会趋向更高级形态所必要的主体条件。这是理解中国特色社会主义道路与"以人民为中心的发展思想"必要的宏大视域。一方面,马克思"世界历史"思想奠定了中国特色社会主义道路的历史唯物主义基础,明确了以"美好生活"为中心的物质生活生产与再生产的总体过程是"世界历史"之本,也是世界各族人民在不同时期的普遍追求与时代主题,是中华民族实现伟大历史复兴的坚实基础。另一方面,马克思强调了"世界历史"的主体向度,即伴随物质生产方式的发展与社会交往的普遍化,人们作为"世界历史的个体"存在,其社会个性、"全面的关系"、"多方面的需要"以及"全面的能力的体系"都得到了丰富与发展,为人类更高级的社会历史形态创造着历史主体条件。

在《资本论》及其系列手稿中,马克思总体上已揭示了这样的一个理论事实:资本主义生产方式主导和驱动的世界历史进程,是人类社会的现代化进程。这种现代化,并不仅仅是表现为科技或生产力的现代化,同时也是社会关系与社会组织构架的现代化进程,根本上是人的社会化与现代化进程,并最终趋向于一种能充分实现以人本身为目的、能充分实现个体自由、丰富与全面发展的社会关系与交往模式。当然,马克思同时也强调,以资本主义私有制为基础的生产方式推动的生产力发展,不论是主观意愿还是客观效应上,并不直接意味着人的丰富性与全面的发展。事实上,这是一个充满矛盾与抗争的过程。并且,从社会个体的需要到整个社会层面围绕"美好生活"的方方面面内涵,都是在资本逻辑的主导与驱动下展开,并服务于资本主义关系的再生产总体过程。如果说,在《资本论》及其手稿中,马克思只是在资本运动的纯粹和抽象逻辑上论证了"美好生活"需要的生成、丰富与发展的历史必然性及其资本逻辑限度;那么,20世纪的西方马克思主义则是立足于资本主义社会生产方式的时代变迁,将"美好生活"的资本限度这一问题推进到生产之外的社会生活之中,呈现为"文化转向"特质的日常生活批判与意识形态批判等主题。西方马克思主义从不同的理论视角深刻揭露了"美好生活"的资本逻辑限度及其超越的困境,甚至悲观地发现,所有可能潜在的反抗主体都已被纳入资本主义体系之中,成为资本逻辑所需要的主体。对于坚定的反资本主义立场而言,只能走向"大拒绝"、美学式的救赎或学院派的"话语反抗"。① 这也带来了一个更深层的问题,世界历史的主体之维凋零为资本再生产逻辑中不断式微的无助个体。以人民为中心的社会历史发展模式,自然只能是理论上的构想与美好的愿景。

当然,就揭示资本逻辑的时代变迁、现实效应及其本质而言,西方马克思主义的批判无疑是深刻的,但其理论教训同样也是明显的。其中最重要的教训之一,在于他们淡化或忽略了以资本主义生产方式矛盾运动为主题的政治经济学研究和批判。基于马克思主义政治经济学研究,我们才能对资本主义世界历史运动的时空机制、内在矛盾、运动界限及其当代新变化的本质,形成科学的认知。与此同时,伴随世界历史的生成与全球布展,作为资本对立面的劳动人民逐渐成长壮大,逐渐成长为能联合起来驾驭社会生产的集体力量。在这基础上,我们才能真正坚持人民是历史创造者的唯物史观,并在资本主义社会语境中秉承马克思主义的阶级分析,积极探寻引领人民追求美好生活、超越资本逻辑的现实路径。正如习近平总书记所指出,坚持以人民为中心的发展思想,这是马克思政治经济学的根本立场。② 对于中国而言,只有基于马克思主义政治经济学的研究,我们才能在历史给定的现实条件下,立足本国国情,积极探索与开拓适合自身民族的、致力于全体人民共同追求与实现美好生活的发展道路。这便是中国特色社会主义道路。

中国特色社会主义道路是践行"以人民为中心的发展思想",创造美好生活的现实路径。党的十九大报告指出,中国特色社会主义政治发展道路,是近代以来中国人民长期奋斗历史逻辑、理论逻辑、实践逻辑的必然结果,是坚持党的本质属性、践行党的根本宗旨的必然要求③,同时还强调指出,中国特色社会主义道路是实

---

① 从法兰克福学派最初的文化工业批判到中后期的消费社会批判,以及阿尔都塞为代表的结构主义马克思主义,福柯的主体理论,波德里亚的消费社会批判理论系列等,都以不同的方式论证了主体的式微与退隐。参见胡大平. 西方马克思主义哲学概论[M]. 北京:北京师范大学出版社, 2010.

② 习近平. 立足我国国情和我国发展实践发展当代中国马克思主义政治经济学[N]. 人民日报, 2015-11-25.

③ 习近平. 决胜全面建成小康社会 夺取新时代中国特色社会主义伟大胜利:在中国共产党第十九次全国代表大会上的报告[M]//中国共产党第十九次全国代表大会文件汇编. 北京:人民出版社, 2017: 29.

现社会主义现代化、创造人民美好生活的必由之路①。从理论到实践,从历史到现实,历史已经充分证明了中国走中国特色社会主义发展道路的必然性与必要性。那么,为什么说中国特色社会主义发展道路是人民追求美好生活的必由之路呢?这就要从中国特色社会主义最本质的特征——中国共产党的领导说起。

中国共产党的领导是中国特色社会主义最本质的特征,是引领中国人民创造美好生活、践行"以人民为中心的发展思想"的时代先锋与民族脊梁。如前所述,西方马克思主义在探寻超越资本现代性的主体力量过程中陷入了悲观,其根本原因是未能回到人们物质生活生产与再生产总体过程的政治经济学研究,看不到世界历史进程中劳动人民力量的成长与壮大,更看不到作为劳动人民先锋队的无产阶级政党的重要作用。中国共产党作为中国工人阶级的先锋队,同时是中国人民和中华民族的先锋队,是中国特色社会主义事业的领导核心,是引领中国人民创造美好生活的时代脊梁,始终代表着中国最广大人民的根本利益,并始终坚持全心全意为人民服务的根本宗旨。对于中国共产党而言,"人民对美好生活的向往,就是我们的奋斗目标"②。对于中国人民而言,"美好生活"从来都不是一种意识形态的画饼,而是人类历史发展的内在诉求,是靠广大劳动人民共同奋斗出来的。从马克思的"世界历史"思想及其主体向度来看,作为世界历史的创造者,人民群众在历史发展中的历史主体性、能动性的增长与创造美好生活能力的提升,都是基于社会物质生活生产方式的历史发展过程。因此,中国共产党始终致力于发展社会生产力,带领着中国人民从"站起来"到"富起来",再到当下的"强起来",每一个追求"美好生活"的前进步伐都是中国人民在中国共产党的领导下奋斗出来的。在这个过程中,中国共产党带领着十数亿人口级别的中华儿女逐步完成了社会关系与社会秩序结构的工业化与现代化,为攻克历史发展过程形成的不平衡不充分发展问题,为实现更广泛的、普遍的、自主掌控的"美好生活"奠定了重要的历史主体条件。这是我们超越资本逻辑、共创社会主义"美好生活"的世界历史基础与底气所在,也是我们终将能引领世界历史潮流、奔向以"美好生活"为主题的世界历史新征程的自信依托。因此,从世界历史的宏大视域来看,中国共产党的坚强领导是确保历史发展朝着"以人民为中心"这一方向不断前进的主心骨。

---

① 习近平.决胜全面建成小康社会 夺取新时代中国特色社会主义伟大胜利:在中国共产党第十九次全国代表大会上的报告[M]//中国共产党第十九次全国代表大会文件汇编.北京:人民出版社,2017:13-14.

② 习近平.人民对美好生活的向往就是我们的奋斗目标[N].人民日报,2012-11-16.

此外，践行以人民为中心的发展思想，需要在中国共产党的领导下，"用新的发展理念引领发展行动"。在省部级主要领导干部学习贯彻十八届五中全会精神专题研讨班开班式上，习近平总书记强调指出："要着力践行以人民为中心发展思想，用新的发展理念引领发展行动。"① 从世界历史的理论视域来看，新时代新的发展理念蕴含着以下三个层次的内涵：第一，发展为了人民，依靠人民的人民主体原则。中国共产党始终坚持历史唯物主义群众史观，视人民为创造历史、推动发展的根本力量，始终坚持发展为了人民、发展依靠人民、发展成果由人民共享，代表人民的利益和愿望，并深受人民的拥护和支持。在新的历史方位，为了更好地践行以人民为中心的发展思想，中国共产党坚持人民主体的原则，倡导并坚持创新、协调、绿色、开放、共享的发展理念，推动经济社会持续健康发展，围绕人民对美好生活的需要，不断致力于提高人民生活水平和质量。第二，个人全面发展与社会全面进步协调并进。从社会发展的总体性视角看，"新的发展理念"还蕴含了在人的全面发展与社会全面进步中协调并进的辩证思想。在党的十九大报告中，习近平总书记强调，"人民是历史的创造者，是决定党和国家前途命运的根本力量"②，要坚持"以人民为中心的发展思想"，不断促进人的全面发展，实现全体人民共同富裕。必须充分认识到我国主要矛盾转化是"关系全局的历史性变化"，对党和国家提出了许多新要求。"我们要继续推动发展的基础上，着力解决好发展不平衡不充分问题，大力提升发展质量和效益，更好满足人民在经济、政治、文化、社会、生态等方面日益增长的需要，更好推动人的全面发展、社会全面进步。"③ 从新时代我国主要矛盾转化凸显的"美好生活"需要及其内涵来看，中国共产党强调的新发展理念，充分彰显了人的全面发展与社会全面进步协调发展的辩证思想。第三，毫不动摇巩固和发展公有制经济，鼓励支持非公有制经济发展，在政府的主导下推动新型工业化、信息化、城镇化、农业现代化同步协调发展。这是践行"以人民为中心的发展思想"的现实基础。一方面，正如习近平总书记指出的那样："必须坚持和完善我国社会主义基本经济制度和分配制度，毫不动摇巩固和发展公有制经济，毫不动摇鼓

---

① 习近平.决胜全面建成小康社会 夺取新时代中国特色社会主义伟大胜利：在中国共产党第十九次全国代表大会上的报告［M］//中国共产党第十九次全国代表大会文件汇编.北京：人民出版社，2017：10.
② 参见：习近平.聚焦发力贯彻五中全会精神 确保如期全面建成小康社会［DB/OL］.习近平系列重要讲话数据库，2016-01-18.
③ 习近平.在中国共产党第十九次全国代表大会上的报告［DB/OL］.习近平系列重要讲话数据库，2017-10-28.

励、支持、引导非公有制经济发展,使市场在资源配置中起决定性作用,更好发挥政府作用,推动新型工业化、信息化、城镇化、农业现代化同步发展,主动参与和推动经济全球化进程,发展更高层次的开放型经济,不断壮大我国经济实力和综合国力。"[①] 这样才能为广大华夏儿女追求"美好生活"与"人的全面发展"奠定坚实的客观物质条件。另一方面,我们也必须反思西方发展道路的内在矛盾与缺陷,必须坚持以共同富裕为导向,坚持以人民为中心的发展理念,让"美好生活"不会沦为"少数派"的特权,而真正成为广大人民群众都可以通过劳动与奋斗而实现的现实可能性,让我们的"美好生活"始终行进在社会主义道路与方向上,才能在"人的自由全面发展"与"社会全面进步"之间实现协调共进。

概而言之,马克思的"世界历史"思想及其主体向度,明确了劳动人民作为世界历史发展的主体地位,是历史发展的中心。在资本主导的世界历史发展阶段,劳动人民追求美好生活的需要受限于资本逻辑。中国特色社会主义道路的核心特质在于,坚持中国共产党的领导,坚持以人民为中心的发展思想,坚持在发展中做大做强公有制经济,致力于人的全面发展与社会的全面进步,为人民美好生活需要的满足提供现实的政治经济基础。在当前的世界历史发展新阶段,我们在做大做强国有经济的过程中,要坚定不移地推动产业升级,以国内与国外良性联动的方式致力于攻克不平衡不充分发展的现状。同时大力推进"一带一路",为积极构建"人类命运共同体"夯实基础,进而为世界历史真正进入"以人民为中心"的新发展阶段贡献中国智慧与中国方案。

【基金项目】国家社科基金一般项目"马克思政治经济学批判视域中的城乡不平衡发展问题研究"(项目编号:19BZX018)的研究成果。

[①] 习近平.决胜全面建成小康社会 夺取新时代中国特色社会主义伟大胜利:在中国共产党第十九次全国代表大会上的报告[M]//中国共产党第十九次全国代表大会文件汇编.北京:人民出版社,2017:17-18.

以人民为中心的发展思想与中国式现代化研究

天津大学马克思主义学院　闫　涛　刘鑫炎

中国共产党始终将人民的利益放在第一位，坚持把马克思主义与中国具体工作实际情况相结合，坚持和发展中国特色社会主义，团结带领我们中国人民创造了中国式现代化新道路。新时代中国特色社会主义的根本立场也没变，始终坚持发展为了人民，我们要深入研究学习党的百年奋斗史，坚持党的领导、坚持中国式现代化新道路。

一、中国式现代化的丰富内涵

中国特色社会主义现代化道路不断创新和发展，如今已正式开启了中国式现代化道路的伟大征程。中国式现代化发展的成功经验，为发展中国家提供了积极启示，为其他国家的现代化建设提供了新思路。

（一）争取人的自由而全面发展

脱离贫困是底线任务，人们可以解决个人温饱问题是自由而全面发展的首要前提。中国从落后、贫困到如今进入新时代打赢脱贫攻坚战，历史性地解决绝对贫困问题，中国始终致力于实现人的全面发展和社会的全方位进步。新中国成立之初，文盲在全国人口中的占比十分高，人均只有35岁的预期生存寿命，各方面的社会保障也相对落后。新时代以来，中国的脱贫攻坚战从发起到打赢，充分体现了国家制度体系和治理体系的显著优势，中国近一亿人脱贫，832个贫困县全部摘帽。这为中国式现代化建设和发展奠定了坚实基础，积累了宝贵经验。中国不断推进现代化的进程同时也是不断提高广大人民素质水平，不断提高民生福祉的进程。

（二）追求全体人民共同富裕

世界上所有国家发展所共同追求的目标是富裕，但中国追求的富裕与其他大部分国家是有区别的，中国坚决不落下任何一个中国公民，力求全体人民共同富裕，只允许先富带后富，但决不允许出现少数人特别富有和多数人贫困的现象。拥有14亿多人口的中国想要实现全体人民共同富裕，这是一项十分艰巨的任务，困难极大，必须脚踏实地，通过一步一个脚印的积累才能完成。中国式现代化道路是崎岖的，前途是光明的。共同富裕是中国现代化建设的核心任务和重要特征。它开拓了人类现代化道路的内涵，为解决人类发展问题提供了"中国方案"。

（三）实现"两个文明"相协调

中国式现代化的要求是人民的物质生活水平大幅提高、人民的文化水平大幅提高、人民的精神文化生活更加丰富。物质文明和精神文明相辅相成，缺一不可，全面建设社会主义现代化国家需要不断推动"两个文明"协调发展，使两者高效协同发展也是中国式现代化创新和进步的必然要求。

（四）推动人与自然和谐发展

早期西方国家为发展本国经济，对生态环境造成了严重损坏，资本主义发展模式弊端现实地摆在眼前。中国在现代化进程中保护自然、珍惜自然，创造人与自然和谐共处的一种现代化模式，它借鉴了资本主义国家的经验，走了一条完全不同于以往资本主义国家的道路。

（五）打造人类命运共同体

中华民族历来是礼仪之邦，主动挑衅不是我们的做事风格。和平发展仍然是当今世界的主旋律，但同样是暗流涌动。中国积极倡导和平发展的外交政策，推动构建人类命运共同体，奉行合作共赢的发展模式、坚决反对霸权主义，为现代化的发展提供新选择。

二、坚持以人民为中心的发展思想的重要性

中国共产党成立以来，始终遵循和坚持以人民利益为先的原则。中国共产党的人民观在学习借鉴马克思主义理论的基础上，把中国优秀传统文化加以改进融入，使其中国化。中国共产党的人民观不是一开始就有的，而是基于我国社会发展的现实内容不断改进和丰富的。历代领导人都根据当时的情况，探索出一条适合本国国情的道路。

（一）马克思主义理论对我国发展具有巨大的指导作用

马克思主义理论十分重视人民的主体性和创造性。中国今天的成就是我们党带领人民创造的。我们党代表最广大的无产阶级的根本利益。党的领导和人民当家作主是不可分割的，是中国社会主义制度的根本优势。这种制度可以充分发挥人民群众的积极性和创造性。

在《德意志意识形态》一书中，马克思和恩格斯指出："我们的出发点是从事实际活动的人，而且从他们的现实生活过程中还可以描绘出这一生活过程在意识形态上的反射和反响的发展。"[①] 从事实际活动的人不是单个人，而是指绝大多数人。马克思和恩格斯的学说是关于全人类解放的研究，他们构建了自己庞大的知识体系，解释了人类社会的发展规律，指出人民群众在社会发展中的重要作用。

随着历史的发展，参加劳动的人民不断增多，力量也越发强大。在劳动过程中工作经验的丰富，必然会造成生产工具的升级，劳动生产效率进一步提高，社会生产力得到快速发展。新生产力的出现必然会与旧的生产关系发生矛盾，马克思科学地分析论证了这一矛盾发展的最终结果，即代表先进生产力、代表广大人民利益的无产阶级必将取得胜利。中国共产党充分继承了马克思主义的先进理论。

---

① 马克思，恩格斯.马克思恩格斯文集：第1卷［M］.中共中央马克思恩格斯列宁斯大林著作编译局，编译.北京：人民出版社，2009：525.

（二）以人民为中心的发展观是中国共产党带领中国人民取得发展成果的重要原则

新民主主义革命的胜利，是全体中华儿女英勇奋斗取得的成果。第一次鸦片战争后，中国的大门被西方列强打开，中国开始一步步沦为半殖民地半封建社会。中国共产党完成了农民阶级、封建地主阶级、资产阶级改良派和革命派都没有完成的任务，最终建立了人民当家作主的新中国，走上了独立富强的道路。中国共产党深刻认识到马克思主义理论的科学性、发展性、人民性，并结合中国当时的实际国情，在一个封建农业大国，争取了人数最多的农民阶级的支持，凝聚了人民群众的伟大力量，逐步夺取了新民主主义革命的胜利。

社会主义革命、建设的成功离不开人民群众的支持，新中国成立之后，中国共产党团结带领全国各族人民用短短四年时间就完成了社会主义改造，完成了新民主主义社会向社会主义社会过渡的历史任务。在社会主义建设初期，全国人民在中国共产党的坚强领导下，不懈奋斗，顽强拼搏，取得一系列伟大成就。进入改革开放和中国特色社会主义建设时期，人民群众始终是经济社会不断取得快速发展的力量之源。历史已经证明，坚持人民主体地位是正确的，如今我国正在迈向社会主义现代化强国的征程上，国内外局势十分混乱，疫情肆虐，我们唯有坚持党的领导，紧紧依靠人民群众，走中国式现代化道路才能更好地渡过难关，创造美好的生活。

（三）人的自由而全面的发展是马克思历史唯物主义的价值追求

中国共产党一经诞生，就把为中国人民谋幸福、为中华民族谋复兴确立为自己的初心使命。马克思在深入批判资本主义的同时，致力于建构一个能够促进人的自由而全面发展的"联合体"，在那里，"每个人的自由发展是一切人的自由发展的条件"[①]。所以，人的自由而全面的发展是马克思历史唯物主义的价值追求。

三、坚定不移地走中国式现代化新道路

以人民为中心的发展思想是中国式现代化新道路的首要原则，要坚定不移地走

---

① 马克思, 恩格斯. 马克思恩格斯文集: 第2卷[M]. 中共中央马克思恩格斯列宁斯大林著作编译局, 编译. 北京: 人民出版社, 2009: 53.

中国式现代化新道路，是党的全部理论和实践的立足点，更是党百年奋斗得出的历史结论。百年来，在各个时期我们党都坚持从实际出发，从我国国情出发，实事求是，探索并形成了符合各时期中国国情的道路。

（一）坚持党对一切工作的领导

中国式现代化道路必须始终坚持中国共产党的领导，没有党的正确领导，路可能会越走越偏，越走越窄。我国当前仍处于社会主义初级阶段，人民是社会发展进步的动力，必须深入贯彻落实以人民为中心的发展思想，使这一思想贯穿于党治国理政的各个方面。在中国式现代化进程中，党的领导是贯彻落实以人民为中心发展思想的政治保证和根本推动力，历史发展已充分证明，我们只有始终坚持以人民为中心的发展思想，坚持党的绝对领导，充分发挥广大人民群众、制度、道路等各方面的优势，充分吸收世界各国的先进思想成果，才能使中国式现代化建设始终保持先进性。党对一切工作的领导意味着党要总揽全局、协调各方，即党要确定方向、统筹全局、制定政策、推进改革。

（二）党的群众路线要贯彻到治国理政的全过程

新时代中国特色社会主义的建设与发展要始终贯彻党的群众路线。群众路线是我党开展工作的根本路线，人民是我党全部工作的出发点和落脚点。我党的群众路线是马克思主义群众观点的继承与锻造，是习近平总书记以人民为中心发展思想在中国实施的实际操作和工作方法。群众路线指导广大中国共产党人树立了工作为了群众，紧紧依靠群众，全心全意为人民群众服务的崇高理想。与此同时，我党要积极教育和引导群众自发地实现自身价值，在实际工作中激发群众的积极性，实现自身价值的完美展现。党在制定路线方针政策之前，必须广泛采取人民的意见，发挥民主集中制的优势，根据人民的意见加以实施和修订，要对制定后的政策进行大力度宣传和充分解读，让人民群众理解并转化为自觉行动。新时代以来，人民群众的需要不仅包括物质文化方面，也包括民主、法治、环境等其他方面，人民需求不断增多，要求我党要充分做好理论指导实践的工作，更好、更稳、更快地实现中国式现代化。

（三）不断满足人民日益增长的美好生活需要

我国已全面建成小康社会，在防范化解重大风险的同时全面建设社会主义现代化国家的任务已经开始。习近平总书记坚持以人民为中心的发展思想依然是发展应遵循的原则之首，经过数十年的发展，人民的生活水平和需求日益提高。人民在美好生活需要、人民精神文化生活需要、城乡人民居住环境、民生福祉、就业质量、人均收入增长、社会公平正义和经济增长基本同步等方面都有了新的需求。事实已经证明，我党的方针、政策和道路都是正确的，因此要始终坚持党的领导，党的领导是发挥"中国之制"的最大优势，只有坚持人民利益至上、坚持党同人民群众的血肉联系，我们就一定能够把中国式现代化道路走得更稳。

历史充分证明，中国的发展道路是正确的，因此我们要坚定志不改、道不变的理想信念。在党的领导下，必须充分发挥社会各类生产要素的作用，充分吸收人类文明发展的成果，使社会现代化建设真正为人民服务。随着中国特色社会主义伟大实践在新时代的持续推进，我们的道路必将更加宽广，我们的经济必将更加发达，我们的人民必将更加幸福。

回望历史，展望未来，我们必须坚持以人民为中心的发展思想，在中国共产党的正确领导下，不断推进改革创新，坚持走中国式现代化道路，我们必将为新时代中国发展创造新辉煌，为实现中华民族的伟大复兴，为促进世界和平与发展作出新的更大贡献。

论"以人民为中心"发展思想的人学价值意蕴
——以方法论的视角

曲阜师范大学马克思主义学院　郝淑芹　杨玉强

马克思主义是关于人类解放和实现人的自由而全面发展的学说，从它产生的那一刻起，"为全人类解放而斗争"就成为其一以贯之的历史使命。在随后的科学社会主义尝试、革命实践以及各国建设发展进程中，鲜明的人民性成为马克思主义理论和马克思主义政党实践的独特品格和价值取向，这也充分体现了马克思关于人的生存和发展规律以及其自由本性、本质生成、目的使命的真知灼见，也凸显了马克思主义人学思想的人民意识特色。把握马克思人学观的真谛，就必须把握人民、中心、发展这三个关键核心词，深入探讨人民意识、中心意识和发展意识。

一、"人民"意识的价值本体方法论

问题是时代的呼声，民生是最大的政治，中国共产党自成立伊始就确立了"为人民谋幸福"的初心使命。实际上，坚持"以人民为中心"发展思想，体现价值关怀的问题方向、现实主体、历史必然，就需要坚持"人民"意识的价值本体方法论。"以人民为中心"必须要回答社会的价值主体是谁的问题，这就要求校准人民的现实需求。基于现实的人的需求，要把握"人民何在"和"人民性何以体现"两个关键问题。

（一）"人民"何在

"人民"指向的正是人的尊严这个马克思主义主题，是人的价值诉求在现实发展的具体体现。它不仅以理念形式显现在人们的思想深处，而且以其利益实现的形式渗透在人们的行动中。因而，"以人民为中心"发展思想的核心要义在于"人民"意识，体现的是"人民"意识的价值本体方法论。"在社会历史领域内进行活动的，是具有意识的、经过思虑或凭激情行动的、追求某种目的的人。"[1]马克思把人民视为历史的创造者，伴随着革命实践的深入，他们日益成为社会革命的中坚力量，而"思想的闪电"和"人民园地"的结合是实现人的解放的重要前提，从这个意义上说，人民的解放承载着人类解放的重任。[2]中国共产党是以人民为特质，始终将人作为目的，并将这种人民意识明确为"为什么人"的问题，对这一根本问题的回答真正彰显了马克思主义政党的性质，它也一以贯之地成为自身价值追求和坚守之根本。

只有明确了人民是时代的真正主体，是一切价值意义的立足点，才意味着把准了马克思主义执政党价值关怀的问题方向、现实主体、历史必然。人民的实践是一切思想的发源地，"是否为人民"成为评价历史的标尺。唯物史观认为，现实的人是社会历史发展的出发点。当代中国社会各阶层的最广大劳动人民群众都可以被囊括其中。"以人民为中心"发展的思想是一种体现人民本位的发展主体观，在发展的起点、过程、力量主体、成果归宿和价值实现中既明确了价值原则又指明了发展方向。所以，人民性的基本价值立场和根本发展遵循，最能体现党对马克思主义人民性的坚持和弘扬。

（二）人民性何以体现

人民性指向的是一种价值理性，而且是一种目的理性与工具理性的合体范式。简单地说，就是有无"人民意识"的现实具体实证环节。从个体的内在世界角度看，在思想上是否相信"人民至上"的真理性，在行动中是否奉行"人民第一性"

---

[1] 马克思，恩格斯.马克思恩格斯选集：第4卷[M].中共中央马克思恩格斯列宁斯大林著作编译局，编译.北京：人民出版社，2012：253.

[2] 张爽.马克思国家观的人民性之维：从马克思青年时期的辩论和批判说起[J].学术交流，2013（11）.

原则，是判断一个人人民意识的标识。个人可以有职业分工的不同以及自身能力的差异，但是作为社会主义大家庭的一员，人民当家作主凝聚着每个现实的人的权利和责任。"心中有人民，行动为人民"，这种发自内心深处的"人民意识"给人以行动的定力，破除时间的纠缠和空间的局限，抵御利益的狭隘和多元化文化价值观的冲击，有助于我们精神境界的提升和为民情怀的开阔，以更好地解决"担当为民"、发展为民等问题，也就能够避免出现"代表谁、为了谁"等价值观上的偏差或错误认识。

唯物史观人的本质关系原理告诉我们：人是一种关系性存在，人与社会之间矛盾的根本就在于如何处理好自我与社会之间的价值关系。实际上，人民意识是一个关乎思想的根本问题，只有摆正了"为人民"的方向问题，才能真正汇聚形成人民的汪洋大海，才能创造真正的人类历史，因为"社会结构和国家总是从一定的个人的生活过程中产生的"[①]。只有不断地把"小我"融入人民"大我"之中，才能真正实现人民的国家和人民当家作主的社会，才能真正回答"我从何处来，将到何处去"的哲学追问，才能真正回答"我"与"他人"、"我"与"社会"、"我"与"国家"的关系如何，才能实现"人活着的意义"和"人应该怎样追求自己的幸福"等人生重大问题。从个体与其外部世界之关系的视角看，新时代中国特色社会主义的本质就是实现人的自由全面发展，人民性就体现在多向度的社会发展与多维度的个体需求之中。

从现实生活的时空维度观之，人民不仅是主体与客体的结合，还处于各种关系的中心环节。"以人民为中心"不仅凸显了人民意识，还彰显了"人民"在人与外部世界的关系中的地位。一方面，人民对于社会关系的理想就是逐步实现社会的安定有序及其关系的谐和，换言之，"以人民为中心"的社会建设需求就是要形成创造与共享同步的社会发展状态。另一方面，"环境就是民生"充分反映了自然环境与人民群众之间的互惠互促关系，自然环境的发展是以满足人民对优美环境的需求为基本标准的，这其中必然不能违背人与自然、部分与系统的命运共同体法则。所以，在这些关系中，人民意识需要调节"以人为本"和"以物为本"的坚守和偏离，抛弃两种失衡的价值定位，把重心从"物本"的扭曲价值取向回到"人本"的发展定位，回落至现实的人民大众之中。

---

① 马克思，恩格斯.马克思恩格斯选集：第1卷[M].中共中央马克思恩格斯列宁斯大林著作编译局，编译.北京：人民出版社，2012：151.

二、"发展"意识的价值追求方法论

实际上,坚持"以人民为中心"发展思想,体现价值创造的路径选择、检验尺度、现实必要,就需要坚持"发展"意识的价值追求方法论。"人是历史的存在,历史的存在方式使人的生命演化获得了自我超越的特殊内涵——发展。"[①] 历史与发展有内在契合性,发展的实践辩证法要求必须根据人类的现实需要和客观实际,把价值尺度和真理尺度相结合,付诸新实践以期改变现存世界或生活方式,"以人民为中心"发展思想必须要回答发展的目的是什么的问题。

(一)"为谁发展":发展价值维度的本体追问

"为谁发展"的问题关乎发展的终极关怀问题,它是关于发展的本质、目标、方式及其伦理属性等根本问题的价值论表达,因此,它成为区分不同性质的执政党的重要标准。发展的核心问题是主体参与的自觉性和目的性。社会生活的本质是实践,人则是实践的发起者和落脚点,也就意味着,自由自觉的实践引发的社会发展往往是以人民为中心的。

发展是否为了人民?发展是否依靠人民?发展成果是否由人民共享?这些都应当由"从实践中来、到实践中去"的发展价值意识所指导的实践来检验,即通过人民群众的实践来评判。一方面,发展因为实践认识的互动原理而让发展意识作为一种理论指导更明确,更加立足亲民立场,在科学维度上实现了理论与现实的合理互动;另一方面,发展意识的人民中心化也进一步激发全体人民的积极性,不断地把先进生产力转化成真实的物质力量,大大提升人民的获得感和幸福感。所以,新时代的中国发展,既是实现并维护、发展最广大人民的根本利益的价值追求的历史过程,也是中国共产党创造同一切剥削阶级政党根本区别的发展格局乃至新发展理念和态势的过程。中国式现代化发展的最根本的底色就在于要体现出社会主义的本质,在于围绕共同富裕和人的全面发展的目的而推进经济、政治、社会结构、文化和人的现代化等的全面发展现代化,而且要全方位地充分体现社会主义制度在发展人、解放人方面的比较优势。

---

① 孙正聿.理想信念的理论支撑[M].长春:吉林人民出版社,2014:29.

（二）"何以体现发展的价值性"：发展的价值追问

"何以体现发展的价值性"的问题关乎发展的意义所在，是关于发展的方式选择及其检验尺度问题的价值论表达；它不仅是发展的现实要素描述，还是"发展"意识的价值观念的判断与现实追求方法的匹配性探讨的前提。马克思认为，人和社会的存续发展在本质上都具有实践性特征，这就决定了解决其矛盾的方法只能是革命的实践。无论是自由而全面的发展的人之价值诉求还是社会和谐的价值诉求，都不能在空想和抽象空谈中实现，只能在一种消灭现实问题的生成式发展中实现。

"何以体现发展的价值性"的问题还是要回归到"以人民为中心"发展理念的人学立场，必须清晰地表达一切发展围绕"人民的愿望和需求"这一现实价值目标。马克思在唯物史观的基础上，积极建构以人的生产逻辑为解释原则的现代化发展理论，揭示出西方现代化之路的中心在"资本"，而不在"人"。中国共产党正是遵循"以人民为中心"的现代化发展道路，这并不意味着对资本作用的简单排斥，而是倡导用理性态度利用和引导资本，但根本遵循在于是从人民立场来定义现代化的本质。以人民为中心的现代化发展之路才是适合中国国情、体现发展价值的新型发展路径，经过中国共产党革命、建设和改革的百年探索，它以人民至上的价值取向破解了后发式现代化国家的发展困局，拓展了真正解决人类问题的发展路径模式。

三、"中心"意识的价值坐标方法论

实际上，坚持"以人民为中心"发展思想，体现价值本位的方位校准、现实逻辑、意义必然，就需要坚持"中心"意识的价值坐标方法论。无论是在理论研究还是在生活实践中，所谓"中心"都代表的是一种价值系统及其得以存在并形成坐标体系的基点，以此为基点才能校准"以人民为中心"发展思想的科学维度，才能完成实现人民美好生活的价值遵循，也才能将之变成一以贯之的现实逻辑，确保中国式现代化发展之路的社会主义本质和人民至上情怀。以人民为中心正是中国共产党"永不动摇信仰，永不脱离群众"誓言的生动诠释，也是中国共产党人将追求无产阶级和全人类解放的马克思主义信仰现实化为"为中国人民谋幸福，为中华民族谋

二、以人民为中心的发展思想与中国式现代化

复兴"的崇高事业,并将"为人民服务"确立为其宗旨,把人民放在心中最高的位置,融入中国现实的发展实践中。

新中国成立 70 多年的社会主义实践证明,国家的前途与民族的命运始终与人民的本位性中心意识相关联。现在中国特色社会主义进入新时代,时代境遇标识出了新的历史方位和新征程,"以人民为中心"的价值理念正是新时代马克思主义信仰的中国化表达,以其自身的至上性和终极性意蕴将在新时代继续发挥价值关怀和实践引领作用。在当今中国新时代创造历史的征程中,"人民"成为最核心的概念,是共产党人的最高信仰对象,由工人、农民、知识分子等一切爱国者组成,在中国追求共产主义理想中,人民是主体而非受体,是目的而非手段,人民群众既是出发点更是旨归点。这种价值定位在新时代就凝练为"人民至上"。

人民至上的要义,关键在于要创造越来越丰富的物质财富和精神财富,是不让一个人在小康路上掉队的共同富裕承诺。因此,人民美好生活的实现程度往往体现在人民群众的利益和诉求的满足程度上,这也充分体现了迈向人的自由全面发展的现实路向,很大程度上可以用人民的获得感、幸福感、安全感来评判。基于对新时代每个人的现实观照,每个人会投身人民实践实现个人真正的价值意义,而在每个人的人生价值实现中,人民也更加鲜活实在。因此,"以人民为中心"体现的是对人的现实关怀和终极关怀的统一,它往往体现为现实需求生发的集体力量,是新时代中国特色社会主义条件下人的自由全面发展的自然要求。

"以人民为中心"让马克思主义信仰在新时代更加鲜活,又通过新时代以人民为中心的价值理念而具象化,越是重视信仰引领在"现实的个人"这个原点上的生发和动力作用,也就越发使得人民这个本位具有了崇高性。追求人的自由全面发展内在于人的自由自觉的劳动中,而且主体的劳动实践创造越自觉,主体就越自由,人类自由本质的合目的性与幸福的价值意义相契合,那时劳动会成为人的第一需要。所以,新时代以人民为中心的中国实践理念并未将人民整体虚置化,而是更注重人民内部关系的平等和谐,在共建共享中激发个体超越狭隘的利己主义,在人人互助中实现价值和快乐。"只要进一步发挥我们的唯物主义论点,并且把它应用于现时代,一个强大的、一切时代中最强大的革命远景就会立即展现在我们面前。"①所以,将人民立于本位性的中心意识位置上,是价值至上性和终极性使然,但更加

---

① 马克思,恩格斯.马克思恩格斯选集:第 2 卷[M].中共中央马克思恩格斯列宁斯大林著作编译局,编译.北京:人民出版社,2012:9.

具有信仰的深远意蕴。

总之,人是社会发展的主体,人在各种需要和利益的驱动下进行不同的活动,而只有发展才能切实满足人之需要,只有发展才能促进社会发展。新时代我国社会主要矛盾已经转化为人民日益增长的美好生活需要和不平衡不充分的发展之间的矛盾。围绕人民美好生活需要提出以人民为中心的发展思想,是新的历史方位和社会主要矛盾变化使然。作为新发展理念,它的历史功能是使人摆脱对物的依赖并回归丰富多彩的现实生活,只有强化其鲜明的人民的方向性、发展的价值性、中心的至上性,才是符合时代要求的人民观和发展观,才能校准人民需求,把准社会主义方向,瞄准中国现代化发展新路径,在新的历史阶段上开创新发展格局,不断朝向民族复兴和人民幸福的"现实目标"前进。

三　当代中国马克思主义与人的发展

坚持以人民为中心，全面建设社会主义现代化强国

深圳大学生态文明与绿色发展研究院
（深圳市人文社会科学重点研究基地） 田启波

习近平总书记在庆祝中国共产党成立100周年大会的重要讲话中庄严宣告："经过全党全国各族人民持续奋斗，我们实现了第一个百年奋斗目标，在中华大地上全面建成了小康社会，历史性地解决了绝对贫困问题，正在意气风发向着全面建成社会主义现代化强国的第二个百年奋斗目标迈进。"[①] 他还指出："新的征程上，我们必须紧紧依靠人民创造历史，坚持全心全意为人民服务的根本宗旨，站稳人民立场，贯彻党的群众路线，尊重人民首创精神，践行以人民为中心的发展思想，发展全过程人民民主，维护社会公平正义，着力解决发展不平衡不充分问题和人民群众急难愁盼问题，推动人的全面发展、全体人民共同富裕取得更为明显的实质性进展。"[②] 以人民为中心，是全面建成社会主义现代化强国的根本立场，体现了新发展理念的唯物史观思想基础，揭示了中国共产党百年发展的实践逻辑，界定了当代中国社会发展的评价标准，彰显了人类社会发展的价值目标。

一、以人民为中心，体现了新发展理念的唯物史观思想基础

以人民为中心、人民至上、人民立场，是新发展理念的核心与精髓，深刻体现了马克思主义唯物史观的定律与原理。唯物史观认为，人民群众是历史的创造者，

---

① 习近平. 在庆祝中国共产党成立100周年大会上的讲话[N]. 人民日报，2021-07-02.
② 习近平. 在庆祝中国共产党成立100周年大会上的讲话[N]. 人民日报，2021-07-02.

对社会发展起着主要决定作用。马克思在《神圣家族》中提出："历史上的活动和思想都是'群众'的思想和活动。"①恩格斯在《费尔巴哈论》中指出，"与其说是个别人物、即使是非常杰出的人物的动机，不如说是使广大群众、使整个整个的民族、并且在每一民族中间又是使整个整个阶级行动起来的动机"②，正是这些广大群众的、整个民族的、整个阶级的行动"引起重大历史变迁"。列宁则指出，作为自觉的历史活动家的人民群众正是"历史创造者"。毛泽东强调指出："人民，只有人民，才是创造世界历史的动力。"③人民群众是社会物质财富、精神财富的创造者，是社会变革的决定力量。习近平总书记指出："学习马克思，就要学习和实践马克思主义关于坚守人民立场的思想……这是尊重历史规律的必然选择，是共产党人不忘初心、牢记使命的自觉担当。"④正是以唯物史观为理论根基，习近平总书记明确指出，要"着力践行以人民为中心的发展思想。这是党的十八届五中全会首次提出来的，体现了我们党全心全意为人民服务的根本宗旨，体现了人民是推动发展的根本力量的唯物史观"⑤，要"从根本宗旨把握新发展理念。人民是我们党执政的最深厚基础和最大底气。为人民谋幸福、为民族谋复兴，这既是我们党领导现代化建设的出发点和落脚点，也是新发展理念的'根'和'魂'"⑥。

新发展理念，坚持马克思主义基本原理，回答了关于当代中国社会发展的目的、动力、方式、路径等一系列理论和实践问题，阐明了我们党关于发展的政治立场、价值导向、发展模式、发展道路等重大政治问题，是我们党的重大理论创新成果，是与时俱进的马克思主义发展观。创新、协调、绿色、开放、共享五大发展理念，相互贯通、相互促进，形成一个具有内在联系的有机整体，其核心与精髓就是"以人民为中心"，就是把发展为了谁、发展依靠谁、发展成果由谁享有作为发展的出发点和落脚点，把实现好、维护好、发展好最广大人民群众的根本利益作为发展的根本目的，这是将马克思主义唯物史观付诸实践的必然选择。

---

① 马克思，恩格斯.马克思恩格斯文集：第1卷[M].中共中央马克思恩格斯列宁斯大林著作编译局，编译.北京：人民出版社，2009：287.
② 马克思，恩格斯.马克思恩格斯选集：第4卷[M].中共中央马克思恩格斯列宁斯大林著作编译局，编译.北京：人民出版社，1995：249.
③ 毛泽东.毛泽东选集：第3卷[M].北京：人民出版社，1991：1031.
④ 习近平.在纪念马克思诞辰200周年大会的讲话[N].人民日报，2018-05-05.
⑤ 习近平.深入理解新发展理念[N].求是，2019（10）.
⑥ 习近平在省部级主要领导干部学习贯彻党的十九届五中全会精神专题研讨班开班式上的讲话[N].新华网，2021-01-11.

二、以人民为中心,揭示了中国共产党百年发展的实践逻辑

中国共产党的百年发展史,就是为中国人民谋幸福、为中华民族谋复兴的历史。新民主主义革命时期,我们党坚持人民主体地位,发挥人民主体作用,团结带领广大农民"打土豪、分田地",实行"耕者有其田",帮助穷苦人翻身得解放,赢得了最广大人民广泛支持和拥护,夺取了中国革命胜利,建立了新中国。社会主义革命和建设时期,我们党紧紧依靠人民,团结带领人民自力更生、发愤图强,完成社会主义革命,确立社会主义基本制度,推进社会主义建设。改革开放以来,我们党解放思想、锐意进取,着力解放和发展社会生产力,着力保障和改善民生,实现了人民生活从温饱不足到总体小康、奔向全面小康的历史性跨越,取得了前所未有的伟大成就。步入新时代,以习近平同志为核心的党中央团结带领人民,自信自强、守正创新,全面深化改革开放,加快推进国家治理体系和治理能力现代化,战胜一系列重大风险挑战,中国人民迎来了从"站起来""富起来"到"强起来"的伟大飞跃。特别是在我们建党一百周年之际,中国全面建成了小康社会,历史性地解决了绝对贫困问题,实现了第一个百年奋斗目标,为开启全面建设社会主义现代化国家新征程奠定了坚实基础。

以人民为中心的发展思想贯穿于新时代我国治国理政方方面面。在经济建设方面,坚持发展作为党执政兴国的第一要务,激发全体人民积极性、主动性、创造性,由人民群众共享发展成果,让人民得到更多满足感、获得感、幸福感,实现更高质量、更有效率、更加公平、更可持续、更为安全的发展。在政治建设方面,坚持人民当家作主,发展全过程人民民主,积极稳妥推进政治体制改革,推进社会主义民主政治制度化、规范化、法治化、程序化。坚持协商民主,保障人民在日常政治生活中有广泛持续深入参与的权利。深化依法治国实践,为人民当家作主各项权利的落实提供法律保障,包括保障人民的基本权利和自由,保障人民参与国家治理和社会管理,保障人民行使监督权力。建立人民满意的服务型政府,切实做到权为民所用、情为民所系、利为民所谋。在文化建设方面,高度重视人民的主体地位和主体作用,文艺工作"坚持以人民为中心的创作导向"[①],哲学社会科学"坚持

[①] 习近平.决胜全面建成小康社会 夺取新时代中国特色社会主义伟大胜利:在中国共产党第十九次全国代表大会上的报告[N].人民日报,2017-10-28.

以人民为中心的研究导向"①。各项文化事业以人民对于美好文化生活的需要为出发点，将社会效益放在首位，公共文化服务水平不断提高，文化产业体系和市场体系逐步健全，进一步实现人民群众的文化权益和文化需要。在社会建设方面，以保障和改善民生为重点，发展各项社会事业，保障人民平等参与、平等发展权利。抓好教育、就业、医疗、社保、健康等多方面问题，一大批惠民举措落地实施，在幼有所育、学有所教、劳有所得、病有所医、老有所养、住有所居、弱有所扶上不断取得新进展，为人民提供更好的社会生活环境。在生态文明建设方面，坚持人与自然和谐共生的理念，强调"良好的生态环境是最公平的公共产品，是最普惠的民生福祉"②，绿色发展方式和生活方式深入人心，绿色、低碳、循环发展的经济体系进一步健全，污染防治力度加大，环境状况明显改善，良好的生态环境成为人民生活质量的增长点。

三、以人民为中心，界定了当代中国社会发展的评价标准

中国共产党全心全意为人民服务的根本宗旨，决定了人民群众的根本利益是衡量和评价当代中国社会发展的最高和最终标准。这也是马克思主义政党同其他一切政党的根本区别。马克思恩格斯指出："共产党人不是同其他工人政党相对立的特殊政党。他们没有任何同整个无产阶级的利益不同的利益"③，"过去的一切运动都是少数人的，或者为少数人谋利益的运动。无产阶级的运动是绝大多数人的、为绝大多数人谋利益的独立的运动。"④唯物史观认为，人民群众是社会历史主体，是社会发展的决定性力量，因而，最广大人民群众的根本利益成为社会发展评价的根本价值标准。"人民历来就是什么样的作者'够资格'和什么样的作者'不够资格'的唯一判断者。"⑤人民性的标准带有客观规律性和历史必然性，人民根本利益与根本

---

① 习近平.在哲学社会科学工作座谈会上的讲话[N].人民日报，2016-05-19.
② 习近平在海南考察：加快国际旅游岛建设 谱写美丽中国海南篇[N].人民日报，2013-04-11.
③ 马克思，恩格斯.马克思恩格斯选集：第1卷[M].中共中央马克思恩格斯列宁斯大林著作编译局，编译.北京：人民出版社，2012：413.
④ 马克思，恩格斯.马克思恩格斯选集：第1卷[M].中共中央马克思恩格斯列宁斯大林著作编译局，编译.北京：人民出版社，2012：411.
⑤ 马克思，恩格斯.马克思恩格斯全集：第1卷[M].中共中央马克思恩格斯列宁斯大林著作编译局，编译.北京：人民出版社，1995：196.

意愿应当也必然成为整个社会发展的最终评价尺度，成为社会各方面的最终评价标准。

这一评价标准成为中国共产党人的行动指南。毛泽东曾经指出："共产党人的一切言论行动，必须以合乎最广大人民群众的最大利益，为最广大人民群众所拥护为最高标准。"① 邓小平一直把人民拥护不拥护、人民赞成不赞成、人民高兴不高兴、人民答应不答应作为衡量一切工作成败得失的标准。"三个有利于"标准的落脚点也是"有利于提高人们的生活水平"。党的十八大以来，以习近平同志为核心的党中央坚持人民利益标准，始终把人民利益和幸福摆在至高无上的地位。习近平总书记指出："江山就是人民、人民就是江山，打江山、守江山，守的是人民的心。中国共产党根基在人民、血脉在人民、力量在人民。中国共产党始终代表最广大人民根本利益，与人民休戚与共、生死相依，没有任何自己特殊的利益，从来不代表任何利益集团、任何权势团体、任何特权阶层的利益"②，"党的一切工作必须以最广大人民根本利益为最高标准"③，"不断解决好人民最关心最直接最现实的利益问题，努力让人民过上幸福生活"④。人民是我们党的工作的最终评判者。党的执政能力和国家、社会的发展水准，必须而且只能由人民来评判，最终都要看人民的需要是否得到满足、人民生活水平是否得到提高、人民的权益是否得到保障。进入新时代，我国社会主要矛盾已经转化为人民日益增长的美好生活需要和不平衡不充分的发展之间的矛盾。如何解决发展不平衡不充分的问题，提升发展质量和效益，成为考量我们党执政能力的关键，也是国家治理体系和治理能力现代化建设的题中之义。对此，习近平总书记强调，最根本的解决之道就是坚守人民立场，把增进人民福祉、促进公平正义作为一面镜子，审视各方面体制机制和政策规定，哪个领域哪个环节问题突出，哪里就是改革的重点。"推进任何一项重大改革，都要站在人民立场上把握和处理好涉及改革的重大问题，都要从人民利益出发谋划改革思路、制定改革举措。"⑤ 只有实现人们的根本利益和需要，改革和建设才能具有坚实的群众基础，人民群众才能始终以饱满的热情投身于中国社会主义现代化建设的伟大事业。

---

① 毛泽东.毛泽东选集：第3卷[M].北京：人民出版社，1991：1096.
② 中共中央关于党的百年奋斗重大成就和历史经验的决议[N].人民日报，2021-11-17.
③ 习近平.决胜全面建成小康社会 夺取新时代中国特色社会主义伟大胜利：在中国共产党第十九次全国代表大会上的报告[N].人民日报，2017-10-28.
④ 习近平会见联合国人权事务高级专员巴切莱特[N].人民日报，2022-05-26.
⑤ 习近平.切实把思想统一到党的十八届三中全会精神上来[M]//习近平谈治国理政.北京：外文出版社，2014：98.

四、以人民为中心，彰显了人类社会发展的价值目标

基于对人类解放事业不懈探索和人类社会发展规律的深刻把握，马克思恩格斯提出了人类社会发展的目标构想，即建构自由人的联合体——共产主义社会，实现每个人自由而全面的发展。以人民为中心的发展思想继承和弘扬这一观点，进一步彰显了"人的全面发展、全体人民共同富裕"[1]这一人类社会发展的价值追求。

按照马克思恩格斯的构想，共产主义社会是"在保证社会劳动生产力极高度发展的同时又保证人类最全面的发展的这样的一种经济形态"。他们提出："代替那存在着的阶级和阶级对立的资产阶级旧社会的，将是这样一个联合体，在那里，每个人的自由发展是一切人的自由发展条件"[2]，同时"生产将以所有的人富裕为目的"[3]。这一新的联合体即"自由人的联合体"[4]，将彻底消除阶级之间、城乡之间、脑力劳动和体力劳动之间的对立和差别，实行各尽所能、按需分配，真正实现社会共享，实现共同富裕。马克思恩格斯正是基于人民群众的要求与呼声，以人民群众根本利益为价值尺度构建人类社会发展的宏伟蓝图，摒弃资产阶级政权反人民性。这一价值目标必将受到人民群众的支持与拥护，也必将随着社会发展成为现实。

我们党几代领导人均对上述价值目标做过重要论述。毛泽东在新中国成立之初就提出了我国发展富强的目标，指出："这个富，是共同的富，这个强，是共同的强，大家都有份。"[5]邓小平多次强调共同富裕，指出："社会主义不是少数人富起来、大多数人穷，不是那个样子。社会主义最大的优越性就是共同富裕，这是体现社会主义本质的一个东西。"[6]江泽民强调："实现共同富裕是社会主义的根本原则和

---

[1] 习近平.决胜全面建成小康社会 夺取新时代中国特色社会主义伟大胜利：在中国共产党第十九次全国代表大会上的报告[N].人民日报，2017-10-28.

[2] 马克思，恩格斯.马克思恩格斯选集：第1卷[M].中共中央马克思恩格斯列宁斯大林著作编译局，编译.北京：人民出版社，2012：422.

[3] 马克思，恩格斯.马克思恩格斯全集：第46卷下[M].中共中央马克思恩格斯列宁斯大林著作编译局，编译.北京：人民出版社，1980：222.

[4] 马克思，恩格斯.马克思恩格斯选集：第1卷[M].中共中央马克思恩格斯列宁斯大林著作编译局，编译.北京：人民出版社，2012：422.

[5] 转引自浙江省习近平新时代中国特色社会主义思想研究中心.促进全体人民共同富裕[N].人民日报，2022-03-14.

[6] 邓小平.邓小平文选：第3卷[M].中共中央文献编辑委员会，编.北京：人民出版社，1993：364.

本质特征，绝不能动摇。"胡锦涛也要求"使全体人民共享改革发展成果，使全体人民朝着共同富裕的方向稳步前进"。进入新时代，党和国家事业取得历史性成就、发生历史性变革，实现中华民族伟大复兴进入了不可逆转的历史进程。习近平总书记指出："人民对美好生活的向往就是我们的奋斗目标……让发展成果更多更公平惠及全体人民，不断促进人的全面发展，朝着实现全体人民共同富裕不断迈进。"① 人的全面发展包括人的需要、人的社会关系、人的能力和人的个性等各方面的全面发展；不仅满足人们的物质生活要求，还实现政治、文化、社会和生态环境等方面的美好生活需要，让人的才能，人的积极性、创造性得到充分的发挥。这一目标的实现需要一个漫长的历史过程，是在不断改变现存状况的现实运动中逐步实现的。我们应把共产主义远大理想同中国特色社会主义共同理想统一起来，为实现这一目标创造条件。一是大力发展物质生产力。解放和发展社会生产力是社会主义的本质要求，是中国共产党人接力探索、着力解决的重大问题。要"推动我国社会生产力不断向前发展，推动实现物的不断丰富和人的全面发展的统一"②。二是全面深化改革，自觉通过调整生产关系激发社会生产力发展活力，通过完善上层建筑适应经济基础发展要求。要坚持社会公平正义，把不断做大的"蛋糕"分好，让社会主义制度的优越性得到更充分体现，让中国特色社会主义更加符合规律地向前发展。三是构建人类命运共同体，建设持久和平、普遍安全、共同繁荣、开放包容、清洁美丽的世界。习近平总书记指出："中国共产党是为中国人民谋幸福的政党，也是为人类进步事业而奋斗的政党。中国共产党始终把对人类作出新的更大的贡献作为自己的使命。"③ 当代全球化进程面临着生态危机、金融危机、难民危机、局部战争、恐怖主义等一系列问题和挑战，严重威胁着整个人类的共同利益和整体利益。必须调动起所有国家和民族的积极性、能动性，共同打造、构建人类命运共同体，秉持"和平、发展、公平、正义、民主、自由"的人类共同价值，在相互尊重、合作共赢、共商共建共享中推进各国社会发展和人的发展。

---

① 习近平.人民对美好生活的向往就是我们的奋斗目标[N].人民日报，2012-11-16.
② 中共中央政治局就历史唯物主义基本原理和方法论进行第十一次集体学习[N].人民日报，2013-12-05.
③ 习近平.决胜全面建成小康社会 夺取新时代中国特色社会主义伟大胜利：在中国共产党第十九次全国代表大会上的报告[N].人民日报，2017-10-28.

以新发展理念推动和引领人的现代化 *

武汉工程大学管理学院 张三元

现代化的历史进程表明,国家现代化以人的现代化为根本前提和最终依归。社会主义现代化的实质和核心是人的现代化。以新发展理念推动和引领社会主义现代化建设,实质上是以新发展理念推动和引领人的现代化。在社会主义现代化建设的历史境遇中,人的现代化是人的全面发展的当代形态,而人的全面发展是社会主义的根本价值目标。因此,归根结底,社会主义现代化是人的现代化。

一、人的现代化是社会主义现代化的实质和核心

国家现代化离不开人的现代化,人的现代化是国家现代化的核心内容和前提条件。在唯物史观的视域中,人是社会活动的主体,是历史的创造者,是生产力中最活跃、起主导作用和决定作用的因素,因而,作为"创造历史"的历史行动,国家现代化"不过是追求着自己目的的人的活动而已"[①]。在这个过程中,人的需要、主体性和能力及其存在方式具有关键性意义,构成国家现代化的根本前提和基本表征。在这个意义上,国家现代化在本质上是人的现代化。

人的现代化有广义和狭义之分:前者主要是指整个人类状况的现代化,包括人的主体意识和人口素质的现代化,后者则主要是指人的个体素质的现代化。美国社会学家阿历克斯·英格尔斯就是在这个意义上使用人的现代化这一概念的。英格尔

---

* 原载于《思想理论教育》2021 年第 8 期。
① 马克思,恩格斯. 马克思恩格斯文集:第 1 卷 [M]. 中共中央马克思恩格斯列宁斯大林著作编译局,编译. 北京:人民出版社,2009:295.

斯提出的人的现代化的十二条标准，就是从个人素质而言的。当然，个人不是"某个人"或"某些人"，而是"每个人"或"一切人"，起码是一个国家的绝大多数人。因而，本文所讲的人的现代化，尽管离不开人口结构、人口类型、人口素质等广义的人的现代化，但主要是指个人素质的现代化，亦即"现实的个人"的现代化。道理很简单：没有个人素质的现代化，就没有社会人口素质的现代化，也就没有国家现代化。人的素质是一个综合性概念，是由知识、观念、品质、能力等因素构成的整体，其中，能力是核心和关键要素。

西方现代化以人的现代化为先决条件。尽管人们常常根据现代化的渊源关系，将现代化分为"内生型"和"外生型"两种类型，但实际上，迄今为止，所有的现代化都是西方现代化，都是走的西方现代化道路。英格尔斯在对西方现代化历史进行考察的基础上得出了一个结论："人的现代化是国家现代化必不可少的因素。它并不是现代化过程结束后的副产品，而是现代化制度和经济赖以长期发展并取得成功的先决条件。"① 这个结论是符合实际的。西方现代化本质上是人的现代化。一方面，西方现代化以人的解放为前提。西方现代化道路的开启，无疑始于文艺复兴、宗教改革和启蒙运动，而这三大运动实质上都是人的解放运动，把人从各种束缚中解放出来，实现了从"传统人"向"现代人"的转变，成功塑造了资本主义新人，为工业革命创造了条件。另一方面，西方现代化过程即是资本疯狂扩张的过程，资本原则构成了西方现代化的支柱。资本的唯一使命是追求剩余价值、增殖自身，而剩余价值的唯一源泉是工人的劳动，因此，人是"最重要"的。没有工人劳动能力的提高，资本愿望就会落空，也就不可能有工业革命的完成。也就是说，没有人的现代化，就没有西方现代化。

但是，在西方现代化过程中，人的现代化并不是真正意义上的人的现代化，而是一种工具的现代化。西方现代化以工具理性为核心支撑，甚至可以认为，西方现代化是工具理性的产物。在资本逻辑中，工人只是一种生产工具，只有在创造剩余价值的过程中才有价值和意义，因而，人的现代化实质上是工人劳动能力的"现代化"，即工人是作为创造剩余价值的工具而受到重视并获得发展的。马克思透过现象深刻地洞悉了这一本质：在工业革命中，工人即"局部工人"只是机器上的一个零件，被固定在机器上，成为机器的一部分。尽管"总体工人"展现出强大的"社

---

① 英格尔斯.人的现代化：心理·思想·态度·行为[M].殷陆君，编译.成都：四川人民出版社，1985：8.

会劳动的自然力",但这种强大的集体力量是建立在"局部工人"能力提高的基础上的。由于"局部工人"被固定在机器的某一个部位,担任某一种专门生产职能,只能本能地像机器部件那样从事整齐划一的连续的运动,"只要总机器本身是一个由各种各样的、同时劳动并结合在一起的机器构成的体系,以它为基础的协作也就要求把各种不同的工人小组分配到各种不同的机器上去"①。相反,资本家的权力则主要表现为机器和对机器的占有,工人连同机器一起作为生产工具为资本家所占有和支配,"结果是,人(工人)只有在运用自己的动物机能——吃、喝、生殖,至多还有居住、修饰等等——的时候,才觉得自己在自由活动,而在运用人的机能时,觉得自己只不过是动物。动物的东西成为人的东西,而人的东西成为动物的东西"②。因此,人沦为一种工具,呈现出畸形、片面的发展。

与西方现代化根本不同的是,中国现代化是以人民为中心的现代化。中国现代化虽然具有"外生型"的特征,但不是西方现代化道路的"中国化",而是一条完全异质的新路。其异质性虽然具体表现在诸多方面,但根本的、核心的是以人民为中心和以资本为中心的分野。西方现代化以资本为中心,以资本逻辑为逻辑,是资本的全球性扩张。中国现代化以人民为中心,满足人民的美好生活需要、促进人的全面发展是其矢志不渝的奋斗目标。当然,中国现代化也不能没有资本,必须充分利用资本的积极因素,但前提是驾驭资本。中国现代化是以驾驭资本而展开的历史行动,而驾驭资本的正是"现实的个人",从而彰显出以人民为中心的发展逻辑。因此,"只有坚持以人民为中心的发展思想,坚持发展为了人民、发展依靠人民、发展成果由人民共享,才会有正确的发展观、现代化观"③。

以人民为中心的现代化观主要有三个层面的内容:一是为了人民。这是一个根本的问题,原则的问题,直接决定着现代化的发展方向。"一切为了人民"既是社会主义的本质要求,也是中国共产党的初心和使命。建设社会主义现代化强国,实现中华民族伟大复兴,其根本目的是人民幸福,实现人民对美好生活的向往。二是依靠人民。人民是创造历史的主体,当然也是社会主义现代化建设的主体,因而,

---

① 马克思,恩格斯.马克思恩格斯文集:第5卷[M].中共中央马克思恩格斯列宁斯大林著作编译局,编译.北京:人民出版社,2009:484.
② 马克思,恩格斯.马克思恩格斯文集:第1卷[M].中共中央马克思恩格斯列宁斯大林著作编译局,编译.北京:人民出版社,2009:160.
③ 习近平在省部级主要领导干部学习贯彻党的十九届五中全会精神专题研讨班开班式上的讲话[N].新华网,2021-01-11.

确立人民的主体地位、发挥人民的主体性，是社会主义现代化建设的必然要求。在这个意义上，人民既是目的，也是手段，是目的和手段的统一。社会主义现代化不是一个自然而然的过程，只有依靠人民才能创造历史伟业。三是发展成果由人民共享。这实际上是一个共同富裕的问题。共同富裕是社会主义的本质要求，也是社会主义现代化建设的根本旨归。共同富裕不只限于物质文化生活领域，还包括人民日益广泛的需要。实际上，共同富裕是人的全面发展的具体呈现，因为在马克思的思想中，"富有的人"即是全面发展的人。

中国现代化的实质和核心是人的现代化。中国现代化是一个经济、政治、文化、社会和生态"五位一体"的全面现代化，其中，人的现代化是核心和关键因素，它不仅是中国现代化的根本目标和价值取向，还是实现中国现代化的先决条件。在马克思看来，人的全面发展不仅是未来社会的基本特征，也是未来社会莅临的前提条件，因为只有人的智力、体力和技能等得到充分而自由的发展和运用，即实现"个人本身的才能的一定总和的发挥"[①]，才能创造巨大的生产力，才能从根本上摆脱"物的依赖性"而成为"自由的人"。同样，建设社会主义现代化，关键在人。如果不能实现人在思想、观念、生活方式、行为方式以及社会关系等方面的根本性变革，再好的制度和理想都没有意义。在这个问题上，英格尔斯的认识是独到而深刻的："一个国家，只有当它的人民是现代人，它的国民从心理和行为上都转变为现代的人格，它的现代政治、经济和文化管理机构中的工作人员都获得了某种与现代化发展相适应的现代性，这样的国家才可真正称之为现代化的国家。否则，高速稳定的经济发展和有效的管理，都不会得以实现。即使经济已经开始起飞，也不会持续长久。"[②] 这无疑给我们以重要的启迪。尽管人的现代化建设是一个系统工程，但人民的主体地位的确立和主体性的充分发挥具有关键性意义，它既是人的能力全面释放的根据与表征，也是社会主义现代化的实质与底蕴。

二、新发展理念视域下人的现代化的基本内涵

人的现代化是一个动态的、开放的过程，在不同的历史时期有不同的内涵与要

---

① 马克思，恩格斯. 马克思恩格斯文集：第1卷［M］. 中共中央马克思恩格斯列宁斯大林著作编译局，编译. 北京：人民出版社，2009：581.
② 英格尔斯. 人的现代化：心理·思想·态度·行为［M］. 殷陆君，编译. 成都：四川人民出版社，1985：8.

求。新时代的莅临，新目标、新任务、新矛盾、新形势凸显出坚持新发展理念的极端重要性。与传统的发展观相比，新发展理念之"新"，根本在于它以人本逻辑超越了物本逻辑，以人民为中心，以实现人民的美好生活为旨归。人民美好生活实现的过程，实际上就是人的现代化过程。因此，在新发展理念的视域中，人的现代化呈现出一种新面貌，具体表现为五大素质的全面现代化。

（一）创新素质是人的现代化的核心内容

社会主义现代化建设是前无古人的伟大事业，没有先例可循，没有经验可鉴，一切都需要筚路蓝缕、开拓创新。一切创造成果都是人创造出来的，人是创新的主体，没有创新发展的人，就没有经济、政治、文化、社会和生态的创新发展，就不可能开辟出一条人类通向现代化的新路。正是在这个意义上，习近平总书记反复强调，人才是发展的第一资源。人的创新发展是指人以创新为驱动，以创新为目标，具有与时代相一致、与实践相适应的创新精神和创新能力。创新精神是人对待创新活动所秉持的观念体系，即敢闯、敢冒、敢为人先、敢为天下先的精神气质，亦即"惟创新者进，惟创新者强，惟创新者胜"的价值理念。在新征程中，我们会遇到前所未有的风险与挑战，既要"爬坡过坎"，又要"翻山越岭"，还要啃掉"难啃的骨头"，没有求新求变、求真务实的创新精神是不行的。当然，创新精神必须通过创新活动转化为现实的生产力，而创新活动是人的创新能力的具体化。因此，人们不仅要有创新精神，还要有创新能力。在人的能力体系中，创新能力居于核心地位。所谓创新能力，就是解决新问题、化解新矛盾的能力，亦即破解发展难题、增强发展动力、厚植发展优势的能力。习近平总书记在谈到科技和经济的创新发展时，坦陈我们面临的主要问题是自主创新能力不足，因此，"提升自主创新能力，尽快突破关键核心技术，是构建新发展格局的一个关键问题"[①]。这就要求，在建设社会主义现代化的新征程中，全面发展自己的创新能力是每一个人的职责、使命和义务。

（二）协调素质是人的现代化的基本要求

社会主义现代化建设既是经济、政治、文化、社会和生态的协同发展、整体推

---

① 习近平．习近平主持召开教育文化卫生体育领域专家代表座谈会强调：全面推进教育卫生体育事业发展、不断增强人民群众获得感幸福感安全感［N］．人民日报，2022-09-23（01）．

进,也是区域、城乡、经济和社会、物质文明和精神文明、经济建设与国防建设等协同发展、整体推进,更是人的协调发展的过程。人的协调发展即人的和谐发展。在人的生存发展中,和谐是一个至关重要的因素。唯物史观认为,"自由的人"或"自由而全面发展的人",实质上是从自然、社会和人自身解放出来而达致全面和谐的人,其中,人自身的和谐是基础,只有人自身的和谐,才有人与自然的和谐、人与人的和谐和社会的和谐与进步,才有人的创新精神和创新能力的充分迸发。创新是和谐的结果与证明。当人自身处于一种分裂状态时,是不可能有创新活动的。因此,社会主义现代化建设必须以人的协调发展为根本前提和当然表征。具体而言,人自身的和谐发展表现为人的物质生活和精神生活的"共同富裕"。在现实生活中,人的现代化的主要制约因素是物质生活和精神生活发展的不平衡不充分,物质上的富有和精神上的相对贫穷是一种较为普遍的状态,其结果是导致一些人陷入精神缺"钙"、丧失理想信念的尴尬境地。因此,人的现代化的一个重要指标,就是在重视物质生活的同时,把精神生活放在更重要的位置上,使两者协调发展、相得益彰,不止有眼前的苟且,还有诗和远方。

(三)绿色素质是人的现代化的时代要求

与传统的西方现代化不同,中国现代化"是人与自然和谐共生的现代化"[①],其重要指标之一是"美丽",生态兴则国兴、则文明兴,这就赋予人的现代化以崭新的时代内涵:正确处理人和自然的关系,建设社会主义生态文明,实现人与自然的和谐共生。正是在这个意义上,学界有一种观点,认为建设社会主义生态文明,必须实现由传统的"经济人"向"生态人"的转变。如果说在传统现代化中,人是一种"经济人",主张经济利益最大化,而自然只不过是人实现自身经济利益的工具,那么,在社会主义现代化中,人必须是一种"生态人",具有强烈的道德感和责任感,主张人与自然和谐共生、福祸相连,尊重自然、保护自然、顺应自然,给人类生存发展创造更好的自然环境。而要实现这种转变,不仅在于正确认识经济发展和生态环境保护的关系,确立"绿水青山就是金山银山"的发展理念,更重要的是将这种认识和理念转化为每一个人的实际行动。由于"生态环境问题归根到底是发展方式和生活方式问题"[②],因此,形成绿色发展方式和生活方式,"把经济活动、人的

---

① 习近平.习近平谈治国理政:第3卷[M].北京:外文出版社,2020:39.
② 习近平.习近平谈治国理政:第3卷[M].北京:外文出版社,2020:361.

行为限制在自然资源和生态环境能够承受的限度内，给自然生态留下休养生息的时间和空间"①，便成为人的现代化的应有之义和显著标识。发展方式和生活方式实际上是一个价值观问题，有什么样的价值选择，就有什么样的行动方式。因此，形成绿色发展方式和生活方式，就是要求人们秉持人和自然同根连气、和谐共生的价值理念，行有所止、取之有度。

（四）开放素质是人的现代化的重要特征

历史经验表明，现代化的过程就是一个开放的过程，或者说，现代化与全球化是同时开启的，是同一个历史过程，对外开放的程度决定和表征着一个国家现代化的程度。由于我国从"站起来"到"富起来"，再到"强起来"得益于对外开放，因而，对外开放已成为我国的基本国策，与对内改革构成一个整体，全面推进、共同发展。作为面向世界、面向人类、面向未来的新型现代化，社会主义现代化只有在统筹国内和国际两个大局、在借鉴和吸收人类一切文明成果的基础上才能展现出光明前景。因此，开放精神、包容品质便成为人的现代化的重要特征。主要有两个方面的内容：一是具有全球思维、世界视野。一方面，正如"无产阶级只有在世界历史意义上才能存在，就像共产主义——它的事业——只有作为'世界历史性的'存在才有可能实现一样"②，中国现代化道路既是中国的，也是世界的，其前进过程中遇到的风险挑战很多都来自国外或由国外因素引起的，只有在世界的良性互动中才可能得到解决。另一方面，与此相适应，"各个人的世界历史性的存在，也就是与世界历史直接联系的各个人的存在"③，因此，只有以全球为视域，以整体思维来思考和解决发展过程中遇到的问题与困难，才能不断开拓中国道路。二是具有天下情怀和人类情怀。中国现代化既是民族的，也是人类的，既是中华民族的复兴之路，也是人类走向现代化的创新之路，与之相适应，我们既要立足国内、关注现实，也要胸怀天下、敢于担当，在实现中国梦的同时，矢志不渝地追求人类梦。

---

① 习近平.习近平谈治国理政：第3卷［M］.北京：外文出版社，2020：361-362.
② 马克思，恩格斯.马克思恩格斯文集：第1卷［M］.中共中央马克思恩格斯列宁斯大林著作编译局，编译.北京：人民出版社，2009：539.
③ 马克思，恩格斯.马克思恩格斯文集：第1卷［M］.中共中央马克思恩格斯列宁斯大林著作编译局，编译.北京：人民出版社，2009：539.

（五）共享素质是人的现代化的本质体现

在人的现代化角度，共享发展主要是指人们对待和处理利益的态度，确立正确的利益观。社会主义现代化建设并不否认人们合理的、正当的利益，恰恰相反，"人们为之奋斗的一切，都同他们的利益有关"[①]，问题的关键在于如何对待和处理利益问题。西方现代化是以资本原则建构的，而资本是逐利的、自私的，因而，个人主义、利己主义被奉为人生圭臬。社会主义现代化建设则是以人民为中心，以共同富裕、美好生活为基本特征和重要目标，以人的全面发展为最终目的，因而，人的现代化是一个共享发展的过程。主要有四个层面的要求：一是全民共享。全面发展的人不是"某个人"或"某些人"，而是"一切人"，同样，共享发展是全民共享，"是人人享有、各得其所，不是少数人共享、一部分人共享"[②]，即每一个人都能得到发展。二是全面共享。人的现代化具有总体性，是人的全面发展，而不是某个方面或某些方面的发展。三是共建共享。实现社会主义现代化既是一个共享的过程，更是一个共建的过程，没有共建就没有共享，共建的过程也就是共享的过程，而共建的过程就是人的主体地位得以确立和主体性得以充分发挥的过程。四是渐进共享。人的现代化必须遵循社会进步和人的发展规律，循序渐进、步步为营、久久为功，"我们不能做超越阶段的事情，但也不是说在逐步实现共同富裕方面就无所作为，而是要根据现有条件把能做的事情尽量做起来，积小胜为大胜，不断朝着全体人民共同富裕的目标前进"[③]。从"又红又专"到"四有新人"，再到"时代新人"以及国务院刚刚印发的《全民科学素质行动规划纲要（2021—2035年）》，从一部分人先富、一部分人后富到先富带动后富、再到脱贫攻坚和全面小康以及向共同富裕的挺进，就是人的现代化渐进性发展的具体呈现，体现了社会进步、人的发展的连续性和阶段性的统一。总之，共享发展以人们对公平正义的坚守为根本支撑。公平正义不仅是社会制度的首要价值，也是人的首要美德。对于个人而言，公平正义就是要确立正确的利益观、价值观，把个人利益和集体利益、局部利益和整体利益、暂时利益和长远利益统一起来。

---

① 马克思，恩格斯.马克思恩格斯全集：第1卷[M].中共中央马克思恩格斯列宁斯大林著作编译局，编译.北京：人民出版社，2002：187.
② 习近平.习近平谈治国理政：第2卷[M].北京：外文出版社，2017：215.
③ 习近平.习近平谈治国理政：第2卷[M].北京：外文出版社，2017：214-215.

三、以新发展理念构建人的新发展格局

随着新时代的莅临,社会主义现代化建设正以磅礴之势、恢宏之力展开,但客观地讲,人的现代化状况并不乐观,与社会主义现代化建设的要求有相当的距离。因此,以新发展理念推动构建人的新发展格局、实现高质量发展,便成为社会主义现代化建设的核心要义。新发展理念是根据我国社会新发展阶段提出的,破解发展难题、推动社会主义现代化建设必须遵循的科学发展观,当然也是推动构建人的新发展格局、实现高质量发展的根本遵循。

(一)以创新为引领,切实提升人的创新能力

人的现代化,关键是人的能力的现代化,而人的能力的现代化又集中体现为创新能力的不断提升。社会主义现代化建设是一个创新发展的过程,它"既以人的创新能力发展为目的,也以人的创新能力发展为手段"[①],是目的和手段的统一。因此,提高人的创新能力是实现人的现代化的核心和关键,并进而构成社会主义现代化建设的核心和关键,而提高人的创新能力必须以创新为第一动力,以创新引领人的创新能力发展。人是创新实践的主体,其创新实践在推动社会发展、人类文明进步的同时,也推动人自身的发展和完善。人的创新能力既是创新实践的先决条件,也是创新实践的必然结果。尽管创新发展具有全面性,涉及经济、政治、文化、社会、生态等各方面,但科技创新具有基础性和引领性的地位和作用,因而在谈到创新发展时,习近平总书记往往将目光聚焦于科技创新,将"提升自主创新能力"作为构建新发展格局的关键,因为"实践反复告诉我们,关键核心技术是要不来、买不来、讨不来的。只有把关键核心技术掌握在自己手中,才能从根本上保障国家经济安全、国防安全和其他安全"[②]。质言之,提升人的创新能力,就是要积极投身新一轮科技革命和产业变革的时代潮流之中,以创新实践锻铸强大的自主创新能力。社会主义现代化建设是一个以自主创新为核心的创新发展过程,是一场伟大的创新实践运动,只有积极投身于其中,才能使自己的创新能力并进而使国家的创新能力得到不断提升。正是在这个意义上,习近平总书记强调"让创新在全社会蔚然成风"、

---

① 张三元,顾世果.创新发展与人的创新能力建设[J].理论探讨,2016(6):55.
② 习近平.习近平谈治国理政:第3卷[M].北京:外文出版社,2020:248.

建设"创新文化"、塑造"时代新人",其目的就是以创新实践推动和引领人的自主创新能力的发展。

(二)以协调为指向,不断提高人的精神素质

协调发展是一种整体发展、和谐发展。人的现代化只能是人的整体发展、和谐发展,人的创新能力是人整体素质发展的结果与表征。也就是说,只有整体发展、和谐发展,才有真正意义上人的现代化。但我们面临的严峻现实是:"在经济发展水平落后的情况下,一段时间的主要任务是要跑得快,但跑过一定路程后,就要注意调整关系,注重发展的整体效能,否则'木桶效应'就会愈加显现,一系列社会矛盾会不断加深。"① 经济发展是如此,人的发展亦是如此。因此,不平衡不充分的发展问题日益凸显,不仅制约着人民美好生活的实现,也成为人的现代化的主要制约因素。人的不平衡不充分的发展表现在诸多方面,但主要表现为物质生活"跑得过快"、精神生活"跑得过慢",从而制约着整体发展、和谐发展。人们日益广泛的美好生活需要,都是以物质生活需要和精神生活需要的协调发展、和谐发展为基本前提的。因此,不断丰富人的精神生活、提高人的精神素质便成为人走向现代化的必然选择,它不仅以物质生活的丰富为基础,也构成物质生活转型升级的内在动力,而且开拓出人的需要日益广泛和丰富的广阔前景。只有如此,人才能超越"物的依赖性"而成真正"富有的人""自由的人"。在人的精神素质中,理想理念居于核心地位,"对于每一个人来说,沿着正确的方向前进,即拥有正确的方向感,比什么都重要"②。没有理想信念,就会失去前进的方向和动力,就会缺少攻坚克难、愈挫愈勇、一往无前的精神。这个理想信念不是纯粹的个人一己之私,而是共同理想。只有在实现共同理想的过程中,个人理想才可能成为现实。只有拥有共同理想的人,才能成为担当起社会主义现代化建设重任的"时代新人"。

(三)以绿色为时尚,形成绿色发展方式和生活方式

绿色是创新发展的基色,也是美好生活的底色。绿色既是一种实指,也是一种隐喻,前者是指人与自然关系的高度和谐,后者则是指一种健康、文明、低碳的发

---

① 习近平.习近平谈治国理政:第2卷[M].北京:外文出版社,2017:198.
② 陈学明:把共产主义远大理想化为自己现实的精神力量[J].思想理论教育导刊,2020(11).

展方式和生活方式。当然，健康、文明、低碳的发展方式和生活方式又以人与自然的高度和谐为指向与表征。西方现代化之所以是不可持续的，其重要原因就在于它在疯狂地发展生产力的同时，不仅造成"人的生命力"的枯萎，也造成了"自然界生命力"的枯萎，形诸为生态危机。生态危机本质上是人的生存发展危机。毫无疑问，"人类，这个大地母亲的孩子，如果继续他的弑母之罪的话，他将是不可能生存下去的。他所面临的惩罚将是人类的自我毁灭"①。社会主义现代化正是要克服这种二元对立的状态，在"靠消耗最小的力量，在最无愧于和最适合于他们的人类本性的条件下"，"合理地调节他们和自然之间的物质变换"②，走出一条文明发展的新路。因而，绿色不仅是社会主义现代化的基色，也是人的现代化的显著标识。而要建立人与自然和谐共生、命运与共的关系，根本在于变革人的生活方式，形成绿色生活方式。只有形成绿色生活方式，才可能有绿色发展，才可能有美好生活，才可能有社会主义现代化的莅临。在狭义的意义上，绿色生活方式即是一种绿色消费方式，而绿色消费方式又与绿色生产方式直接相关，因为"生产直接是消费，消费直接是生产"③。因此，实现绿色发展的前提条件，就是人们在生产、生活过程中，坚决摒弃享乐主义和消费主义，以绿色为美，以青山绿水为信仰，以节俭消费、低碳消费、文明消费为时尚，彰显出美好生活的环境之美、生态之美、和谐之美。

（四）以开放为路径，造成人的普遍交往

中国现代化的历史进程是在全球化背景下展开的，它也只能在全球化过程中才能实现，而经济全球化是不可逆转的时代潮流，因而，"中国开放的大门不会关闭，只会越开越大"④。也正是在这个过程中，才可能形成人的普遍交往即世界交往，从而为人的发展拓展出巨大空间。在唯物史观中，世界交往的形成，既是人全面发展的动力机制，也是人全面发展的重要表现，因为"一个人的发展取决于和他直接或

---

① 汤因比. 人类与大地母亲：一部叙事体世界历史［M］. 徐波，译. 上海：上海人民出版社，2012：633.
② 马克思，恩格斯. 马克思恩格斯文集：第7卷［M］. 中共中央马克思恩格斯列宁斯大林著作编译局，编译. 北京：人民出版社，2009：928-929.
③ 马克思，恩格斯. 马克思恩格斯文集：第8卷［M］. 中共中央马克思恩格斯列宁斯大林著作编译局，编译. 北京：人民出版社，2009：15.
④ 习近平. 习近平谈治国理政：第3卷［M］. 北京：外文出版社，2020：194.

间接进行交往的其他一切人的发展"①。在狭隘的地域性存在中,由于人们的交往极其有限,还没有形成丰富的关系,因而,无论是个人还是社会都不可能得到自由而充分的发展。随着历史完全转变为世界历史,在世界市场的基础上形成了交往的普遍性,从而为人的全面发展提供了可能,"单个人才能摆脱种种民族局限和地域局限而同整个世界的生产(也同精神生产)发生实际联系,才能获得利用全球的这种全面的生产(人们的创造)的能力"②。不仅如此,世界交往还是人类走向未来理想社会的重要路径,因为"交往的任何扩大都会消灭地域性的共产主义"③。在全球化深入演化的今天,只有开放,才能使人的交往具有全球性,从而形成世界交往,逆全球化和单边主义只能使人退居孤岛之上,将自己封闭起来。因此,在新时代,面对时代命题,必须坚定不移地坚持对外开放,走开放发展、合作共赢之路。"一带一路"以及人类命运共同体建设既是新的历史条件下世界交往的典范,也引领中国人民形成日益丰富的关系,在和平共处、合作共赢的世界交往中获得"全面的生产(人们所创造的一切)的能力",从而为成为"自由的人"开辟道路。

(五)以共享为目的,不断增强主体性和正义感

共享发展既是共同富裕的拓展,也是共同富裕的基础。之所以这么说,前者是因为我们所讲的共同富裕,仍然是以物质生活为主要评价指标的,而共享发展则具有全面性;后者是因为在马克思的思想中,共同富裕是人的全面发展的另一种表达。在《资本论》手稿中,马克思说得非常明白:在未来社会,"生产将以所有的人富裕为目的"④。但无论怎么理解,共享发展具有一个鲜明特点,即以人民主体为原则。一方面,人民是共享的主体,但共享以共建为前提。在这个意义上,人民主体原则的核心内容是每一个人都以主人翁精神充分发挥主体性。因而,共建具有特别重要的意义。共建意味着在社会主义现代化建设过程中,每一个中国人都是建设

---

① 马克思,恩格斯.马克思恩格斯全集:第3卷[M].中共中央马克思恩格斯列宁斯大林著作编译局,编译.北京:人民出版社,1960:515.
② 马克思,恩格斯.马克思恩格斯文集:第1卷[M].中共中央马克思恩格斯列宁斯大林著作编译局,编译.北京:人民出版社,2009:541-542.
③ 马克思,恩格斯.马克思恩格斯全集:第3卷[M].中共中央马克思恩格斯列宁斯大林著作编译局,编译.北京:人民出版社,1960:166.
④ 马克思,恩格斯.马克思恩格斯全集:第31卷[M].中共中央马克思恩格斯列宁斯大林著作编译局,编译.北京:人民出版社,1998:104.

者、创造者，只有通过每一个人的辛勤劳动、诚实劳动、创造性劳动，才能梦想成真。同时，在这个过程中，每一个中国人都共享同祖国、时代一起成长与进步的机会。另一方面，共享意味着公平，而在发展不平衡不充分的条件下，公平需要正义的守护。因而，正义感便成为人的现代化的重要内涵。正义感是人们对公平的热切向往与坚定守护，是人的道德与良心的具体呈现，是人的主体性的逻辑展开。对于社会而言，正义感是良序社会稳定运行的重要保证。对于个体而言，正义感是获得他人信任并参与社会合作的重要条件。只有在全社会形成普遍的正义感，才能使共享成为可能，并在此基础上，才能使发展成果不仅表现为人们物质生活的丰富，而且呈现为人的素质、能力和自由个性的普遍提升。

结　语

新发展理念是一个系统的理论体系，具有整体性，因此，以其推动和引领人的现代化是人的整体的现代化，即马克思所倡导的人的全面发展。人的全面发展的实质是自由个性的充分展开，而创造性是人的自由个性的集中体现。因而，在推进人的现代化过程中，必须把创新素质的培养放在人的现代化的核心位置，以创新推动和引领人的发展。可以认为，在人的五大素质当中，创新素质具有总体性。在很大程度上，人的协调发展、绿色发展、开放发展和共享发展实质上都是一种创新发展，或者说，只有人的创新发展，才可能有人的整体发展，才有人的现代化。

民生视角下建设社会主义现代化国家的人学思考

中北大学马克思主义学院　刘向先

在哲学史上,但凡有影响的哲学一定有其特定的历史主题。主题展示出一种哲学的价值取向,也决定其思考路径;对于一种哲学主题的把握,有助于理解其整个思想体系。新时代指导我国民生实践的理论,是习近平总书记有关民生系列论述中的哲学思想,其主要的关切点就是人和人的发展。这里所指的"人"不是抽象的、固定的,而是具体的、现实的,特指人群中的绝大多数——人民。在我国已经全面建成小康社会的大背景下,如何使人民对于美好生活的向往得到落实,如何使国家在总体上实现现代化,让最大多数人的生存状态得到进一步的发展,是我们全面建设社会主义现代化国家蕴含的人学主题。

一、民生是体现一个国家发展状况的根本标志

自古以来,无论什么样的社会制度或政体,民生都是一个热点话题,不重视民生的统治往往短命。"民生"一词最早见于《左传·宣公十二年》:"民生在勤,勤则不匮。"意思是说要做好民生的根本在于勤劳。现代的民生含义当然与古代差异极大。从整体来看,可以分为广义和狭义。广义的民生是指为了维护民众生存及发展而从事的各项具体事项的总和,即只要是和人民有关的事情,都可以称为民生。狭义上的民生则指大众的生活和生存状态,以及能给他们提供的发展机遇和权益保护等。

民生理念是对民生状况、民生问题及改善民生所形成的理性认识、价值取向和思想观念，是紧紧围绕"何为民生，为什么要关注民生，怎样在发展中保障和改善民生"这一系列问题而产生的相关思考、论断及其观点和理论。我国在新时期所遵循的民生理念，围绕"以人民为中心"的根本价值指引展开，其中的人学思想深刻而丰富。中国人学学会会长丰子义曾就人学做出过一个经典概括："所谓人学，就是对人的整体性理解和研究，即从整体上研究人的生存和发展的一般规律以及人的本质、人的活动、人的价值等基本原则的学科或研究领域。"[①] 建设社会主义现代化国家的民生理念，是围绕着民生实践的一系列观点和见解的总和，包括一切从实际出发的思想路线和全心全意为人民服务的根本宗旨；尊重规律的根本方法论以及共同富裕的社会理想。社会主义现代化国家的主体是最广大的人民群众，人民美好生活的状况直接展示社会主义现代化国家的成色。这里的人学主题非常明显地聚焦到现实的、最大多数的人身上，即人不是抽象的和固定不变的，人是分群和分层的。人的生存和发展问题突出的表现是最大多数的人的生存和发展问题。于是，全心全意为人民服务的根本宗旨以及共同富裕的社会理想就成了解决人的生存和发展问题的根本方法论。在全面建成小康社会的背景下，共同富裕就突出地上升为现时代的人学主题。共同富裕关注的是最大多数的人（重点还是相对弱势的人）的发展，进而可推导出所有人的发展，因为强势群体的人实际上已经率先（在财产上）得到发展。我们从习近平总书记的民生理念可以体会到，其出发点和落脚点都是人民群众，人民性是其最鲜明的特征。虽然我们目前已经消灭了绝对贫困，但从对人的整体性理解来看，如果只关注抽象的人，那相对弱势的人的发展必然会因"平均"而被忽略或边缘化，因而对于整体的人的发展状况的反映必然失真。而如果相对弱势人的发展，经由共同富裕的努力最终得以实现，那么整个人群体的发展就会被推高到一个崭新的水平，社会主义现代化国家就会呈现出国强民富的总体风貌。

国家的现代化水平，不仅仅表现在总体经济实力的硬性指标上，在软实力方面的表现也不容忽视。社会主义国家的现代化，有别于传统发达资本主义国家的现代化，人民幸福和生活的美好更应该是我们全面建设社会主义现代化国家的根本标志。

---

① 丰子义.自觉回应时代问题的人学研究[N].光明日报，2017-09-18（04）.

二、实事求是蕴含着促进人的发展和民生建设的人学原则

民生问题的实质是"人"的问题，我们开启建设社会主义现代化国家的新的征程，必须认真总结全面建成小康社会的历史经验。回顾习近平总书记关于民生建设的相关论述，一个明显的特点就是他以现实的人作为解决民生问题的出发点和落脚点，真切地关心人民群众的根本利益和切身的实际需求，着力解决群众最直接、最关心的现实问题，在习近平总书记的视域中，实事求是已成为人的发展和民生建设所蕴含的根本人学原则。

"实事求是作为党的思想路线，它始终是马克思主义中国化理论成果的精髓和灵魂……是党带领人民推动中国革命、建设、改革事业不断取得胜利的重要法宝。"[①] 2021年7月1日，习近平总书记在庆祝建党100周年的大会上正式宣布我国已经建成小康社会，这一伟大成就正是从中国的基本国情和实际民情出发经过艰苦努力取得的。

众所周知，新中国成立以来我们经历了三步走的发展历程：翻身解放——实现了人民有尊严的生活；实现温饱——人民的生活得到了基础而实质性的改善；全面小康——意味着大多数人的发展站到了一个新的平台和起点上。取得这些历史性成就的基本方法论，无疑是坚持了实事求是的思想路线。而从小康社会向社会主义现代化强国迈进的这一步的发展，就更需要坚持实事求是，其原因在于这一历史时期，我国的发展呈现出了不平衡、不充分的特点，整体的繁荣会遮蔽部分弱势人群体的生存状况，从人的发展的角度看，我们面临着弱势人群体的发展问题。

在小康阶段，虽然绝对的贫困被实质性地消灭了，但相对的弱势人群体的存在却是一个客观事实，这是由于发展的不平衡造成的。弱势人群体的特点是社会地位低、劳动技能差，因而在就业、报酬方面都处在相对较低的水平，而且他们占比较大，形成了简单劳动力相对过剩因而导致劳动报酬水平普遍偏低的现象，弱势人的发展处于较低级水平，劳动者权益保障方面需要完善。针对这些问题，习近平总书记要求"创造更多就业岗位，改善就业环境，提高就业质量，不断增加劳动者特别是一线劳动者劳动报酬……关注一线职工、农民工、困难职工等群体，完善制度，排

[①] 习近平. 决胜全面建成小康社会 夺取新时代中国特色社会主义伟大胜利[N]. 人民日报, 2017-10-19（01）.

除阻碍劳动者参与发展、分享发展成果的障碍，努力让劳动者实现体面劳动、全面发展"①。让劳动者实现体面劳动、全面发展，是习近平总书记就弱势人的发展问题给出的力重千钧的明确表达，而且是从实际出发，指出了具体的实现途径。

"问题是事物矛盾的表现形式，我们强调增强问题意识、坚持问题导向。"②从实际问题出发，着力解决弱势人群体的发展问题，以人民对美好生活的向往为我们的奋斗目标，是习近平民生理念的核心内容。美好生活的理念可以对象化为人民在实际生活中的具体感受，即老百姓的获得感、幸福感和安全感。根据马克思主义唯物论的观点，任何感觉和理论都来源于现实生活。获得感、幸福感和安全感，都是老百姓对现实生活的实际感受，这种亲身感受具有直接现实性的特点，是建立在现实物质生活基础上的，任何虚假的成分都是不长久的。那么，如何才能让人民具有这些感受呢？

习近平总书记从我国民生建设实际出发给出了改善民生的目标、路径和举措。首先，必须让人民群众真正劳有所获，而不是画饼充饥。因此必须先把"蛋糕"做大，否则这一目标的实现将无从谈起。把"蛋糕"做大就要以经济发展为中心，脚踏实地，埋头苦干，摒弃那些空洞的清谈。其次，不仅要将"蛋糕"做大，还要想办法将"蛋糕"分好。马克思恩格斯指出："在人人都必须劳动的条件下，人人也都将同等地、愈益丰富地得到生活资料。"③马克思恩格斯在这里提出了在人人参与劳动的情况下得到生活资料的应然状态。然而，在现实中分"蛋糕"的难度并不比做"蛋糕"的难度来得更小，历史也揭示了这一点。从奴隶社会到资本主义社会，生产力是有了长足的发展，"蛋糕"也做到了空前巨大，但因为分配不公和两极分化，人民成了被剥夺的对象，何来幸福感可言？"中国执政者的首要使命就是集中力量提高人民生活水平，逐步实现共同富裕。"④在这里，民生理念的目标定位就是要实现共同富裕，而要共同富裕，就要加快弱势人群体的发展步伐，为此，习近平总书记提出了共享理念并进一步指出具体路径。为使这一路径更具有现实性，共享理念又分解为四个方面：一是全民共享；二是全面共享；三是共建共享；四是渐进

---

① 习近平. 习近平谈治国理政：第2卷［M］. 北京：外文出版社，2017：364.
② 中共中央文献研究室. 习近平关于协调推进"四个全面"战略布局论述摘编［M］. 北京：中央文献出版社，2015：86.
③ 马克思，恩格斯. 马克思恩格斯选集：第1卷［M］. 中共中央马克思恩格斯列宁斯大林著作编译局，编译. 北京：人民出版社，2012：326.
④ 习近平. 深化改革要有新谋划新举措［N］. 新华每日电讯，2013-11-14（01）.

共享。我们要立足国情、整体把握，将共享理念融会贯通，针对性地扩大中等收入阶层，在财富首次分配的基础上，进一步落实再分配和第三次分配，以此达到共同富裕的目的，这是老百姓摆脱失落感增强幸福感的根本途径。再次，大力推进以保障和改善民生为重点的社会建设，推出改善民生的具体措施。民生是老百姓生存和生活的方方面面，"人们为了能够'创造历史'，必须能够生活。但是为了生活，首先就需要吃喝住穿以及其他一些东西"①。因此，改善民生的具体举措，就要从解决与人民群众联系最密切的教育、医疗、住房等社会问题入手。为此，党和政府相继出台了一系列具体措施：如适度将教育资源向贫困地区倾斜的措施，以促进教育公平；推出保障就业的措施，筑牢民生之本；通过深入调研分析，出台各种企业高管薪资管理办法等措施以促进收入分配更加合理有序。当然，所有改善民生的措施都要遵循适度原则，做到张弛有度，既要增加人民群众的收入，适当调整收入分配的差距，也不能挫伤复杂劳动者的积极性，必须坚持有质量有效益的经济发展，把握好这个平衡点才能为改善人民群众的生活打下坚实的基础。

总之，促进相对弱势人群体发展的方法论，其活的灵魂即为实事求是，就是必须坚持一切从实际出发，围绕民生建设的总目标，进而以目标为导向，在实践中不断提出和完善各种具体措施，为总体改善民生做好每一步具体的工作。

三、建章立制体现出着力保证弱势人群体发展的人学意涵

"不论处在什么发展水平上，制度都是社会公平正义的重要保证。"②促进弱势人群体的发展不能靠外界偶尔的、一时的施舍，必须着眼于建立先进的体制、机制，只有通过制度建设，才能把一些好的做法固定下来，从而激发劳动者的内能。唯物辩证法告诉我们，事物都是由矛盾构成的，事事有矛盾，时时有矛盾。就人们的日常生活来说，大部分矛盾的性质应该说是非对抗的，和谐处于主导地位。而一旦矛盾被激化或濒临激化的边缘，就会酿成悲剧。我们日常所说的"问题"即为尚未解决的矛盾。矛盾不断产生又不断解决，这个是事物运动变化的常态。具体到民生领域，有一些问题是长期累积起来的，具有很大的共性。如果都按个例来处理，那就

---

① 马克思，恩格斯.马克思恩格斯文集：第1卷[M].中共中央马克思恩格斯列宁斯大林著作编译局，编译.北京：人民出版社，2009：531.

② 习近平.习近平谈治国理政：第1卷[M].北京：外文出版社，2014：97.

是头痛医头脚痛医脚，直接违背了矛盾的普遍性和特殊性的辩证关系原理。因为普遍性寓于特殊性之中，共性的问题可以有共同的解决办法，解决具有共性的弱势人发展的问题，无疑是要出台针对这一类问题的政策。因为民生问题的背后其实是一系列的制度根基问题，其缘由就在于缺乏相应的制度，使得改革、发展带来的成果不能更好地实现共享。可见要使解决弱势人发展问题的一系列具体举措取得切实的成效，就必须从改革或建立制度入手。

之所以要通过制度性建设而不是道德性说教去解决民生问题，是由于现阶段人的实际情况使然。马克思指出："人的本质不是单个人所固有的抽象物，在其现实性上，它是一切社会关系的总和。"[①] 在存在弱势人群体的阶级社会中，不能指望普通人没有私心而自觉地毫不利己专门利人，高层次的道德只属于特定情境下有信仰的人。有鉴于此，我们要建立人人都必须遵守的规范和体制、制度，取有余而补不足，以使整个社会处于和谐状态。

在建设社会主义现代化国家的背景下，和民生相关度比较高的制度建设至少应该包括：（1）社会保障制度。这是一个现代化国度应当具备的基本制度，因而制度设计必须尽量周全、完善。（2）社会救助制度。这是社会保障制度中的最后一道安全网，能够有效解决特殊原因造成的特定人群的基本生活问题，在保障民生中起到不可忽视的兜底作用。（3）促进充分就业的制度。它可以形成以扩大就业为首要目标的联动机制，帮助民众充分就业。（4）公共产品供给制度。它与民生事业关系最为直接。公共产品供给的城乡一体化、公共产品供给的体制设计是我们现在面对的重大课题。（5）重大公共风险预警、防治机制，它是保障人民生命财产安全的防火墙。（6）社会组织参与民生事业建设制度。社会组织的动员和加入将使民生事业更加普及，产生的成果惠及更多人民群众。习近平总书记强调："要注重制度建设，花钱买制度而不是简单花钱买稳定，着力解决地区差异大、制度碎片化问题。"[②] 这一段论述生动而深刻地体现了实践中实事求是的人学意涵，指出了问题的核心和我们的着力点。

[①] 马克思，恩格斯.马克思恩格斯选文集：第1卷［M］.中共中央马克思恩格斯列宁斯大林著作编译局，编译.北京：人民出版社，2009：501.
[②] 中共中央文献研究室.习近平关于全面建成小康社会论述摘编［M］.北京：中央文献出版社，2016：137.

四、条件论蕴含着新目标下民生建设的人学智慧

"每年抓几个重点,完成几项任务,步步为营,年年有成,积小胜为大胜。"① 这是习近平总书记在浙江主政时的一个重要论述,在以全面建设社会主义现代化国家为目标的今天仍然闪耀着真理的光辉,这极其形象化的寥寥数语,揭示出了深刻的方法论,仔细体会不难发现,这一注重积累、循序渐进的做事原则也体现着一种人学原则。

事物的存在及其发展都是在一定的条件下实现的,条件是对事物存在和发展起作用的各种要素的总和。离开具体条件谈解决问题是幻想,是主观唯心主义的一个典型表现。对于具体的事物和人的活动来讲,条件又有有利和不利之分,有利条件和不利条件分别对事物的存在和发展起到支持和抑制作用。对于解决问题来讲,条件又分为充分条件和必要条件。人的主观能动性就表现为能够识别各种条件、利用有利条件以及化不利条件为有利条件,甚至能够创造出事物发展所必需的条件。当然改变或创造条件也需要一定的条件,即必须尊重事物发展的客观规律,实事求是,不能罔顾现实蛮干。

"要根据经济发展和财力状况逐步提高人民生活水平,政府主要是保基本,不要做过多过高的承诺,多做雪中送炭的重点民生工作。"② 习近平总书记的这一论述,是对马克思主义实事求是条件论的一个生动注解。"财力状况"是一个现实的具体条件,提高人民生活水平就是改善民生,即改善民生要从具体条件出发。这里的"雪中送炭"蕴含着有针对性地为民众自我解决民生问题创造必要的条件,即所谓授人以鱼不如授人以渔。

我国弱势人群体的发展具有历史和时代的特点,是随着社会经济条件的变化而变化的,与生产力的发展水平和生产关系的状况有关。曾经特别突出的弱势人群体生活问题(如饥寒),在今天已经不成其为问题;而现在的弱势人群体发展问题在过去也许是不敢想象的问题,这一切都与时代发展及人们的现实需求有关。当人们连生存都有困难的时候,受尊重的需求是淡漠的,更遑论自我实现的需求。新中国

---

① 习近平. 之江新语 [M]. 杭州:浙江人民出版社,2007:117.
② 中共中央文献研究室. 习近平关于全面建成小康社会论述摘编 [M]. 北京:中央文献出版社,2016:129-130.

成立之前的弱势人群体也许只是想办法活下去。新中国成立以来，我国的民生状况分别经历了新中国成立初期的恢复创伤型民生；改革开放前的追求温饱型民生；改革开放初期逐步解决温饱问题的恢复与发展型民生；改革开放取得巨大成就后的追求小康型民生；全面建成小康社会之后的追求美好生活型民生。从历史来看，每一个时代民生问题的解决都是从当时的条件出发的，偶有例外也为我们留下了深刻的历史教训。

进入新时代，在"以人民为中心"的大背景下，经过不懈努力，我国的民生建设上了一个新的台阶，但在新的物质条件下，新的民生问题也伴随产生，诸多困难和挑战依次凸显。党的十九大报告指出："生态环境保护任重道远；民生领域还有不少短板，脱贫攻坚任务艰巨。"[①] 对于这些困难和挑战，我们要从现有的条件出发，稳扎稳打，步步为营。在生态环境保护方面，要践行习近平总书记关于"绿水青山就是金山银山"理念；在脱贫攻坚方面已经取得的成绩，则是在习近平总书记"精准扶贫"实事求是理念指引下完成的。

"抓住人民最关心最直接最现实的利益问题，既尽力而为，又量力而行，一件事情接着一件事情办，一年接着一年干……使人民获得感、幸福感、安全感更加充实、更有保障、更可持续。"[②] 弱势人群体的需求层次处于基础阶段，物质利益作为现实的考虑必然是最真实的。"尽力而为和量力而行"既是一种解决问题的态度，又具有一般的方法论意义。前者是要努力发挥人的主观能动性，后者则蕴含着一种能够保证持续用力的科学态度。从"一件事情接着一件事情办，一年接着一年干"一直到"使人民获得感、幸福感、安全感更加充实、更有保障、更可持续"的论述则更加生动地诠释了循序渐进、层层递进、目标明确地促进弱势人群体发展的基本原则。

促进弱势人群体的发展问题之所以必须坚持循序渐进的原则，是因为此问题不是突然产生的。所谓"冰冻三尺非一日之寒"，相应地，冰雪消融也非一日之功。问题的产生有一个时期，问题的解决也需要一个阶段，任何事物从产生到结束都在一个整体的过程之中。明白了这个道理就不会急功近利，就会摸清事物发展变化的规律，就如庖丁解牛，依道而行。

---

① 习近平. 决胜全面建成小康社会 夺取新时代中国特色社会主义伟大胜利：在中国共产党第十九次全国代表大会上的报告[M]. 北京：人民出版社，2017：9.

② 习近平. 决胜全面建成小康社会 夺取新时代中国特色社会主义伟大胜利：在中国共产党第十九次全国代表大会上的报告[M]. 北京：人民出版社，2017：45.

循序渐进地促进弱势人群体发展的根据，还在于这一过程不是静止不变的，而是随着条件的变化而变化的。旧的问题解决了，新的问题还会产生，所以毕其功于一役的想法是不切实际的。解决问题只有循序渐进的进行时，而没有万事大吉的完成时。譬如人民原来的需求是温饱，现在的需要是小康，将来的需要是更加惬意、美好的生活；原来的需要多落实在物质层次，现在的需要就开始向自我发展、受到尊重等精神性内容逼近。说到底，促进弱势人群体发展就是需要和满足需要所应具备的条件之间尚未解决的矛盾，解决矛盾必然渗透于各种有针对性的过程之中。

我国现在已然进入全面小康的新时代，建设社会主义现代化国家突进为这个时代的最强音，追求温饱已经成为过去时，追求共同富裕的美好生活成为新的主题。值得注意的是，"美好"是一种感觉，是人们对于现实生活的心理反映。如果大家都和过去比，生活总有或多或少的改善；但只要横向比较，发展不平衡导致的落差就会使弱势人群体的幸福感大打折扣。"不患寡而患不均"是一种"客观存在"的心理，也是人们追求共同富裕的社会心理基础。在存在阶级和阶层的现实条件下，非不得已应不能要求弱势人群体继续"无私奉献"，相反，应该千方百计帮助弱势人充分发展，而且要做到"一个都不能少"。习近平总书记在各个发展时期都关心弱势人群体的发展问题，是在顶层层面抓住了人的发展的关键。对于人的发展，资本的逻辑（人之道）是取不足而奉有余；反之，社会公理（天之道）则是取有余而补不足，实现共同富裕。"天"代表一种公平，也代表一种规律。共产党人的初心和使命正是促进人的自由而全面的发展，实事求是无疑是完成这一使命的灵魂。

共同富裕的人学之维

北京交通大学马克思主义学院 杨 蔚 李梓维

实现社会主义现代化是中国共产党带领人民所追求的目标，这一目标的实现离不开全体人民的共同富裕。习近平总书记指出："共同富裕本身就是社会主义现代化的一个重要目标。"① 在全面建设社会主义现代化国家的进程中，共同富裕包含着深厚的人学意蕴，对实现中华民族伟大复兴具有重要意义。

一、共同富裕是全面建设社会主义现代化国家的当然内涵

（一）全面建设社会主义现代化国家的提出

追求国家繁荣、民族复兴，是中国共产党成立百年来的不懈追求。从历史上看，中国共产党带领全国人民从"站起来""富起来"再到"强起来"的历史进程中，不断进行国家现代化的探索。

新民主主义革命时期，毛泽东同志在党的七大政治报告《论联合政府》中就明确指出："中国工人阶级的任务，不但是为着建立新民主主义的国家而斗争，而且是为着中国的工业化和农业近代化而斗争。"② 新中国成立后，我国进入社会主义革命和建设时期，真正开始了探索现代化的道路，从1954年周恩来同志首次的提出"四个现代化"的目标，到1975年两步走、全面实现四个现代化的战略安排，为我

---

① 习近平.完整准确全面贯彻新发展理念 确保"十四五"时期我国发展开好局起好步［N］.人民日报，2021-01-30.
② 毛泽东.毛泽东选集：第3卷［M］.北京：人民出版社，1991：1081.

国现代化的建设创造了条件。在改革开放和社会主义现代化建设新时期，邓小平同志提出了"把全党工作的着重点和全国人民的注意力转移到社会主义现代化建设上来"[①]，1982年，提出了基本实现社会主义现代化的"三步走"战略；1987年，党的十三大报告提出了"为把我国建设成为富强、民主、文明的社会主义现代化国家而奋斗"等，这些都为我国现代化的发展提供了制度保障。党的十八大以来，我国进入社会发展的新时期，习近平总书记站在新的历史起点，着眼于历史与现实、国内与国际发展情况，开启了全面建设社会主义现代化国家的新征程。在党的十九届五中全会，习近平总书记提出了全面建设社会主义现代化国家这一重要概念，这是中国共产党领导的社会主义在探索经济、政治、文化等方面的成果，必将推动着社会主义现代化强国的建设和发展。

（二）全面建设社会主义现代化国家的科学内涵

现代化是一个包含经济、政治、文化、科技等多方面发展的概念，其发展是一个长期、复杂的过程。全面建设社会主义现代化国家这一目标规划是在几代人奋斗，在完成全面建成小康社会第一个百年目标的基础上，对中国社会主义现代化目标和现代化道路的新的阐释和新的推进，具有丰富的科学内涵。

1. 以人民为中心的现代化

"现代化的本质是人的现代化"[②]习近平总书记指出："人民立场是中国共产党的根本政治立场，是马克思主义政党区别于其他政党的显著标志。"[③]在社会主义现代化建设中，党和政府始终将人民群众摆在优先地位，除了关注社会的物质生产、经济增长和科技发展，更加关注人民的获得感和幸福感是否得到满足，注重对人民的不断增长的美好生活需要的满足，充分凸显了以人民为中心的现代化。

2. 以马克思主义理论为指导的现代化

党的十九届四中全会指出："坚持马克思主义在意识形态领域指导地位的根本

---

① 中共中央文献研究室.三中全会以来重要文献选编：上[M].北京：中央文献出版社，2011：4.

② 中共中央文献研究室.习近平关于社会主义经济建设论述摘编[M].北京：中央文献出版社，2017：164.

③ 习近平.在庆祝中国共产党成立95周年大会上的讲话[M].北京：人民出版社，2016：18.

制度。"① 中国共产党成立以来始终将马克思主义作为党和国家的指导思想，为我们建设社会主义现代化国家提供了科学的方向，使我国创造了经济快速发展和社会长期稳定的奇迹，实现了中华民族从"站起来""富起来"到"强起来"的伟大飞跃。

3. 具有中国特色的现代化

中国特色的社会主义现代化国家建设，是不断适应时代潮流，在西方成功的现代化建设经验的基础上，结合我国国情的一项重要战略成果，包括国家治理体系与治理能力现代化、法治、民主等关键的要素。"三步走"战略、"两个一百年"奋斗目标、"五位一体"总布局等都是中国共产党在实践中创造的，是具有中国特色的战略目标和决策。

（三）共同富裕是全面建设社会主义现代化国家的题中之意

习近平总书记在中央财经委员会第十次会议上提出："共同富裕是社会主义的本质要求，是中国式现代化的重要特征，要坚持以人民为中心的发展思想，在高质量发展中促进共同富裕。"② 这明确表明，共同富裕是全面建设社会主义现代化国家的一项重要内容，始终贯穿于社会主义现代化建设的全过程。

中国共产党人在社会主义革命和建设中，开始探寻如何在现代化建设中实现共同富裕。新中国成立后，在中国共产党领导下，我国实行土地改革，继而进行三大改造，提出了中国工业化道路。1955年，毛泽东在《关于农业合作化问题》的报告中第一次明确提出共同富裕的概念。改革开放之后，在中国社会主义现代化建设过程中，邓小平同志从中国社会的实际情况出发，阐明了要通过解放生产力、发展生产力，消灭剥削、消除两极分化最终达到共同富裕。江泽民同志曾强调实现共同富裕是社会主义的根本原则和本质特征，要继续推进经济体制改革，防止两极分化，逐步实现共同富裕。胡锦涛同志一以贯之，提出"走共同富裕道路，促进人的全面发展，做到发展为了人民，发展依靠人民，发展成果由人民共享"③。在新时代，以习近平同志为核心的党中央，将追求和实现共同富裕作为社会主义现代化建设的一

---

① 中国共产党第十九届中央委员会第四次全体会议文件汇编［M］. 北京：人民出版社，2019：43.

② 习近平. 在高质量发展中促进共同富裕统筹做好重大金融风险防范化解工作［N］. 人民日报，2021-08-18.

③ 中共中央文献研究室. 十七大以来重要文献选编：上［M］. 中央文献出版社，2009：12.

个重要目标,既要实现人民物质生活的富裕,又要提升人民精神生活富裕,把满足人民对美好生活的新期待作为社会建设和发展的出发点和落脚点,在实现社会主义现代化建设的过程中不断地实现全体人民的共同富裕。

二、共同富裕的科学内涵

"治国之道,富民为始。"共同富裕不是同等富裕,也不是同步富裕,是先富带动后富,逐渐缩小东西部地区的差距、城乡差距,最终实现全体人民的共同富裕。共同富裕是全体人民共同追求的理想目标,内涵十分丰富,是全体人民共建和共享的统一、物质富裕和精神富裕的统一,也体现了追求与实现过程的前进性和曲折性的统一。

(一)共同富裕是全体人民共建和共享的统一

人民群众是历史的创造者,是推动社会进步的决定性力量,习近平同志强调"人民是历史进步的真正动力,群众是真正的英雄"[①]。首先,共同富裕需要全体人民的共同努力。党和政府要充分调动人民群众的积极性和创造性,全体人民要自觉遵守各项法律制度,在自己的岗位发光发热,共同营造一个物质生活富裕、思想品德高尚的社会。其次,共同富裕的受益主体是全体人民。在现代化建设中始终坚持以人民为中心,不断满足人民群众日益增长的生活需要,着重解决社会的公平正义和分配的公平性问题,切实提高人民群众的生活水平和生活质量,让每个人都能够共享改革发展的成果,拥有美好幸福生活,实现自由全面发展。

(二)共同富裕是物质富裕与精神富裕的统一

共同富裕既包括物质富裕,也包括精神富裕,是人民群众物质生活和精神生活的共同富裕,覆盖政治、经济、生态、社会、教育、文化等各个领域。物质富裕指的是人民群众在生产和生活当中物质财富的丰富多样,表现为健全的法律制度、合理的收入分配结构、完善的公共服务、良好的生存环境等;精神富裕指人们精神生活的丰富多样性而带来的精神层面的价值充盈和饱满幸福状态,包括社会公民的道

---

① 习近平.习近平谈治国理政:第2卷[M].北京:外文出版社,2017:89.

德素质、文化水平、理想信念、精神面貌等方面。在当今中国,精神富裕更多是自觉接受马克思主义理论,自觉践行社会主义核心价值观,在社会主义建设中获得幸福感、获得感和归属感。

物质富裕和精神富裕是相互联系、相互促进的。物质富裕是基础,马克思指出:"物质生活的生产方式制约着整个社会生活、政治生活和精神生活的过程。"① 物质上的富裕能使人民吃得饱、穿得暖,保证正常的生活,推动生产力的发展,"仓廪实而知礼节,衣食足而知荣辱",只有当人们的基本的物质需求得到满足后,才会有更多时间和精力去追求更高层次的精神需求;精神富裕不仅可以推动物质上的不断富裕,而且精神富裕还具有强大的精神力量,能够提升人民的获得感、幸福感和自豪感,凝聚力量,为人的自由全面发展创造精神条件。

(三)共同富裕的追求与实现是前进性和曲折性的统一

共同富裕的实现具有渐进性,是一个长期的发展过程。马克思主义哲学认为,量变引起质变,事物的发展是一个螺旋式上升、波浪式前进的过程,往往要经历漫长的时间,不可能一蹴而就。回首过往,从中国共产党成立到今天,经历了无数坎坷也取得了一些成就,抗日战争、抗美援朝、改革开放、经济社会发展的"三步走"战略、"两个一百年"奋斗目标的确立等一步步的艰辛探索,都是在马克思主义理论的指导下结合中国的实际情况,遵循客观的发展规律,制定出的科学发展措施和战略。首先,我们要认识到共同富裕的实现是势不可当的。长期以来,在中国共产党的领导下,我国在政治、社会、经济、文化等方面不断进行改革,经济实力大大增强、社会制度更加完备、物质财富逐渐丰富、人民生活日益幸福,在中国共产党成立100周年之际,我国的脱贫攻坚战取得了胜利,现行标准下农村贫困人口全部脱贫,贫困县全部摘帽,消除了绝对贫困和区域性整体贫困,这些成就都为实现共同富裕打下了坚实的基础,决定了共同富裕的目标一定会实现。其次,共同富裕的实现会经历一些曲折和困难。我国是世界最大发展中国家,处于并将长期处于社会主义初级阶段,人口多、底子薄,发展不平衡、不充分,地区、城乡和不同群体之间仍然存在较大的差距,这些情况决定了实现共同富裕是一项长期的历史过程,具有长期性、艰巨性和复杂性,必定会遇到一些困难,因此实现共同富裕是一

---

① 马克思,恩格斯.马克思恩格斯文集:第1卷[M].中共中央马克思恩格斯列宁斯大林著作编译局,编译.北京:人民出版社,2009:533.

个曲折的任务。我们更应该积极探索有效路径，总结经验，积小胜为大胜，不断朝着全体人民共同富裕的目标前进。

三、共同富裕的落脚点是人的自由全面发展

（一）人的自由全面发展的内涵

人的自由全面发展是指人的个性、能力、体力、智力等各个方面得到充分发展，马克思关于人的自由全面发展，体现在很多方面。

1. 人在自然界中的自由全面发展

自然界先于人类而存在，人和自然界的关系是最基本的关系，没有自然界就没有人类社会。在未来的共产主义社会，生产力极大提高、物质极大丰富，一切资源都得到合理开发和利用，人们将摆脱资本的限制，建立和谐的社会关系，获得解放和自由。

2. 人在社会中的自由全面发展

在未来的共产主义社会，人们之间的矛盾冲突和阶级对立消除，人们作为统一的社会共同体而存在，共同体中的每个人能自由地创造财富和享受生活。与此同时，社会消灭了分工，个人活动范围不受限制，不再为了生存而劳动，把劳动看成享受生活的一部分，每个人都能得到全面发展。

3. 人在精神世界中的自由全面发展

未来人们在精神上将拥有自主性以及极大的创造性，情感、意志方面更加丰富，德、智、体、美多方面共同发展，社会稳定和谐，人类精神境界得到很大提升。

（二）人的自由全面发展是共同富裕的落脚点

在当前，要实现共同富裕与实现人的自由全面发展的最终目标都是为了人民。纵观人类历史，社会发展是一个从必然逐渐向自由发展的过程，社会越发展，物质生产越丰富，人类越自由。共同富裕与人的自由全面发展相互联系、相互渗透、相

互促进。促进共同富裕与促进人的全面发展是高度统一的,在追求共同富裕的过程中,人们物质财富和精神财富极大丰厚,逐渐摆脱必然性的支配,获得更多的自由时间,从而进一步全面地发展自己的各项能力。共同富裕的落脚点是人的自由全面发展,实现共同富裕归根到底就是要实现人的自由全面发展。

1. 共同富裕是具体的、历史的,人的自由全面发展是最终目的

实现人的自由全面发展是社会发展的必然趋势,共同富裕是重要阶段,实现共同富裕的最终目的就是实现人的自由全面的发展。共同富裕是社会经济、政治、文化、社会等各个方面的共同富裕,如国家经济实力大幅跃升、产业结构的健康发展,经济效益的最大化,人民生活质量不断改善等,共同富裕是一个历史过程,随着社会的发展会逐步实现,并始终围绕人的自由全面发展而不断发展,以人的自由全面发展为价值追求。马克思认为:"社会生产力的发展将如此迅速,以致尽管生产将以所有的人富裕为目的,所有的人的可以自由支配的时间还是会增加。"[①] 在未来的共产主义社会,将会完全消灭少数人占有社会财富的不平等制度,实现全体人民的共同富裕,每个人有更多的时间追求丰富的物质需要,最终实现每个人的自由全面发展的目标。自改革开放以来,我国生产力快速发展,人们的生活水平不断提高,共同富裕取得了很大进展,人的发展也朝向更自由、更全面的方面发展。

2. 共同富裕最终要落脚到人的发展

共同富裕能够满足人的物质需要和精神需要,是实现人的自由全面发展的保障,为人的自由全面发展奠定坚实的基础。共同富裕最终要落脚到人的发展,要求是发展成果由全体人民共享,为满足全体人的自由全面发展提供物质基础,马克思也倡导要在共同富裕中实现每个人的自由全面的发展,人的自由全面发展的主体是人,只有建立在人的基础上的富裕才是共同富裕,脱离了人的发展来谈共同富裕是毫无意义的。中国共产党始终站在人民的立场上,将马克思的人的自由全面发展运用到中国具体实际当中,在党的十九届六中全会决议指出:"必须坚持以人民为中心的发展思想,发展全过程人民民主,推动人的全面发展、全体人民共同富裕取得更为明显的实质性进展。"[②] 在社会主义现代化建设中,党和国家始终坚持以人民为

---

① 马克思,恩格斯.马克思恩格斯文集:第8卷[M].中共中央马克思恩格斯列宁斯大林著作编译局,编译.北京:人民出版社,2009:200.

② 中共中央关于党的百年奋斗重大成就和历史经验的决议[N].人民日报,2021-11-17.

中心，追求"让改革发展成果更多更公平惠及全体人民"[①]的共同富裕，不断促进社会公平正义，使每一个人都能够获得应有的权利和地位。

【基金项目】中央单位基本科研业务费项目"新时代美好生活的人学意蕴"（项目号：L20JBW200010）的阶段性研究成果。

---

① 习近平.习近平谈治国理政：第1卷［M］.北京：外文出版社，2014：96.

实现人民美好生活需要的行动纲领

中共广东省委党校　谢剑澍　武　晟

人的需要是重要的人性，支配着人的行动，推动社会发展。马克思指出："我们已经看到，在社会主义的前提下，人的需要的丰富性，从而某种新的生产方式和某种新的生产对象，具有什么样的意义。人的本质力量的新的证明和人的本质的新的充实。"[①] 党的十九届五中全会提出了到 2035 年基本实现社会主义现代化远景目标，这一战略目标围绕人的需要——这一作为个人和社会现代化重要动力的人性——对我国全面建设社会主义现代化国家的新征程作出战略部署，以期更好地满足人民的美好生活需要，从而推动实现中华民族伟大复兴，实现人的现代化。

一、2035 年远景目标符合人的需要的基本特征

人的需要的客观性、普遍性和发展特性以及能动性是人之需要区别于动物需要的几大基本特征。2035 年远景目标是党中央坚持以人民为中心的发展思想、以人民的美好生活需要为指引擘画的远景规划，因此也必然符合人的需要的基本特点。

2035 年远景目标顺应了人的需要的客观性。人的需要是人作为主体在与外部现实世界的互动中产生的，外界环境决定了人的需要的产生和发展。2035 年远景目标紧紧围绕现实社会生活中包含的各个领域及我国在这些领域的建设和发展实践中面临的主要现实问题，围绕广大人民群众实际需要和切身利益，科学设定未来目标和发展方向。此外，党中央在设定 2035 年远景目标时充分考虑到当前及今后一个时

---

① 马克思, 恩格斯. 马克思恩格斯全集：第 3 卷 [M]. 中共中央马克思恩格斯列宁斯大林著作编译局, 编译. 北京：人民出版社, 2002：339.

期我国面临的一系列机遇和挑战以及国内外发展趋势的复杂变化下事物发展的不确定性，面对推进社会主义现代化过程中人民的美好生活需要的不断增长的态势，并未为社会主义现代化国家建设设定具体的目标值，而是从宏观上为社会主义现代化建设找准航向，把握发展全局，给出一般性的实践原则，"党中央的建议主要是管大方向、定大战略的"①。在"十四五"发展规划和建设社会主义现代化强国的具体实践中再进一步提出具体要求。在展望各领域的未来发展时，党中央对于各个领域发展的差异有清醒的认知，始终坚持实事求是的思想路线，根据各个领域的不同发展实际，对各领域、各层次的发展提出了不同的要求。总之，2035年远景目标针对外界客观环境这一实现人民美好生活需要的决定性因素作出部署，顺应了人的需要的客观性。

2035年远景目标顺应了人的需要的普遍性、发展性。与动物的需要相比，人的需要更加普遍，范围更加宽广，超出了个体生存的范围。且随着实践的发展和社会的进步，人们具有了更加充分的现实条件，更高层次的需要也就不断地涌现出来，且原有需要也在不断拓展升级。随着我国经济社会的发展，人民生活水平的提高，人们自身需要体系的边界普遍得到延伸，从单纯的生存需要延伸至享受需要和发展需要，在解决温饱问题之后，人们希望占有、使用更多物质资料，以求获得精神上和物质上的享受，使自身素质得到提升。然而，我国现阶段经济社会还面临着发展不充分、不平衡等问题，这样的发展与人民追求美好生活的需要产生了矛盾，各领域所供给的社会产品的质量与人们的预期有一定差距。2035年远景目标针对社会主要矛盾的转变，着眼于人民对于美好生活需要蓬勃发展的势头，特别提出"人民生活更加美好，人的全面发展、全体人民共同富裕取得更为明显的实质性进展"的总目标②，并围绕这个目标对经济、政治、文化、社会、生态、国防、外交等社会生活各领域提出了更高的发展要求，如经济实力、科技实力、综合国力要"大幅跃升"，国家治理体系和治理能力现代化要"基本实现"，国家文化软实力要"显著增强"，等等。即到2035年，各个领域较现在都要在现有基础上实现不同程度的提升，以尽可能满足人民处于增长之中的社会生活需要。

2035年远景目标顺应了人的需要的能动性。人类的实践活动是能动的，由实

---

① 习近平.关于《中共中央关于制定国民经济和社会发展第十四个五年规划和二〇三五年远景目标的建议》的说明[N].人民日报，2020-11-04（2）.

② 习近平.中共中央关于制定国民经济和社会发展第十四个五年规划和二〇三五年远景目标的建议[N].人民日报，2020-11-04（1）.

践活动产生的需要也体现了主体的能动性，在由人的生物特性决定的、维持肉体生存的需要之外，人们还会在实践活动中能动地创造新的需要。因此，在以社会发展客观情况为基础的同时，2035年远景目标还充分引导和调动广大人民群众在共同迈向社会主义现代化的征程中，自觉创造有意识且有目的、不再单纯以维持肉体生存为目的的那部分需要。例如，在国家治理体系和治理能力方面，强调通过保障人民平等参与和发展的权利来实现国家治理体系和治理能力现代化，相信群众，紧紧依靠人民提升国家治理能力和治理水平，满足人民对于政治参与的诉求；在科教文卫体等领域，要建成文化强国、教育强国、人才强国、体育强国、健康中国，切实增强文化软实力，满足人民的精神文化需求，要更加注重科技创新，改善科技创新环境，集中全民的智慧建设创新型国家，满足人民进行发明创造的需要；在环境生态方面，要在全社会形成绿色生产生活方式，以适应群众对于美丽生态环境的新需求，等等。在解决生存保障问题的基础上更好地满足这些人作为人所独有的、能动的、以享受和发展为目的的更高层次的需要，使得人的需要从整体上得到了全方位的满足，充分体现了对人性的关怀。

二、2035年远景目标凸显了需要在人性结构中的重要地位

2035年远景目标突出表明人的需要在人性结构中的重要地位。需要是人的内在规定性，是客观存在且无法被消灭的，且需要是驱使人进行各类活动的内在动力，如果需要不再存续和发展，人和社会也就无法向前发展。此外，由于实践活动上的差异而个性化了的需要也是人与人、人与动物之间相互区别的重要标志。可见，人的需要在人性中占据重要位置，对人和社会的发展发挥重要的驱动作用。

2035年远景目标是党中央以广大人民群众的美好生活需要为导向制定的现代化发展战略目标，人民的需要是这一战略目标的价值旨归。2035年远景目标直接就人民生活的改善定下了总体目标要求，即在党中央的带领下，经过奋斗，全国人民的生活将变得更加美好，党在人的全面发展和全体人民共同富裕上的持续耕耘也将取得实质性的进展。人的需要是复杂多元且不断发展的，每一方面的需要都是需要体系的重要组成部分，只有各方面各环节不断增长的需要都得到了满足，总体上的生活幸福感才能有质的飞跃。党中央充分考虑到人的需要的多元性和发展性，对与群众生产生活密切相关的各个领域的发展作出了规划。因此，2035年远景目标实质上

是以实现人民在社会生活各领域中的实际需要和切身利益为手段和重要环节，以更好地实现人民的美好生活需要为主题和总目标，这两类目标是整体与部分的关系。以实现人民美好生活需要为统领，指引各级党委、政府努力实现人民在社会生活不同领域的需要；以实现人民群众各类需要为支撑，保证人民对美好生活的向往能够最终实现。无论是总体上的部署还是对社会生活各部分的发展要求，都始终紧贴群众的实际需要，以实现群众各类需要为手段，最终满足人民在总体上对美好生活的向往。

三、2035年远景目标与人的需要结构相适应

人的需要多种多样，交织成一个复杂的需要体系。随着经济社会的发展，在基本的生存需要得到比较充分满足的基础上，人们又产生了更多的享受需要和发展需要。人的需要体系的边界逐步拓展。正如党的十九大报告指出的，人民美好生活需要日益广泛，不仅对物质文化生活提出了更高要求，而且在民主、法治、公平、正义、安全、环境等方面的要求日益增长。① 也就是说，随着我国社会主义现代化建设向前推进，人们拥有的、需要的种类也在不断增加，特别是诸如民主、法治、公平、正义、安全、环境等软性需求在不断增长，逐渐成为全社会的普遍诉求。可以肯定的是，在全面建设社会主义现代化国家的过程中，随着人民自身素质和生活质量的普遍提高，人的需要会向着更多领域扩展，人们的需要会涉及越来越多、越来越细的社会领域，而人的需要体系的许多细分领域现在尚未显现，这就要求我们在规划现代化发展时要充分估计未来群众在社会生活中会有哪些类型的需要，从战略全局出发对社会生活的方方面面作出系统而全面的规划。

2035年远景目标是党中央科学把握人民日益增长的美好生活需要和不平衡不充分发展这一对社会主要矛盾，从社会主义建设过程中涉及的人民最关切的、最基本的合理需要出发而制定的一揽子目标计划，这一系列指标设计科学，覆盖全面，围绕人的基本需要从战略全局出发对社会主义现代化建设进行全方位布局，包括经济、政治、文化、社会、生态、国家安全等领域的需要，既涉及物质上的"硬"需要，也强调精神上的"软"需要；既充分满足了群众的生存需要、享受需要，又满

---

① 习近平.决胜全面建成小康社会 夺取新时代中国特色社会主义伟大胜利[N].人民日报，2017-10-28.

足了人民的自由全面发展的需要；既充分照顾个体日常生活需要，也着眼国家和社会发展全局；既面向国内发展的需要，又对国际交往提出了新要求，统领中华民族伟大复兴的战略全局和世界百年未有之大变局。2035年远景规划坚持了辩证唯物主义和历史唯物主义，高度且全面概括了人在各方面的现实需要，勾勒出人的需要体系的基本轮廓，为我国各领域的发展提出了纲领性的要求，描绘了一幅党领导国家和人民共同迈向社会主义现代化的全景图。

四、2035年远景目标将更好地满足人民多层次的需要

需要是有不同层次的。随着人类劳动实践发展和社会进步，社会生产力不断发展，人们已有的需要得到了满足，就会产生新的更高层次的需要。如马克思所言，一切人类生存的第二个事实是"已经得到满足的第一个需要本身、满足需要的活动和已经获得的为满足需要而用的工具又引起新的需要"①。当前，我国已经全面建成小康社会，消灭了绝对贫困，人们的基本生存需要有了充分保障。因此，在建设社会主义现代化国家的过程中，人民群众对于生活的质量自然也就会有更高的要求。人们希望国家能从科技、经济、文化等各个方面提高综合国力，国际地位、国际影响力能够进一步提升，希望自己能够有更高的收入，享有更多更优质的文化、教育、现代科技等资源，希望生活在更加公平、安全、绿色的环境中，等等。总之，广大人民群众都希望通过团结奋斗最终实现集体和个人的美好生活向往。

作为对最广大人民群众切身利益的回应，2035年远景目标对我国经济社会各方面的发展提出了更高的要求，以满足人民群众在社会主义现代化进程中产生的更高层次的需要。即到2035年时，我国综合国力要实现大幅度的跃升，构建起现代化经济体系，国家治理体系和治理能力基本实现现代化，科教文卫体等领域加速发展，文化、教育、人才、体育强国和健康中国业已建成，国民素质和社会文明程度达到一个新的高度。自然生态环境得到根本改善，绿色生产生活方式在全社会广泛形成，基本实现美丽中国的建设目标。外交领域要形成对外开放新格局，增强参与国际经济合作与竞争的新优势。经济发展水平显著提高，人民生活水平城乡间地域间等差距明显缩小，国防和军队现代化水平持续提高。各个领域的持续发展归根结

---

① 马克思，恩格斯.马克思恩格斯选集：第1卷［M］.中共中央马克思恩格斯列宁斯大林著作编译局，编译.北京：人民出版社，2012：159.

底是要不断实现人民的美好生活需要,从而以人民的美好生活需要为动力,促进人的全面发展和全体人民的共同富裕。这一系列指标都是在我国各领域现有建设成果的基础上根据事物客观发展趋势和人民群众的美好愿望,在更高层次上对未来发展作出的全新展望,形成多元综合的科学的需要体系,以更好地满足人民日益增长的美好生活需要。

五、2035 年远景目标面向人的合理需要

从价值层面上看,需要有正不正当、合不合理之分,只有符合一定价值标准的需要才是正向的积极的需要,而只有正当的、合理的需要才是促进社会发展的根本内在动力。2035 年远景目标提出的战略规划是正当的、积极的,有利于满足人在新时期拥有的各种合理的需要,进而推动整个社会向前发展。

2035 年远景目标顺应生产力发展趋势,推动生产力发展。人的需要始终不能独立于客观的物质基础,社会生产力水平就从根本上决定了人的需要在多大程度上得到满足。2035 年远景目标是中央依据生产力发展客观规律以及未来我国面临的错综复杂的国内外发展态势,经过充分调研论证实事求是作出的战略安排,而没有好高骛远地设定超越发展阶段、违背生产力发展规律的目标。在遵循生产力发展的历史规律基础上,以习近平同志为核心的党中央充分发挥主观能动性,采取科学有效的措施推动生产力向前发展,实现经济社会高质量发展,进而为更好地实现人的更广泛、更高层次的需要提供充足的物质条件。

2035 年远景目标以最广大人民群众的实际需要为依归。远景目标蕴含着深刻的、以人民为中心的发展思想,始终以最广大人民群众在生产生活中对于"更好的教育、更稳定的工作、更满意的收入、更可靠的社会保障、更高水平的医疗卫生服务、更舒适的居住条件、更优美的环境、更丰富的精神文化生活"[①]的需要为出发点和落脚点,关注与群众生存、享受和发展密切相关的社会事业的发展。

2035 年远景目标符合我国基本国情。人的社会生活是历史的具体的,人的需要也因所处历史传统的差异和现实环境的发展变化而显得具体生动且富有个性。"所谓必不可少的需要的范围,和满足这些需要的方式一样,本身是历史的产物,因此

---

① 习近平.高举中国特色社会主义伟大旗帜 为决胜全面小康社会实现中国梦而奋斗[N].人民日报,2017-07-28(1).

多半取决于一个国家的文化水平……因此，和其他商品不同，劳动力的价值规定包含着一个历史和道德的因素。"① 因此，发展目标的设定也要符合本民族的历史传统和国家当前及未来面临的实际情形。我国的现代化发展目标当然也要充分体现中华民族悠久的历史传统和长远发展目标，充分考虑发展形势的实际变化情况。2035年远景目标是在科学把握中华民族伟大复兴战略全局和世界百年未有之大变局基础上绘制的现代化发展蓝图，既怀着实现中华民族伟大复兴、完成中华民族千年夙愿的历史使命，又面向我国在当前和未来面临的瞬息万变的复杂发展环境提出了应对策略。

2035年远景目标满足了人的创造性活动需要。人们对于创造性活动的需要是人的需要体系中层次高、价值高的需要，通过创造性活动，人不仅提高了自身素质，还为社会的发展进步作出贡献。党的十九届五中全会在十九大确定的到2035年跻身创新型国家前列的战略目标的基础上进一步突出强调了创新在推进社会主义现代化建设中的核心作用，2035年远景目标又提出了关键核心技术实现重大突破，推动我国进入创新型国家前列的战略目标。党的十八大以来，党中央提出创新是第一动力、全面实施创新驱动发展战略、建设世界科技强国等重大战略和目标，持续加强资金、技术、人才等要素保证，深化体制改革，旨在为全社会的创造性活动营造良好创新环境，让全体人民的智慧源泉充分涌流，使广大人民群众能够在创新创造中实现自身价值，从而让创新真正驱动我国经济社会发展。

总之，2035年远景目标旨在引导和实现人民群众的合理需要，促进需要的人化，防止需要的异化，为全体中国人民构建一个真正以人为中心的美好生活需要体系。

六、2035年远景目标指明了人民美好生活需要的实践路径

实践是实现人民美好生活需要的根本方法。首先，需要是在实践活动中产生和发展的。人在实践中创造了人的世界，创造了人本身。人的需要在实践中被创造，其对实践的依赖性及其客观性决定了人类需要的产生和发展必然会受到一定社会历史条件的制约。因此，人必须在通过实践活动认识和改造客观世界的过程中产生和

---

① 马克思．资本论：第1卷［M］．中共中央马克思恩格斯列宁斯大林著作编译局，编译．北京：人民出版社，1975：194.

确证自身的需要，在实践活动中不断促进需要的发展。其次，实践是人的各级各类需要得以实现的根本保证。人类的"第一个需要"，即生存需要必须通过实践活动来创造用于"吃喝住穿"用途的物质生活资料才能满足。除了基本的生存需要，人类的享受需要和发展需要、物质需要和精神需要也都需要在实践活动中创造必要的条件才能满足。

2035年远景目标紧紧抓住了实践对于人民美好生活需要产生、发展和满足的决定作用，科学规划了实现美好生活需要的实践路径。2035年远景目标既是对基本实现社会主义现代化时民族振兴、国家富强、人民幸福这一美好样态的描绘，又为如何实现社会主义现代化、实现中华民族伟大复兴作出了科学的顶层设计，以经济产业、民主法治等领域的全方位、多层次的现代化推动实现整个国家、整个民族和全体人民的现代化，给出了实现人民美好生活需要的具体路径，也为"十四五"规划的制定和实施确定了原则性的目标要求，是实现人民美好生活需要的重要纲领。

综上所述，2035年远景目标紧扣人的需要的几大核心要素展开部署，系统科学、高瞻远瞩，充分展现了以习近平同志为核心的党中央以人民为中心的基本价值立场及对人的需要的亲切关怀，是指引我们实现人民美好生活需要、建设社会主义现代化国家的重要行动纲领。

四 人学基础理论研究

"天人合一"思想需要完成现代转化

北京大学哲学系　徐　春

一、对儒家和道家"天人合一"内涵的解释

中国古代自然哲学是一种有机论的宇宙观，其基本特点是把整个宇宙自然看作一个有机系统。以元气说明宇宙万物的基本构成，以阴阳说明物质内部的对立统一，以五行表示万物的分类属性。阴阳五行都是元气的本质特征。中国古代有机论自然哲学的合理性，在于它把整个宇宙当作一个大系统。大系统下面有各种层次的子系统，社会政治组织是一个系统，人的生命机体也是一个系统，各种系统之间具有功能的相似性。中国哲学的天人合一，就是根植于这种系统观念之中，并成为中国文化根深蒂固的深层结构。

"天"是中国古老的哲学范畴之一，中国哲学中的天人关系包含着丰富、复杂的内容，但它的一个最基本的含义，就是指人与自然界的关系。虽然天人之学不等于全部是人与自然之间关系的学说，但其中包含着一些非常重要的关于人与自然关系的思想，诸如：人是自然的产物，是自然的一部分，与自然处于"一体"即不可分割的联系中；人身上保持着种种自然属性，因此，人也受自然规律的支配；自然界是人赖以生存的条件，人只能从自然界取得维持其生存的物质资料，因此人必须顺应和利用自然；出于维护自身生存和道义原则的需要，人肩负着保护自然界的责任等。

中国儒家传统哲学中所讲的"天"，有意志之"天"、命运之"天"、义理之"天"等含义，但不能否认，它的一个最基本的含义就是指自然界，即天地之

"天"、自然之"天"、物质之"天"。孔子说:"天何言哉!四时行焉,百物生焉,天何言哉!"①这个"天"就是指包括四时运行、万物生长在内的自然界。中国哲学家荀子、刘禹锡、章太炎都著有《天论》,他们所论之"天",都是指自然界或自然界运行的规律。在儒家哲学对天的复杂解释中,"有意志之天"、"自然之天"和"道德之天",这三种含义常交织在一起,反映出农业文明时期儒家哲学把自然神圣化,对天有着深切敬意。与此相对的"人"的含义虽然要相对简单一些,但也有单个的人、整体的人的区别,有时则指"圣人"。儒家主张的"天人合一"包含不同层次的内容,不同哲学流派和哲学家个人对此也有不同解释,但这一理念的基本含义则是"万物一体""天人相参",强调人与自然具有内在统一性。

在道家的话语系统里,"天"基本上指"自然之天",从根本上是否定"天"的意志属性,而强调其自然属性。《道德经》一书中用了29次"天"的概念,都是指无意志、无道德属性的自然之天。老庄的天人观与孔孟不同,老庄否定了主宰之天和道德之天,代之以自然之天。老子认为,"道"是先天地而存在的,它超出于天地万物之上,是宇宙的本体。天地由道而出,天低于道,它不是最高的主宰,而是物质性的、与地相对的自然之天。道虽无形,却不脱离天地万物,而是体现于其中的。老子说:"天地不仁,以万物为刍狗"(《道德经·第五章》),强调了天的自然属性。在《道德经》那里,天还是一个具有从属地位的范畴,"人法地,地法天,天法道,道法自然"(《道德经·第二十五章》),天的属性还是从属于道,还有赖于道去规定和赋予,天还不是最高的本体意义上的范畴。

一般认为庄子之"天"有两层含义:一是指天地万物,即自然之天;二是指自然本然的状态,即无为,自然而然的状态。"天地与我并生,而万物与我为一。"(《庄子·内篇·齐物论》)"天无不覆,地无不载。"(《庄子·内篇·德充符》)这里讲的"天"指自然之天,包括各种纷繁复杂的自然现象。但第一重含义不是庄子的论述重点,他所主要阐发的是另一重意义上的天,即自然、本然之天。《庄子》一书中曾有两处对"天"进行明确界定:"无为为之之谓天。"(《庄子·外篇·天地》)"牛马四足,是谓天。"(《庄子·外篇·秋水》)在这里,天与道意义相近,具有本体的意味,无为、自然是它们的共同属性。

道家的"人"有两层含义,一是指人类,一是指人为。道家所指的人类不是"受命于天"的人,也不是指个别的人。老子说:"道大,天大,地大,人亦大。域

---

① 杨伯峻.论语译注[M].北京:中华书局,1980:188.

中有四大，而人居其一焉。"(《道德经·第二十五章》)这从根本上肯定了人与天的平等地位，也肯定了人与人的平等地位。庄子又丰富了"人"的含义，使之有了人为的意思，即"落马首，穿牛鼻，是谓人"(《庄子·外篇·秋水》)。

道家的"天人合一"主要指人与自然界的关系，主要是从人必须因任、顺应自然，取消人为，合人于天地自然的角度来讲天人合一。道家总体上认为自然高于人为，自然规律优于人为制定的各种规范、法则，其"天人合一"思想有着不同于儒家的某些特点。相对于儒家，道家的"天人合一"可称为"无我"形态，肯定人之外的其他自然物具有内在价值，主张通过将人消泯于自然界，即以"人的自然化"来实现人和自然之间的和谐。

二、"天人合一"观对人类思想的贡献

中国古代的"天人合一"观念是农业文明的产物，它反映了人与自然息息相关、相依共存的密切关系，反映了人对大自然的一种依赖感与亲和感。中国传统哲学主要是从人与自然的相互依存、相互关联（"相与之际"），而不是从其相互对立的角度来考察二者的关系，认为天与人是不可分离的有机统一整体，人是自然界的一部分。儒家"天人合一"思想的人文主义特征更加突出，其中包含着肯定人是自然界的一部分，人性来源于天道，因而二者具有内在的统一性，人负有"仁民爱物"、善待自然的伦理义务等合理内容。张载的天人合一说具有丰富的生态意义，可说是中国古代最具代表性的生态哲学。这一学说的最大特点是承认自然界有内在价值，而自然界的内在价值是靠人类实现的。他的"乾坤父母"、"民胞物与"以及"大其心以体天下之物"的学说，强调人类要尊重自然，爱护自然界的万物。张载的学说对于保护生态平衡和维持人类可持续发展具有极其重要的现实意义。如果我们能以"仁民爱物""民胞物与"的胸怀，以"万物一体"的境界对待自然界，在这样的人文关怀下，再去利用和开发自然，其结果就大不相同了。这种开发是建设性的，绝不是破坏性的。我们既需要发展科学技术，更要关心自然的人文价值，使二者能够更好地结合起来。

道家"天人合一"思想的主要价值是强调人要尊重生命、顺应自然，"原天地之美而达万物之理"，不胡作妄为违背自然本性的蠢事。他们向往的人类生活环境是"万物群生，连属其乡；禽兽成群，草木遂长。是故禽兽可系羁而游，鸟鹊之巢

可攀援而窥"(《庄子·外篇·马蹄》)那种"天和""天乐"的"至德之世"。庄子那种"万物齐一"的宇宙情怀,对我们今天消除以自我为中心的利己主义和人类中心主义所产生的种种消极影响有重要作用。

道家哲学中"道"的本质是"自然"。"自然"是老子思想的核心概念,是其整个思想的实质所在。老子思想的程式和基础在于:"人法地,地法天,天法道,道法自然。"在老子那里,万物、人、地、天都从属于"道",而道的实质是"自然"——这里的"自然"不是指自然界,而是指宇宙的内在本质或万物生存与变化的原理。"自然"虽然不等于自然界和自然事物,但是万物无不合乎"自然"的原则,也无一物能够逃脱"自然"的规定,它既是事物存在的法则,也是人类的价值理念,表明中国文化走上了高度亲近自然、重视环境因素的发展道路。从自然观上看,道家自然观在消除当代对人与自然关系的误解方面具有积极意义。老子在"道法自然"的基础上,倡导人与自然的亲和性、同一性,倡导生命与生命、生命与自然的和谐共生。这种思想也正是对西方主客二元对立思维方式的调整和超越。"自然"理念产生后,成了往后一切道家思想形态之间的共同纽带。认为自然原则是神圣不可逾越的,文化来自"自然";大巧不如大拙,人类不能窃取和滥用天能、天功、天德。道家自然观把人与自然的关系规定为主体与主体的关系,即生命与生命的关系,让道家文化始终行走在包容万物、顺应自然、赏玩自然、友爱自然和回归自然的文化道路上,这使得前现代中国文化始终是世界上对天地万物最友善的文化。

老子一开始就将整体世界及其状态和过程当成思考的对象,从道和自然的思考出发,最早提出人类应该以"无为"的原则自律,这使得老子思想成了某种最早的环境思维。道家反对人类自大妄为和违逆自然,主张"无为而无不为",因任万物,成就万物,其中潜藏的思维机制就是以自然的方式思考自然。在道家眼中,自然不做无用功,自然是最省力的,自然知道对错,自然是最佳的。"无为"的提出标志着我国古代哲学在世界上第一次提出了人类对自然的自律准则,这个自律给自然万物的自化让出空间。

就整个人类思想和哲学智慧的发展而言,中国传统哲学天人合一观对人类思想的最大贡献,无疑是提供了人与自然有机统一、和谐共进的朴素辩证的天人协调说。以《易传》为代表的天人协调说,是中国传统哲学中关于人与自然关系的一种比较全面的朴素辩证观点。它继承了老庄的因任自然说与荀子的改造自然说中的合理因素，同时又克服了其片面性，提出了既要通过人的实践力量来引导、调节自然的变化，又要遵循、适应自然运行规律的"裁成""辅相"原则。与之相近的还有《中庸》提出的"能尽人之性，则能尽物之性；能尽物之性，则可以赞天地之化育；可以赞天地之化育，则可以与天地参矣"的"参赞"原则。这是中国传统"天人合一"学说中最正确的发展方向，也是在农业文明时代积极改造自然、发展生产而又注意保持生态平衡的一条有效途径。[①]

三、"天人合一"思想需要完成现代转化

"天人合一"是中国古代生态思想的哲学基础，天人合一不同层面的含义，都对反思工业文明和科技文明所产生的负面效应——人与自然的疏离，人对自然的征服、统治，生态环境的破坏，重新建立人与大自然之间的和谐共生关系，有不同程度或不同方面的现代意义。

"天人合一"最深刻的含义之一，就是承认自然界具有生命意义，具有自身的内在价值，这方面道家思想尤为显著。换句话说，自然界不仅是人类生命和一切生命之源，而且是人类价值之源。正因为如此，所谓"究天人际"的问题才成为中国哲学不断探讨、不断发展的根本问题，就是承认自然界是生命之源。因此，开发利用时要以爱护和尊重自然界为前提。这虽然是讲农业社会的事情，但是在人与自然界的关系这个基本问题上，对于任何社会都是适用的，尤其是对于工业社会而言，就更具有说服力。因为工业社会无论从哪方面说，对于自然的开发与利用，都远远超过了农业社会。如果把社会凌驾于自然之上，以社会性高于自然性而自居，且把自然性仅仅理解为生物性，这本身就是"忘本"。[②] 我们所追求的应该是一种更高层次的"天人和谐"的境界。这就需要我们一方面批判地继承我国古代的"天人和谐"思想，另一方面批判地总结西方工业社会改造自然的得与失的经验，并重视合理地运用这些科学技术，真正通过改造自然的积极有为活动达到"天人和谐"。

中国古代道家学派蕴藏的生态智慧和环保思想资源，是中国环境哲学的重要思想营养。20世纪以来，许多迹象显示，中国古代道家思想正在急速复活、变异和生长，有可能成为救治现代文明异化的一个要素。如果说道家的自然观的影响过

---

① 方克立. "天人合一"与中国古代的生态智慧［J］. 社会科学战线，2003（4）：207-217.
② 蒙培元. 中国的天人合一哲学与可持续发展［J］. 中国哲学史，1998（3）：3-10.

去只限于中国,那么在人类文明交汇的今天,它便具有了世界性的实践价值和现实意义。

儒家对经济及物欲的看法,即限度和节欲的观念,在现代社会对环境保护仍有重要价值。农业文明时代也有一个"强本节用"、发展社会生产力的问题,所以在中国古代也产生了积极改造自然的思想。将改造自然与遵循自然规律结合起来的天人协调说,是中国古代"天人合一"学说中最有价值的思想成果。

同时从现代性的视角,我们也要看到"天人合一"思想的局限性。我们应当客观看待中国传统文化中的缺陷,它是前现代农业生产方式的产物,要承认其科学理性不足这一事实。中国传统的"天人合一"思想,无论是儒家还是道家,都不注重人与我、人与物、内与外之分,不注重考虑人如何作为主体来认识外在之物的规律以及人如何改造自然,其结果必然是人受制于自然,难于摆脱自然对人的奴役。儒家思想促使社会上最优秀、最聪明的那一部分人的视线和精力朝向人文和道德修养,用梁漱溟先生的话说,它主要是"向内用力",而不是"向外用力",不是朝向科技与经营。其实,中国古代的思想家大都只注重一门学问:做人的学问,都只主张读圣贤的书,如四书五经之类,而不像西方近代的哲人那样,也孜孜不倦地读自然这本大书。过于浓厚的道德主义色彩使主流的天人合一观不重视对自然的实际变革和改造,不利于甚至阻碍了科学技术和社会生产力的发展。中国传统的"万物一体""天人合一"的思想对于人与自然的关系问题,只是一般性地为二者间的和谐相处提供了本体论上的根据,为人与自然和谐相处追寻到了一种人所必须具有的精神境界,却还没有为如何做到人与自然和谐相处找到一种具体途径及其理论依据。

"天人合一"要对人类未来有所贡献,需要完成现代转化,这就是要把它从前现代性的"天人合一"转化为现代性的"天人合一"。说中国传统天人合一观完全没有受到过"主客二分"与主体性思想的洗礼有点过于绝对,中国古代不但有"明于天人之分"的思想,而且也不乏区分"能知"与"所知"的认识论思想,但从总体上说,儒家传统天人合一观过分注重人伦道德而忽视对自然的认识,过分注重整体性而忽视人的个性,因而缺少一个以主客二分和主体性思想为主导原则的阶段,则是符合历史实际的。在实现现代化的过程中,我们需要把"天人合一"的正确思想原则与发展现代科技结合起来,才能为解决生态危机、改善人类的生存环境作出切实的贡献。如果只是陶醉于古代"天人合一"思想的高远境界,而不做长期艰苦的现代转化工作,那是根本谈不上什么"拯救人类"的。

"天人合一""万物一体"思想虽然蕴含着极其深刻的生态智慧,但是在宇宙论上,我们需要将这种朴素的整体论同当代生态学和复杂性科学的理论成果相结合,从而尽可能提供一种科学的自然观;在论证方法上,将个体的直觉体验同科学的分析和实验相结合;在实践层面上,将知识的普遍性和个人性相结合,使中国传统智慧和当代科学成果共同为生态危机的解决和中国特色生态文明建设服务。从这个意义上说中国古代"天人合一"思想应该经过现代转化朝向后现代的生态文明。

马克思人的需要理论的逻辑进路[*]

集美大学马克思主义学院　吕翠微

马克思人的需要理论是马克思立足于现实的人，在考察人类社会的过程中逐步形成的，是马克思人学理论的重要构成部分，为我们研究人的全面发展问题提供了科学的理论遵循。马克思虽然没有专门集中论述人的需要理论的相关论著，但关于人的需要的观点和思想在他各个时期的经典著述中都有涉及和论述。从整体上理解和把握马克思人的需要理论，探究马克思关于人的需要理论内蕴的逻辑线索，从而全面深入理解其实质和价值旨归，对于深刻理解马克思关于人的全面发展理论具有重要意义。马克思关于人的需要理论以现实的人为逻辑前提，将人的劳动实践作为逻辑起点，以人的自由全面发展作为逻辑归宿。只有深入探究马克思人的需要理论的内在逻辑，才能把握其科学内涵、理论实质和价值归宿，从而进一步厘清新时代人的需要所处的历史方位及发展方向。

一、"现实的人"是马克思人的需要理论的逻辑前提

唯物史观作为人类社会发展一般规律的科学，其关注的重点与核心始终是现实的人。在《德意志意识形态》中，马克思通过对黑格尔和费尔巴哈的批判，吸收了黑格尔辩证法的合理内核和费尔巴哈唯物主义的基本内核，阐述了实践活动对人的发展和社会生活的重要作用，提出了"现实的人"的概念。

---

[*] 原载于《党政干部学刊》2021年第9期。

（一）马克思对"抽象的人"的批判

黑格尔和费尔巴哈对马克思人的需要理论的形成具有重要的影响。黑格尔是德国古典哲学的集大成者，也是西方哲学史上首先运用辩证法探讨人的需要问题的哲学家。他在《法哲学原理》中全面地论述了人的需要，并把人的需要看作是人的机体介于主观与客观之间的矛盾。黑格尔从"绝对精神"出发去探讨人的需要，他所说的"人"是由自我意识创造的人，人所追求的自由只是精神层面的。黑格尔将自由作为人的特质来规定人性，其理论中的"人"是抽象的和永恒的。费尔巴哈是德国古典哲学的杰出代表人物之一，他在对宗教批判以及对唯心主义的扬弃等方面都作出了杰出贡献。费尔巴哈的人本主义理论对人的需要问题展开了深入的论述，他将人的需要与人的本质两者结合起来进行研究，为研究人的需要问题提供了新思路。费尔巴哈扬弃了黑格尔的"抽象的思维"，转向"感性客体"。这一转向决定了他从"感性直观"的角度去探索人的需要本质。但费尔巴哈把人看作是普遍感性的存在物，"他把人只看作是'感性对象'，而不是'感性活动'，因为他在这里也仍然停留在理论领域"[①]。在他看来，人是一种直观的自然存在，不能离开自然而存在，而且为了生存只能被动地适应自然，因此，他将人的自然规定性归结为人的本质规定性。费尔巴哈的人本主义理论中蕴含着对人的需要问题的深刻认识，但他的理论根本缺陷在于：他只是把人当作生物学意义上的人，只看重人的自然属性，忽视了人的社会属性，片面地将人的本质归结于肉体上的自然需求，"他还从来没有看到现实存在着的、活动的人，而是停留于抽象的'人'"[②]。因此，不论是黑格尔还是费尔巴哈，他们总是"习惯于用他们的思维而不是用他们的需要来解释他们的行为"[③]，致使他们所描述的"人"仅仅是"抽象的人"。

马克思经过一系列考察发现，一切问题的根源都能在人的现实活动中找到，"个人怎样表现自己的生活，他们自己就是怎样。因此，他们是什么样的，这同他

[①] 马克思，恩格斯.马克思恩格斯文集：第1卷[M].中共中央马克思恩格斯列宁斯大林著作编译局，编译.北京：人民出版社，2009：529.

[②] 马克思，恩格斯.马克思恩格斯文集：第1卷[M].中共中央马克思恩格斯列宁斯大林著作编译局，编译.北京：人民出版社，2009：529.

[③] 马克思，恩格斯.马克思恩格斯选集：第3卷[M].中共中央马克思恩格斯列宁斯大林著作编译局，编译.北京：人民出版社，2012：996.

们的生产是一致的,既和他们生产什么一致,又和他们怎样生产一致"①,也就是说,人能够存在和发展的根本原因或者现实基础是人的现实活动,人们通过现实活动改造自然界,生产自身所需的物质资料,在满足物质需要的同时也在完成自我的实现。马克思批判了黑格尔和费尔巴哈对人的理解的根本缺陷,他将人看作是一种超越动物本能活动的有自主意识的主体,重视人的社会属性,强调要从人的社会关系出发,植根于现实世界来考察人的本质。在《关于费尔巴哈的提纲》中,马克思立足于现实,将人的本质界定为"一切社会关系的总和"②,这一论断完成了对抽象的人的批判,明确了人的本质的现实性,使"抽象的人"转向处在社会关系中的"现实的人"。

(二)马克思提出"现实的人"

在《德意志意识形态》中,马克思批判了黑格尔和费尔巴哈"抽象的人",提出了"现实的人"的概念。他指出,"现实的人和现实的自然界不过是成为这个隐蔽的非现实的人和这个非现实的自然界的谓语、象征"③,"现实的人"指的是虽然受自身肉体组织约束却有着各种需要的人,虽然受各种社会关系约束却能根据自身的需要改变这些关系的人,是能够通过进行各种生产生活劳动来满足自身生存需要的人。"现实的人"有着不同于黑格尔和费尔巴哈"抽象的人"的内在规定性,概括来说,"现实的人"内在包含着以下含义:第一,"现实的人"是以肉体的存在为存在基础的。人是自然存在物,要依赖于自然界而存在,是和自然界中其他动物一样活生生的感性的存在。第二,"现实的人"以实践活动为存在基础。马克思直接从人的物质活动出发,强调人的劳动,将实践作为武器对"抽象的人"进行批判,把人作为"历史中行动的人"④去考察,从而完成了对"抽象的人"的纠偏和超越。第三,"现实的人"是处在一定的历史进程中不断发展变化的人。"现实的人"的活动

---

① 马克思,恩格斯.马克思恩格斯选集:第1卷[M].中共中央马克思恩格斯列宁斯大林著作编译局,编译.北京:人民出版社,2012:147.
② 马克思,恩格斯.马克思恩格斯选集:第1卷[M].中共中央马克思恩格斯列宁斯大林著作编译局,编译.北京:人民出版社,2012:139.
③ 马克思,恩格斯.马克思恩格斯文集:第1卷[M].中共中央马克思恩格斯列宁斯大林著作编译局,编译.北京:人民出版社,2009:217.
④ 马克思,恩格斯.马克思恩格斯全集:第21卷[M].中共中央马克思恩格斯列宁斯大林著作编译局,编译.北京:人民出版社,2003:334.

推动形成了人类社会,进而形成人类发展的历史,所以考察人类社会和个人发展的历史以及人的未来发展都必须将"现实的人"作为立足点。实际上,人类历史的形成就是人的需要的外化。人有了需要,并且以需要为起点进行实践活动,彻底将自身与动物分离开来,开启了人类历史。人不断地满足需要,又不断地产生新的需要,推动人类社会向前发展。人的需要与满足方式的相互作用及其发展,就构成了人类历史,同时也为人的生命活动赋予了实质的内容,变成了合理解释各种社会现象的基础。因此,对人的需要的考察必须也只能以"现实的人"为起点。

(三)马克思对"现实的人"的需要的考察

马克思对"现实的人"的需要的考察,是从"现实的人"的三重属性展开的。马克思立足于"现实的人",从人的自然属性、社会属性与类特性出发,阐明了"现实的人"的一般需要。

首先,人的自然属性决定了人具有自然需要。马克思认为"人直接地是自然存在物"[1],换句话说,人的自然属性是人的生存需要得以满足的先决条件。一方面,马克思认为人是"受动的、受制约的和受限制存在物"[2],需要外在对象来满足自身的生理性需要,人通过实践活动获取一定的外界物,以此来满足自身的需要。人是自然界的构成部分,和其他动物一样,人要依赖于自然界生活,并受自然界的制约。人的自然属性决定了人具有生物性需要,即满足吃、穿、性行为的需要等,这种需要就是人的自然需要:它和动物的需要是相同的。另一方面,马克思认为人是"能动的自然存在物"[3],不会满足于自然界提供的有限资源。人的自然力、生命力、创造力使人能够超越动物,人可以能动地认识自然和改造自然,能够通过认识和改造自然,从自然界获取满足人的自然需要的资源。

其次,人的社会属性决定了人具有社会需要。为了满足人的生物性需要,人必须要结成一定的社会关系,这就使人成为社会存在物。人的社会属性决定了人需要进行社会交往活动。人的自然属性和人的社会属性是有机统一的,人不能脱离社

---

[1] 马克思,恩格斯.马克思恩格斯文集:第1卷[M].中共中央马克思恩格斯列宁斯大林著作编译局,编译.北京:人民出版社,2009:209.
[2] 马克思,恩格斯.马克思恩格斯文集:第1卷[M].中共中央马克思恩格斯列宁斯大林著作编译局,编译.北京:人民出版社,2009:209.
[3] 马克思,恩格斯.马克思恩格斯文集:第1卷[M].中共中央马克思恩格斯列宁斯大林著作编译局,编译.北京:人民出版社,2009:209.

会而单独存在，人的本质只有对处于社会中的人来说才是存在的。正如马克思所说："人的本质不是单个人所固有的抽象物，在其现实性上，它是一切社会关系的总和。"①人作为社会存在物，人的社会需要的源头就来自人的生物性需要，正是为了满足生物性需要，人才逐渐变成了社会的人，满足自身需要的行为方式也变成了社会行为，基于身体自然的能力也变成了一种能够进行社会活动和生活的能力。概而观之，只有在社会活动中，个人才能成为"现实的人"。作为"现实的人"，其最显著的特点就是社会交往活动。一方面，人的社会交往促进了人的发展。人与人之间在社会交往的过程中逐渐产生了人类语言，而人类语言又使得人从简单的动物心理进化为人的意识，使人彻底与动物分离开来。另一方面，人的需要只有在社会交往中才得以满足并且不断丰富。在人类社会初期，低水平的生产力无法满足人的生存需要，人们为了满足自身的生存需要，必须联合起来，逐渐出现了部落、民族、国家等复杂的社会关系。人的需要也随之变化，有了政治诉求、精神向往等社会需要。人的社会需要又在这些社会关系中日益丰富并不断创造出更多的社会联系。

最后，人的类特性决定了人的精神需要。人是类存在物，"自由的有意识的活动恰恰就是人的类特性"。"蜜蜂建筑蜂房的本领使人间的许多建筑师感到惭愧。但是，最蹩脚的建筑师从一开始就比最灵巧的蜜蜂高明的地方，是他在用蜂蜡建筑蜂房以前，已经在自己的头脑中把它建成了。"②动物的活动是由它们的生理构造和本能决定的，而人的活动都是在意识指导下进行的有目的的活动，只有人能够把自己的需要和满足需要的方式当作自己的对象予以关怀，"动物只是按照它所属的那个种的尺度和需要来构造，而人却懂得按照任何一个种的尺度来进行生产，并且懂得处处都把固有的尺度运用于对象；因此，人也是按照美的规律来构造"③。也就是说，人的有意识的生产活动使人在社会交往和生产中对自身所处的自然和社会历史环境达到真理性认识，并能够按照人的需要去改造客观世界。这种有意识的活动使人为了满足美的需要和自由的需要，通过认识、扬弃、确证自身，从而实现自身的类的需要即人的精神需要。

---

① 马克思，恩格斯.马克思恩格斯选集：第 1 卷［M］.中共中央马克思恩格斯列宁斯大林著作编译局，编译.北京：人民出版社，2012：139.
② 马克思，恩格斯.马克思恩格斯选集：第 2 卷［M］.中共中央马克思恩格斯列宁斯大林著作编译局，编译.北京：人民出版社，2012：169-170.
③ 马克思，恩格斯.马克思恩格斯选集：第 1 卷［M］.中共中央马克思恩格斯列宁斯大林著作编译局，编译.北京：人民出版社，2012：57.

二、劳动实践是马克思人的需要理论的逻辑起点

人的需要通过劳动实践获得满足，又在劳动实践中产生新的需要。劳动实践不仅是人的需要获得满足的手段和途径，也是人的需要发展的动力和源泉。劳动实践推动人的需要从产生到发展、从简单到丰富、从低级到高级的发展过程；并且，由于劳动的异化导致人的需要异化，只有消除劳动异化，才能实现人的需要的真正全面的满足；因此，劳动实践是马克思人的需要理论的逻辑起点。

（一）劳动实践是人的需要获得满足的手段和途径

人们通过劳动实践改造自然界的过程"是制造使用价值的有目的的活动，是为了人类的需要而占有自然物，是人和自然之间的物质变换的一般条件，是人类生活的永恒的自然条件"①。概括来说，人的一切需要，包括衣、食、住、行等都依赖于人的创造性劳动，即人们通过劳动实践创造出拥有使用价值的人需要的物质产品——通过劳动实践活动实现自身需要的满足。"人们为了能够'创造历史'，必须能够生活。但是为了生活，首先就需要衣、食、住以及其他东西"②，这些物质资料都是通过自然界获取的，但自然界的物质资料是有限的，而人的需要是无限的，作为区别于动物的人，也不会仅仅止步于自然界所提供的有限的物质资料，人需要"生产制造出适合需要的对象"③。通过劳动实践改造自然界，将自然界原有的物质资料转变为人真正的需要对象。劳动实践不仅可以满足人们的物质需要，还可以满足人们的精神需要。人的精神需要的满足是通过精神创造和物质化手段来实现的，人首先通过精神创造将其完成，再通过物质化的手段将其体现出来。

（二）劳动实践是人的需要产生和发展的动力和源泉

人的需要和自然之间的矛盾是一直存在的。为了满足人的需要，解决矛盾，人

---

① 马克思，恩格斯.马克思恩格斯全集：第42卷［M］.中共中央马克思恩格斯列宁斯大林著作编译局，编译.北京：人民出版社，2017：208.
② 马克思，恩格斯.马克思恩格斯选集：第1卷［M］.中共中央马克思恩格斯列宁斯大林著作编译局，编译.北京：人民出版社，2012：158.
③ 马克思，恩格斯.马克思恩格斯文集：第8卷［M］.中共中央马克思恩格斯列宁斯大林著作编译局，编译.北京：人民出版社，2009：11.

必须不断地进行改造自然的劳动实践，新的需要也随着人的需要与自然之间的矛盾的改变而不断产生：劳动实践成为人的新的需要产生的推动力。人的需要具有丰富性和延展性特点，会随着人的劳动实践不断发展而得到优化。"已经得到满足的第一个需要本身、满足需要的活动和已经获得的为满足需要而用的工具又引起新的需要。"①人们在劳动实践过程中不仅使前一个需要得到了满足，还为后一个需要的产生创造了条件，推动新的需要的产生。劳动实践本身也在创造着人的需要，当劳动者生产出新奇且丰富的产品时，对该产品的需要就会被相对应的人创造出来，并由这一需要衍生出其他的需要，不断拓宽人的需要范围。通过劳动实践，人满足了自身某一范围或某一时期的需要，新的需要又会应运而生。为了满足新的需要，人又开始新的劳动实践，这时新的更高级的需要又随之产生，从而通过"实践——需要——实践"的循环上升运动，推动人的需要由低级向高级发展。

（三）只有消除劳动，异化人的需要才能得到真正的实现

异化理论最早出现于黑格尔哲学中，黑格尔用它来表示"绝对精神"的"外化"和"对象化"，费尔巴哈用它来批判宗教的异化，马克思在批判资本主义社会现实时提出了异化劳动的思想。马克思认为，在资本主义社会，工人的劳动发生了异化，也就是说劳动本该是自由自觉的活动，是确证人的本质力量的活动，但工人的劳动在资本家的剥削下发生了异化。在劳动中，工人"不是肯定自己，而是否定自己；不是感到幸福，而是感到不幸；不是自由地发挥自己的体力和智力，而是使自己的肉体受折磨、精神遭摧残"②，工人丧失了人之非物、人之为人的属人性。"异化劳动把自主活动、自由活动贬低为手段，也就是把人的类生活变成维持人的肉体生存的手段。"③这就迫使人不再把自由当作自身的存在方式，不再将自由自觉活动作为活动的目的，只能将其当作维持自身基本生存的手段。劳动不仅是满足人的需要的根本方式，它又是人的所有需要中起决定作用的需要。既然被看作人的类本质的自由劳动出现了异化，那么人的需要也必然随之发生异化。劳动的异化实际带来

---

① 马克思，恩格斯.马克思恩格斯选集：第 1 卷［M］.中共中央马克思恩格斯列宁斯大林著作编译局，编译.北京：人民出版社，2012：159.
② 马克思，恩格斯.马克思恩格斯文集：第 1 卷［M］.中共中央马克思恩格斯列宁斯大林著作编译局，编译.北京：人民出版社，2009：53.
③ 马克思，恩格斯.马克思恩格斯文集：第 1 卷［M］.中共中央马克思恩格斯列宁斯大林著作编译局，编译.北京：人民出版社，2009：57.

了人的需要的异化。马克思在《1844年经济学哲学手稿》中全面地阐述了人的需要及其在资本主义社会中出现的异化状况。他着重对人的需要的异化现象展开了分析和批判。具体表现在以下几个方面：一是人的需要的工具化，即把人的需要看成是少数人获得私人利益和支配他人的工具。马克思尖锐地指出，在资本主义社会，"每个人都力图创造出一种支配他人的、异己的本质力量，以便从这里面找到他自己的利己需要的满足"①。工人为了满足基本生存需要向资本家出卖劳动，资本家利用工人的需要压榨和支配工人为自己谋取私利。二是人的需要的野蛮化，即把人的需要动物般地野蛮化，甚至连最基本的动物性需要也满足不了，这说明工人的需要已经被迫下降到了动物的需要。"甚至对新鲜空气的需要也不再成其为需要了。人又退回到洞穴中……而且他在洞穴中也是朝不保夕……甚至动物的最简单的爱清洁习性，都不再是人的需要了。"②这种野蛮化的需要及其满足，使人无法成为人的存在，而只能成为动物的存在。三是人的需要的物化，即只着眼于物质层面的人的需要，将占有货币和追求财富的需要变成了人的一切需要的出发点，"一切情欲和一切活动都必然湮没在贪财欲之中"③。相对地满足物质财富的需要变成了绝对地，物质需要也从满足人的生存、发展需要变成了奢侈和炫耀，对物质财富的欲望变成了人们终其一生也填补不了的黑洞；物质需要成为人们追求的唯一需要。概而观之，异化了的需要，因它的工具化、野蛮化、物化，不仅使人丧失了人之为人的属人性，也使人失去了满足人的生存和发展的作用，成为异己的、否定人的、敌视人的力量，阻碍人的需要的满足和发展。因此，扬弃需要的异化是人的需要的满足和发展的必然要求。需要异化的直接根源是劳动异化，只有消除劳动异化，才能实现人的需要的真正全面满足。

三、自由全面发展是马克思人的需要理论的逻辑旨归

在资本主义社会中，工人的需要被强制降至人的动物性需要，工人的需要被异

---

① 马克思，恩格斯.马克思恩格斯文集：第1卷［M］.中共中央马克思恩格斯列宁斯大林著作编译局，编译.北京：人民出版社，2009：223.
② 马克思，恩格斯.马克思恩格斯文集：第1卷［M］.中共中央马克思恩格斯列宁斯大林著作编译局，编译.北京：人民出版社，2009：225.
③ 马克思，恩格斯.马克思恩格斯文集：第1卷［M］.中共中央马克思恩格斯列宁斯大林著作编译局，编译.北京：人民出版社，2009：227.

化。在马克思所设想的共产主义社会里，人的需要将能够得到满足，每个人都能实现自由全面的发展需要。在《资本论》中，马克思描绘了未来理想社会将是真正属人的社会，"以每一个个人的全面而自由的发展为基本原则的社会形式"①。从这里可以看出，人的自由全面发展是人的需要的价值内核，也是马克思人的需要理论的逻辑归宿。

（一）平等发展是实现人的需要的基础

每个人的自由全面发展是在所有人平等发展的基础上实现的，因而平等发展是每个人的需要获得实现的基础。但在资本主义社会，人与人的地位是极不平等的。马克思指出："各个人在资产阶级的统治下被设想得要比先前更自由些，因为他们的生活条件对他们来说是偶然的；事实上，他们当然更不自由，因为他们更加屈从于物的力量。"② 少数人的享乐以大多数人的痛苦为条件。工人为了获得生存资料，必须向资本家出卖自己的劳动，这就决定了资本家与工人的地位是极不平等的。他们之间地位的不平等又导致了资本家对财富的占有与工人的基本需要的满足之间的不对等。物质财富都掌握在资本家手中，他们已经满足了生存需要，转向享受需要和发展需要，追求物质消费，甚至过度消费。追求绘画、音乐、骑马等高层次的享受需要好像天生就是资本家享有的权利；而工人却连最基本的生存需要都满足不了，基本的生存需要变成了他们的唯一需要：享受需要和发展需要似乎与工人毫无关系，就像天生不属于他们一样。工人和资本家地位的不平等所导致的需要获得满足的不平等，又进一步加剧了需要主体的不平等，最终导致了人的实践活动能力、社会关系、个性都是片面的、不自由的、畸形的发展，阻碍了人的自由全面发展。平等发展是人的自由全面发展的前提条件，但平等发展在私有制存在的社会显然是无法实现的。马克思明确提出"平等，作为共产主义的基础，是共产主义的政治的论据"③，也就是说，只有在消灭了私有制的共产主义社会，人摆脱了不合理的束缚和限制，才能实现真正的平等，每个人才能平等地满足自身的所有需要。

---

① 马克思，恩格斯.马克思恩格斯选集：第2卷［M］.中共中央马克思恩格斯列宁斯大林著作编译局，编译.北京：人民出版社，2012：267.
② 马克思，恩格斯.马克思恩格斯选集：第1卷［M］.中共中央马克思恩格斯列宁斯大林著作编译局，编译.北京：人民出版社，2012：120.
③ 马克思，恩格斯.马克思恩格斯文集：第1卷［M］.中共中央马克思恩格斯列宁斯大林著作编译局，编译.北京：人民出版社，2009：231.

（二）自由自觉的劳动是实现人的需要的前提

人的本质是自由自觉的活动，对劳动的需要实际上是对自由的需要，而自由作为人的本性，又内蕴于人的劳动之中。在资本主义社会，工人的劳动被异己的社会关系所支配，人的自由自主的活动被迫成为工人谋生的手段，失去了自由自主。此时的劳动对工人来说不是自我价值的实现，而是非人的、痛苦的。人类社会不断向前发展，是一个由低级演变为高级、由简单演变为复杂的螺旋式上升的过程。随着人类社会的发展，未来社会必然会到达这样一种状态：极大丰富的物质财富可以满足每个人的自然需要；支配着人们把追求物质财富当作唯一目标的劳动已成为过去；人与人之间为了夺取和支配物质资料而展开的竞争，也因为物质资料的极大满足而停止了；在满足了人的生存和享受需要后，人们就会转而关注自身的发展，追求自身需要本性的实现——对劳动本身的需要。这就是马克思所勾勒的共产主义的理想生活：人不再需要通过劳动获取财富，按需分配取代了按劳分配。此时的劳动"已经不仅仅是谋生的手段，而且本身成了生活的第一需要"[①]。劳动变成了人的第一需要，是对人的本性的真正占有，人在劳动中真正享受着自由自觉的快乐并确证自己的本质。

（三）全面发展是实现人的需要的保障

在共产主义社会，人的自由全面的发展得以实现，人在满足了自身的生存需要后，向更高级阶段的享受需要与发展需要迈进，相应地人的需要也将得到充分的满足。第一，人的实践活动能力将得到全面的发展，人的一切能力将会被最大可能地发挥出来。"任何人的职责、使命、任务就是全面地发展自己的一切能力，其中也包括思维的能力。"[②] 也就是说，全面地发展自己的全部能力是每个人的使命和任务。马克思主张人要在社会实践中充分发挥自身的创造性天赋，无论在任何境遇里，都可以发挥出自身的能力，使自我价值与社会价值得到更好的实现。第二，所有人的社会关系得到全面发展。人与人交往形成了纷繁复杂的社会关系，包括经济、政

---

① 马克思，恩格斯．马克思恩格斯文集：第3卷［M］．中共中央马克思恩格斯列宁斯大林著作编译局，编译．北京：人民出版社，2009：435．

② 马克思，恩格斯．马克思恩格斯全集：第3卷［M］．中共中央马克思恩格斯列宁斯大林著作编译局，编译．北京：人民出版社，2016：330．

治、道德、交往、家庭等关系。人要想得到自由全面的发展，就必须摆脱阻碍人自由全面发展的一切狭隘的界限，社会交往和互动要深入各个层次和领域，不断扩展人的社会活动范围，拓宽人的社会关系，每个人可以完全地占有全部的社会关系。只有在共产主义社会，极大丰富的社会关系使孤立片面发展的人变成丰富的人，让地域的人变为世界历史的人，将封闭的人变成开放的人，人才能够完全占有全部的社会关系。第三，所有人的个性得到自由全面发展。在共产主义社会中，人的个性随着个人的交往关系和个体自身能力的全面发展，人的需要也将获得全面的满足和实现。

通过对马克思关于人的需要理论的探究，我们进一步明确了人的需要的逻辑前提、人的需要的逻辑起点和人的需要的逻辑旨归。马克思通过对"现实的人"的三重属性分析，得出了"现实的人"具有的三重需要，即自然需要、社会需要以及精神需要，并深入阐明了"现实的人"的一般需要。人的一般需要只有通过劳动实践才能得以满足，劳动实践不仅是满足人的需要的手段，也是新的需要产生的动力，推动着人的需要从低级向高级发展。但在资本主义社会，人的劳动是被异化的，因而人的需要也是异化的，表现为人的需要的工具化、野蛮化以及物化，严重阻碍了人的需要的满足及发展。只有到了共产主义社会，人的发展摆脱了不合理的束缚和限制，人的需要回归到本真状态，劳动成为人的第一需要，人的本质得到确证，人的需要才能得到真正的满足，即实现了人的自由全面发展，这也是马克思人的需要理论的最终归宿。

【基金项目】黑龙江省高等教育改革思想政治理论课及"习近平新时代中国特色社会主义思想"专题教学科研团队择优支持计划项目（项目编号：SJGST2020003）的研究成果。

人的定义的解构与重构

华中科技大学哲学学院 韩东屏

人是什么？

这是一个极其诱人也异常恼人的问题。说其极其诱人，在于人作为人，自然非常想知道自己是什么，本质何在；说其异常恼人，则在于这个看似十分简单的问题其实一点儿都不简单，乃至今天也没能形成一个可以得到普遍认同的回答。

我将从反思前人的回答开始，以便尝试给出一个经得起推敲的回答。

一、"人"的既有定义

古希腊太阳神神庙上的神谕"认识你自己"表明，人类对自身的追问至少在两千多年前就开始了。从那时起至今，人们对此问题给出了许许多多各不相同的回答，它们最终可以归结为以下十种。

其一是用神创定义人，说人是神的创造物。这主要是早期神话和基督教神学的观点。

其二是用理性定义人，说人是理性的动物。这个观点最具影响力，历史也最悠久，可以追溯到苏格拉底，他认为"人是一个对理性问题能给予理性回答的存在物"[1]。

其三是用政治定义人，说人是政治动物。这是亚里士多德的说法，他发现只有人类才有政治的组合，[2] 因而"人类在本性上，也正是一个政治动物"[3]。

---

[1] 卡西尔. 人论[M]. 甘阳，译. 上海：上海译文出版社，1985：9.
[2] 亚里士多德. 政治学[M]. 吴寿彭，译. 北京：商务印书馆，1996：9.
[3] 亚里士多德. 政治学[M]. 吴寿彭，译. 北京：商务印书馆，1996：7.

其四是用语言定义人，说人是语言动物。这个观点大致也出自亚里士多德："在各种动物中，独有人类具备言语的机能。"①尽管现代的动物研究已经证明动物也有语言，能与同类交流、分享信息，但当代还是有人类学家坚持认为，"只有人类是唯一可以使用语言符号进行交流的生物。"并特意对"语言符号"概念做了一个只能为人所有的解释："是一个将人造符号用语法联系起来的系统，能够创造出无限的准确话语。"②

其五是用道德定义人，说人是道德动物。这个观点是从中国古代儒家的观点推出来的。孟子的说法可为代表："人之所以异于禽兽者几希，庶民去之，君子存之。舜明于庶物，察于人伦，由仁义行，非行仁义也。"

其六是用工具定义人，说人是工具动物。富兰克林说："人是制造工具的动物。"马克思表示赞赏，说他"对人下了一个正确的定义"③。恩格斯也据此将在由猿到人的过程中起了决定作用的"真正的劳动"，规定为"是从制造工具开始的"④。人之所以制造工具，自然是为了使用工具，于是后来"人是制造工具和使用工具的动物"的说法成为更常见的表述。但是当当代科学研究发现黑猩猩和古猿也会制造工具和使用工具之后，用工具定义人的方式就面临危机。为了挽救用工具定义人的方式，巴托洛缪和伯塞尔是将原定义修改为"人类是不断依靠工具来维持生存的唯一哺乳动物"⑤，意为动物虽然也制造工具和使用工具，但只是偶尔的行为，而人则是总在制造工具和使用工具，并以此维持自己的生存。而哲学学者邓晓芒则是将原定义修改为"人是制造、使用和携带工具的动物"。他提出"携带工具是人跟猿类相区分的一个最重要的界限"，并且，正是因为人要携带工具，才开始直立行走乃至形成语言。⑥

其七是用精神定义人，说人是精神性动物。在近现代，将精神或某种精神要素作为人类区别于动物的特性的看法较多。有些来自哲学家，如舍勒的人是唯一有精

---

① 亚里士多德.政治学［M］.吴寿彭，译.北京：商务印书馆，1996：8.
② 克里斯蒂安.极简人类史：从宇宙大爆炸到21世纪［M］.王睿，译.北京：中信出版社，2016：53.
③ 马克思，恩格斯.马克思恩格斯全集：第47卷［M］.中共中央马克思恩格斯列宁斯大林著作编译局，编译.北京：人民出版社，1963：105.
④ 马克思，恩格斯.马克思恩格斯选集：第3卷［M］.中共中央马克思恩格斯列宁斯大林著作编译局，编译.北京：人民出版社，2012：994.
⑤ 郑开琪，魏敦庸.猿猴社会［M］.上海：知识出版社，1982：111.
⑥ 邓晓芒.人类起源新论：从哲学的角度看（上、下）［J］.湖北社会科学，2015（7/8）.

神趋向的优越存在物;有些来自人类学家,如兰德曼的人是精神的生物。①

其八是用文化定义人,说人是文化的动物。这个观点主要来自文化人类学或文化哲学。由于这里的"文化",在很多人那里仅指科学、哲学、道德、文艺、宗教之类精神产物,所以那些强调人是精神性动物的人类学者也会同意这种观点,如兰德曼也说"人是创造文化和使用文化的人"。与之不同,施忠连是将文化理解为"人所创造的一切"②,并在这个前提下说:"只有把人看作是文化的生物,才能真正深刻地把握人的类特性。"③ 这就说明,"人是文化的动物"这个定义中的"文化",存在着广义和狭义两种解释,前者包括一切人类创造物,后者仅指人类的精神产品。

其九是用生物性的未特定化定义人,说人是未特定化的生物。这是生物人类学家的观点,其内蕴是人与动物的最大区别是未特定化。动物是特定化的,其感官适应于每一种特定的生活条件和需要。动物的特定化的范围就是动物的本能,规定了动物在每种场合下的活动。相反,人未特定化,人的感官没有特定对象,因而人不能自然而然地生活于自然界,是未完成或有先天缺陷的生物。但这也意味着人不被本能所制约,能从事创造和发明。正因如此,人才有能力补偿自己的缺陷,才能超越有足够装备的动物。④

其十是用自由定义人,说人是自由的动物。马克思的这个说法可谓代表:"一个种的整体特性、种的类特性就在于生命活动的性质,而自由的有意识的活动恰恰就是人的类特性。"⑤

二、解构既有定义

以上关于人的十种不同定义,尽管各有其理,但经认真审视,都不能完全令人满意。

---

① 欧阳光伟.现代哲学人类学[M].沈阳:辽宁人民出版社,1986:90,94-95,200-202,210.
② 施忠连.文化的生物:人[M].长沙:湖南文艺出版社,1988:6.
③ 施忠连.文化的生物:人[M].长沙:湖南文艺出版社,1988:8.
④ 欧阳光伟.现代哲学人类学[M].沈阳:辽宁人民出版社,1986:127-128.
⑤ 马克思,恩格斯.马克思恩格斯选集:第1卷[M].中共中央马克思恩格斯列宁斯大林著作编译局,编译.北京:人民出版社,2012:56.

其中有四种是错误的。首先，神创说的人的定义是错的。这无须多说，达尔文的生物进化论和其后越来越多的人类学事实证据表明，人类是由猿进化来的，而非神所造。其次，人是理性动物的定义是错的。人是有理性，但理性是什么？又何以知道动物没有理性？逻辑推理能力是理性的典型标志，现代动物学家的大量观察和实验表明，动物也有一定的逻辑推理能力。与之同理，在语言上不论有人怎么定义"语言符号"，人类的语言和动物的语言仍然也是只有量的差异而无质的不同。最后，生物人类学家的"人是未特定化的生物"也是错误的，其错误在于颠倒了因果关系。事实上，根本不是因为人未特定化才从事创造和发明的，而是因为人总在创造和发明，才逐渐变为未特定化的，即变得不能像动物那样仅仅出于本能就能生存。只要我们不否认人是由猿进化而来的，立刻就能明白这一点。

有四种定义不够全面，存在片面性。

政治、道德、精神，的确可说都是人类独有的东西，因而"人是政治动物""人是道德动物""人是精神动物"的说法都是对的。但也正因为它们都是对的，所以无论以其中的哪一个作为人的定义，都一定存在片面性。这就是，每个说法都只说出了人与动物的一种不同，而不是所有不同或总体性的不同。并且，每个说法也都没有证明，唯有自己所说的那个不同，才是人与动物的根本不同。

从工具出发的人的定义也存在片面性。因为其所说的工具都是狭义工具，仅指用于物质生产的器物，既不能涵括政治、道德、精神之类，也算不上是人类与动物的本质性区别。虽然后来的"人类是不断依靠工具来维持生存的唯一哺乳动物"和"人是制造、使用和携带工具的动物"，似乎都找到了人与动物在工具方面的本质不同：前者的不同在于人用工具维生而动物不是，后者的不同在于人携带工具而动物用了就丢。但是它们还是未能证明，只有自己说的那个不同，才是人与动物的本质性不同。

至于以文化定义人的方式，则存在两种情况。如果该类定义中的"文化"是指狭义文化，那么，尽管它可以涵括人的所有精神创造物，却还是不能涵括同样由人创造也为人独有的各种用于生产和生活的器物，仍然存在概括不全的片面性。如果该定义中的"文化"是指"人所创造的一切"，虽可避免片面，又有其他问题。一个合理的人类定义，应与人的起源相吻合。按照"人是文化的动物"的定义来进行判断，人类就要被说成是在古猿第一次制造工具并使用工具的那一瞬间诞生的。但事实是这样的吗？显然不是。

与之类似，第十种人类定义虽然已经将"自由的有意识的活动"指认为人的"整体特性"，而不是某一种特性，但用其推论出的人类定义，还是无法判断人类诞生于何时，甚至哪怕只是给出一个大致的判断也做不到。因为一直以来，我们连"自由是什么"都没有搞清楚，又如何能知道人类是在何时具备自由特性的？又如何能断定自由是人所独有而动物所没有的特性？

总之，十种人的定义中，四种是错的，四种存在片面性，一种如果不说属于片面，就属于意思混乱，并且也不好运用。还有一种，除了也不够好运用，还不好解释。这就说明，我们需要重构人的定义。

三、重构"人"的定义

鉴于以往定义的不足以及对它们的反思，我认为，给出经得起推敲的"人"的定义应该注意满足以下两点。

第一，要沿袭马克思的"一个种的整体特性，种的类特性就在于生命活动的性质"这个思路来给人下定义。这是因为，下定义就是要揭示对象的种差，即类特性。由于我们是要揭示人这种有生命且会活动的物种的类特性，那就的确应从确定其"生命活动的性质"入手。同时需注意的是，我们所要确定的人的生命活动的性质，不仅应该是唯人独有的特殊性，而且还应该属于人的生命活动的"整体特性"，如此才能免除人的定义的片面性和不应有的多元化。

第二，要使所给出的人的定义，既与人类的起源相吻合，又与人在各个时代的状况相吻合，最好还能与人类的整个宿命相吻合。因为定义是揭示对象本质的，必须与对象自始至终相一致。从而一方面能使我们反过来用它判断人类诞生的大致时间；另一方面也能避免我们在以它为标准时，反将其他时代的人或其中的某些人，推断为不是人。

根据以上两点，我给出的定义是：人是凭自造物而生存发展的活动者。这个定义看起来与"人类是不断依靠工具来维持生存的唯一哺乳动物"的说法似乎差不多，但实际上已有诸多质的不同。

在我这个定义中，"自造物"首先是指自己创造的东西，其次也包括自己制造的东西。后者或者是对前者的重复，或者是对某种具体自然物的直接模仿，如模仿天然石斧打制的石斧。用"自造物"取代"工具"的必要性在于，它可以将天然工具排除在外，这样就可以避免将偶尔使用自制工具而多是使用天然工具的猿类动物或人类的动物祖先，排除在人的定义域之外。

更为必要的是，以往的"工具"仅指物质生产工具，可人的生存并非仅仅是依靠物质生产工具，而是还要运用其他种类的自造物。因为人的生存或生命活动，并不仅仅是物质生产这一种活动形式，而是一种全面性的活动，既包括生产，又包括生活，还有生产和生活中都必不可少的人际交往。况且，生产也不仅仅是物质产品的生产，而是还有精神产品的生产；生活也不只是吃喝住行，而是还有性配繁衍、生老病死和休闲娱乐等。因此，区别于动物的人的生存方式或生命活动方式，除了会体现为以自造的物质生产工具进行物质资料的生产，也应同时体现为在生产生活的其他方面也在使用自造物进行活动。这就是说，仅有自造物质生产工具还不能叫形成了人的生存方式，只有在生产生活的各个方面或至少是各主要方面都在使用自造物进行活动时，才算是真正形成了人的生存方式。人的生存方式的真正形成，意味人的诞生。因此，人就是由于全面性地运用自造物生产生活，才正式地由"正在形成中的人"变成了"完全形成的人"。正因为人并不仅仅是依赖物质生产工具才具有了人的生存方式并变成人的，所以改以使用"自造物"这一具有整体性的概念就可以避免片面性，成全全面性。因为它既可以涵括自造的物质生产工具，也可以将自造的生活用具、交往中的语言和人为规则、娱乐中的游戏和竞技、精神活动中的各种产品和活动模式，不论是最初就有的生存经验、自我性知识、对象性知识、语言、人为规则（如原始禁忌），还是稍后出现的信念、信仰、巫术、祭祀、游戏、艺术，抑或很晚以后才拥有的文字、宗教、哲学、科学等，也都统统涵括进来。

人类的所有自造物都属于文化，文化也是人类所有自造物的总称，故我这个定义也可转换为：人是凭文化而生存发展的活动者。

在这个定义中，用"凭"取代"依靠"的必要性在于，"依靠"有出于被动无奈之意，"凭"则有主动选择、自愿如此之意。而"自造物"恰恰就是人的自主选择和刻意追求的结果。这就意味着人一旦是在凭自造物生产生活，就摆脱了大自然对于自己的先天限制或特定化规定，成为"自由的有意识的"活动者。

在这个定义中，用"生存发展"取代"生存"的必要性在于，动物只是生存，没有发展，人则不仅仅是生存，还有发展。

在这个定义中，"活动者"是特指有生命且能运动的存在者，用它取代"动物"的必要性在于，所有动物乃至所有生物都是以符合自然法则或自然选择的基因突变的方式去适应自然环境的变化而得以存续的,唯独人是用自造物来适应环境或改变自然状况以适应自己而续存的,因而也就不必像动物那样依赖基因突变适应环境变化。加之,只有人是拥有文化的,只有人是能发展且不断发展的。所以,人类已与所有种类的动物都根本不同,只能自成一类,作为与动物并列而不是被动物所包含的另类活动者。这就是说,"活动者"这个概念不全等于动物,而是包括人和动物这两个类。

正因为"自造物"包含了人所创造的一切,而"凭"是自由的体现,"发展"又是唯人独有的存在方式,所以,"凭自造物生存发展"就是人的生命活动的整体特性或类特性,就是人与动物的本质性种差或根本性差异所在。并且,正因它是人的"整体特性"和相对于动物的"根本性差异",所以人与动物在其他各个方面所存在的种种具体差异,也都已被它一网打尽,囊括其中。

中国精神的本质规定及其内在逻辑

武汉大学马克思主义学院马克思主义理论与
中国实践协同创新中心　左亚文　高晓英

对于什么是中国精神、如何对中国精神进行界定,自近代以来,就众说纷纭,见仁见智。近几年来,中国精神的讨论又被推到了理论的前台,成为人们关注的一个热点。在吸取已有成果的基础上,本文仅就中国精神的本质规定及其内在逻辑结构再作一点反思,与学界同人交流。

一、界定中国精神的几个前提性问题

在对中国精神下定义之前,必须澄清这样几个前提性问题:究竟有无中国精神?如果有的话,中国精神是否包含了消极的方面?中国精神、民族精神、时代精神是否是一个东西?只有把这几个关涉中国精神是否成立的前提性和基础性问题搞清楚了,我们才有可能对中国精神作出本质规定。

其一,在这个世界上究竟有无中国精神?或者准确地说,究竟有无积极的中国精神?无疑,精神与民族共存,没有哪个民族没有自己的精神,问题在于有无积极的民族精神。梁启超把中华民族的精神称为"中国魂"。在他看来,"中国魂"尚未形成,甚至"杳不可见",因而提出要"制造中国魂是也"。而其所倡导的中国魂是具有"爱国心与自爱心"的兵魂。他于1899年在《清议报》第33期发表的文章《中国魂安在乎》中,首次提出"中国魂"的概念,并指出"吾因之以求我所谓中国魂者,皇皇然大索之于四百余州,而杳不可得。吁嗟乎伤哉!天下岂有无魂之

---

* 原载于《理论探讨》2021 年第 5 期。

国哉！……今日所最要者，则制造中国魂是也。中国魂者何？兵魂是也……夫所谓爱国心与自爱心者，则兵之魂也……"梁启超所谓的"兵魂"，即是指尚武的精神。在该文中，他大赞古斯巴达、德意志、俄国和我国近邻日本的尚武精神，而对于中国"文弱"则持极尽批判和斥责的态度。他说："我们中国却以文弱在世界上考第一名，逆来顺受，窝囊透顶，东亚病夫，病入膏肓。"

黑格尔也认为传统的中国没有自己自觉的民族精神。在其《历史哲学》中，他从精神本体的高度运用思辨的语言来阐述中国的民族精神，指出其还未曾分化，尚处于"实体性原则"之中。他说，在中国人的精神中，"客观性和主观性自由的那种统一已经全然消弭了两者间的对峙，因此，物质便无从取得自己的反省，无从取得主观性。所以，'实体的东西'以道德的身份出现，因此，它的统治并不是个人的识见，而是君主的专制政体"[1]。这就是说，在中国人这里，自由的自我意识还未产生，一种未曾区分的单纯自然物质性泯灭了一切，整个民族乃是以君主之意志为意志，个体的意志则无从取得自己的主体性和自觉性。

应该说，黑格尔和梁启超的这些批判性的观点有其深刻之处，但他们却把这种观点推向了极端。实际上，即使在君主专制下，被压抑的民族精神的"实体"也不是铁板一块，人作为"能思维的动物"[2]，无论是统治者和一般的知识分子，都会在当时历史条件所许可的时空限度内对自然和社会的发展及其本质规律进行反思，在寂静的思想夜空中，总会时常爆发出精神的闪光。因此，完全否定中国人有自己积极向上的民族精神，有反省或反思的意识，有其自身的历史及其进步性，这是十分片面和偏颇的。

其二，中国精神是否包含消极的方面？对这个问题，肯定者有之，否定者有之，但持否定观点的人居多。后者的理由主要是因为党的十六届六中全会提出了社会主义核心价值体系，其重要内容之一就是以爱国主义为核心的民族精神和以改革创新为核心的时代精神，这些都是积极的、正向的元素。[3] 也有的学者认为，中国精神作为一种"精神性的存在"，源于几千年中国历史发展的文化积淀，也是当前中国的精神生活和精神状态的一种整体性概括，其内涵既包括中国优秀文化中所包含的民族精神和时代精神，也包括当前社会转型背景下消极性的精神体验和心理倾

---

[1] 黑格尔. 历史哲学[M]. 王造时，译. 北京：生活·读书·新知三联书店，1956：161.
[2] 黑格尔. 小逻辑[M]. 贺麟，译. 北京：商务印书馆，1980：216.
[3] 佘双好. 深刻理解中国精神在当代中国的特定内涵[J]. 思想理论教育，2019（5）.

向，是中国精神状态的整体性呈现。①

如果从整体性和综合性的角度来观照和考察中国民族的精神文化的话，那么对其所包含的某些消极性或糟粕性的东西进行反思是可以而且必要的，但是当我们对其进行了创造性转化和创新性发展的自我扬弃之后，其所呈现出来的就是积极的、正向的精神理念，这在理论上也是可能而且必要的。我们党所提出的以爱国主义为核心的民族精神和以改革创新为核心的时代精神以及社会主义核心价值观的理念等就是这样的精神，而这些精神正是构成中国精神的重要的本质内涵。

其三，中国精神、民族精神、时代精神是否是一个东西？有些学者认为中国精神实际上就是中华民族的民族精神，二者是一个东西；时代精神就是一个民族在不同历史阶段所表现出来的、具有其时代特征的精神，而中国精神就是民族精神和时代精神的统一。但有些学者认为，中国精神、民族精神、时代精神是三个有差别的东西。问题是如何理解这种差别。有人认为，民族精神是蕴含于一个民族精神中的基因，它具有相对稳定的性质，而时代精神则呈现历史性和变动性的特点。中国精神不仅仅是民族精神和时代精神的统一，还是实然和应然的结合，因而它不但加入了当今世界中那些我们应该吸取和借鉴的先进的思想精神，而且应倡导那些尚未确立但适应社会发展需要的精神理念。

我们认为，三者的关系可以从三个方面来加以认识。第一，就其客观存在形态来看，中国精神、民族精神和时代精神是一个东西。无论是中国精神还是民族精神，并非一个独立的实存，而是蕴含于每一个历史阶段的时代精神之中，并通过时代精神而实现出来。正如黑格尔所说，精神"并不是一尊不动的石像，而是生命洋溢的，有如一道洪流，离开它的源头愈远，它就膨胀得愈大"②。因此，一个民族的精神处在不断流变的过程中，并通过不同历史阶段的时代精神而得以彰显。这也正如一个人，他历经童年、少年、青年、壮年直到老年，其生命包括精神就存在于人生各个阶段之中，而没有一个独立于这些阶段之外的抽象的人。中国精神、民族精神和时代精神的关系就是如此。

第二，在其理论抽象的形态上，中国精神、民族精神与时代精神又是有差别的。时代精神是一个民族在各个不同历史阶段的精神的抽象，它带有其时代的特质，因而是"一种特别的'民族精神'"③。而民族精神实际是从各个不同历史阶段

---

① 魏泳安.中国精神研究述评［J］.社会科学动态，2018（10）.
② 黑格尔.哲学史讲演录：第1卷［M］.贺麟，王太庆，译.北京：商务印书馆，1959：8.
③ 黑格尔.历史哲学［M］.王造时，译.北京：生活·读书·新知三联书店，1956：104.

的时代精神中进一步凝练出来的、带有普遍性或共性的东西，它如同一个民族精神发展中相对稳定的基因。从"变"与"常"的关系看，民族精神就是"变"中之"常"，即历史流变中那常住不变的东西。然而，这种作为常住不变的文化基因虽然是客观的，但却是一种理论抽象的产物。正如"水果"是各种具体水果如苹果、李子、桃子、香蕉等的抽象一样，虽然它也是客观的，但却不是一种独立的存在。中国精神则是民族精神和时代精神的统一，是"变"与"常"的结合，它以扬弃的形式包含了民族精神和时代精神，是对一个民族的精神的最高抽象。

第三，中国精神是传统与现代、实然与应然、民族性与世界性的统一。首先，中国精神不是从天上掉下来，也不是从人的头脑里主观自生的，它是历史的产物，是在中华民族上下五千年文明发展过程中逐渐生成和积淀的结晶，离开传统和传统文化，它就成了无源之水和无本之木。因此，中国精神的根就存在于中国传统文化之中。

其次，中国精神是实然与应然、民族性和世界性的统一。一个民族的精神"并不仅仅是一个管家婆，只是把她所接受过来的忠实地存在着，然后毫不改变地保持着并传给后代"[①]。历史地变动着的中国精神是面向未来、面向世界的，因而必然要在自我扬弃的基础上，对一切有利于自身发展的东西进行积极的吸纳和借鉴、创造和建构。

最后，中国精神的立足点、着眼点、归宿点在当代而不是古代。它站在当代，回望、追溯历史，反省、反思传统，最终又归结于、落脚于现实。因此，当我们去探讨中国精神时，决不能将其视为考古学、考据学，毋宁说，它是从历史的源头一路走向时代深处的发展学、创造学和建构学。

二、中国精神的本质规定

自近代以降，人们从不同的角度对于什么是中国精神提出了不少定义。例如，辜鸿铭在其《中国人的精神》一书中，将中国人的精神归结为一种性情和心态。他说："中国人的精神……是一种精神的状态，一种灵魂的性情……简而言之，它是一种心态，或者用诗人的语言说，是一种平静而受到庇佑的心态。"[②] 有的学者从价

[①] 黑格尔.哲学史讲演录：第1卷[M].贺麟，王太庆，译.北京：商务印书馆，1959：8.
[②] 辜鸿铭.中国人的精神[M].李晨曦，译.上海：上海三联书店，2010：2-3.

值观的角度,将中国精神界定为贯穿民族历史始终的主体立场和价值观念。[①]有的学者从文化观的角度,将中国精神定义为在中华民族与西方列强的对立冲突过程中萌生的国家和民族集体意识,也正是在与西方文化参照的基础上,其作为现代民族国家的文化表征,才显得更为清晰完整;[②]或者说,中国精神就是中国作为国家所体现的精神,是中国社会客观存在的反映,是中国历史发展的现实状况的文化凝结。[③]有的学者从认知观的角度,将中国精神规定为源于人们解决社会矛盾和生存困境的价值追求和生命实践过程中所表现出来的一种心理特质、意志品格和意识活动的凝练和升华。[④]除此之外,还有学者从气质、心理、意识、风貌、知识、信仰等不同视角给中国精神下定义。

给事物下定义是一件很困难的事情。黑格尔曾指出,认识事物的本质关键在于把握事物的内在矛盾性,而认识事物的内在矛盾需要经过同一和差别、比较同中之异和异中之同到深入事物内部分析其内在联系三个阶段,只有到达了第三个阶段,即认识到了事物的内在矛盾联系,才能把握住事物的质的规定性。下定义也是如此,只有人们的认识通过前两个阶段抵达事物的本质内部,将其事物内在的质的规定性用概念和判断的形式反映出来,才能对其作出科学的规定。

正是基于这种认识,我们在借鉴已有研究成果的基础上,对中国精神作出这样一个定义:所谓中国精神,是指中华民族在上下五千年文明发展中逐渐奠定并在当代中国改革实践中得以发展创新而形成的、而与其他民族的精神有别的本体致思、思维方法、认知理论、人本学说、价值取向、道德规范、行为方式、意志品格等独特的心理意识、精神风貌和文化理念的总和,它构成一个民族全部社会心理和社会意识的内在精髓和灵魂,并成为制约和支配这个民族生成和发展的精神力量。

这个定义包含了如下几层含义:

第一,中国精神扎根于数千年积淀而成的中国传统文化的沃土之中。中华文化是世界上唯一一个其文明发展未曾中断的文化。它源远流长,博大精深,且一以贯之,不坠于地,这在世界文明史上实属罕见。正是在这一延绵不绝的演进中,逐渐生成和奠定了相对稳定的中华民族精神。这是中国精神之根。

---

① 李德顺.阐释中国精神的哲学路径[J].马克思主义哲学论丛,2015(1).
② 魏泳安.中国精神研究述评[J].社会科学动态,2018(10).
③ 佘双好.中国梦之中国精神[M].武汉:武汉大学出版社,2015:6.
④ 杨可心,崔秋锁.追梦的中国人需要怎样的中国精神[J].毛泽东邓小平理论研究,2015(4).

第二，中国精神在经历了自鸦片战争至中国改革实践两次精神的淬炼和反省之后，得到了创造性的发展和提升。例如，我们对中国传统文化进行了重新认识，既澄清了过去"全盘否定"的错误，也对其作了时代的改造、创新和超越；我们提出了社会主义核心价值体系和社会主义核心价值观，凝练出了"富强、民主、文明、和谐"的精神、"自由、平等、公正、法治"的精神以及"爱国、敬业、诚信、友善"的精神，从而为中华民族精神增添了崭新的时代内容。这是中国精神之果。

第三，中国精神是在与其他民族的精神相比较中所凸显出来的一种精神特质。"世界上没有两片相同的树叶"①，更没有两个完全相同的民族精神。由于地理环境、生产和生活方式、社会组织形式和文化传承等的不同，不同民族必然在其文明的演化过程中逐渐生成一种具有其自身特色的文化精神，正如一个人在不同的生存环境和生活实践中最终会涵养成一种独特的个性一样。中国精神不是西方精神，也不是东方的印度精神和日本精神，而是在与这些民族精神相比较中所彰显出来的一种"同中之异"和"异中之同"。

第四，中国精神是贯穿于整个社会心理和社会意识之中并起支配作用的基本理念。一个社会的意识有高低层次的不同。低级层面的意识称为社会心理，它处在自发的、零散的和无序的状态。高级层面的意识称为社会意识形式，它处于自觉的、系统的和有序的状态。一个民族的精神既不是社会心理，也不是社会意识形式，而是贯穿其中对其起主导和支配作用的基本原则和理念，它是社会意识的精髓和内核。一个民族和国家由于有了这种精神，才使得错综杂乱的心理和意识得以整合，从而形成一种统一的文化精神或文化模式。这是中国精神之魂。

第五，中国精神是无数个体精神的"类意识"和"类本质"。就单个个体来说，他是肉体与灵魂、物质与精神的统一，其物质性的肉体是人赖以生存的基础和载体，而精神性的灵魂则是人异于和优于动物的本质所在。但是，精神本质上是社会性的存在，其只有在社会中才得以生成和发展。社会是精神之母，每一个个体只有融入社会中才能获得自己精神性的存在亦即人的存在。这乃是因为人的"类意识"本身是属于"类"的，离开"类"而离群索居，就只能成为生物学的人，而无法成为具有"类意识"从而生成"类本质"的真正的人。因此，个体的精神是通过与"类意识"和民族精神的交融和结合而孕育和成长起来的。单个的人的本质生命存在于其所生活的民族的精神之中，对于个体来说，"此在"之"在"有赖于"类生

---

① 黑格尔.小逻辑[M].贺麟,译.北京：商务印书馆，1980：253.

活""类意识"之精神之"在","此在"只有沐浴在"在"的精神之光里,才能获得自己的生命本质。这是中国精神之本。

第六,中国精神的独特性主要通过本体致思、思维方法、认知理论、人本学说、价值取向、道德规范、行为方式、意志品格等得以展示和实现。"精神"是一个十分抽象的概念,但它并非一种不可捉摸的虚无。精神作为一种本质的存在,它必然要将自己对象化为客观现实。精神的对象化是通过两种方式展开的:一是通过客观化的思想活动而实现,从而形成诸多不同的社会意识的表现形式;二是通过物质性的生产活动而显现,从而创造出种类繁多的物质产品。但无论是思想意识形式还是物质产品,都是人的精神的对象化。

中国精神作为精神性的存在,它主要通过作为时代精神之精华的哲学思维及其基本的思想和行为方式而彰显出来,因而我们可以据此将中国精神的丰富内涵按其内在逻辑结构进行剖析并划归为本体致思、思维方法、认知理论、人本学说、价值取向、道德规范、行为方式、意志品格等,中国精神的概括和凝练应以此为线索从这几个方面加以具体展开。

在中国精神的反思和提炼上,目前学界存在着过窄和过宽两种偏向。有些学者只是从其内在逻辑结构的某一方面如价值观、文化观、认知观或气质、心理、意识、风貌、知识、信仰等给中国精神下定义,这样定义尽管深入本质的内部,并抓住了其中的一个要素,但遗漏了更多的方面,故失之偏颇。而有些学者则将中国精神加以无限扩张和泛化,举凡在历史发展和社会实践中所反映出来的正向的、积极的精神元素,都统统纳入中国精神的范畴之中。无疑,这些具体而众多的精神元素特别是那些被实践证明是推动了历史进步的先进元素应该而且必须纳入中国精神的视野,但是,中国精神作为一个民族的精神之精华和灵魂,是从众多的精神元素中抽象和提炼出来的最为根本和普遍并对人们的精神生活起制导作用的那些元素,如若将所有元素都囊括其中的话,那么中国精神就会因其累积式的泛化而失去其本质的意义。

因此,对于中国精神的凝练既不能采用列举式的方式将其泛化为日常生活的话语,也不能知性地仅从本质关系中片面地提取某一个要素而替代其全面的反思和概括。合理的方法是进入精神的深处,按照其内在的本质逻辑联系,将其作为一个有机整体采用理性的概念和判断的形式展现出来。如此,才能较为全面和完整地凝练出中国精神的本质内涵。

三、中国精神的内在逻辑

中国精神作为隐含于一个民族和时代之中的内在灵魂和精髓,是一种历史的本质性的存在。本质是一种内在联系或内在关系,因而必然具有其内在逻辑结构。一般来说,一个民族的精神与个体的精神是不一样的,它会以比较自觉的系统化和理论化的形式建构人类的"类意识",以全面的方式来反映人类的"类本质"。

我们要进一步探讨的是,作为"类本质"之反映中国精神,其内在逻辑结构是怎样的呢?这种内在逻辑结构形成的根源又是什么呢?

人类的精神世界是一个由无限众多的观念所构成的有机系统。在这个观念系统中,有本质性的观念,有非本质性的观念;有具体的观念,有一般的观念;有基本的观念,有非基本的观念;有起支配作用的观念,有被支配作用的观念,如此等等。作为民族精神和时代精神之统一的中国精神,所要把捉的是贯穿于形形色色观念之中的那种起支配和制导作用的基本的一般的本质的观念。

对于这些起根本作用的本质观念,我们又可以按照其不同的视域和高低层次性,将其划分为本体致思、思维方法、认知理论、人本学说、价值取向、道德规范、行为方式、意志品格等几个方面。一个民族的精神本质就是由这几个方面构建起来的有机的整体的精神体系。

首先是本体论即世界观。一个民族的精神必定要通过本体论或世界观表现出来,这是一个民族的精神世界的最高层次。所谓本体论,就是追究这个世界的终极根源和终极本质,其所要解答的是对世界的根本看法。本体论或世界观对于一个民族的精神具有统领的意义,如果说"哲学是时代精神的精华"的话,那么,本体论就是哲学皇冠上的明珠,是哲学殿堂里的"至圣神"。在一个民族的基本精神体系中,方法论、人本论、认知观、价值观、道德观、行为方式等都隶属于本体论并受其统摄和指导。

中华民族是一个爱好哲学思辨的民族,在中国古代哲学中就构建了"道本体论"和"气本体论"的世界观。这与古希腊哲学元素本体论和柏拉图的理念论可谓相互辉映、相得益彰,各具有其智慧的特色。

中国哲学相对于西方哲学还有一个显著的特色,就是其所建构的阴阳和谐的"道本体论"和"气本体论"在社会生活中产生了广泛的影响,从知识分子到普通民众几乎都自觉不自觉地接受了这种基本理念,并将其应用到日常生活之中。可以说,阴阳之道已成为中华民族潜移默化的"集体无意识"和血脉相传的"精神基因"。

其次是方法论和认识论。实际上,本体论和方法论在本质上是一致的,但又有差别。因为方法论是在本体论的基础上派生的,其原生和派生之间并不完全对等。例如,唯物主义的本体论既可以与形而上学相结合,也可以与辩证法相结合;唯心主义亦复如是。在中国传统哲学中,和合思想(又称和谐思想)既具有本体的意义,又突出方法论意蕴。其方法论具体表现为中和之道或中庸之道。

所谓中庸之道,就是做什么事情都不能走极端,"过犹不及",过与不及都不好,要不偏不倚、恰到好处,即把握适度最好。程颐说:"不偏之谓中,不易之谓庸。中者,天下之正道;庸者,天下之定理。"(《二程遗书》)在两千多年前,孔子就认识到了任何事物都存在着"两端",超越了右端,就"过"了,达不到左端,就"不及",过与不及都偏离了正道。所以,孔子提倡做什么事都要持中、守中、用中,所谓"执其两端而用中",就是要把握住"两端",以防止越界而从两个方面滑向极端。孔子说:"恭而无礼则劳,慎而无礼则葸,勇而无礼则乱,直而无礼则绞。"(《论语·泰伯》)恭敬、谨慎、勇敢、直率等本来是美德,但若过了头以致违背礼的规范,就会偏离中道而向反面转化:恭敬成为劳倦,谨慎成为胆怯,勇敢成为鲁莽,直率成为尖刻。一般来说,在中道问题上,人们对于不及度量界线,是容易识别的,但对于超过了度量界线则不甚了了,甚至以为是好事。因此,孔子特别强调"过犹不及",过头与不及的错误是一样的。

特别值得我们注意的是,在中国传统文化中,中庸之道与阴阳和谐之道是紧密地联系在一起的。中庸之道在本质上是一种如何使自己的言行达到"道"的标准的方法,而这里的标准本身就是"中和"。因为只有"执两用中",防止滑向左右两个极端,才能使阴阳相和,从而推动事物的发展。

中庸之道是个好东西,在中国人的精神世界中,作为方法论的中庸之道与作为本体论的阴阳和谐之道在本质上是一致的,它们互为表里,不可分割,共同构成中国民族的精神的本质内涵。过去强加在中庸之道头上的所谓调和主义、折中主义的帽子,应统统予以推倒。

与中庸之道相关联的是知行合一的认知论。知行关系是中国传统哲学研究的一个重要领域。在知行的先后上,有"知先行后""行先知后""知行合一"几种观点的论争;在知行的难易上,有"知易行难""知难行易"的不同意见的对立。但在这种探讨中,有一个基本的共识,这就是理论与实践的结合即知行的统一。朱熹先生虽然主张"知先行后",但却强调"行重于知"。他说:"致知力行,论其先后,固当以致知为先;然论其轻重,则当以力行为重。"(《朱文公文集·答程正思》)。"夫学问岂以他求,不过欲明此理而力行之耳。"(《答郭希吕》)王夫之提出"行先知后"、王阳明提出"知行合一",其致思重点虽有所不同,但知行相须、知行相资而不能人为分成两段的主张却是一致的。中国传统哲学中这种"知行合一""知行相须""知行相资"的思想也深刻地影响了中国人的精神意识,这就是中华阴阳和谐之道能够普及民众、嵌入人心的原因。

再次是人本学说、价值取向和道德规范。"道不远人,人之为道而远人,不可以为道。"(《中庸·第十三章》)中国传统文化关于人的本质和人性论的思想十分丰富,有性善论、性恶论、性无善无恶论、性有善有恶论、善恶相混论,但其占统治地位的思想是儒家的性善论。尽管性善论只是反映了人性的一个方面,因而有其偏颇之处,但在当时的历史条件下,提出性善论就等于肯定了人之为人的价值,从而确立起了人独一无二的主体地位。正是在这样的基础上,儒家才进而提出了"以民为本"的政治观、"仁者爱人"的伦理观以及重义轻利、先义后利的价值观。这些是构成一个民族的精神意识的主要表现形式。

最后是行为方式、意志品格和终极信仰。一个民族的精神最终要落脚到社会实践和行为方式上。以爱国主义为核心的团结统一的精神、以自强创新为特征的刚健有为的精神、以心性为根本的修身克己的精神、以终极信仰为归宿的立德立功立言和追求大同的精神等,构成中国人的实践品格。在行为方式上,中国人秉承实用理性,注重现世价值,即便在终极信仰上,其所注重的是现世生活,而不是彼岸世界。

正是基于以上的逻辑分析,在借鉴吸收已有研究成果的基础上,我们把作为中华民族之本质存在的中国精神概括为如下 11 种。

道行天下的精神、和而不同的精神、知行合一的精神、仁者爱人的精神、先义后利的精神、以民为本的精神、爱国统一的精神、自强创新的精神、修身克己的精神、立德立功立言之"三不朽"和追求大同的精神等。

对于上述11种精神，在逻辑结构上可以将其划分为这样一个三段式。（1）本体方法，其内容包括道行天下的精神、和而不同的精神、知行合一的精神。（2）人本价值，其内容包括仁者爱人的精神、先义后利的精神、以民为本的精神。（3）社会实践，其内容包括爱国统一的精神、自强创新的精神、修身克己的精神、立德立功立言之"三不朽"和追求大同的精神。在这个三段式的逻辑结构中，其中本体方法是基础，人本价值是主干，社会实践是导向。由于人本价值观念是主干，又处于中间的位置，所以在一定的意义上，一个民族的精神主要就是价值观的问题。

任何一个民族的精神都有一个根本的理念贯穿其中，成为把诸种精神结合和凝聚起来的内核和支柱。在中国精神中，将其紧密地联结和聚合起来的精神支柱是"道"的理念。

何为道？《易传》曰："一阴一阳之谓道"；"形而上者谓之道，形而下者谓之器"。(《易传·系辞上》)《道德经》曰："道可道，非常道"(《道德经·第一章》)；"道法自然"(《道德经·第二十五章》)。可见：第一，道是一种常住不变的普遍规律、法则；第二，道是一种根本的理念、观念、精神；第三，道是指阴阳矛盾的关系，而不是一个静止不动的实体。

中国的这种阴阳之道源远流长、根深蒂固。中国哲学就是道的哲学。中国是一个信奉"道"的国家，中华民族是一个崇尚"道"的民族。如果用一个核心词来概括中国文化的话，这个词就是"道"。对中国人来说，"道无处不在"，上至治国，中则修身，下至日常生活，都离不开阴阳之道。"道"是破解中华民族和中国文化乃至中国人的一把钥匙、一个密码。

需要说明的是，虽然中国精神是从上下五千年的中华文化中凝练出来的，但其立足点在当代现实而不是古代历史。因此，其中每一种精神既是传统的又是现实的，既是古代的又是当代的，是传统与现实、古代与当代的统一。同时，上述11种精神的概括是相对的，由于种种原因，还有一些重要精神未能囊括其中，如民主科学的精神、自由平等的精神、公正法治的精神，等等，而且随着时代的发展，必定还有一些反映时代精神之精华的精神通过扬弃的形式被补充和吸纳到中国精神中来，从而使之不断得到丰富和发展。

【基金项目】中央高校基本科研自主项目"'句读经典'与研究生理论素养的

提升"（项目编号：2014WT031）；武汉大学党的十九大理论创新专项课题"我国社会主要矛盾的转化及其时代意义"（项目编号：2018WT010）；中央高校基本科研自主项目"实现中西马对话和融通的内在机理及其路径研究"（项目编号：2017WT036）的研究成果。

从原著翻译来理解《资本论》中的"重新建立个人所有制"概念

中共中央党校（国家行政学院） 胡为雄

在汉译本马克思《资本论》第1卷第24章"所谓原始积累"的结尾处论及的"重新建立个人所有制"[①]，1981年中国学界将之作为论题提出后，迄今已争论40余年。学者戴道传1993年在安徽人民出版社出版的《经济学的哥德巴赫猜想之解——重新建立个人所有制研究》一书，将"重新建立个人所有制"视为一极难破解的问题。对于这一概念，如果我们是德国人或懂德语，它也许不是个问题。但由于汉译得不大精确，它便成为一个问题，甚至可以说，"重新建立个人所有制"之所以作为一个论题提出来并论争40余年之久，在很大程度上与汉译概念推敲不够有关系。所幸的是，学界对这一概念及其翻译也进行了探讨与论争，并且不断取得进步。

1983年，余名汉提出《资本论》中汉译的"个人所有制"（individuelle Eigentum）概念是误译。他说：有些同志对恩格斯和列宁的解释提出异议，认为汉译本《资本论》中的"个人所有制"不应指消费资料，而应指生产资料，引起了理论上的混乱。引起这些混乱的一个根本原因，是一个翻译上的失误。德文原文individuelle Eigentum根本不应译为"个人所有制"，而应译为"个人财产"。并且，英文版《资本论》此处原文是individual property。"英语的property和德语的eigentum具有'财产''所有''所有权''性质'等意义。在翻译时，应根据其不同的用法，采用不同的汉语译文。比如，与个人联系使用或与社会、集体联系使用

---

① 马克思，恩格斯．马克思恩格斯文集：第5卷［M］．中共中央马克思恩格斯列宁斯大林著作编译局，编译．北京：人民出版社，2009：874.

时，可译为'财产'或'所有'；而译为'所有制'时，则是专与社会经济形态或经济成分联系使用的。"①《资本论》那段话中的 individuelle Eigentum "是与个人联系使用而非与社会经济形态联系使用，故不应译为'个人所有制'，而应译为'个人财产'。按马克思根据当时历史条件对未来社会所作的设想，生产资料既然已属公有，而在全部生产资料属于单一全民所有的社会主义社会中，又没有了商品生产和货币，那么'个人财产'当然只能有消费品了。""可以作为佐证的是，1887年恩格斯亲自指导和校订的《资本论》第 1 卷英文版，在这段文字中第二次就没有用'重建'，而是用的 gives（给、分配），中文所译为'重新建立个人所有制'的，英语为 gives him individual property。很明显，作为 gives（给、分配）的宾语的只能是消费品或财产，而不能是所有制。"②奚兆永赞成这一见解，他说若改译，"人们在理解上的困难和学术界的长期争论就可迎刃而解"③，但阮震不赞成"改译"。他认为"改译"虽然字面上也讲得通，但实质上已背离正确理解很远。因为马克思实际上是把所有制作为生产关系的总和来把握，它"既体现于生产资料所有制关系中，也凝结在生活资料的占有与支配中"。阮震认为《资本论》关于"重新建立个人所有制"的论断"意指建立公有制"。④

刘明则认为 individuelle Eigentum 应译为个人所有权，他从马克思的相关论述和德国及欧洲的法律文化背景来理解问题。刘明说，英文的"'property'的释义有：所有、所有权、财产、所有物。原本没有'所有制'的释义。但英译本中'property'与德文'eigentum'（所有制、所有、所有权、所有财产、所有物）相对应，依据英文本的上下文将'property'分别译为'所有权、所有制、财产'似乎均有可能。问题是在'gives him individual property'这一语境中如何译介'property'这一语汇"。"马克思在讲到'否定之否定'时先后提到的生产方式、占有方式和共同占有等经济学和法学范畴，并指出未来社会所有制将以资本主义已经获得的成就——即协作和对土地、生产资料的共同占有为基础，实际上是将法律上的物权关系与政治经济学范围的生产关系予以综合。从法律实践的历史看，在所有权与占有权分立的情况下，经济上的所有制关系在法学上的要素必然包括所有权与占有权二

---

① 余名汉.《资本论》第一卷中的一处误译 [J]. 江汉论坛，1983（2）：22.
② 余名汉.《资本论》第一卷中的一处误译 [J]. 江汉论坛，1983（2）：23.
③ 奚兆永. 关于重新建立个人所有制问题的讨论 [J]. 中国经济问题，1991（1）：43.
④ 阮震. "重建个人所有制"的那段论述需要改译吗？——与奚兆永同志商榷 [J]. 中国经济问题，1992（1）：54-56.

者。所有权意味着在一定约束条件下对财产的任意处分权；占有权则指对物的实际控制。设若在对生产资料共同占有的基础上'给生产者以个人所有制'，或如目前德文第4版、法文本中译文的表述'重新建立个人所有制'，而且在对'个人所有制'的理解中排除个人拥有具体的所有权，则必然在共同占有基础上使所有权虚置。那么，所有权为谁之有？""马克思的逻辑论证过程是一目了然的，即在协作和共同占有生产资料的基础上'给生产者以个人所有权'。"①"恩格斯主持翻译的英文本对这一部分叙述的变化源于马克思的书面指示，gives him individual property 可译作给生产者以个人所有权。与英文'property'和德文'eigentum'对应的法文词语是'propriété'，可以作'所有，所有权，所有制，财产'解，故在法文本中可以接受'个人所有权'的译法。"②刘明的这种改译主张论证比较精细，他结合同时代的德国民法，从法学角度纵深理解，说明译为所有权比所有制、财产等词更恰当，这也能更好理解《资本论》中的表述，摆脱在公有制的基础上"重建个人所有制"的困惑。

李济广的看法是："马克思关于'individuelle Eigentum'的本来意思是'赋予（give）劳动者个人财产'或'重新确立（re-establish）劳动者的个人所有'，译为'给劳动者个人所有权'也不错，译为'个人所有制'不符合词义但也无原则错误。某种语言中的许多词汇在另一种语言中并没有含义完全相同的词汇，只有多个词汇的综合才能较好反映某种语言某一词汇的内涵。"③

马嘉鸿在吸收学界讨论成果的基础上对文本解读更细致一些。他在《如何理解〈资本论〉"重建个人所有制"问题》一文中，引用、对照了《资本论》1867年德文初版、1872年第二版与1883年德文第三版和恩格斯审定的1890年德文第四版的相关原文段落，指出后两版与前两版的区别在于其前头加上了一句"这并不是重新建立私有制"，并将"公有制"（gemeineigentum）修改为"共同占有"（gemeinbesitzes），删除了"协作"前的"自由人"（freier Arbeiter）。这两版是参照经马克思亲自校订过的法文版修改的。而恩格斯校订的《资本论》1887年英文版，

---

① 刘明.马克思所有制理论若干范畴译名与释义考辨［J］.陕西师范大学学报（哲学社会科学版），2003（2）：13.
② 刘明.马克思所有制理论若干范畴译名与释义考辨［J］.陕西师范大学学报（哲学社会科学版），2003（2）：14.
③ 李济广.马克思"个人所有制"（个人财产）概念的翻译争论及其症结［J］.海派经济学，2012（1）：100.

其中用"给予生产者以个人所有权"（gives him individual property）来对应翻译"建立个人所有制"（das individuelle eigentum）。郭大力、王亚南按照德文第四版所译的《资本论》第一卷（1963年版）的相关译文是："这是否定的否定。这并不是重建私有制，而是在资本主义时代已经获得的成就——协作，土地及各种由劳动本身生产的生产资料的共有——的基础上，建立个人的所有制。"后来，中央编译局翻译的《资本论》第一卷相关段落的译文稍有不同，在建立个人所有制之前增加"重新"一词，这是意译，"照顾了上下文，其意义并没有背离马克思的原意"①。马嘉鸿认为，"将'Individuelle eigentum'具体翻译成'个人所有''个人所有制'还是'个人财产权'，并不影响对这段话的理解，因为马克思的重点在于对个人与社会之间一种全新关系的揭示。"②"马克思在《资本论》中讨论这个问题的方式，并不是为了具体规定未来社会条件下所有制形式的具体样态，而是站在世界历史的高度上"，提出"实现自由人联合体。经过否定之否定而重新建立起来的个人所有制将是个人与社会联合起来的个人所有制。这样一种新的所有制，变更了原有的个人与社会之间的关系。在新的关系中，不再是孤立个体的绝对至上，也绝非国家权力凌驾于一切之上，而是每一个自由人在联合起来的共同体中获致了前所未有的支配生产资料和生活资料的自由"③。

该文从个体与共同体的关联来说明问题，但说马克思设想"重新建立起来的个人所有制将是个人与社会联合起来的个人所有制"，这仍没有准确把握共同体与个体的共生关系。并且，文章提出的"实现自由人联合体"，与《资本论》德文第三、第四版将"协作"一词前的"自由人"删除不协调。马克思在《资本论》第三卷中重视工人的合作工厂等这些在资本主义生产过程中出现的社会主义现实因素，但合作工厂的工人远不是真正的自由人。第三、第四版删除"自由人"一词，可能是考虑刚刚进入社会主义社会阶段时人们的协作状况，从社会主义社会向共产主义社会演进是有一个长的历史过程的。因此，既要从共同体来解释个体，也要从社会主义是从资本主义社会脱胎而来的社会条件来理解"个人财产权"。

然而，将 individuelle Eigentum 译为个体财产或个体财产权更精准，因为"individuelle"（个体）与"person"（个人）是有区别的，马克思往往将个体与共同

---

① 马嘉鸿.如何理解《资本论》"重建个人所有制"问题[J].哲学研究，2017（5）：21-22.
② 马嘉鸿.如何理解《资本论》"重建个人所有制"问题[J].哲学研究，2017（5）：24.
③ 马嘉鸿.如何理解《资本论》"重建个人所有制"问题[J].哲学研究，2017（5）：24.

体（Gemeinshaft/Gemeinwesen）对应使用。如果真正明白了个体与共同体的关系，联系社会主义共同体来解释个体及其财产配置会使问题简明。

精确的译本确实可以排除不必要的误解。郭大力、王亚南直截了当的译文有利于阅读者完整地理解整个句段：否定资本主义制度，在其成就基础上通过协作、土地及各种由劳动本身生产的生产资料的共有，建立个人的所有制。而"重新建立个人所有制"的意译则有可能把读者的注意力引向"重新建立"而不是其建立的条件，从而可能导致对这种"个人所有制"作出种种推测与论争。

为了使我们的理解更精确，现将《资本论》第四版中这段原文的翻译再来推敲。原文是：

Es ist Negation der Negation. Diese stellt nicht das Privateigentum wieder her，wohl aber das individuelle Eigentum auf Grundlage der Errungenschaft der kapitalistischen Aera：der Kooperation und des Gemeinbesitzes der Erde und der durch die Arbeit selbst produzierten Produktionsmittel.①

汉译文可以这样表述："这是否定的否定。这不是恢复私人所有制，而是个体财产权，乃基于资本主义时代的成就：协作和共同占有土地及由劳动本身生产的生产资料。"这种句式表达接近原文，只在个体财产权之后增添了一个逗号以避免句式太长，以兼顾汉语表达习惯。把 Privateigentum 这个合成词不简译成私有制而译成全称私人所有制，将私人所有制和个体财产权对比式排列，节奏感强，有利于加深理解马克思对未来社会的设想与期待：未来社会在整体上不再代表私人所有制。

需要指出的是，德文词典中的 stellt 这一动词含义非常丰富，有竖立、安置、调节、供给、提出、制造、阻止、站到、接受、重新排列、恢复、再次代表等。我没有查对马克思生活时代的德语词典，但马克思在表述中使用 stellt 一词也同样复杂。我觉得把它译为恢复或再代表可能比译为重建更好。在与马克思视界融合的基础上可以这样联想，马克思在写作时头脑中的意向是，资本主义制度被否定后，不会复归到包括小私有制在内的各种私有制，而是类似原始共产主义社会的那种共同体，每个个体都有自己一份应得的财产权而不被他人剥夺。马克思是从社会形态来考虑作为社会成员的个体将处在怎样的一种经济制度中的。他在这里没有系统阐述，没有涉及政治、文化制度等。

并且，汉文中"重建"的德文对应词是 wiederaufbauen，"恢复"的德文对应词

---

① MARX K. Das kapital: Bd. I [M]. Berlin: Dietz Verlag, 1968.

是 wiederherstellen。所以，不沿用传统译法来译 Diese stellt nicht das Privateigentum wieder her 这个句子，不译为"这不是重建私有制"较好；而 individuelle Eigentum 译为个体财产则较精确。这样，转换成汉语表述后其意思就清楚了：否定资本主义大生产的私人所有制后不会再搞任何其他的私有制，而是搞社会主义公有制、确立个体财产权。换言之，联合起来的人进行协作，共同占有土地和生产资料，实现社会主义，共同体的每个成员都会配置财产。这是在更高级的条件下复活原始共产主义的个体与共同体的那种社会生活。马克思这里确实是在"卖弄起黑格尔特有的表达方式"[①]。正如列宁在《辩证法的要素》中指出的："否定的否定"是在"在高级阶段重复低级阶段的某些特征、特性等等，并且仿佛是向旧东西的复归"。[②]

最后，整体分析"资本主义积累的历史趋势"这个语篇，亦有助于我们理解马克思这句话的意思。马克思的叙述是：资本的原始积累意味着直接生产者的被剥夺，即以自己劳动为基础的私有制的解体。这中间马克思指出：私有制是公共的、集体的所有制的对立物。接下来马克思继续论述：劳动者对他的生产资料的私有权是小生产的基础，这种生产方式是以土地及其他生产资料的分散为前提的。它既排斥生产资料的积聚，也排斥协作。它的消灭，个人的分散的生产资料转化为社会的积聚的生产资料，从而多数人的小财产转化为少数人的大财产，广大人民群众被剥夺土地、生活资料、劳动工具——人民群众遭受的这种可怕的残酷的剥夺，形成资本的前史。这是第一个否定。资本主义生产本身的内在规律的作用，会导致少数资本家对多数资本家的剥夺，规模不断扩大的劳动过程的协作形式日益发展，科学日益被自觉地应用于技术方面，土地日益被有计划地利用，劳动资料日益转化为只能共同使用的劳动资料，并且各国人民日益被卷入世界市场网，从而资本主义制度日益具有国际的性质。生产资料的集中和劳动的社会化，达到了同它们的资本主义外壳不能相容的地步。于是资本主义私有制的丧钟就要响了。这是第二个否定。经过否定的否定后会形成新的综合、新的经济社会：它不会再是私有制而是社会主义公有制，会恢复每个被剥夺个体的财产权。它是基于资本主义时代的成就，即协作和共同占有土地及生产资料。个体财产权以公有制为前提，最后一段话中"资本主义所有制转化为公有制"一语也直接点明了。

---

① 马克思，恩格斯. 马克思恩格斯文集：第 5 卷 [M]. 中共中央马克思恩格斯列宁斯大林著作编译局，编译. 北京：人民出版社，2009：22.

② 列宁. 列宁选集：第 2 卷 [M]. 中共中央马克思恩格斯列宁斯大林著作编译局，编译. 北京：人民出版社，1995：412.

由于马克思是在论述"资本主义积累的历史趋势"时，顺便论及资本主义制度被否定后，大多数以前被剥夺的人通过共同占有土地及生产资料并进行协作，每一个个体都会享有财产，但这没有充分展开；加之汉译文与德文原文的差异，文本理解的文化语境的差异，缺少共同体与个体关系的视角，把杜林当年对马克思"既是个人的又是社会的所有制"的误解转换成生产资料与生活资料之争，便把一个句子误解成为一个大问题。这种情况的发生并不奇怪，也完全可以理解。我想，若从原著来理解"重新建立个人所有制"概念，它首先是翻译不精确。马克思在原文中没有表达汉译文中所谓"重新建立个人所有制"的意思。所以，我们头脑中曾有的所谓"经济学的哥德巴赫猜想"也就消解而不复存在了。

中国共产党精神谱系的哲学基础

北京师范大学马克思主义学院　田毅松　赵晓楠

正如习近平总书记在庆祝中国共产党成立100周年大会上的讲话中所指出的："中华民族迎来了从站起来、富起来到强起来的伟大飞跃，实现中华民族伟大复兴进入了不可逆转的历史进程。"[①] 在我看来，能够取得"历史性成就"的关键，在于中国共产党弘扬了"伟大的建党精神"，"构建起中国共产党人的精神谱系"。然而，要"永远把伟大的建党精神继承下去"，需要进一步分析伟大建党精神和中国共产党精神谱系的内涵，从哲学层面厘清其理论基础。应该说，中国共产党的精神谱系是对马克思主义基本理论的全面应用，是马克思主义中国化的具体表现。

一、马克思主义哲学是中国共产党精神谱系的哲学基础

在中国共产党的百年历程中，中国共产党带领人民进行了革命、建设、改革的伟大实践，形成了激励中华儿女奋勇向前的伟大精神。习近平总书记在党史学习教育动员大会上讲，"在一百年的非凡奋斗历程中，一代又一代中国共产党人顽强拼搏、不懈奋斗，涌现了一大批视死如归的革命烈士、一大批顽强奋斗的英雄人物、一大批忘我奉献的先进模范，形成了井冈山精神、长征精神、遵义会议精神、延安精神、西柏坡精神、红岩精神、抗美援朝精神、'两弹一星'精神、特区精神、抗洪精神、抗震救灾精神、抗疫精神等伟大精神，构筑起了中国共产党人的精神谱系。"[②] 中国共产党精神谱系背后有深厚的马克思主义哲学基础，主要表现为唯物论

---

① 习近平：在庆祝中国共产党成立100周年大会上的讲话［N］.求是网，2021-07-15.
② 习近平.在党史学习教育动员大会上的讲话［J］.求是，2021-02-20（1）.

以及唯物辩证法两个方面。在中国共产党成立百年之际，深入探索中国共产党精神谱系的哲学基础，对于正确理解中国共产党精神谱系的科学内涵及其体系性质具有重要意义，对于深刻理解中国共产党的奋斗历程，增强对中国共产党的认同感尤为重要。

二、中国共产党精神谱系的唯物论基础

中国共产党精神谱系为何得以存在？其背后的哲学基础是马克思的历史唯物主义。马克思曾在《〈政治经济学批判〉序言》中说："人们在自己生活的社会生产中发生一定的、必然的、不以他们的意志为转移的关系，即同他们的物质生产力的一定发展阶段相适合的生产关系。这些生产关系的总和构成社会的经济结构，即有法律的和政治的上层建筑竖立其上并有一定的社会意识形式与之相适应的现实基础。物质生活的生产方式制约着整个社会生活、政治生活和精神生活的过程。不是人们的意识决定人们的存在，相反，是人们的社会存在决定人们的意识。"[①] 中国共产党精神谱系作为社会意识就根植于中国共产党百年来在中国革命、建设、改革时期的伟大实践。

在长征途上，如果没有四渡赤水、巧渡金沙江、强渡大渡河、激战腊子口、过雪山草地的实践，就难以形成伟大的长征精神，难以为革命积蓄力量；如果没有成百上千名塞罕坝林场工人在140万亩土地上一代代的奋斗，就难以形成"牢记使命、艰苦创业、绿色发展"的塞罕坝精神；面对疫情，如果没有党中央的统一协调，全国数百万名医务人员奋战在抗疫一线，就难以形成"生命至上、举国同心、舍生忘死、尊重科学、命运与共"的抗疫精神。因此，中国共产党的革命、建设、改革事业是中国共产党精神谱系得以存在的基础。

三、中国共产党精神谱系的辩证法基础

中国共产党精神谱系何以建构？其背后的哲学基础是马克思的唯物辩证法。中国共产党精神谱系在一系列矛盾的推动下发展壮大，在各种精神相互联系中构成一个有机整体。

---

① 马克思，恩格斯. 马克思恩格斯选集：第2卷[M]. 中共中央马克思恩格斯列宁斯大林著作编译局，编译. 北京：人民出版社，2012：2.

（一）坚持矛盾的观点

马克思主义哲学坚持矛盾具有普遍性，承认矛盾存在于一切事物的发展过程中，每一事物的发展过程中存在着自始至终的矛盾运动。中国共产党精神谱系也是在社会矛盾的发展过程中不断发展壮大的。

新民主主义革命时期，中国社会的主要矛盾是人民大众同帝国主义、封建主义和国民党残余势力之间的矛盾，中国共产党要带领人民推翻帝国主义、封建主义和官僚资本主义的三座大山。在这种矛盾下，催生了以革命精神为内核的精神形态。自中国沦为半殖民地半封建社会以来，无数志士仁人都在探索中国救亡图存的道路，洋务运动、维新变法、辛亥革命都相继失败，中国路在何方？自马克思主义传入中国，中国共产党成立，这成为中国开天辟地的大事变。从这里走来的红船精神，即"开天辟地、敢为人先的首创精神，坚定理想、百折不挠的奋斗精神，立党为公、忠诚为民的奉献精神"，体现了中国共产党人的初心使命。革命道路不是一帆风顺的，经历"四一二"反革命政变、攻打中心城市失败，中国共产党开始自己对中国革命道路的探索。直到毛泽东率领部队走上井冈山，走出一条"农村包围城市、武装夺取政权"的革命道路，才给中国的革命指明了正确的方向，形成了"坚定执着追求理想，实事求是闯新路，艰苦奋斗攻难关，依靠群众求胜利"的井冈山精神。革命时期伴随着残酷的革命斗争，中国共产党遇到了很多困难，但是中国共产党在革命斗争中表现出了不屈不挠的斗争精神，长征精神、红岩精神，都体现了中国共产党的革命精神。

社会主义建设时期，我国社会主要矛盾发生了根本性变化。伴随着社会主要矛盾的变化，中国共产党形成了以艰苦创业为内核的精神。大庆精神、红旗渠精神就是这一时期的代表。在社会主义建设初期，中国经济十分困难，石油工业落后，国家缺少原油是亟须攻克的难题。要打破西方国家的经济封锁和军事威胁，就必须自力更生，发展中国自己的石油工业。大庆工人继承和发扬了我国工人阶级的光荣传统，凭借"爱国、创业、求实、奉献"的大庆精神，仅用三年多的时间就建成了我国第一个现代化的大型石油企业，并结合实际建立起一套严格而科学的管理制度，成为我国工业战线上的一面红旗。当时林县经济贫困，干旱缺水，不能满足人民的生活需要。林县人民就劈开太行山，修建红旗渠。在修建这条著名"人工天河"的过程中，全县各级干部和群众以"头可断，血可流，不建设好林县不罢休"的英雄气概，在修渠工地同吃、同住、同劳动、同商量解决难题，真正打成一片。领导一心为人民，赢得万众一条心。全县各级党组织模范执行党的群众路线，全心全意为人民服务，真心诚意依靠人民群众，从而创造出人间奇迹，铸造出"自力更生、艰苦创业、团结协作、无私奉献"的红旗渠精神。

改革开放和社会主义现代化建设新时期。我国社会主要矛盾是"人民日益增长的物质文化需要同落后的社会生产之间的矛盾"。为了加快国家经济的发展，中国实行了大刀阔斧的改革，中国共产党形成了以"改革创新"为内核的精神。改革开放之初，安徽凤阳小岗村率先探索"分田到户，自负盈亏"的家庭联产承包责任制，拉开对内改革的大幕，铸就了小岗精神。1979 年，广东省、福建省率先探索在对外经济活动中实行特殊政策、灵活措施，迈出对外开放的历史性脚步，铸就了特区精神——敢闯敢试、敢为人先、埋头苦干。在中国这样一个发展中大国实行改革开放，没有现成的方案和经验可供借鉴，只有开拓创新才能走出一条新路，彰显了改革开放的鲜明特征，推动了改革开放的伟大历史进程和全面小康社会的建设。

中国特色社会主义新时代。党的十八大以来，我国取得了改革开放和社会主义现代化建设的历史性成就，党和国家事业全面开创新局面，中国特色社会主义进入新时代。2017 年 10 月召开的党的十九大提出了社会主要矛盾的最新论断，即"人民日益增长的美好生活需要和不平衡不充分的发展之间的矛盾"①。中国特色社会主义新时代形成了以伟大奋斗精神为内核的精神。为摆脱中国各个地区不平衡不充分发展的局面，使贫困地区的人民过上美好的生活，中国人民进行了脱贫攻坚的伟大斗争，锻造形成了"上下同心、尽锐出战、精准务实、开拓创新、攻坚克难、不负人民"的脱贫攻坚精神。

（二）坚持发展的观点

马克思主义哲学认为任何一切事物都处于运动、变化和发展中。恩格斯说："一个伟大的基本思想，即认为世界不是一成不变的事物的集合体，而是过程的集合体。"② 新事物的产生和旧事物的灭亡都不是突然完成的，都要有一个过程。世界

---

① 习近平.决胜全面建成小康社会　夺取新时代中国特色社会主义伟大胜利：在中国共产党第十九次全国代表大会上的报告［M］//中国共产党第十九次全国代表大会文件汇编.北京：人民出版社，2017：9.

② 马克思，恩格斯.马克思恩格斯文集：第 4 卷［M］.中共中央马克思恩格斯列宁斯大林著作编译局，编译.北京：人民出版社，2009：298.

的发展就是在新旧过程的无穷更替中实现的。

中国共产党精神谱系也是一个发展的过程，我们要用发展的眼光来看中国共产党精神谱系。中国共产党精神谱系的发展过程，从形式看，一方面表现在时间上的持续性，中国共产党精神贯穿于中国的革命、建设、改革、新时代的整个时期，绵延不断，并将继续发展壮大；另一方面表现为空间上的广延性的交替，中国共产党的精神涉及政治、经济、文化、军事、外交、科技、生态等社会领域的方方面面，有政治方面的红船精神、遵义会议精神，经济领域的大庆精神、红旗渠精神，文化领域的雷锋精神，军事领域的抗美援朝精神，科技领域的新时代北斗精神，生态文明方面的塞罕坝精神，外交领域的丝路精神等。从内容上看，表现在中国共产党伟大精神内涵的丰富，革命初期有坚定理想信念、实事求是的精神，社会主义革命和建设时期有艰苦创业的精神，到改革开放时期有敢闯敢试的改革精神，到新时代有互信互利、平等协商的精神，等等。随着中国共产党的实践不断展开，中国共产党精神谱系也必将不断发展壮大。

（三）坚持联系的观点

马克思主义哲学认为万事万物处于联系之中，联系具有普遍性、客观性、多样性。中国共产党精神谱系作为一个整体，包含多种伟大精神，这各种精神之间不是孤立的，而是互相联系的，是有共同的元素作为纽带将各种精神联系在一起。

新民主主义革命时期的很多精神都拥有坚定理想信念、艰苦奋斗、实事求是的共同元素。中国共产党自成立之初，树立了推翻三座大山、实现共产主义的理想，但是革命不是一帆风顺的，中国革命也有很多低潮期，在经历"四一二""七一五"反革命政变，南昌起义、秋收起义失败时，中国共产党人依然坚定革命理想信念，毛泽东坚持实事求是，把马克思主义基本原理同中国实际相结合，走出一条"农村包围城市、武装夺取政权"的道路，使井冈山成为第一个农村革命根据地，继而扩大苏区，巩固革命的政权。在红军第五次反围剿失败时，中国共产党人依然没有灰心丧气，而是坚定革命理想信念，进行了二万五千里的长征，在这个过程中不断发展红军的力量。正是坚定理想信念，使得中国共产党人无论面对怎样的艰难险阻都能一往无前，正是实事求是使得中国革命走上正确的道路，正是艰苦奋斗使得中国共产党的力量不断发展壮大，并取得最终的胜利。

社会主义建设时期的很多精神都拥有艰苦创业的共同元素。新中国刚刚成立，国家面貌还很落后，为了使国家经济发展起来，改善人民的生活，中国共产党带领人民进行了艰苦的奋斗。红旗渠精神、大庆精神、大寨精神、北大荒精神、塞罕坝精神，将艰苦创业这一精神元素一以贯之，成为中国共产党人为社会主义建设拼搏奋斗的最好写照。

改革开放时期的很多精神都拥有敢闯敢试改革精神的共同元素。经历了"文化大革命"之后，为了大踏步赶上时代，中国共产党人带领人民进行大刀阔斧的改革。小岗精神、特区精神就是这种敢闯敢试改革精神的典范，靠着这种精神，中国的经济快速发展，走向世界。

革命时期、建设时期、改革时期的精神谱系之间也是相互联结的，它们都是在为中华民族伟大复兴的奋斗征程中孕育而生的。习近平总书记曾说："实现中华民族的伟大复兴，就是中华民族近代以来最伟大的梦想。"[①] 为了实现这一梦想，中国共产党带领中国人民进行了一系列伟大实践，才铸就了中国共产党的精神谱系。

四、中国共产党精神谱系的价值旨归

马克思主义哲学认为人民是历史的创造者，是社会精神财富的创造者。坚定的人民立场是中国共产党精神谱系的价值导向。如八一精神中的"为民奋斗"，井冈山精神中的"依靠群众求胜利"，苏区精神中的"一心为民"，延安精神中的"全心全意为人民服务"，西柏坡精神中的"依靠群众，团结统一"，焦裕禄精神中的"亲民爱民"，抗疫精神中的"生命至上"，脱贫攻坚精神中的"不负人民"，都体现着深刻的人民立场。

新民主主义革命时期，毛泽东在开辟和发展中央苏区时要求大家真心实意地解决群众的生产生活问题，得到群众的拥护，形成了"一心为民"的苏区精神，扩大了红色政权；社会主义建设时期，焦裕禄以身作则，带领全县人民治理"三害"，即使在风沙大雨中带头察看水势，身患肝癌依然坚持忘我工作，为民众排忧解难，形成了亲民爱民的焦裕禄精神。改革开放之初，为调动农民生产积极性，党相信群众、依靠群众，实施了家庭联产承包责任制，推动形成了"敢为人先、突破创新；解放思想、实事求是；不怕风险、敢闯敢干；相信群众，依靠群众"的小岗精神。新时代以来，党中央坚持人民至上、以人为本，把贫困群众和全国各族人民一起

[①] 习近平. 论中国共产党历史 [M]. 北京：中央文献出版社，2021：2.

迈向小康社会作为脱贫攻坚的出发点和落脚点，形成了不负人民的脱贫攻坚精神。中国共产党是全心全意为人民服务的党，坚持立党为公、执政为民，把为人民谋幸福作为始终不渝的奋斗目标，贯穿于带领全国各族人民实现民族独立、人民解放和国家富强、人民幸福的伟大实践之中，在实践中形成的以人民立场为价值导向的革命精神是我们党的宝贵精神财富。

论马克思的宗教批判与人性复归思想

北京农学院　杨淑琴

当今社会生活的样态瞬息万变，仿佛时间的脚步已经加速得超越了人类的经验界限和想象力。生活方式的时空交错，知识和观念的快速更迭，让人应接不暇。时间真的"变快了"，快得打乱了我们惯有的生活节律和认知，让我们的心游离于现实生活之外，无所适从。这是一个蕴含并正在经历巨大变革的时代。让人不禁想起马克思恩格斯在《共产党宣言》里对他们那个时代的感慨：资产阶级仿佛用法术一般，改变了那个时代的政治、经济和社会生活的方方面面。"生产的不断变革，一切社会状况不停的动荡，永远的不安定和变化，这就是资本主义时代不同于过去一切时代的地方。"①

不仅仅是生活节奏和社会变化让人飘摇。浮躁的时代，人们为了"证明自己"、肯定自己的价值和存在而不断疯狂地向外抓取。在熙熙攘攘的名来利往中，得到得越多，似乎匮乏得更多。在追求物欲享乐和残酷的生存竞争中，人却越来越缺乏自我存在感，越来越找不到自我价值感。社会生活的"丰富多彩"越发映衬出生命的单薄和苍白。

一些人尝试着用种种方法去触摸灵魂，寻找内心的宁静和谐，宗教是其中很重要的一个。美国政治学家塞缪尔·亨廷顿指出，21世纪是作为宗教的时代而开始的。②世界大多数国家都出现了宗教复兴的现象，尤其是发展中国家。自20世纪80年代以来，世界各地几乎社会每个阶层一时间似乎都对宗教产生了浓厚的兴趣。改

---

① 马克思，恩格斯.马克思恩格斯选集：第1卷［M］.中共中央马克思恩格斯列宁斯大林著作编译局，编译.北京：人民出版社，1995：275.

② 亨廷顿.我们是谁：美国国家特性面临的挑战［M］.程克雄，译.北京：新华出版社，2005：295.

革开放以来我国社会也同样出现了宗教复兴。

无神论思想历史悠久。随着资产阶级的启蒙运动和现代性的推进，先进的思想家又一次对宗教进行无情的批判，并再次宣告宗教的死亡：圣西门、孔德、费尔巴哈、马克思……时至今日，出路何在？

资产阶级启蒙运动的发起主要是针对中世纪神学对人们思想的禁锢，使人们从神学的意识形态中解放出来。康德在《什么是启蒙》一文中提到，启蒙运动就是人类脱离自己所加之于自己的不成熟状态，不成熟状态就是不经别人的引导，就对运用自己的理智无能为力。而且康德认为，启蒙运动的重点，即人类摆脱他们所加之于其自身的不成熟状态，主要是放在宗教事务方面。传统的启蒙概念，"都强调了把理性作为人类认识世界的主要方式，无论是把启蒙理解为个人理性能力的张扬，还是对于公共理性的一种宣扬"。确实，在18世纪，这个世界是用"头"立地的，理性成了衡量一切的尺度，一切都被押上理性的审判台。

启蒙运动是一场持久、广阔的思想和精神运动，但最终却耗尽了人们的支持，启发了一场反启蒙的运动。启蒙运动推崇理性主义，力图消除神秘，"到头来，它变得乏味、单调、沉闷"[①]。启蒙运动是信仰主义危机的产物，但启蒙所要反对的，其实并不是这种信仰主义本身，启蒙所反对的仅仅是"基督教信仰主义的专制"，尤其是专制主义本身，并不排斥或抛弃上帝。因此，当代反思启蒙运动的学者更多关注的是对专制主义本身的反对，沉迷于理性主义对科学与民主世俗精神的欲求。

在"价值理性"被"工具理性"所发动的空前稀释中，人的解放和觉醒的时代并没有真正地到来。今天的世界，社会过度张扬了个人主义和现世意识。这种个人主义对个体现世的维护，使人类对自己的精神维度、心灵世界的认识和探索失去了超越的意向。自古的精神追问、终极价值追求不过成了寻找人类家园的"一声叹息"，让人们在这种无奈的失落中聊以自慰。狂热的物质追求，弱肉强食、适者生存的观念，使人类对自己本性进行动物性颠覆以及活动方式的动物性圈定，把人类自己推向了毁灭的危机。社会大众普遍处于一种心灵无着、精神恍惚之中。

生命渴望归属，心灵渴求宁静。在这物质的时代、在这迅猛变化的快节奏时代，人们何以"安身"，怎样"立命"？在对于宗教的旧梦重温中，有学者不禁感慨人不过是"祈祷的X"，人类追求人的解放和人性复归，结果却使人堕落到人性

---

① 安启念. 马克思恩格斯伦理思想研究[M]. 武汉：武汉大学出版社，2010：133.

丧失殆尽的程度，难道使人成为非人的，恰恰"是人而不是神"？！① 一些人主张"回到中世纪"，希望依靠宗教的力量遏制人的欲望，而不是像启蒙者说的只依靠人的理性，希望在神的怀抱里得到内心的慰藉，捡回生命的温暖，更重要的是要依靠宗教昌明道德。

埃·弗洛姆认为，马克思的哲学相信人、相信人能解放自己并能实现其各种内在的可能性。"这种信仰是马克思思想的特色，这是西方文化中世纪后期直到十九世纪的思想特征，今天已经很罕见了。正是由于这一缘故，许多读者染上一时流行的听天由命态度和原罪概念的复活。"② 其实，正是因为资本主义的大发展，才促成了人的物欲纵横、个人主义和极端自我、自私起来，把人性深深地湮没了。因此这一时期的人认为，马克思过时了，拒绝相信人的各种可能性。由此，原罪意识、宗教迷信才得以复活。

但另一方面，埃·弗洛姆看到，不少人认为马克思的哲学成了新认识和希望的源泉。马克思哲学这个哲学智慧的源头，才是"医治眼下绝望的药"③。所以说，宗教批判是马克思思想的起点，宗教批判为理解马克思思想提供了新的视域。从马克思的宗教批判我们看到，马克思主义如何解开这个迷局，医治这个时代的绝望，开创了人类解放的新时代。

一

马克思的宗教批判是建立在肯定人性的伟大、抨击宗教对人的贬低的人道主义基础上的。马克思宗教批判思想在不同的发展时期，层层递进，不断深化，揭示宗教的本质，揭露宗教的秘密，马克思宗教批判的革命性变革为彻底否定宗教找到了现实的途径。

19世纪德国政治、经济落后，资本主义发展缓慢，到19世纪30年代，宗教在德国仍然很兴盛。反宗教成为青年黑格尔运动的中心之一，成为他们革命的序幕。马克思深受青年黑格尔派的影响，对古希腊哲学感兴趣。马克思直接把自己对宗教的批判扎根在古希腊，扎根在人性解放、弘扬人性即神性上。《德谟克利特的自然哲学和伊壁鸠鲁的自然哲学的差别》这篇博士论文，是马克思现存最早的重要学术

---

① 舍勒.人在宇宙中的地位[M].李伯杰，译.贵阳：贵州人民出版社，1989：2.
② 弗洛姆.马克思论人[M].陈世夫，张世广，译.西安：陕西人民出版社，1991：144.
③ 弗洛姆.马克思论人[M].陈世夫，张世广，译.西安：陕西人民出版社，1991：144.

性著作，马克思的这篇博士论文在学术界越来越受重视，甚至被认为是马克思哲学的"真正诞生地和秘密"。马克思的学术是从宗教批判开始的，马克思写作的最主要目的也是批判宗教。在博士论文时期，马克思宗教批判思想可以从以下几个方面理解。

（一）神不是众人想象的样子

"渎神的并不是那抛弃众人所崇拜的众神的人，而是把众人的意见强加于众神的人。"[1] 在这篇博士论文的"序言"里，马克思用伊壁鸠鲁这句话作为哲学永远的宣言，来反对他的反对者。显而易见，不能简单地说抛弃"神"就是亵渎神。马克思否定的是众人崇拜的众神，其实是反对众人按照自己的想法塑造神。亵渎神的反而是同意大众的关于神的意见的人！在这种意义上的神，是众人自己塑造的神。

由此可以看出马克思无神论的深刻、独特的内涵：马克思特别反对大众对神的想象和理解，这种误读恰恰是对神的亵渎。他认为，顺应世人的观念才是一种对神的亵渎！

（二）众人所崇拜的神否定了人自身的神性

马克思不仅反对众人按照自己的理解和意愿塑造神。他明确指出，他反对所有的神，因为所有的神都不承认，人的自我意识有最高神性。人的自我意识和神一样都有最高神性。马克思既没有论证神的存在是荒诞的，也不是他要挑战神，选择站在神的对立面，而是他认为，这种众人所崇拜的神否定了人自身的神性！

人沉迷于经验世界、现象世界，违背了自己的永恒本性，人一旦抛弃了自己的永恒本性，必然会被孤立在经验中，人会感到孤独和无助，并且会把自己的永恒本性"当作自身以外的经验的神"[2]。马克思揭露了众人如何造神，也揭示了人的永恒本性就是神。马克思还揭示了人是如何忘记自己就是神的真相。

在这篇博士论文的"附录"中，马克思把伊壁鸠鲁的宗教批判思想拿出来单独论述。其中"附录"第一部分标题就为人同神的关系。其实，人和神的关系是宗教

---

[1] 马克思，恩格斯.马克思恩格斯全集：第1卷［M］.中共中央马克思恩格斯列宁斯大林著作编译局，编译.北京：人民出版社，1995：12.
[2] 马克思，恩格斯.马克思恩格斯全集：第40卷［M］.中共中央马克思恩格斯列宁斯大林著作编译局，编译.北京：人民出版社，1982：81.

批判和无神论思想最想解决的问题。

（三）人同神的关系

伊壁鸠鲁分析了人的恐惧心理，分析了这种恐惧给人类带来的深重影响。今天，心理学依然认为恐惧是人类重要的负面情绪。伊壁鸠鲁认为，人的恐惧主要有两种：一是恐惧神灵，一是惧怕死亡。这种恐惧使灵魂不得安宁。恐惧是宗教的一个重要根源。而从伊壁鸠鲁时代至今，都有宗教界人士把这种恐惧作为宗教存在的合理性论证。马克思认为，人们恐惧神，认为神能赏善罚恶。但这恰是人自我迷失的结果。在恐惧中，人被降低为动物。马克思深入理解了伊壁鸠鲁剖析恐惧及其危害的深刻内涵，并能同理伊壁鸠鲁因充满对人类的爱而痛苦焦灼的心。"人被降低为动物——如果一个哲学家并不认为把人看作动物是最可耻的，那么他就根本什么都理解不了。"[①] 人的本性具有最高贵的神性。

马克思直接把自己对宗教的批判扎根在古希腊，扎根在人性的解放、弘扬人的神性之中。

二

《〈黑格尔法哲学批判〉导言》表达了马克思关于宗教问题的主要思想，集中了马克思关于宗教的成熟看法。

（一）人是人的最高本质

在马克思看来，我们反对宗教的根据在于，是人创造了宗教。宗教的本质是人本学，展示了人的本质力量和特征。神是人的本质的异化，上帝就是人，是实现了自我的人，是真正的人！这一揭示，表明对宗教的批判已经结束。马克思在《〈黑格尔法哲学批判〉导言》中的论断是在费尔巴哈关于宗教本质的论述基础上的、更为完备的表达。

在《基督教的本质》的二版"序言"中，费尔巴哈指出，自己并不认为上帝是虚无，上帝的道是虚无的。"我只是指出，上帝、三位一体、上帝的言语等等，其

[①] 马克思，恩格斯. 马克思恩格斯全集：第40卷[M]. 中共中央马克思恩格斯列宁斯大林著作编译局，编译. 北京：人民出版社，1982：86.

实完全不是像神学所幻想的那个样子，它们并不是外来的神秘，而是本地的神秘，是人的本性之神秘。"①宗教先使上帝成为人，之后才使这个人化的、像人一样思维和感知的上帝成为人崇拜和敬仰的对象。费尔巴哈作为一个伟大的无神论者，却不想让人随意戴上否定上帝、否定三位一体的帽子。这种肤浅的对神的简单否定"无神"，确实不是他的无神论的内涵，不是他所要申明的。费尔巴哈认为，他只是想揭示一个秘密，一个真相：上帝、三位一体、上帝的道，并不完全像神学所说的，像宗教告诉我们的那样。无神论，一语概括了宗教真正的秘密，宗教是人讲自己的故事！

在马克思看来，我们之所以反对宗教是因为是人创造了宗教。是什么人创造了宗教呢？"宗教是还没有获得自身或已经再度丧失自身的人的自我意识和自我感觉。"②在马克思看来，是迷失的人，是丧失了自我本性的人创造了宗教。人不知道，他当作神崇拜的本质是他自己。恩格斯说："我们要推翻卡莱尔描述的那种无神论，我们要把人因宗教而失去的内容归还给人；这内容不是神的内容，而是人的内容，整个归还过程就是唤起自我意识。"③所以，对宗教的批判最终使人们认识到"人是人的最高本质"。

（二）从理论批判到社会批判

在人的自我异化的迷幻被揭穿，宗教的人的异化的本质被揭示之后，对宗教的批判转化为对尘世的批判。从对宗教本质的揭示，从对宗教的批判，我们明白了这样一个真相，我们领受了这样一个神圣命令："必须推翻那些使人成为被侮辱、被奴役、被遗弃和被蔑视的东西的一切关系。"④

在《〈黑格尔法哲学批判〉导言》中，马克思对宗教的经典论断成为批判现实、改造社会的宣言书。其实，人是现实的存在，是具体的现实的人，是现实国家、社会中的人。所以，是这个国家、这个社会创造了宗教。这个世界是颠倒的世界，所

---

① 费尔巴哈.基督教的本质[M].荣震华，译.北京：商务印书馆，1984：19.
② 马克思，恩格斯.马克思恩格斯选集：第1卷[M].中共中央马克思恩格斯列宁斯大林著作编译局，编译.北京：人民出版社，1995：1.
③ 马克思，恩格斯.马克思恩格斯全集：第3卷[M].中共中央马克思恩格斯列宁斯大林著作编译局，编译.北京：人民出版社，2002：519.
④ 马克思，恩格斯.马克思恩格斯选集：第1卷[M].中共中央马克思恩格斯列宁斯大林著作编译局，编译.北京：人民出版社，1995：10.

以才产生宗教这一颠倒的世界意识。人才把自己在现实中彰显不出来的本性中的美好，外化成一个虚幻的存在，人反而又去崇拜这个虚幻的存在。是现实中的那些关系塑造了现实中人类的悲催命运，让人普遍感到被侮辱、被奴役、被蔑视，使人迷失，使人活得不像人。

马克思从宗教批判转而对准德国现实制度，揭露现实是如何让人受压迫、受侮辱的。因为从对宗教的批判中揭示出了"人是人的最高本质"这个彻底的批判、彻底的理论。它把对德国的批判转入一种彻底的革命、全人类的解放。

三

《关于费尔巴哈的提纲》是马克思宗教批判思想发展的第三个阶段。《关于费尔巴哈的提纲》表明马克思彻底告别了费尔巴哈，超越了费尔巴哈，真正找到了宗教产生的社会根源，从而找到了真正消灭宗教的现实途径。

费尔巴哈是从宗教上的自我异化，从世界被二重化为宗教世界和世俗世界这一事实出发的。他做的工作是把宗教世界归结于它的世俗基础。但是，马克思指出，仅仅把宗教世界归结为世俗世界还不够，应该研究的是世俗世界如何通过实践塑造出这样一个异化的精神世界，人是如何在其中迷失的，并且是如何改变这个世界的。

应该研究的是这个世俗基础。世俗基础使自己从自身中分离出去，并在云霄中固定为一个独立王国，这只能用这个世俗基础的自我分裂和自我矛盾来说明。① 而且在实践中对现实世界的革命才能彻底消灭异化。

费尔巴哈强调宗教是人的本质的异化。马克思肯定了这一思想，但马克思批判了费尔巴哈对人的本质的抽象理解。费尔巴哈仅仅从抽象的人出发，看不见人是活生生实践着的存在，作为马克思宗教批判和新哲学的出发点的人，是从事实践活动的人，因而是现实的、具体的、处于一定社会关系中的人。

在马克思看来，我们看到的现实中的人，都是资本主义社会的人，都是类本质异化了的人，"是工人或者资本家"。而费尔巴哈只知道自然的、物质的、肉体的人，"男人或者女人"。②

---

① 马克思，恩格斯.马克思恩格斯选集：第1卷[M].中共中央马克思恩格斯列宁斯大林著作编译局，编译.北京：人民出版社，1995：55.
② 安启念.《关于费尔巴哈的提纲》与马克思对费尔巴哈的超越[J].北京行政学院学报，2010（3）.

消灭宗教必须从改变社会入手。社会如何改变?

在马克思看来,宗教的根源在于人的本质的异化,共产主义的实现是人的本质的回归,也就是宗教的彻底消亡。

"共产主义是私有财产即人的自我异化的积极扬弃,因而是通过人并且为了人而对人的本质的真正占有;因此,它是人向自身、向社会的即合乎人性的人的复归,这种复归是完全的,自觉的和在以往发展的全部财富的范围内生成的。这种共产主义,作为完成了的自然主义=人道主义……"①

在马克思看来,我们批判宗教的过程就是要把被宗教剥夺的、人的内容归还给人,这个过程就是呼唤人性回归的过程。宗教批判是马克思批判的起点,共产主义是马克思的终极价值追求。共产主义的实现才能真正体现人的根本就是人,人对人的本质的真正占有,展现人性的神圣与光辉。马克思肯定、继承了宗教对人的精神价值的追求,共产主义和宗教批判的核心与终极目标联系在一起,共产主义真正实现了宗教的精神维度的追求。共产主义是真正人性的复归。

---

① 马克思.1844年经济学哲学手稿[M].中共中央马克思恩格斯列宁斯大林著作编译局,编译.北京:人民出版社,2000:81.

人类命运共同体的哲学思考*

——基于马克思主义人学视角

佳木斯大学马克思主义学院　齐晓明

2021年7月6日，习近平总书记在中国共产党和世界政党领导人峰会上的讲话指出，从"本国优先"的角度看，世界是狭小拥挤的，时时都是"激烈的竞争"；从命运与共的角度看，世界是宽广博大的，处处都有合作的机遇。人类是一个整体，地球是一个家园。面对共同挑战，任何人任何国家都无法独善其身，人类只有和衷共济、和合共生这一条出路。通过这次峰会他再次向全世界发出了构建人类命运共同体的呼声。他积极倡议推动各国加强协调和合作，把本国人民利益同世界各国人民利益统一起来，朝着构建人类命运共同体的方向前行。①

一、人类命运共同体的理论基础：马克思人的本质理论

面对"人类向何处去"时代课题，人类命运共同体思想给出了有力的回答，这是对世界历史发展趋势的判断，也是对人类未来生存境遇的关切，既体现了人类社会人与人之间更广泛和密切的联系，也指出了个体依托于共同体必然选择，而这样一个判断的理论依据就在于马克思人的本质的理论。

马克思关于人的本质的经典论述反复被我们所引用，学术界耳熟能详，即《关于费尔巴哈的提纲》中的第六条："费尔巴哈把宗教的本质归结于人的本质。但

---

*　原载于《哈尔滨工业大学学报（社会科学版）》2022年第1期。
①　习近平在中国共产党与世界政党领导人峰会上的主旨讲话［N］.新华社，2021-07-06.

是，人的本质不是单个人所固有的抽象物，在其现实性上，它是一切社会关系的总和"。① 马克思批判费尔巴哈把人的本质确定为脱离历史进程的一种宗教感情，马克思把人放在历史进程和社会生活中进行定位，肯定了人的客观的社会本质。在费尔巴哈的视野中人都是单个人，社会不过是个人的简单相加，而不是通过人的实践形成的共同体。马克思人的本质的核心是人的"社会关系"，这表明了人不是抽象的存在物，而是现实的处于具体的实践中的人，因而也是处于丰富多样的社会关系中的人。人的社会关系是在实践中结成的人的多方面的关系和交往，它是不以人为转移的客观关系，是人的本质的体现。人的社会关系内生出人与人的依存关系，人的生存与发展需要与他人相互联系、相互交往、相互扶持，共同体成为人发展各种关系的活动的基地。这说明马克思对人的本质的理解不仅是指向人的生存方式，也蕴含了他对人类社会的整体的说明。

1844年马克思在《前进报》上发表了《评一个普鲁士人的〈普鲁士国王和社会改革〉》一文，在这篇文章中，他反驳了卢格关于西里西亚纺织工人起义的错误观点，在谈到卢格认为"人们不幸脱离了共同体"时，他说道："工人自己的劳动使工人离开的那个共同体是生活本身，是物质生活和精神生活、人的道德、人的活动、人的享受、人的本质。人的本质是人的真正共同体。"② 而且他在之后的阐述中，明确指出产业工人的起义就是要脱离旧的共同体，要建立一个属于本阶级的共同体，一个真正的共同体，因为人的本质在共同体中才能实现，从而揭示了人与真正的共同体的关系。他认为，只有每一个单个人的需要和本质在共同体中彻底实现，这种共同体才是现实的而不是虚幻的共同体。所以他说："那个脱离了个人就引起个人反抗的共同体，是真正的共同体，是人的本质。"③ 共同体的功能就在于它能够创造条件，去充分现实个人的独立、自由和才能。这个思想使其后来在《德意志意识形态》中提出只有在共同体中，人才能获得个人全面发展其才能的手段，这个观点把人的本质与个人和共同体的关系联系在一起，体现出马克思对人的共同体的重视。

---

① 马克思，恩格斯. 马克思恩格斯选集：第1卷［M］. 中共中央马克思恩格斯列宁斯大林著作编译局，编译. 北京：人民出版社，1995：56.
② 马克思，恩格斯. 马克思恩格斯全集：第3卷［M］. 中共中央马克思恩格斯列宁斯大林著作编译局，编译. 北京：人民出版社，2002：394.
③ 马克思，恩格斯. 马克思恩格斯全集：第3卷［M］. 中共中央马克思恩格斯列宁斯大林著作编译局，编译. 北京：人民出版社，2002：395.

人生活在共同体中，不能脱离共同体而存在。人为什么要生活在共同体中？这是由人的本质所决定的。人类命运共同体是全人类共同生活的整体，尽管个人、民族、国家的区分仍然存在，但是不可否认，过去的半个多世纪以来，人与人之间的社会联系已经跨越各种界限，人类的生存日益形成一个紧密联系的整体。当前受疫情打击，全球的流动性受到影响，但这只是临时的反应，随着疫情减弱，正常的联系正在慢慢复苏中。从更长远来看，人与人之间经济的、政治的、文化的等各个领域的互动只能更多更强，而不是被削弱，因为只要人类的生产生活的进程继续前行，社会联系就会继续向前发展。可以预见的是通过构建人类命运共同体，国际社会中以往束缚人的联系方式会逐渐被新的、更开放自由的方式所代替，这种新的方式蕴含着实现人的需要和自由全面发展的有利条件，从而能更好地实现人的本质。

二、人类命运共同体的内在动力：马克思人的需要理论

马克思站在历史唯物主义的立场，把人的需要建立在人的实践基础之上，区分了人与动物的需要根本不同，彰显出人的主体意识，他强调人的需要具有社会性，人的需要决定了人的生产活动，人的需要形成历史发展的推动力，从这个意义上说，人满足需要的追求构建为人类命运共同体的内在动力。

马克思重视人的需要问题。在《德意志意识形态》中，马克思说："他们的需要就是他们的本性。"[①] 这指出人的需要是人固有的特性，因为人是自然的存在，人通过肉体、感觉与自然保持不可分割的联系，这种联系是人所固有的，是人为了维持自然的存在所必要的，人的这种需要是人的实践活动的前提，也决定了人的实践活动本身。因此，马克思说人的第一个历史活动就是生产肉体需要满足的物质资料。但是动物也有需要，人与动物都有满足生命活动的需要，两者的区别何在呢？在马克思看来，人基于自己的需要才与他物发生关系，认为这种关系都是为我的需要而存在的，这是一种真正的关系，而动物的需要完全出于本能，因而不是真正的关系。马克思有一段论述："凡是有某种关系存在的地方，这种关系都是为我而存在的；动物不对什么发生关系，而且根本没有关系；对于动物来说，它对他物的关

---

① 马克思，恩格斯.马克思恩格斯全集：第 3 卷 [M].中共中央马克思恩格斯列宁斯大林著作编译局，编译.北京：人民出版社，2002：514.

系不是作为关系而存在的。"① 人的需要是社会性需要,人的需要促使人必须进行生产活动,生产活动中人与人之间产生了密切的社会关系,其中最核心的关系就是生产关系,这就意味着人的需要是在人的社会关系中实现的。这也说明人的需要不仅是在生产活动中完成,而且他们的活动还要受到社会关系的影响。一方面,人的需要可以转化为人改造世界的力量;另一方面,人满足需要的方式和状况又受到外部对象的制约。人的需要的实现固然无法脱离特定历史阶段的生产力水平,更能反映出特定历史阶段的生产关系特点,当人的需要以个体的形式出现时,满足少数人的需要的社会关系呈现出狭隘的性质,当人的需要以共同体的形式出现时,满足多数人的需要的社会关系在最大限度上展现出人的本质。

当今时代科技飞速发展,全球化的趋势不可逆转,人类的需要在扩展、升级,生产活动跨出国界形成了世界范围内的分工、消费和分配。而这种生产又反过来推动人的需要不断发展,正如马克思所说满足需要的活动又引起新的需要,构建人类命运共同体的进程中,由于人的社会性需要的推动,人与人之间的联系在全球范围内进行深度融合,呈现出人的需要的世界性图景。人的需要的全方位、多层次的,但首先是物质需要,这是人类生存和发展的前提,也是文明进步、历史前进的基础,只有人的纯粹的物质需求都充分解决时候,人才能够真正被解放。满足世界人民的物质需求成为构建人类命运共同体的内在动因。自第二次世界大战以来,在经济全球化的浪潮中,世界各国努力寻求自己的发展机遇,通过建立各种经济组织和经济合作机构增强与他国的经济联系,取得了不同程度的发展,尤其是战前经济落后的国家取得了不小的成就,有一些国家国民的物质生活水平已经开始向发达国家的标准过渡。在物质需要的引领下,人类还有政治、文化、安全、生态、健康等多方面的需要,这些领域的需要对于现代社会来说更加重要,政治平等、文化多样、社会安全、生态良好、生命健康是各国人民共同向往的理想世界,以经济交往为主线,必然形成各国在这些方面的深入交流与密切合作。进入21世纪以来,国家间的经济合作更加紧密,形成你中有我、我中有你的态势,随着科技创新引导民众需求升级,使得生产必将形成世界范围内的整合,生产力与生产关系完成了世界范围内的重塑,各国的经济交流与合作日益加深,国家间的经济依赖将更强。未来展现在人们面前的一定是因为生存的需要而形成的地球人的大联合。

---

① 马克思,恩格斯.马克思恩格斯全集:第3卷[M].中共中央马克思恩格斯列宁斯大林著作编译局,编译.北京:人民出版社,2002:81.

三、人类命运共同体的价值追求：马克思人的发展理论

在历史唯物主义视野中，人在实践活动中推动历史从必然王国走向自由王国，逐渐地实现阶段性的超越。马克思认为，人为满足自己需求改变世界的活动中，一方面遵循客观规律，另一方面又要超越外在限制，历史发展的最终目标是人的解放、实现人的自由全面的发展，因此，马克思把人作为历史发展的中心和目的，把人的解放、人的自由全面发展视为历史进步的终极标准。

马克思把社会形态的演进与人的生存方式联系起来，为人自由全面发展的现实道路指明了方向。他在《1857—1858年经济学手稿》中阐述了人的三种生存形式和状态，即在最初的社会形态中的人的依赖关系；在第二大形态下的以物的依赖性为基础的人的独立性；第三形态建立在个人全面发展和他们共同的社会生产能力成为他们的社会财富这一基础上的自由个性。人的全面发展要在三个形态实现，而第二个形态即资本主义阶段是为人的全面发展的准备阶段，它全面地分析了"物的依赖性"，并对其展开了深刻地批判。

资本主义社会促进人从"依附性"走向"独立性"。但这里的"独立性"却是"以物的依赖性为基础的"人的"独立性"，人并未获得彻底的"自由个性"的全面发展。资本主义在促进生产力发展和创造社会财富方面是成功的，这是千百年来封建社会的发展所无法企及的，毫无疑问，它为人的发展、社会进步创造了新的条件，在摧毁宗教神学对人的思想禁锢，解放人的天性和禀赋方面也是功不可没的。但是，资本主义也阻碍了人的自由发展，破坏了人们自我发展的各种可能性，使人丧失了主体性，这就是马克思所说的人的异化，在资本主义社会，人们只能有局限地、扭曲地发展自己。在马克思看来，异化是资本主义社会人生存的一种常态，从国家到人、从社会到家庭，一切领域都异化了。

异化的产生源于一种社会统治的力量，即资本。资本作为一种社会力量支配和统治一切，它通过支配雇佣劳动来获得价值增殖，因此，也就控制了工人的劳动和劳动产品，劳动的人不占有财富，不劳动的人拥有统治一切的权力，资本以等价交换的原则构建起一个生产、分配和交换的体系，形成一种对社会的总体的控制力量。不仅物质的生产，还包括人的精神，资本把一切社会生活都纳入它的统治网络之中，在这种粗暴的统治下，人与一切的关系都颠倒了，不是人支配和使用物，而

是物反过来控制和奴役人,在这样一种抽象统治下,人失去了个性和自由,深陷于资本逻辑控制的抽象关系中,所以马克思感叹"在资产阶级社会里。资本具有独立性和个性,而活动着的个人却没有独立性与个性"[①]。由此,马克思的终生目标就是瓦解资本的逻辑,打倒拜物教,推翻奴役人的一切关系,变资本的独立性和个性为人的独立性和个性,通过每个人的自由发展实现一切人的自由发展。

人的解放与自由发展的实现就是逐步扬弃人的异化的过程,与人类历史进程相适应的,在马克思的视野中,人要从社会关系的盲目控制下获得解放,即摆脱资本的控制,建立一种新的社会形态和新的社会秩序。在《共产党宣言》中,马克思说:"代替那存在着阶级和阶级对立的资产阶级旧社会的,将是这样一个联合体,在那里,每个人的自由发展是一切人的自由发展的条件。"[②] 这表明新的社会是"一个自由人联合体",在那里面每个人都得到自由发展,"每个人"和"一切人"这两个概念分别指代人的"个体"和"整体",个体与整体不是对抗,而是协调一致,无数个体的共同发展形成了一个整体,这是一个个体之间协调一致的共同体,是马克思所指的"真正的共同体"。事实上,无论人类社会如何变化,永远要面对的主题是如何解决"个体"与"共同体"的关系,也就是说,既然人必然以共同体的方式生存,那么,在共同体中人是怎样生存和发展的?马克思关于人的发展理论给出的答案。"真正的共同体"必然取代资本主义的"虚幻的共同体",资产阶级的少数"个体"假借"整体"的名义对大多数个人进行统治剥夺,因而不可能使多数个人获得自由全面的发展,在资本主义社会中,被资本异化的人一定会为恢复人的尊严而斗争,"真正的共同体"会在现实的社会运动中逐步实现。在中国的倡议下,人类社会正朝着人类命运共同体的方向发展,世界人民的解放和自由全面的发展,未来可期。

结 语

第二次世界大战结束以来,资本主义生产关系国际生产和分工,资本主义的意识形态在全球范围内扩散,资本与意识形态勾连形成一张以资本逻辑为主线的巨

---

① 马克思,恩格斯.马克思恩格斯选集:第1卷[M].中共中央马克思恩格斯列宁斯大林著作编译局,编译.北京:人民出版社,1995:287.
② 马克思,恩格斯.马克思恩格斯选集:第1卷[M].中共中央马克思恩格斯列宁斯大林著作编译局,编译.北京:人民出版社,1995:294.

网，它曾经守护过被战争摧残的世界，但是今天看来，这种守护在更大的意义上是少数强国趁世界虚弱时机为本国谋取利益的欺骗，当今在人类经历的经济、政治问题的重大考验中资本主义显现出其虚伪的面孔，当世界人民经历生命健康的生死劫难时，它却消极躲避，作壁上观，资本主义治下的国际秩序，混乱不堪，我们不得不发出"人类向何处去"的拷问，如果再任由资本逻辑恣意横行，人类的未来将如何？

  构建人类命运共同体是世界历史发展的趋势所然。习近平总书记指出，从世界社会主义500年的大视野来看，我们依然处在马克思所指明的历史时代。[①] 面对矛盾丛生、问题频出的国际社会，构建人类命运共同体是历史的必然，人类命运共同体是"真正的共同体"，是一个人类解放和人的自由全面发展的共同体。资本主义构建的"虚幻的共同体"无法承担历史任务和使命，而人类命运共同体以人的解放和自由全面的发展为终极价值，努力把全世界的人民凝聚在一起，团结合作，弘扬和平、发展、公平、正义、民主、自由的全人类共同价值，共同应对疫情、恐怖袭击和气候变暖等全球性挑战，在追求人民幸福和共同发展的道路上共同探索，携手前进，共同塑造人类的未来。

---

① 参见：习近平. 继续推进马克思主义中国化时代化大众化 [DB/OL]. 习近平系列重要讲话数据库，2017-09-29.

现代性之后的主体困境及其当代发展

同济大学马克思主义学院　张茂钰

探讨社会历史发展，不能回避对主体性问题的分析。作为社会发展理论的基础性、核心性问题之一，主体性被视为"现代的原则"[1]，是审视社会进步的重要维度。近代主体性问题先后经历了由神性至人性到主体的再发现以至主体性危机的发展过程。随着文艺复兴和启蒙运动的发展，主体性理论在近代哲学中历经辉煌，同时伴随着死亡、黄昏等字眼，并在现代性之后遭遇了空前的危机和挑战。彼得·毕尔格在《主体的隐退》的开篇，对主体的当代危机做出如下概括："主体已经声名狼藉。从哲学的语言论转向开始，主体哲学的范式被视为陈腐过时了。虽然也有作者捍卫它，法国一段时间以来甚至在谈论'主体的回归'，但是，大多数哲学流派（分析哲学、结构主义、系统理论，甚至交往理论）都不采用主体范式。据称，此范式业已穷尽。"[2]

对当下世界图景和生活现状的观照，对社会发展病症的诊断，对人的现实存在的观照理解和讨论，对现代性话语模式的追溯和讨论都难以离开对主体问题的讨论。由于主体性问题直接涉及社会发展和人的发展，因而必须给予高度重视，并对现代性之后的主体困境作出理论回应。主体究竟是在何种意义上遭遇解构？主体观念的存在是否仍然具有理论意义和现实意义？在信息和网络中人的主体地位发生了怎样的变化、呈现出怎样的特点？在新发展阶段，如何引领主体的当代发展，即是本文所要考察的重点问题。

---

[1] 哈贝马斯.现代性的哲学话语［M］.曹卫东，等译.南京：译林出版社，2005：6.
[2] 毕尔格.主体的隐退［M］.陈良梅，夏清，译.南京：南京大学出版社，2004：1.

一、社会发展视野中的主体性

人的主体问题生发于哲学对人的高度理论自觉。有别于"人"的概念,在人与万物对象性关系之中,人实际上是作为"主体"而存在的。从词源上看,"主体"(subject)一词来自拉丁文 subiectum,在古希腊语中指的是"在下面的东西",即基底、基体、基础性的存在。在亚里士多德的意义上,主体与一个句子的主词有着相同的意思,它可以被用来指称世间万物,而不仅仅指称人。可以这么说,在哲学的开端,"人"并非逻辑意义上的唯一主体,而毋宁说是众多主体中的一个。根据弗兰克的总结,近代"主体"概念内含以下三个含义:"(1)作为根基的中心或出发点的主体;(2)作为本体的主体;(3)作为自我确定性的非依赖性的主体。"[①] 相应地,作为现代性的标志性概念,"主体"为道德进化和社会发展提供无可置疑的根据,并试图为知识的可靠性、理想的崇高性、社会的进步性以及人的解放提供坚实基础。

其一,主体性观念在社会历史发展的进程中得以确立。作为社会历史范畴,"主体性"问题的含义、用法、类型是在历史沿革中不断生成的过程。在前现代时期,彼时的主体性属神而不属人,属物而不由己。无论就社会历史条件还是认识水平而言,都不可能达到对主体性的自觉澄明,只存在主体性理论的潜在和萌芽,或是一种作为思考方式和自我意识觉醒表征的主体主义。"人是万物的尺度",不过是一种"事物对于你就是它向你呈现的样子,对于我就是它向我呈现的样子(image)"的朴素直观,是物与我,客体和主体尚在混沌未开之时,人探问外物的姿态,是以"人"之视野观照"物"之世界的尝试。唯有摆脱神性,挣脱自然奴役的人才能逐渐成为主体并最终具备主体性。可以说,近代意义上对人本身、人的思维、人的存在加以反思的普遍主体,直至笛卡尔时才被发现和确立下来。随着自我意识正式出场并成为"我"之存在的依据,自我意识作为真理的重要环节,确立了以思维为导向的近代哲学,哲学与哲理神学宣告分家,人的理性从神性的阴影中释放出来,成为建构全部存在的不可怀疑的基点。虽然哲学发展的人学形态在笛卡尔之后便已出现,对"人"的哲学思考俨已蔚然成风,然而哲学上真正具有现代主体转向意义的则是在康德批判哲学体系下,经费希特、谢林、黑格尔的哲学研究得以

[①] 刘森林.追寻主体[M].北京:社会科学文献出版社,2008:前言.

推进的研究进路。为了回答"人是什么"这一问题,康德进一步提纯主体,在笛卡尔得出"我为实体"的地方,提出"我"是思维之所以可能的"先验形式",确立了"先验自我"统摄一切的逻辑地位。在这个意义上,哲学关注的焦点才真正转向作为无条件目的的"人"。至此,"人"代替上帝权威,"主体性"取代"神性",成为真理的立法者和德性的审判者。

其二,主体性原则与实体化倾向的相互交织。近代以来,在由康德真正开启的哲学人学的视域中,主体理论在物质主体论、价值主体论和实践主体论的多维阐释中不断深化。与发达商品经济和工业化进程相呼应,现代主体性理论从人的视角出发理解世界,旨在冲破一切阻碍人之发展的障碍,确立一个足以征服自然、驾驭社会、主宰自我的具有高度主体性的大写的"人"之形象。主体人学发展为主体形而上学,现代主体不断充实为中心,主体性的"实体"倾向越发浮现。作为形而上学的基本范畴,实体构成了一切关系的终极基础、占据了话语的绝对力量,成了自洽完善的始因。在神本时代,哲学恭求彼岸的实体,而在人本时代,哲学追问此岸的自我,在哲学传统的认识论转向中,主观自我实体化为"主体",使得"我思"、"我的心"和"我的意识"成为建构世界的前提和基点。由是,"我"越发成为世界中心,"存在者之存在是从作为设定之确定性的'我在'那里得到规定的"①,"'我'成了别具一格的主体,其他的物都根据'我'这个主体才作为其本身而得到规定的"②。在海德格尔看来,笛卡尔的"我思"主体的背后潜伏着一种顽固的中世纪逻辑,主体性的确立并没能把人从神学里解脱出来从而把主体交还于人,而仅仅是使人成为主体罢了。所谓主体不过"在其新含义中转而成为表示人类的专名和根本词语"。这就是说:"一切非人的存在者都成为对这个主体而言的客体。从此,主体不再被视为表示动物、植物和岩石的名称和概念了。"③ 主体自此确立了一种"根基性,可以把万事万物聚集在它上面"④ 的、所"关注的中心乃是各种被创造的实体"⑤ 的中心地位。于是,主体成了我思自我的基底,成了转移到意识中的根据,成了真实

---

① 海德格尔.海德格尔选集:下[M].孙周兴,译.上海:生活·读书·新知上海三联书店,1996:881-882.
② 海德格尔.海德格尔选集:下[M].孙周兴,译.上海:生活·读书·新知上海三联书店,1996:881-882.
③ 海德格尔.尼采[M].孙周兴,译.北京:商务印书馆,2002:801.
④ 海德格尔.人,诗意地安居[M].郜元宝,译.南宁:广西师范大学出版社,2000:8-9.
⑤ 多尔迈.主体性的黄昏[M].万俊人,等译.上海:上海人民出版社,1992:82-83.

的在场者和绝对的基础,成为"在传统语言中十分含糊地被叫到'实体'的那个东西"①。然而,是什么使得现代"主体"——这个"其他的物都根据'我'这个主体才作为其本身而得到根据"②的存在,合理且合法地成了一种"实体性"的存在呢?在这一追问下,主体实体化的理论倾向为主体性原则的确立提供了根本支撑,也为之后的人学思索留下了讨论的空间。

其三,主体性的现代建构伴随着主体性哲学的现代批判。值得注意的是,重塑现代主体的努力和消解主体的过程是同步进行的。现代批判理论认为在现代性语境中得以建构的"主体性"作为现代理性主义和工业文明的发展基点,试图为理性的完善、知识的前进和人类的进步提供坚实根据,构成了现代性宏大叙事的一大支点。"主体性"通过一种普遍性的话语超越了历史的细节,成为历史进程的根据;通过一种目的论的方式为人向自由王国的跃升提供解放理论的理性基础;通过一种二元对立的模式为现代秩序提供理论范式。现代主体性所内含的总体性特征使得主体不再心存敬畏、不再自在,亦不再包容。人至此被固定在宇宙之链之中,成了自然的征服者和时空的囚徒;人不再对差异性保持开放态度,基于对普遍性的依赖,主体以排斥异己的方式压制他者③。至此,一种田园牧歌式的澄明主体一去不返,成为一种占有前人"不曾拥有的知识,拥有决定和控制知识之分配的权力,拥有能随心所欲地运用其知识,并且分享知识运用之成果的资源"的新型神教,并在"宗教生活、国家和社会、以及科学、道德和艺术中都得以体现"④。主体以自身为中心,建构了一个庞大的"主体性王国",消融对象,容纳客体,从而必然滑向控制他者、操纵社会的独断危险。对此,齐泽克指出,在现代性范式的主体幽灵面前,所有具有不共戴天倾向的学术力量纷纷尽释前嫌并结成了驱除它的同盟⑤;哈贝马斯则提出警示:"我们必须小心,不要给社会状况蒙上主体哲学的概念阴影,那样做是不恰

---

① 海德格尔.面向思的事情[M].陈小文,孙周兴,译.北京:商务印书馆,1999:75.
② 海德格尔.海德格尔选集:下[M].孙周兴,译.上海:生活·读书·新知上海三联书店,1996:882.
③ 福柯对这种作为普遍性代言人的现代主体展开了激烈的批判,认为主体为此付出了惨烈的代价,如他反问:"主体以什么代价才能讲述有关自身的真理?主体以什么代价才能讲述自身作为疯人的真理?把疯人说成绝对他者,不仅付出了理论代价,而且也付出了一种制度的乃至经济的代价。"(参见福柯.疯癫与文明:理性时代的疯癫史[M].刘北成,杨远婴,译.北京:生活·读书·新知三联书店,1999:273.)
④ 哈贝马斯.现代性的哲学话语[M].曹卫东,等译.南京:译林出版社,2004:122.
⑤ 齐泽克.敏感的主体:政治本体论的缺席中心[M].南京:江苏人民出版社,2006:导论.

当的。无论是社会集体还是作为整体的社会，都不能被想象为一个大主体。正因为如此，今天在个体经验外的运用'解放'这一表达时非常谨慎。"① 我们必须对现代主体性问题所内含的高度危险保持足够警惕。

为此，现代批判理论从不同侧面对"主体"概念展开批判：或是从心理学层面出发，无论是弗洛伊德的"本我"、叔本华的"生存意志"或是拉康的文化建构都表明"主体性"的内生动能不是理性而是无意识的心理需求；或是从社会制度层面出发，认为不是"主体"支配"话语"，而是"话语"建构"主体"，无论是阿尔都塞、齐泽克都从不同侧面揭露了现代"主体性"概念的脆弱属性；或是从形而上学出发，认为在现代哲学二分模式框架下以永恒形象和绝对权威自居的"主体"并不具备主体形而上学的实体地位及其合法性，作为被语言结构所建构和规定的主体"既不是自己的中心，也不是世界的中心——至今它只是自以为如此，这样一个中心，根本不存在"②。

二、主体理论的后现代困境

不难发现，现代主体性在一个封闭的圆圈中将自我孤立出来，作为一切表象和真理的立足点的现象，这种遵循实体论思维方式所建立起来的现代性中心地位存在难以克服的内在困境，在反复追问推敲中不断遭受质疑。因为现代主体一方面面对的是对世界的有限把握，另一方面却又不得已肩负起整个尘世的意义和价值，无论是笛卡尔的我思，还是黑格尔主体即实体的做法，都无法使主体回到本真的存在状态。而在对现代主体"独断"背后的形而上学幻象所展开的批判之中，后现代主义作为最为激进的代表流派，分别从主体理论地位的变迁、主体生存状态的观照和主体存在形式的转变这三重维度，反思和改写了现代视域下的主体理论。

（一）主体理论地位：去中心化的主体

首先，尼采通过上帝之死的哲学宣言开启了解构主体的思想先河。"上帝死

---

① 哈贝马斯，哈勒.作为未来的过去：与著名哲学家哈贝马斯对话［M］.章国锋，译.杭州：浙江人民出版社，2001：106.
② 布洛克曼.结构主义：莫斯科——布拉格——巴黎［M］.李幼蒸，译.北京：商务印书馆，1986：24.

了"①的历史登场意味着在"一切伟大的事物,为了以永恒的要求注入人类本身才必须以硕大而令人恐惧的鬼相超越尘世而去"②的哲学倾向中,上帝"已经丧失了它对于存在者和对于人类规定性的支配权力"③,意味着让彼岸虚无向此岸世界复归,同时也意味着"主体"回归肉身的现实呼唤。在尼采看来,现代主体的诞生并非人的胜利,恰恰相反,主体性意味着人的失落,因为让思维着的人为整个世界的真实性和虚假性负责不过是一种神话学,这种把"自身设定为事物价值的意义和标准"④的行为完全是人类幼稚性的表现。尼采反对这种以先验主体承载尘世价值的做法,拥有绝对权力的上帝之死的背后所暗含的尘世复归,使得人们不得不面对和接受自身的有限性和偶然性,"主体"不复存在,存在的是肉身、超人和权力意志。

其次,利奥塔通过对元叙事的取消,消解了作为"叙事的堆积"的现代"主体"的中心地位。在利奥塔看来,社会历史的传统叙事模式不过是不断合理化历史,从而不断为现实历史辩护的元叙事范式。现代知识体系中元叙事范式的合法性已经失效,成为一个在任何时间地点都适用实则在任何时间地点的缺乏解释力的多余概念。那种认为人类通过历史进步可以实现解放的历史意义阐释学对当代社会已不再具有普遍的约束力,即便"现代话语为了使其观点合法化而诉诸于进步与解放、历史或精神之辩证法,或者意义与真理的铭刻(inscription)等元叙事"⑤,但这依然掩饰不了宏大叙事背后的意识形态幻象。而在幻象背后,为现代哲学所建构的"人"并不是创造历史的主体,而是被用不同的叙事方式而描绘的形象,"人的历史不过是千千万万微不足道的和郑重其事的故事的堆积,时而其中的某些被吸引在一起构成大叙事,时而又消解为虚幻缥缈的浮云,但是它们被笼统地总括起来就形成称之为市民社会的文化的东西"⑥。既然"人"之历史不过是叙事的堆积,那么"实体"化的中心主体也便不复存在,依托于"人"之基础上的解放或进步的意义也被

---

① 尼采.快乐的知识:尼采后期思想文集[M].黄明嘉,译.北京:中央编译出版社,2005:83.
② 尼采.超善恶:未来哲学序曲[M].张念东,凌素心,译.北京:中央编译出版社,2000:序言.
③ 海德格尔.尼采[M].孙周兴,译.北京:商务印书馆,2002:671.
④ 尼采.权力意志[M].杨向荣,曾莹,译.西安:陕西人民出版社,2007:17.
⑤ 凯尔纳,贝斯特.后现代理论:批判性的质疑[M].张志斌,译.北京:中央编译出版社,2001:216.
⑥ LYOTARD F. The postmodern condition: a report on knowledge[M]. Manchester: Manchester University Press, 1977: 39.

一并消解。

再次，德里达则通过对结构的拆解，破除了对现代主体的迷信，表达了对主体的忧虑。在德里达看来，结构的出现在客观上意味着主体哲学的失败。德里达指出，"结构首先是一种有机的或人造的作品，一种集合体，一种建构的内在统一性；是由统一性原理支配的工程，是建立在确定地点的可见性的建筑"①，结构主义的秘密就在于"价值和意义在它们恰当的历史性和时间性中得以重建并被唤醒"②，但他同时意识到，"结构的上升是人的失败"③，结构主义的出现必然意味着一种"多元决定"的悲观主义。因为结构主义作为主体性哲学的反题，"重现了一种存在的焦灼与诱惑，一种对基础的历史的和形而上学的威胁"④，只有通过宣告人的死亡，才能成全主体的轻舞飞扬，结构取得一定功绩的同时必定伴随着主体的陨落。对此，德里达敏锐透视到，在一个"历史脱臼的时代"中，当人们被驱逐出千百年来居于中心的主体领地，柏拉图的理念、笛卡尔的我思、费希特的自我意识、海德格尔的此在，一并被送到人类思想学说的博物馆里之时，结构化历史过程中的人们必将重新陷入无根。

最后，福柯在伦理轴线的理论序列中宣告了人的死亡。当哲学从"上帝之死"转向"人之死"，也便意味着哲学最终走向了人的反题。福柯理论的关注中心始终是"人"，在1983年对其研究的总结中，福柯这样写道："我的目的是要创立一种在我们的文化中把人变为主体的各种方式的历史"⑤，"我研究的总题目不是权力，而是主体"⑥。但是福柯的研究却侧重映现了主体如何在权力建构过程中被消解被解构的理论图景，力图在消极意义上揭示主体在现代文化的建构过程，并着力于把人"如同大海边沙地上的一张脸"⑦一般抹去。然而解构先验主体并不意味着取消主体，而是为了取消理性的目空一切，是为了在非理性得以发声的全新秩序中，在理性的留白之中实现思想和主体的复归。正因如此，福柯始终致力于探讨经验层面上的主

---

① 德里达.书写与差异［M］.张宁，译.北京：生活·读书·新知三联书店，2001：46.
② 德里达.书写与差异［M］.张宁，译.北京：生活·读书·新知三联书店，2001：22.
③ 德里达.书写与差异［M］.张宁，译.北京：生活·读书·新知三联书店，2001：52.
④ 德里达.书写与差异［M］.张宁，译.北京：生活·读书·新知三联书店，2001：6.
⑤ 德赖弗斯，拉比诺.超越结构主义与解释学［M］.张建超，张静，译.北京：光明日报出版社，1992：271-272.
⑥ 德赖弗斯，拉比诺.超越结构主义与解释学［M］.张建超，张静，译.北京：光明日报出版社，1992：272.
⑦ 福柯.词与物：人文科学考古学［M］.莫伟民，译.上海：上海三联书店，2001：506.

体、历史语境中的主体以及个体化的主体，虽然主体或是被监禁，或是徘徊在理性界限之外，或是被性的权力话语所宰制，但他们始终追寻尽可能不同的存在样式，以建构起"每一个人都能够接受并且都必须适应的道德形态"①，而不是一种现代主体性的先验齐一和普遍。

（二）主体生存状态：物对人的主宰

在更加激进的后现代主义者看来，无论是上帝之死下权力意志的回归，叙事堆砌下的主体幻象，结构登场下的主体退场，还是福柯式的主体之死仍不彻底。以让·波德里亚（也译为让·鲍德里亚）为代表的后现代主义学者在解构主体的中心性地位的同时，把人的生命力量的释放寄托在了物对世界的彻底主宰之中。

首先，在波德里亚看来，福柯的努力还远远不够。波德里亚指出，福柯的问题就在于他对于权力的分析受到了时代的限制，尽管他已经跳出了"专制的"框架，讨论"规训的"权力，但这套权力逻辑依然服从于现实的客观秩序。作为古典时代的"最后一只恐龙"，福柯的话语"没有空穴，没有幻想，没有回火，只有流动的客观性"，是"它所描述的权力的一面镜子"，作为现实的"影子"②，福柯的理论作为它所批判的现代性的镜子一样，只是对正在消失和已经改变了的东西进行的一种近乎神话式的讨论。因此，在福柯权力框架中被建构出来的现代主体非但没能从权力结构中被解救出来，反而陷入权力的螺旋结构之中难以自拔。为此，波德里亚将笛卡尔以来的哲学家对于主体的发现、确认、追问和反思比喻为"照镜子"，然而这种"照镜子"的活动不仅无法厘清主体的处境，反而使作为主体的人受到重复性伤害："由于不断地照镜子，主体变成了血友病患者：血不再凝固。由于不断超越，血流就不再停止，任何伤口都无法愈合。"③因此，波德里亚认为必须进行一场彻底的翻转，与其把目光聚焦于"人"，不如把焦点聚集于"物"。不同于康德通过曾经试图回答"我能知道什么""我必须做什么""我可以希望什么"这三个批判问题来回答"人是什么"这一问题的做法，波德里亚试图通过对"物"的分析和反思，给

---

① 福柯. 惊奇与欺骗的"双重游戏"[M]//权力的眼睛：福柯访谈录. 严锋，译. 上海：上海人民出版社，1997：119-120.
② BAUD RILLA J. Forget foucault [M]. New York: Semiotext(e), 1987: 10-21.（中译本参见波德里亚. 忘记福柯[M]//福柯的面孔. 北京：文化艺术出版社，2001：512-514.）
③ 波德里亚. 冷记忆：1980—1985 [M]. 张新木，李万文，译. 南京：南京大学出版社，2012：254-256.

"人"以出路。

为此，波德里亚在否定形上主体的优先地位的同时，一并否决了先前关于主体解放的所有狂想。他认为，主体的形而上学确立维持了主体对客体的优势地位，在现实秩序中，人作为大写的"主体"将自身设置为世界的顶点，发明了一种不能再进行申述的宇宙等级，作为一种对其他等级的残忍，人占据了这一序列的关键性位置，并使得主体拥有了整合世界、书写历史的绝对主导权，因此他如是写下："全部形而上学的旨归是世界主体——个别的或是集团的，有意识的或是无意识的。"①但在波德里亚看来，是意志、意识乃至无意识的虚构、是意志与世界、本能与客体之间的某种均衡保护了带着"本能、欲望和意志而来"的主体特权，而尼采、海德格尔和福柯否定主体中心地位的策略则使得主体被要求表现自身的缺陷、脆弱、阴柔和死亡，被要求放弃其作为心理、知识、权力和历史主体的地位，被要求抹杀为透明和漠然，被要求过度隐退，于是主体被困在一幕关于其消失的情节剧之中，成为历史的死尸和毫无疑义的祭品，主体在自身根基上摇摇欲坠。进一步地，波德里亚指出"对主体的质疑无法改变其作为形而上前提的卓越地位"②，因为形上主体的创生包含了对脆弱和死亡的防范，形上主体的魅力就在于其地位的尊容、其无穷的欲望、其异化的戏剧性和在无常反复之中的历史超越性，福柯等人对于主体解放的狂想不过是一种谋求与世界和解的君子之约，而这种的"尝试导致的是混乱"③。因此，作为极端反主体主义的核心人物，波德里亚认为尼采、海德格尔和福柯质疑主体中心地位的策略虽然是必需的，但他们通过拷问主体来试图改造现实主体的自大和怯弱的做法已是穷途末路，为了挑战乃至颠覆这种局面，我们还必须走得更远。

最后，波德里亚在彻底放弃主体性原则的同时，采取了全盘客体化的反主体主义，将物的立场和物的视角颠覆性地置于历史首位。对"物"和"客体"的关注作为波德里亚整个理论研究的暗线，是他用以批判世俗世界的理论武器，是其理论一以贯之的连续性：无论是早期理论中的符号体系（即符号对象征的取代，世俗对神圣的胜利），中期理论的拟象秩序，还是晚期理论的命定之策，都表明了波德里亚以"物"为核心，借以研究当代资本主义社会中主体和客体关系之间不断演变的理论旨趣。正如凯尔纳所言："回顾一下，就可以发现，客体世界对于主体的不断增

---

① 波德里亚.致命的策略[M].刘翔，戴阿宝，译.南京：南京大学出版社，2015：159.
② 波德里亚.致命的策略[M].刘翔，戴阿宝，译.南京：南京大学出版社，2015：161.
③ 波德里亚.致命的策略[M].刘翔，戴阿宝，译.南京：南京大学出版社，2015：161.

长的权力,从一开始就一直是波德里亚的主题,因此暗示着构成他事业基础的延续性。"① 而在波德里亚所有作品中最为荒诞也最富原创性的晚期作品《致命的策略》中,波德里亚公然宣告了主体理论的彻底失败,并借助"水晶复仇"的隐喻说明在人类社会的发展是一个与象征交换渐行渐远的过程,是"物"的权力日趋高涨而"人"的地位日趋萎靡的过程,是"客体"不断取代"主体"并宰制主体的过程。他将客体的"水晶复仇"视为一种置之死地而后生的致命之策,也就是说,主体的拯救是无法通过任何维度的指向主体的行为得以实现的,唯有通过全盘客体化的反主体主义才是现代社会的救赎可能,为此我们必须放弃主体,彻底站到客体一边,并且承认"我们就生活在客体统治的时代中"② 的结构倒置。

(三)主体存在形式:虚拟存在的主体

后现代社会发展论的重要特征便是在对现代性文化内在趋向的直接延续中,在媒介化、信息化、视觉图像化的现代转向,在由实转虚的历史进程中观照主体的现代境遇。

首先,"虚拟世界"在全新的"电结构"社会中不断生成。当前,人类社会进入由高速发展的网络文化空间主导的多感觉时期,并在自我指涉的过程中不断衍生形成"虚拟世界"。借助现代技术,社会生活经历了农耕文明的自然状态,工业时代的机械速率,信息社会的人机互动的三重变奏,人类发展的时空维度亦实现了由实到虚的根本转变。不同于依托物质实体的自然时空,虚拟时空彻底打破了时间的不可逆性和空间的地理局限性,在非线性和非物理性的世界中以数字编码超越了时空限度,使实践活动获得了更为广阔的发展平台。虚拟时空的显著特点就在于,时间和空间在一定程度上摆脱了现实的束缚,时空的随机流动性大大增强,"甚至连传送'地点'都开始有了实现的可能"③。可以说现代科技手段使人的感觉媒介不断得以延伸④,个体活动不受时空场域影响,以身体为活动中介,于在场和缺场的渗透

---

① 凯尔纳.千年末的让·波德里亚[M]//波德里亚:一个批判性读本.陈维振,陈明达,王峰,译.南京:江苏人民出版社,2008:22.
② KELLNER D. Baudrillard: a critical reader[M]. Cambridge &Oxford: Wiley-Black Publishers, 1994: 15, 21.
③ 尼葛洛庞帝.数字化生存[M].胡泳,范海燕,译.海口:海南出版社,1997:194.
④ 吉登斯.历史唯物主义的当代批判:权力、财产与国家[M].郭忠华,译.上海:上海译文出版社,2010:37.

之中，身临其境地感受"处处皆中心又处处无中心"的虚拟世界。

其次，虚拟世界的主体的实践活动，作为现实活动的全新样式，呈现出互动性、虚拟性和多元性的特点。与传统媒介形式不同的是，现代技术的发展实现了虚拟主体之间的信息互动。在虚拟世界的实践活动中，主体所拥有的越发丰富的内心世界与客观物质世界的联结降低，如此一来，现代意义上的"我思"主体不复存在。在与现实世界紧密联系的虚拟世界的互动之中，主体的实践行为并非波德里亚所理解的"现实的消失"，而恰恰是现实展开的全新样式，主体在与现代信息和传媒技术的对话互动之中，逐渐形成了观察世界的新的视角，并在一种互构关系的"虚拟实践"活动中呈现出互动性、虚拟性和多元性。在这种开放的虚拟互动空间之中，虚拟主体参与实践活动的平等性和主动性大为提升，在一种多维叙事的互动空间之中建构自身。在信息空间之中，虚拟商场、虚拟战争、虚拟交往等网络样态的存在使得关于"我"为"何物，从何处来，向何处去"的问题被建制在一种全新的虚拟境遇之中，使得在纸质印刷阶段的理性自律主体成为在电子传播时代转变为"持续的不稳定性使自我去中心化、分散化和多元化"[①]的主体，并使得这种"没有性别、种族之差，也没有其他的问题的建构，脱离了生物的、社会文化的决定因素而自由飘荡"[②]的现代主体在一定程度上陷入一种多元文化景观之下的无实体交流的混乱之中。

再次，虚拟世界的主体状态呈现复杂化特征，并在网络空间中出现网络沉迷、身心分离、自我丧失等异化特征。在波德里亚看来，不仅信息内爆了，并且媒介与社会，进而连同一切真实、起源、理性、历史等都一并内爆了，图像吞噬一切、内爆一切，使得我们所生活的世界，资讯愈来愈多，意义愈来愈少，主体终被淹没，并最终吞噬人自身。其一，所谓网络沉迷指的是人在虚拟空间中以寻求快乐为初衷，将现实与虚拟相混同，将主体和客体相颠倒，从而将大量时间精力投注于网络空间，并导致轻度"强迫性沉迷异常"（obsessive-compulsive disorder）状态的情况。其二，所谓身心分离指的是精神最终脱离肉身的危险。麦克卢汉认为作为"人的延伸"的现代媒介"从生理上讲，人在正常使用技术（或称之为经过多种延伸的身体）的情况下，总是不断地受到技术的修改；反过来，人又不断寻找新的方式去修改自己的技术"，而"延伸"的物理阻碍首先来自人的肉身存在。于是，虚拟空

[①] 波斯特. 信息方式：后结构主义与社会语境［M］. 范静哗，译. 北京：商务印书馆，2000：13.

[②] 德里. 火焰战争［M］// 王逢振，等. 网络幽灵. 天津：天津社会科学院出版社，2000：3.

间呈现出了某种知识权力结构崇拜的倾向，虚拟世界的机器存在相较于身体的优越性，使得身体在其中成为某种信息传播障碍般①的存在。其三，所谓自我的丧失指的是在"信息密集社会"（message dense society）中，虚拟空间的入侵并进而打破了主体生活场域和文化情境的连续性，在日益爆炸的信息流中，主体一方面产生了"注意力匮乏性紊乱"（attention deficit disorder）症状，另一方面在程序设计的重复性和创造性匮乏之中难以自拔的情况，这将导致主体的认同危机和主体的萎靡沉沦，并使主体最终丧失自我。这是一个自我把握不住中心，一个自我与自我相分裂，并使得主体陷入支离破碎之中的全新场域。

三、在新发展阶段观照主体的当代境况

从主体性概念的启蒙到主体性观念的确立，从主体建构到主体危机，不难发现近代以来"认识主体"的胜利并不能消解现代"实践主体"的困境。在理论上，现代性之后的理论几乎都建构了某种结构概念，无论是巴特的符号或语言结构、拉康的无意识的结构、福柯的知识权力的结构、波德里亚的客体结构、波斯特的信息结构，等等，在这些后结构型中，主体性要么被异化，要么被控制，要么被消解，要么失去主体性而被纳入客体之中，主体的现代地位不断反转。而在实践中，主体性也陷入一种已经为马克思哲学所深刻揭示的现代性发展悖论之中。在人类主体性取得空前觉醒的时代，在人对自身主体性的追求与人对物的依赖关系之间，在人对社会生产活动的推进与物对人的支配关系之间，人类越是努力降服客体，客体也越是努力降服人类。于是在现代性批判的视域中，人类主体不断降服外物的历史成为主体不断被加以降服的历史，成为不断物化和异化的历史。人的主体性越是实现，主体的困惑便越是难解。为此，我们不得不对主体的当代境遇展开理论反思与实践审视。

首先，面对后现代主义的层层解构，我们必须坚持以历史唯物主义把握主体的现实境遇。当我们试图建构哲学人学理论时，以"去中心化的主体""物对人的宰制""虚拟主体论"为能事的后现代主义哲学话语却蜂拥而来。后现代主体论完全抛弃了主体存在的历史性原则，从而使得现代主体从现代性"虚妄"走向后现代性

---

① 科斯洛夫斯基.后现代文化：技术发展的社会文化后果[M].毛怡红，译.北京：中央编译出版社，1999：31.

"虚妄",陷入循环的历史泥沼之中。后现代主义对于现代主体性发展所带来的问题诊断具有一定时代的合理性,但开出的药方则是错误的。现在要全盘否定主体性,不仅为时过早,而且有滑向历史虚无主义的危险。在此,我们必须意识到,虽然后现代主义哲学拒斥认识主体性形而上学的特征,但却无法彻底取消价值主体和实践主体。主体作为一种历史存在,除了具有认识维度,还同时具备实践维度和价值维度,主体不仅首先是从事生活实践的生产主体,更是追寻自身价值实现的意义主体。因此,主体的存在及其意义,不能完全被归结于认识论层面的抽象玄思,死去的是在认识论层面以永恒和绝对权威自居的"主体"和"主体性",死去的是片面的、狭隘的、极端的、不成熟的"主体"和"主体性",而不是实践层面和价值层面的"主体"和"主体性"。在现代性尚未远离,在社会历史发展的任务尚未完成,在可以取代传统主体的新型主体尚未形成之时,轻易抛弃这个已经起了和正在起着巨大社会作用的主体性观念,显然并非明智之举。历史唯物主义关注的核心对象和主要观点虽然是"物",但"物"的背后实际上是人的活动、人的关系,"物化"背后的核心是人的存在和人的发展。当前,后工业时代刚刚到来,现代文明仍将持续相当长的历史时期,我们仍需坚持历史唯物主义,以全球眼光和总体视角认识改造世界,以指导主体解放、社会发展并共同应对全球危机。

其次,面对虚拟技术的现实变革,我们必须以主体原则回应主体的时代困境。可以说,在信息社会和后信息社会之中,网络空间中进行虚拟实践的主体存在极大冲击了我思主体的现代性地位。一方面我们需要认识到虽然虚拟时空释放了人的自主性,丰富了人的感性体验,拓展了人的发展范围,然而在虚拟时空中,随着交往主体的虚拟化,电子屏幕前的"终端"主体在缺乏现实互动的情况下往往容易沉溺于虚拟想象而导致自我迷失,从而陷入一种孤独无力的社会失律状态;另一方面我们需要注意到虚拟空间下主体的价值空场,即当图像成为仿像的时候,这种虚拟的存在物使得"在这些图像中我们什么也看不到……它们没有留下任何痕迹,也没有投下任何阴影,甚至什么结果也没有留下"。"它们的那种轻飘与虚无简练地强调了我们已经从一种需要中解放出来,我们一直需要从美和丑、真实和非真实、向外部的超越和向内部的保守中作出一种判断"[1],人们从现实需要中解放出来,并在网络空间的平行维度中再次陷入"虚假需要"的危险之中。但无论是虚拟时空还是现实时空,都不过是人的生存活动的存在形式,无论人机互动技术如何发展,都不可能

---

[1] GANE M. Baudrillard live: selected interviews [M]. London: Routledge, 1993: 68.

取消身体的实在性，也不可能消解时空的物质实在性，更不可能彻底割裂虚拟时空与现实时空之间的内在关系，时空关系的虚拟化不可能使一切陷入虚无之中。关键的问题是如何正确发挥主体性，而不在于否定和解构主体性。实际上，在人与物的关系上，人永远是主体，社会历史发展的意义和目的就在于实现和维护人的发展。唯有不断坚持以人为本，始终坚持将人的发展程度纳入衡量社会发展程度的尺度之中，引导技术创新朝着有利于人类福祉的方向发展，才能更好地在新一轮科技产业革命的重大变革中，在生产主体从机械劳动向信息创造的转变中，在生活场景从线下模式向线上延展的多元渗透中，真正实现人的自由全面发展。

最后，面对新时代新阶段新征程，我们必须以新发展理念引领主体的当代发展。习近平总书记在中国共产党第十九次全国代表大会上的报告中强调，发展是解决我国一切问题的基础和关键[①]，是关乎国际国内格局的重大战略问题。作为亟待解决的重大时代课题，发展问题的关键在于明确发展的导向问题。其一，面对百年未有之大变局中金融市场跌宕起伏、逆全球化与全球化交织博弈等内外不确定性因素，面对发展模式由简单追求增长速度向关注发展的质量密度问题的内生需求，面对中国社会主要矛盾的时代转化，新发展理念的提出从根本上就是要把发展问题牢固树立在中国实践的现实土壤，遵循经济规律实现科学发展，尊重自然规律践行绿色发展，遵从时代规律呼吁共同发展。其二，新发展理念破解了西方主体理论的现实困境，是人类文明新形态建构的重要向度。作为马克思主义具体化丰富化时代化的生动产物，新发展理念坚持坚持人民立场，坚定发展生产力，在全面深化改革的基础之上，充分发挥了人民群众的主体性，通过多种方式调动广大人民群众的积极性、创造性和主人翁的责任感。其三，新发展理念也是坚持马克思主义的必然结果。新发展理念继承和发扬了马克思社会历史发展理论，深刻认识到社会发展的实质是人的发展，人的发展是衡量社会发展程度的尺度。"人们的社会历史始终只是他们的个体发展的历史"[②]，历史不过是追求着自己目的的人的活动而已。社会历史发展的持续性取决于发展符合主体根本利益的程度，社会历史发展的创造性取决于发展激发主体能动性的程度，社会历史发展的文明性取决于发展提升主体观念结构

---

① 中国共产党第十九届中央委员会第五次全体会议文件汇编[M].北京：人民出版社，2020：26.
② 马克思，恩格斯.马克思恩格斯全集：第10卷[M].中共中央马克思恩格斯列宁斯大林著作编译局，编译.北京：人民出版社，2009：43.

的程度。归根结底,人才是社会发展的目的,人发展到什么程度,社会就发展到什么程度,历史进步的目的和意义在于"主体"发展的实现问题。

随着时空转换,马克思主义的内容形式不断创新,但其原理立场与价值逻辑却在历史的洗涤激荡中历久弥新,在与中国具体实际性结合的进程中不断指导新的实践发展。新发展理念的明确提出以人民为中心的发展原则,满足人民需要,促进人的发展。新发展理念以高质量发展为逻辑路径,以加强党对经济工作的集中统一领导为逻辑支撑,以实现人民对美好生活需要为逻辑终点,致力于解决人类共同面临的人口、资源、环境等难题,着力加强世界前沿科技攻关,把服务于人的需求放在首位,以创造价值和提升人民生活品质为核心不断推动新一轮的创新发展。面对新时代新阶段新征程,以人民为中心的发展理论,不是脱离社会生活的抽象形态,而是渗透到人民日常生活,根植于社会矛盾转变为新形势,破解西方逻辑的动态话语。在社会主义的制度优势中,实现人的全面发展,摆脱贫困实现人的安居乐业的发展模式的现实展开,实际上实现了西方文明自启蒙以来一直愿想却并未实现的主体目标。站在新的时代新的起点,唯有坚持新发展理念,才能引领主体的当代发展,实现中华民族伟大复兴的历史使命。

马克思人的全面发展学说新诠
——历史、可能、现实的三重视域

山东政法学院马克思主义学院　李国涛

一、历史域：人的全面发展是一个历史实践过程

马克思通过对人的发展过程及其规律的揭示表明，人的全面发展既是"一个永恒的历史过程"[①]，也是"社会主义新社会的本质要求……还是一种不断推进的历史过程和现实运动过程"[②]。

（一）人的全面发展是历史的产物，是历史的生成

马克思在总结前人思想的基础上，深刻揭示了人类趋向于"全面发展"的历史过程及其规律：这就是以"人的依赖性"为基础的前资本主义自然经济形态，以"人的独立性"为基础的资本主义商品经济形态和以"人的自由个性"为基础的共产主义产品经济形态。他提出的人的全面发展学说，是在人"以物的依赖性为基础的人的独立性"的前提下被现实地提出来的，相对于"人的依赖关系"的存在方式来说，这是人类实现自身全面发展的不可逾越的阶段。人的活动和历史发展的辩证法使人的全面发展成为客观的历史指向。社会主义取代资本主义，成为资本主义

---

① 陈志尚，等. 人学新论：马克思主义人学基本理论和重大现实问题研究［M］. 北京：人民出版社，2015：55.
② 韩庆祥. 论马克思开辟的哲学道路［M］. 天津：天津人民出版社，2021：194.

之后的更高阶段，其使命就在于：把物的独立性变成人的独立性，把孤立的、片面的、空虚的人变成全面联系的、丰富的、自由的人，在这里，人生产出他的全面性。人也正是在不断地克服个体的发展与整个人类发展的对抗矛盾中，逐步从盲目、片面、畸形的发展走向"全面发展"。可见，人的全面发展这一价值理想不是抽象的浪漫主义的主观想象，而是以人类社会历史的发展为基础，是一个现实的历史过程，"全面发展的个人……不是自然的产物，而是历史的产物"[①]。

（二）人的全面发展既是社会主义追求的目标，也是社会主义本身发展的条件

社会主义的存在和发展依赖于人的全面发展，以人的全面发展作为价值目标和价值原则，开辟了实现人的全面发展的道路。因此，马克思把社会主义社会人的发展定位为人的"全面发展"，在那里，人的全面发展就是人的"自由个性"的发展。社会主义取代资本主义，不是因为资本主义没有发展生产力，主要是因为它不能更好地促进人的全面发展。而社会主义能保证在科学和实践两方面解决科技革命条件下人的发展问题，并为此而创造着一切客观和主观前提，从而实现'社会生产的总规律'，生产力进步的趋向是逐渐用那种把不同社会职能当作互相交替的活动方式的"全面发展"的个人来代替"局部"的工人。"所有这一切只不过是社会主义社会实现其社会使命——一切为了人的发展——的手段而已。"[②] 在社会主义的各个阶段上，人的全面发展只能取得与那个阶段的社会历史条件相适应的发展程度，我们不能超越社会历史条件，以共产主义阶段才可能实现的"每个人自由而全面的发展"的程度，来衡量和要求社会主义初级阶段的人的发展水平。因此，在社会主义初级阶段的当代中国，我们必须不失时机地促进人的全面发展，必须以人的全面发展作为一切发展的指向，这是历史的选择。

（三）人的全面发展也是一个循序渐进、永无止境的过程

人的全面发展虽是人的发展的崇高目标，但也是一个经历着由原始社会的"低

[①] 马克思，恩格斯.马克思恩格斯文集：第8卷[M].中共中央马克思恩格斯列宁斯大林著作编译局，编译.北京：人民出版社，2009：56.
[②] 弗罗洛夫.人的前景[M].王思斌，潘信之，译.北京：中国社会科学出版社，2018：222.

级发展"到阶级社会的"片面发展",再到共产主义社会的"全面发展"的现实历史过程。

在资本主义社会,在人的"片面发展"达到顶峰的同时,工业化所释放的巨大社会生产力,为每个人的自由全面的发展打开了可能的空间。资本主义生产力的进一步发展,要求人的"全面发展",然而,资本主义社会从根本上讲却又不可能实现它。因此,人的全面发展不是一个完成的、给定的状态,而是一个在实践中不断生成的过程和一种无限开放的状态,永远也不会达到所谓"完美"的终点。为此,我们需要有这样的共识:共产主义本身只是人类历史发展的一个阶段与过程,而实现人的全面发展才是这一过程的最终目标;共产主义的实现不是人的全面发展的"终结",而是人的全面发展的新的"开始"。这要求我们在实践中,既要坚持人的全面发展的远大而崇高的理想,又要在现有条件的基础上确立现实目标的具体实践要求。

二、可能域:人的全面发展是未来社会发展的本质规定与远景指向

马克思从资本主义社会所有制形式、阶级与分工、生产力与生产关系、精神境界等全面阐述了实现人的全面发展的条件、途径。

(一)消灭资本主义私有制、阶级和旧式分工:实现人的自由全面发展的必要前提

在马克思看来,高度发展的社会化生产必然会相应提出生产资料社会化占有的要求。这是摆脱资本主义私有制的桎梏,使生产力得以解放并加速发展的唯一先决条件。一旦社会占有了生产资料,资本主义生产方式下人与社会、人与自然之间的矛盾和对立都将被消除,这时社会对于生产资料的占有,排除了少数人通过占有生产资料而剥夺他人劳动成果的可能性,社会将实行消费资料的按劳分配制度,并最终实现按需分配。而共产主义公有制的确立,将会在整个人类共同发展的意义上为人的全面发展奠定基础。在这一种所有制形式下,人们在生产和交往中的固定的狭隘的关系变成了人的自由活动,这意味着人与自然、人与人形成了普遍的交换和交往关系,原来横亘在它们之间的壁垒被铲除了。要达到这一理想境界的状态,实现

人的全面发展,也只有在共产主义社会,这有赖于自然分工对生产力发展的推动与社会财富的极大丰富。

"建立共产主义的关键性因素是消除劳动分工"①,由于消灭了旧式分工,"三大差别"与阶级也必将随之消失,从而生产者有了更大的活动空间和流动余地,人们可以根据自身兴趣在任何部门发展。于是,人就不会再成为那种猎人、渔夫、牧人或批判者。显然,从劳动对象的角度看,分工仍然存在,但从劳动主体的角度看,分工由于不再单一化、固定化,人们能够按照自己的兴趣或有利于自己能力全面发展为目的,自主而自由地从事不同的职业,分工对于他们来说失去了旧有的性质,或者说分工被扬弃了。

(二)现实的生产力与社会经济关系高度发展:实现人的自由全面发展的物质基础

在《德意志意识形态》中,马克思和恩格斯指出:"个人是什么样的,这取决于他们进行生产的物质条件。"②这表明,在人的发展过程中,"生产力是根本原因,生产关系则是直接原因"③,我们需要从对生产力的发展,从对生产力与生产关系矛盾运动的性质的分析人的发展现状及其发展趋势。

马克思通过对资本主义私有制条件下人的发展现状的分析,既揭示出未来社会中人的全面发展的必然性,同时也从社会经济发展的历史演进中,揭示出人的全面发展是对人的片面性和从属性的一种积极的扬弃。当然,资本主义财产私有制和异化劳动的发展,实际上也为未来社会的人的全面发展奠定了现实条件。他认为:"通过私有财产及其富有和贫困——或物质的和精神的富有和贫困——的运动,正在生成的社会发现这种形成所需的全部材料;同样,已经生成的社会创造着具有人的本质的这种全部丰富性的人,创造着具有丰富的、全面而深刻的感觉的人作为这个社会的恒久的现实。"④

---

① 麦克莱伦.马克思传[M].第4版.王珍,译.北京:中国人民大学出版社,2016:147.
② 马克思,恩格斯.马克思恩格斯文集:第9卷[M].中共中央马克思恩格斯列宁斯大林著作编译局,编译.北京:人民出版社,2009:520.
③ 袁贵仁.马克思主义哲学基础理论研究:马克思主义人学理论研究[M].北京:北京师范大学出版社,2017:280.
④ 马克思,恩格斯.马克思恩格斯文集:第9卷[M].中共中央马克思恩格斯列宁斯大林著作编译局,编译.北京:人民出版社,2009:189.

马克思通过对资本主义的生产力和生产关系矛盾性质及其发展趋势的分析，对人的全面发展的社会经济基础做了科学论证。他认为，共产主义不是现实应当与之相适应的理想，而是彻底消除人的异化的现实运动，从而通过对人的异化的社会经济条件的分析，得出人的全面发展的必然性——"人向全面性方向的发展，也不是什么人性的复归，不是什么人的全面本质的失而复得，而是通过创造高度发达的社会生产力和全面的社会关系全面创造并占有自己的本质"①。可见，人的全面发展从根本上是取决于实践发展的全面性与生产关系的全面性。也只有在共产主义社会，马克思所认为的真正的人的历史——人的全面发展的历史才能最终实现。

（三）精神生产的高度发展：实现人的自由全面发展的内在因素

共产主义并不意味着人的发展的终点，而只是人的全面发展的必然环节。在共产主义社会，精神生活的需要，只有在精神世界中才能寻找到并被提到突出地位。也只有在这一时期，"成为人的享受的感觉，即确证自己是人的本质力量的感觉，才一部分发展起来，一部分产生出来"②。随着精神生产的发展和精神产品的广泛传播，人的精神关系也将在更大的范围上形成，从而实现人与人之间的普遍的精神交往。只有这样，精神生活的价值才不至于贬低为最低限度的粗俗和世俗化的生活表达，人们在精神生产方面的才能得到进一步开发，并能过上丰富多彩的精神生活，这是人所追求并要达到的生活境界。今天，我们还处于社会主义初级阶段，离实现人的全面发展还有不小的距离。然而，人的全面发展"既是未来的崇高理想又是当代的现实追求"③。

三、现实域：在现实生活世界构筑人的全面发展的平台

"马克思真正做出过的承诺，是要解决那些目前阻碍人类进入'真正意义的历

---

① 杨耕.为马克思辩护：对马克思哲学的一种新解读[M].第4版.南京：江苏人民出版社，2017：403.
② 马克思，恩格斯.马克思恩格斯文集：第1卷[M].中共中央马克思恩格斯列宁斯大林著作编译局，编译.北京：人民出版社，2009：191.
③ 陈新夏.唯物史观价值取向当代建构[M].北京：首都师范大学出版社，2021：157.

史'的矛盾，实现自由和丰富多彩的生活。"① 现实生活世界的现实性、基础性、对象性与异质性表明，其对人的全面发展具有经济、政治、文化等不可替代的作用。

（一）创造性的日常生活实践：推动人的全面发展的现实途径

"对关乎人生意义——人的全面发展问题——的追究，应落脚于'人的感性活动'，即改变世界的实践。"② 在对象化与非对象化的否定性统一运动中，人通过日常生活实践不断超越自身成为"新我"，从而走上自我实现、创造价值之路。在一般情况下，日常生活实践活动都是重复性的，活着就是为了过活，受目的理性的支配。这样在日常生活中，人的发展就是平面的。改变这一状况的现实途径就是创造性的日常生活实践。所谓创造性的日常生活实践，就是在实践活动中培育人的个性。由于创造性的实践活动总是不满足自己的需要和欲望，从而其主体具有一种超越自己的力量。因而，在生产实践、消费活动、信仰活动、政治实践、文化实践等不受异化的情势下，需要使日常生活实践成为一种创造性的活动。因此，创造性的日常生活实践，是在实践活动中培育个人的个性，即人的全面发展的主要途径。

（二）扩大世界交往与社会流动：推动人的全面发展的客观基础

"在人的劳动的发展的基础上……实践能力也发展了，其中最主要的是改造社会的实践，也可以说是人的交往实践。"③ 因而，与劳动实践相对应的交往的发展，是人的全面发展的必要条件。

然而，由于"单个人随着自己的活动扩大为世界历史性的活动……才能摆脱种种民族局限和地域局限而同整个世界的生产（也同精神的生产）发生实际联系，才能获得利用全球的这种全面的生产（人们的创造）的能力"④。因此，"独立个人只能在世界历史性的活动和人们普遍的交往关系中生成……打破那种固定化的人身依附关系，建立起个人间的全面和相互的依存关系；打破自然形成的那种狭隘性的

---

① 伊格尔顿. 马克思为什么是对的 [M]. 李杨，任文科，郑义，译. 重庆：重庆出版社，2018：97.
② 张文喜. 马克思论"大写的人" [M]. 北京：社会科学文献出版社，2004：86.
③ 黄楠森. 人学的科学之路 [M]. 郑州：河南人民出版社，2011：99.
④ 马克思，恩格斯. 马克思恩格斯文集：第1卷 [M]. 中共中央马克思恩格斯列宁斯大林著作编译局，编译. 北京：人民出版社，2009：541-542.

联系，代之以社会性的普遍联系①"。在经济全球化的今天，这种社会交往的普遍发展，进一步推动与增进了人与人之间的交流与学习，丰富与发展了社会关系，为人的全面发展创造了各种主观条件与提供了坚实的客观基础。市场经济充满活力的运行机制，可以克服人的自身局限、地域局限、职业局限与社会关系局限，促进了个人与他人、与集体、与社会、与世界的广泛交往和交流，从而形成"杂交优势"，并在这种交往和交流以及"杂交"中，学习与利用社会的发展成果来发展自己，从而最终实现人的全面发展。

（三）道德理想教育、政治伦理教育、日常生活养成教育：推动人的全面发展的现实平台

实现人的全面发展，除了具备日常生活实践活动与个人社会交往能力还不够，还必须通过道德理想教育、政治伦理教育、日常生活养成教育，有层次地构筑走向人的全面发展的现实平台。这"不仅是提高社会生产的一种方法，而且是造就全面发展的人的唯一方法"②。

在人的日常生活实践、劳动实践和社会交往以及接受教育过程中，"人都发现并且证实了一种新的力量——建设一个人自己的世界、一个'理想'世界的力量"③。

因此，改变人的现实生活世界，首先要用科学的教育模式分层次、分阶段地教育人和塑造人。这种科学的教育模式应该是：儿童或者小学突出日常生活养成教育，这是最基本的教育，也是对人影响最大的和最长远的教育；少年或者中学正是人的行为习性开始形成的阶段，这一时期则主要进行伦理行为规范的教育；青年或大学正是世界观的形成时期，应该抓好道德理想教育。可见，这种科学的教育模式"意味着对多维度的丰富具体的人生的回归，对多元开放精神的追求"④，从而真正构筑起人的全面发展的平台。

站在今天的历史高度，正确地、全面地重新理解人的全面发展学说，我们会受到一种启发。长久以来，我们一直认为，人的全面发展理论仅仅是人类未来的美好

---

① 高清海.高清海类哲学文选[M].北京：人民出版社，2019：144.
② 马克思，恩格斯.马克思恩格斯文集：第1卷[M].中共中央马克思恩格斯列宁斯大林著作编译局，编译.北京：人民出版社，2009：191.
③ 卡西尔.人论[M].甘阳，译.上海：上海译文出版社，2013：389.
④ 贺来.现实生活世界：乌托邦精神的真实根基[M].长春：吉林教育出版社，1998：90.

远景，只有实现共产主义才能够实现。而事实是，人的全面发展不仅是理想，同时也是一个渐进而又不断提升的历史过程。深入理解、正确运用马克思关于人的全面发展学说的精神实质，用其审视我们的现实，规划我们的目标与行动，对当代中国现代性的建构，自觉地推动当代中国的改革开放与人的现代化，从而加快建设中国特色社会主义伟大实践具有重要的理论价值与现实的指导意义。

【基金项目】国家社会科学基金重点项目"马克思主义人的发展理论体系研究"（项目编号：17AZX001）的研究成果。

思想政治教育效力的生成逻辑与实现进路
——基于民族事务治理现代化的视域

兰州大学马克思主义学院　王　寅

党的十九届四中全会通过了《中共中央关于坚持和完善中国特色社会主义制度、推进国家治理体系和治理能力现代化若干重大问题的决定》（简称《决定》），明确了新时期治党治国治军的战略规划、目标、任务，提出要"把我国制度优势更好转化为国家治理效能，为实现'两个一百年'奋斗目标、实现中华民族伟大复兴的中国梦提供有力保证"[1]。民族治理效力的提升，不仅与民族事务治理现代化的完满实现紧密联系，更与国家治理能力现代化的全面实现息息相关。少数民族地区[2]思想政治教育效力的硬核提升是衡量一个民族发展和进步的最大表现，是衡量国家治理能力现代化程度高低的重要维度。有鉴于此，提振民族地区思想政治教育理念事关国家统一、民族团结、社会和谐。对民族地区思想政治教育效力的研究，不仅要着眼于民族地区的历史文化地理研究，而且要从战略层面重构民族地区思想政治教育效力的认知研究。这既是对民族地区的一次战略前沿考量，更是将民族事务治理现代化放置在实现国家治理体系和治理能力现代化的战略层面，去重新认识并发掘它的战略价值，并以此推动思想政治教育效力在新时代深化民族事务治理现代化中有质的提升。

---

[1] 中共中央关于坚持和完善中国特色社会主义制度、推进国家治理体系和治理能力现代化若干重大问题的决定[M].北京：人民出版社，2019：5.

[2] 少数民族地区是指以少数民族为主聚集生活的地区，中国的少数民族主要分布在西部、北部等边疆地区。

一、思想政治教育与民族事务治理互嵌与生成

在民族事务治理现代化视域下，思想政治教育效力的生成是一个历史性、现实性与共生性的发展进程。民族事务治理现代化与国家治理现代化是部分与整体的关系，民族事务治理现代化视域下思想政治教育效力的生成是历史与现实的深度结合，理论与实践的高度统一。民族事务治理现代化是新时代党治国理政思想的一项重大战略创新，赋予了思想政治教育崭新的研究视域和时代内涵，使思想政治教育效力这一被遮蔽的论域得以敞显。立基新时代民族事务治理现代化的历史高度，厘定思想政治教育效力的理论逻辑、实践逻辑，有助于在新时代加强民族团结、加快推进民族事务治理体系和治理能力的现代化。

（一）思想政治教育与民族事务治理聚焦人的现代化

思想政治教育是一种具有内在的、隐性的、稳定的符合人类自身道德感化的内隐推动力，是提升人类自身核心素养和促进民族地区人们实现民族事务治理现代化的不竭动力和思想源泉。对思想政治教育的研究不仅要不断从理论上加以深化和追踪，深度挖掘其内涵标准，而且要不断从实践上扎实践行其向心力和引导力，服务于人的现代化。诚然，在这里提及的人的现代化本身不具有人的全面而自由发展的共产主义标准，但在一定程度上思想政治教育与民族事务治理具有本质的深度耦合，其根本目的亦是聚焦人的现代化，走人性的个性解放和自由全面发展。基于此，在追求人的现代化过程中，必须强调思想政治教育效力的正向发力，毕竟民族事务的治理是在追求现代性的稳健发展，不能将民族事务的发展误入一个现代性发展的桎梏和困囿。相反，民族事务治理现代化的终极目标是在保持自身民族特色的基础上，将本民族文化传统与国家治理体系和治理能力现代化全面接轨，走人的现代化发展幽境，即思想政治教育与民族事务治理现代化是相辅相成的历史发展统一体，思想政治教育的正向发力必须在保持民族文化根基、坚守民族文化传统的基础上，有步骤地、符合民族法习惯地、有条不紊地切实推进和聚焦人的现代化。当然，在推进民族事务治理现代化的历史进程中，难免会出现现代性的矛盾发展格局，在民族地区的语境下亦会呈现出不同的现代性形态。为此，针对民族事务治理现代化转型发展中的"异化"畸形形态，理清思想政治教育发展模式，促动思想政

治教育效力最大化和正向性，厘清民族事务治理现代化的价值导向，是摆在民族事务治理现代化发展过程中的一道难题。显然，人的现代化是决定民族事务治理现代化的最根本因素和驱动力，没有人的现代化就不可能实现民族事务的高质量发展，更不可能实现国家治理体系和治理能力的现代化。所以，思想政治教育与民族事务治理聚焦人的现代化迫在眉睫。于此，第一，要努力加强民族思想政治教育的正向发展和动力前行，实现思想政治教育的内隐发力和道德感化；第二，要深化改革民族事务治理的现代性困囿，破除思想政治教育与实践治理的背离；第三，要努力建构思想政治教育与民族事务治理的环形对接发展体系，形成思想政治教育与治理运行的相得益彰和谐融共生；第四，要聚焦统筹人的现代化发展和思想政治教育的相向而行，坚决走思想政治教育与民族事务治理现代化的共同体发展道路。

（二）马克思主义民族观中国化与思想政治教育的现代化

马克思恩格斯在《共产党宣言》等著作中运用辩证唯物主义和历史唯物主义的基本原理，揭示了社会历史和民族发展的客观规律，阐述了思想政治教育对于民族发展与民族解放运动高潮的重大理论指南作用，从而为马克思主义"民族政治观"的最终形成奠定了坚实的基础。马克思"民族政治观"是世界的、历史的、科学的、大众的、现实的民族观。马克思恩格斯提出了民族有各自类型的思想，其民族观的发展与人类历史民族发展相互融合、交融，极大地影响着人类历史的发展。历史上各种民族共同体形态的依次更替和逐渐进化使得世界现实生活中民族共同体以各种组合形态生存发展。所以，对马克思主义民族观的研究必须与中国实际相结合，将其民族观中国化。同时，在实现民族事务治理现代化过程中也应强化马克思民族观中国化与思想政治教育现代化的统一。于此，列宁曾说："马克思主义提出用国际主义即用各民族高度统一的溶合来代替一切民族主义。"[①] 这就是说要求加强对各民族思想政治教育，积极树立民族高度统一的整体思想，将民族凝聚力思想内化于心，从而用高度统一的溶合思想来代替各自为政的分散化民族理念。并且在一定程度上，可以将各民族的平等团结、联合互助、共同发展、共同繁荣这些有利于各民族的思想放在首位，促进各民族的融合。诚然，列宁也主张各民族不分大小一律平等，既反对自己的民族压迫其他的民族，又反对其他民族压迫自己的民族。这

---

① 列宁. 列宁全集：第20卷［M］. 中共中央马克思恩格斯列宁斯大林著作编译局，编译. 北京：人民出版社，1958：17.

种带有全球正义理念的马克思主义民族政治观不仅从理论上丰富了本国民族的思想政治教育，而且从实践上推动世界民族和睦发展的现代化思潮。习近平总书记认为："我们党创造性地把马克思主义民族理论同中国民族问题具体实际相结合，走出一条中国特色解决民族问题的正确道路。"① 这就是说中国的民族事业必须将马克思主义民族理论同中国民族实际相结合，方可实现民族事务治理的现代化。简而言之，马克思、恩格斯、列宁的"民族政治观"符合社会历史发展的客观规律和思想政治教育的逻辑研判规律。对民族地区思想政治教育的深化和加强，不仅关乎各民族自身思想政治教育效力的提升，而且关乎民族事务治理现代化的全面实现。基于此，新时代提升民族地区思想政治教育效力不仅是对马克思恩格斯民族政治观的继承和发展，更是对中国革命、建设和改革进程中形成的民族政治理论成果的实践和创新。正确认识民族地区思想政治教育效力生成的理论逻辑，对于国家制定正确民族教育政策，加快推进民族事务治理现代化，全面实现世界民族共同体的构建都将产生重大的理论指导作用。因而马克思主义的民族观应坚持思想政治教育的现代化，努力将马克思主义的民族观融入思想政治教育发展的全过程，积极构建一种既坚持马克思主义民族观中国化，又促进思想政治教育的现代化，从而在民族事务治理现代化的发展进程中实现民族事务治理的科学构建和理论指引。

（三）民族事务治理实践生产成为思想政治的鲜活教材

实践性是马克思主义的重要品质。习近平总书记强调："实践的观点、生活的观点是马克思主义认识论的基本观点，实践性是马克思主义理论区别于其他理论的显著特征。"② 这就需要将思想政治教育与当今中国民族具体实际相结合推进新时代民族事务治理现代化。思想政治教育能否将理论精髓内化于民族实践的具体行动取决于思想政治教育效力的充分发挥和深入人心，只有切实回应时代理论指向的实践问题，才能将民族事务治理现代化的文章做足做深。一切从实际出发是马克思主义处理民族问题的一贯立场和基本原则。真正的马克思主义者始终认为"每个民族都是自主的，一切民族都是平等的"③"民族有权由决定自己的命运。它有权随意处

---

① 习近平.习近平谈治国理政：第3卷［M］.北京：外文出版社，2020：268.
② 习近平.在纪念马克思诞辰200周年大会上的讲话［N］.人民日报，2018-05-05（1）.
③ 斯大林.斯大林选集：上卷［M］.中共中央马克思恩格斯列宁斯大林著作编译局，编译.北京：人民出版社，1979：92.

自己的事情，当然，也不能侵犯其他民族的权利。这是无可争辩的"①。这里所反映的民族权利是坚持国家统一领导下的民族发展权，并非指不受任何约束的自由权。习近平总书记强调："坚持和完善民族区域自治制度，做到统一和自治相结合、民族因素和区域因素相结合"；"坚持各民族在法律面前一律平等，用法律保障民族团结"②。所以，民族权利是统一和自治的相结合，只有统一的实现才能确保民族向心力和凝聚力，才能将民族平等真正落到实处。但有一点必须清楚，民族事务治理也是在这个统一的前提下来实现的，没有统一的思想根基，就不可能实现有效的自治。因此要站稳政治立场，用马克思主义的"民族政治观"来指导民族自治实践，从而以正确的民族思想政治教育效力推进实现各民族平等团结、互助繁荣。诚然，自古以来，各民族在相互碰撞交融中不断前进和发展，其根本的价值使命都是为了实现中华民族之崛起、中华民族之幸福。正因为民族之间的向心力和同根同源的文化鉴赏力促使不同民族因语言、饮食、风俗习惯等的差异性而走向了共同发展。更可喜的是，各民族因长期受中华传统思想政治教育的正面引导，彼此之间搁置争议、求同存异，以积极进取的精神不断推动民族事务治理现代化的发展进程。历史上各民族通过民族交往、交流的方式来促进彼此之间思想政治教育效力的最大发挥，其中典型的代表就是西汉张骞经河西走廊出使西域，打开了东西方思想文化交流的渠道；东汉班超出使西域，从实质上践行了民族交往交流的途径；汉桓帝通过民族交往曾接受过大秦王安敦赠送的象牙等西域珍贵文物；唐玄奘赴西天取经更是从广度和深度上打开了东西方思想文化交流的通道。有鉴于此，民族思想政治教育因国家发展的需求而生发，也必将随国家治理现代化的推进而实现自身民族事务治理能力的现代化。在推进民族地区思想政治教育现代化的硬核内生动力就是思想政治教育效力，它内隐或外化地促进各民族思想政治教育理念的正向发展和道德转变。

二、思想政治教育效力的实现进路

构建政治共同体、经济共同体、文明共同体、社会共同体是筑牢思想政治教育意识的战略导向，为此，全力促进政治认同、着力增强经济振兴、推进民族文化

---

① 斯大林.斯大林选集：上卷：[M].中共中央马克思恩格斯列宁斯大林著作编译局，编译.北京：人民出版社，1979：93.

② 习近平.习近平谈治国理政：第3卷[M].北京：外文出版社，2020：269.

交流、厚植民族爱国情怀是新时代培育民族思想政治教育意识的实践追求和价值旨归。激发政治、经济、文化、社会方面的内生动力和外在实践，不仅需要民族自身发展的强大原生性硬核力量，而且需要发挥国际环境的战略支撑作用。

（一）全力促进政治认同，强化培育思想政治教育理念的政治底蕴

政治认同是一个国家凝心聚力、促进民族团结的决定性因素，对自身政治认同地位的解决源于对其本民族和社会管理的高效治理，是本民族对国家认同感的具体呈现。一个民族只有长期保持民族凝聚力和向心力才能深化自身对国家的政治认同。同理，一个国家只有坚持引导对本民族的国家认同，才能厚植国家的世界政治认同感，担负起为民族谋复兴、为人类谋发展、为世界谋大同的人类命运共同体使命。有鉴于此，全力促进民族政治认同，要全面加强党的领导，深化民族政治教育。

1.民族思想政治教育现代化的兴衰成败关键在党，推动党在民族建设和治理过程中的战略引领作用是实现民族事务治理现代化的金钥匙。党政军民学，东西南北中，党是领导一切的。[①] 铸牢民族思想政治教育意识，离不开中国共产党的集中统一领导，离不开党在民族政策、民族理论以及民族建设中的战略指导和总揽全局的统筹应对。中国共产党自成立至今，带领各族人民创造了数不胜数的丰功伟绩，民族团结进步事业蒸蒸日上，民族复兴大踏步前进。只有坚持中国共产党的领导方能做好民族政治工作，维护来之不易的民族大团结局面；只有将党的领导置于民族工作至上，将党的领导贯穿于民族工作的全过程，方能实现民族思想政治教育和民族事务治理的现代化。

2.深化民族思想政治教育工作事关党的民族事业稳步发展，事关民族社会和谐稳定，事关民族事务治理现代化的全面建成。加强民族思想政治教育建设，必须要加强民族团结进步教育，加强各族人民增强"对伟大祖国的认同、对中华民族的认同、对中华文化的认同、对中国特色社会主义道路的认同"[②]，以及对中国共产党的认同、对人类命运共同体的认同等。加强民族政治教育，务必在继承本民族优秀传

---

① 习近平.在全国民族团结进步表彰大会上的讲话［N］.人民日报.2019-09-28（2）.
② 中共中央宣传部.习近平总书记系列重要讲话读本［M］.北京：学习出版社，人民出版社，2014：93.

统文化的基础上，深入开展民族思想政治文化经典教育，切实推动民族思想政治教育与中华文化教育的有机衔接和专门指导。诚然，深化民族政治教育亦必须健全思想政治教育常态化机制，把民族政治教育渗入国民教育、社会教育、干部教育、群众教育、学校教育等一系列培育民族共同体教育发展过程中，实现教育主题的正向化、民族化、经典化，真正构筑起民族思想政治教育的强大引擎和空天网络。

（二）着力增强经济振兴，深化培育思想政治教育理念的经济根基

经济是民生之本，在经济全球化的浪潮下，大力加强经济建设，是夯实培育思想政治教育理念的物质基础。对此，无论是国内还是国际，狠抓经济建设是促进本国民族走向永续发展的治本之策。经济发展的好坏关乎民族政治、文化、安全、生态等的和谐发展，是牵一发而动全身的战略基础。诚然，经济的快速发展也有助于推进民族治理的现代化，着力加强经济建设，它不仅将思想政治教育现代化理念在民族地区深入推进，而且助力思想政治教育效力在本地快速发展的经济轨道上落地生根。为此，着力加强经济建设，要强化地区经济互助，守正创新民族特色。

1.改革发展是解决前进道路上一切问题的关键要素。大力发展民族经济是培育思想政治教育理念的物质基础，强化东西部地区的经济合作不仅有助于促进民族地区产业经济的深度挖掘和快速发展，更有助于东部地区将先进的科学技术和优质产品输入民族地区，促进民族地区产业升级和装备改造。首先，大力改善民族地区尤其是边远贫困地区的经济落后状况，实施针对民族地区的支持政策、开发项目、投融资计划，精准开发民族地区资源，以经济的繁荣发展来促动民族思想政治教育理念的经济解决。其次，全面推进民生建设，加快实施民族地区农村人口脱贫攻坚战略，实现民族地区从贫穷落后走向繁荣昌盛，以真抓实干的作风全力推动民族地区实现真脱贫、脱真贫。要把扶贫攻坚抓紧抓准抓到位，坚持精准扶贫，倒排工期，算好明细账，决不让一个少数民族、一个地区掉队。[①] 最后，加强民族经济的互联互通，带动和促进民族地区民心相通、政策沟通，从而为思想政治教育理念的广泛接受打下坚实物质基础。

2.民族是历史发展过程中的特殊圈层，有其自身发展的民族特色和发展模式。

---

① 马云志.坚定中国特色社会主义的"四个自信"[M].北京：人民出版社，2017：282.

如何将民族特色优势和天然禀赋转化成经济发展优势是民族思想政治教育的题中之义和价值旨归。基于此，深入对接国家民族战略，深度挖掘民族地区区位优势，走出一条将发达地区的"外源性动力"（科技优势）与民族地区的"内生性动能"（资源禀赋）有机结合的生态发展路子，在守住原生态的基础上，将民族特色和新发展理念创造性地运用到民族地区经济发展政策的制定上，将守正创新的本质概念把控好，以实实在在的生态文明观构筑民族思想政治教育现代化理念。其一，立足自身民族发展基础，精准把握民族特色和优势，以民族优势取胜，以原生态特色推进民族事务治理现代化。其二，积极开发具有民族特色和文化价值的民族产品，努力将特色优势与区位劣势有机转化，努力推动民族特色的原生态转换和有机发展，切实铸牢民族思想政治教育理念的物质基础和经济保障。其三，要完善差别化的民族政策，"优化转移支付和对口支援机制，实施好促进民族地区和人口较少民族发展、兴边富民行动等规划"[1]，精准促动少数民族和民族地区的现代化发展，让各族人民跟党走的信心更足、思想政治理念更牢固。

（三）推进民族文化交流，筑牢培育思想政治教育理念的文化基础

民族文化建设是一个国家综合国力建设的重要组成部分，加强民族文化建设事关国家整体软实力的提升和发展。在世界百年未有之大变局的今天，提升国际话语权力，顺利推进国家文化建设，切实增强文化硬核软实力是民族发展的根本。而文化实力的强弱则是一个民族乃至一个国家身份认同的重要标识，加强文化建设不仅是发展本民族文化血脉，而且是加强本民族与世界其他民族交往交流交融的精神纽带。有鉴于此，推进民族文化交流，培育文化新动能，夯实筑牢思想政治教育理念的文化基础，既是对民族传统文化的承袭和弘扬，更是对文明交融互鉴发展的智慧提升，有助于增进世界文明沟通，促进民族思想政治教育理念的包容共促发展。

1.民族文化是民族身份认同的重要标识，是民族发展的精神血脉，亦是民族团结的情感纽带。从古至今，各民族在长期的交往交流交融过程中创造了辉煌而灿烂的民族文化，博大而精深，独特而深邃，为最终形成中华文化奠定了坚实而又深厚的文化基础。民族文化交流必须秉承中华文化的精神内涵，将中华优秀传统文化思

---

[1] 习近平.习近平谈治国理政：第3卷[M].北京：外文出版社，2020：270.

想进一步发扬光大，并巧妙融合各民族思想政治文化理念，使中华文化硬核元素渗入民族文化思想，让民族文化因中华文化的恢宏气势变得异彩光辉，让中华文化因民族文化的独具特色变得生动活泼、栩栩如生。正是凭借着民族思想政治教育的交相辉映才使得民族交往交流交融变得更加畅通无阻，正是民族文化的伟大凝聚力和向心力才使得中华文化走出国门、走向世界，最终也因文化的内生动力和硬核实力促使民族思想政治教育现代化的夯实和筑牢。

2.在全面增强硬实力的基础上，切实提升民族话语建设，以民族事务治理现代化的全面增强来促动民族话语体系的构建，进而带动思想政治教育现代化的民族认同，促动思想政治教育现代化和民族事务治理现代化的现实接榫。诚然，民族思想政治教育理念就其实质而言是一种民族精神的信仰认同，深化民族文化认同是加强民族思想政治教育建设的根本要求，也是筑牢中华民族共同体意识的内核发展动因。因此，要在增进文化认同的基础上，全面加强文化软实力提质增效，在内生性动力来源上做足功夫，切实增强民族话语能力，以中华传统文化和社会主义核心价值观为基础，不断深化文化思想根基，全面推动民族思想政治教育理念的内在细化和外在实践。

（四）厚植民族爱国情怀，夯实培育思想政治教育理念的思想根基

民族问题无小事，爱国爱民是大事。民族问题的根本解决，在于筑牢民族精神。民族工作就实质而言是做好人的工作，民心强则民族强，精神支柱的解决对于民族问题而言就是思想问题的解决。在新时代，加强民族事务治理现代化建设，应在解决民族思想政治教育理念问题的基础上，有步骤、有规律地统筹做好民族思想政治教育现代化和民族事务治理现代化的双向同步推进，因为这关乎民族爱国统一战线和民族思想政治引领的双向达标。

1.筑牢民族思想政治教育理念，必须厚植爱国主义情怀，积极构筑新时代爱国统一战线，以爱国统一战线为根本，积极强化民族爱国精神力量的主导作用。第一，加强新时代民族观认知和构建，明确全体中华民族奋斗目标，将民族思想政治教育理念纳入民族事务治理现代化的战略架构中，积极深化民族思想政治教育工作，将实现中华民族伟大复兴的中国梦作为推动爱国统一战线全面走向实质化、实践化的标准。第二，全面团结一切可以团结的力量构筑新时代中国特色社会主义的

建设大厦。团结联合一切有志于推进中华民族伟大复兴的社会主义建设者，团结一切为民族建设作出贡献的各党派、各民族、各团体，为民族思想政治教育理念的筑牢奠定坚实的群众基础。第三，各民族之梦必须与国家之梦、世界之梦有机对接方能促进爱国统一战线的壮大和发展。各民族之梦必须在加强自身思想政治教育的同时，全力促动中华民族思想政治教育的现代化建设，实现具有民族爱国情怀的思想体系构建。

2.思想是行动的向导，积极引导各族群众从民族事务治理现代化的高度去创新民族社会发展，树立正确的民族思想意识。在人类历史发展的进程中，维护国家统一、加强民族团结、凝聚民族精神早已成为中华民族念念不忘的价值共识。为此，加强思想政治引领是民族之需求，国家之呼吁。第一，全面深化思想政治引领，增强人民群众的辨别力和免疫力。第二，深入学习马克思民族理论与民族政策观，积极引导民族思想与社会主义相适应、与时代相共鸣。第三，扎实开展社会主义核心价值观教育，努力培养德智体美劳全面发展的社会主义建设者和接班人，全力推动民族思想政治教育体系的全方位、多层次构建。总之，强化民族思想引领，坚定民族理想信念，将民族思想政治教育理念外化于行内化于心，全面夯实民族事务治理现代化的思想根基。

总之，思想政治教育创新发展是加强民族治理事务现代化的重要方式，是推进国家治理体系和治理能力现代化的重要引擎。加强民族地区思想政治教育不仅要深化马克思主义民族理论教育，而且要在创新民族理论方法、推进民族事务治理现代化上下足功夫，全面构筑起民族事务治理现代化的思想根基。诚然，民族事务治理现代化和国家治理现代化是相辅相成、谐融推进的共享共促共建关系。民族治理现代化的好坏在一定程度上内隐着国家治理现代化的体系构建，是推进国家治理能力发展的催化剂和谐融元素，是筑牢国家治理体系发展的神经末梢。而国家治理能力体系和治理能力的现代化则在外显上促动和保障了民族事务治理现代化的整体实现，只有实现国家治理体系和治理能力的现代化才能有效促进民族事务治理体系的和谐构建，才能彰显民族事务治理现代化的战略引领力和驱动力。为此，民族事务治理现代化视域下思想政治效力的提升是科学推动国家正向功能发展、有序推进民族向心力和凝聚力的理论利器，更是促进民族内驱力和国家整体建构力的重要尺度。新时代大力发展民族思想政治教育，必须将民族地区特色与思想政治教育谐融推进，在发挥民族思想政治教育正向发展上的基础上，全力夯实民族事务治理的精神动能，切实推进民族事务治理的整体推进。只有这样，民族事务治理现代化才能稳步迈进，国家治理现代化才能落地生根。

【基金项目】最高人民法院司法研究重大课题"乡村振兴战略实施司法保障机制研究"（项目编号：ZGFYZDKT201803-04）；教育部2018年哲学社会科学研究重大课题攻关项目"习近平新时代中国特色社会主义思想进教材进课堂进学生头脑研究"（项目编号：18JZD002）；子课题"习近平新时代中国特色社会主义思想进教材进课堂进学生头脑的保障机制研究"的研究成果。

马克思《1844年经济学哲学手稿》对现代性劳动的透视与批判

北京大学哲学系 梁舒娅

现代性概念在马克思的著述中鲜有出现,但他对于这一问题却有着实质性理论贡献。马克思的现代性理论与对资本主义的解剖联系在一起,他认为,现代性的根源主要在于现代生产即资本主义生产方式。

国内马克思主义哲学学界关于资本主义生产方式的讨论,近年来出现这样一个议题,即在资本主义社会中,生产逻辑与资本逻辑孰为统摄性力量。这一问题意指资本主义物质生产的两条主线:贯穿人类社会各阶段的、普遍的、非历史性的劳动,以及资本主义的、特殊的、历史性的劳动。这正是劳动的历史性问题。

无独有偶,劳动的历史性问题也被纳入当代西方马克思主义资本批判的研究视野。其中学者以莫伊舍·普殊同为代表,强调历史性的资本主义劳动是马克思现代性批判的基点——马克思"对资本主义劳动的分析是具有历史特殊性的,他的成熟期批判理论是对资本主义劳动的批判,而非从劳动的角度出发来批判资本主义"[1],并指出:以法兰克福学派为代表的"传统马克思主义"[2],以非历史性劳动为前提,导致生产方式批判落入生产关系批判,最终造成"传统马克思主义"对当代资本主义的失语。

普殊同关于劳动历史性的论断主要根植于马克思在《政治经济学批判大纲》中

---

[1] 普殊同.时间、劳动与社会统治:马克思的批判理论再阐释[M].康凌,译.北京:北京大学出版社,2019:24.

[2] 普殊同认为:"'传统马克思主义'一词并不指代马克思主义的某种特定历史趋势,而是泛指所有从劳动的角度出发分析资本主义的理论方法。"(普殊同.时间、劳动与社会统治:马克思的批判理论再阐释[M].康凌,译.北京:北京大学出版社,2019:8.)

的资本主义批判逻辑，内在于当代西方以价值形式进行结构化分析的谱系之中。事实上，在早年马克思唯物史观萌芽之前，具备历史性的资本主义劳动，即现代性劳动，已然作为批判的对象展露雏形，呈现于《1844年经济学哲学手稿》对劳动本身的层层透视之中。

一、劳动的历史性呈现与私有财产

国内学界对生产逻辑与资本逻辑的讨论内涵这样一个理论判断：生产逻辑是贯穿于所有社会形态的生产要素；资本逻辑是资本主义社会过渡性的特殊生产逻辑。事实上，非历史性劳动与资本主义劳动与此同理。资本主义劳动不仅是非历史性劳动的一个方面，更是历史性劳动在资本主义社会的具体表现。具体而言，它一方面是物质生产活动的一个类别，另一方面借助其历史特殊性实现了对劳动主体的抽象化。为揭开资本主义劳动的这一奥秘，需要发掘劳动的历史性。

首先，劳动的历史性内在包含于私有财产的历史差别中。在《1844年经济学哲学手稿》中，劳动，尤指资本主义劳动，作为私有财产的本质特殊地呈现于社会历史中。马克思明确指出，私有财产的内容在前资本主义社会与资本主义社会的差别，不是本质的差别，而是历史的差别："资本和土地的差别，利润和地租的差别，这二者和工资的差别，工业和农业之间、私有的不动产和私有的动产之间的差别，仍然是历史的差别，而不是基于事物本质的差别。这种差别是资本和劳动之间的对立形成和产生的一个固定环节。"[①] 这意味着，私有财产的历史差别体现在劳动和资本的对立。在马克思看来，资本与劳动的对立并非静态的对峙，而是动态的发展。这一过程须经历三个阶段："第一：二者直接的或间接的统一……[第二]：二者的对立……[第三]：二者各自同自身对立。资本＝积累的劳动＝劳动。"[②]

在深入资本与劳动的对立过程之前，应当厘清马克思这一时期对资本的界定。所谓资本，马克思承袭了亚当·斯密在《国民财富的性质和原因的研究》（即《国富论》）中的观点，认为："基金，资金，是土地产品和工业劳动产品的任何积累。资

---

① 马克思, 恩格斯. 马克思恩格斯全集：第3卷 [M]. 中共中央马克思恩格斯列宁斯大林著作编译局, 编译. 北京：人民出版社，2002：284.
② 马克思, 恩格斯. 马克思恩格斯全集：第3卷 [M]. 中共中央马克思恩格斯列宁斯大林著作编译局, 编译. 北京：人民出版社，2002：288.

金只有当它给自己的所有者带来收入或利润的时候，才叫作资本。"① 换言之，资本是能够为资本所有者创造利润的外化劳动。与《资本论》时期相比，此时的"资本"概念尚未提炼至价值维度，"资本生产过程"也尚未细化至以区分劳动二重性为前提。瑕不掩瑜的是，年轻的马克思对资本的理解已突破一般私有财产概念的桎梏，将历史性引入私有财产内涵本身——唯有在资本主义条件下，外化劳动才以追求利润为最终目的。这也是缘何言说"私有财产是外化劳动即工人对自然界和对自身的外在关系的产物、结果和必然后果"②，另一方面又言"私有财产表现为外化劳动的根据和原因"③。前者指向所有社会形态中的一般私有财产，后者则指资本主义条件下创造利润的私有财产。

在此基础上，资本与劳动的对立运动，揭示了从前资本主义社会到资本主义社会劳动历史变化的三个阶段：第一阶段，劳动的外化过程直接作用于外化结果，外化劳动等同于私有财产，劳动与财产不可割裂；第二阶段，劳动的外化过程与其结果相互对立，外化劳动与私有财产相对立，换言之，私有财产独立于外化劳动；第三阶段，劳动的外化过程及其结果重新实现内在统一，即劳动成为私有财产的主体本质。进一步地，第一阶段，私有财产可以积累，但由于与外化劳动不可分离，就无法实现自身增殖、创造利润。通过第二阶段劳动与财产的分离、劳动者与劳动产品的分离，第三阶段的私有财产通过掠夺他人的外化劳动，最终实现创造利润的目标。在私有财产的历史差异中可以看到，创造利润的外化劳动是资本主义劳动特有的现实性作用。

接着，资本主义劳动的历史性表征为其独有的抽象性。在《1844年经济学哲学手稿》的思想世界，资本主义劳动的抽象性以一种异化的形式展开。对此，以往国内学界的讨论主要集中在异化劳动的四个部分以及异化劳动与私有财产的关系等方面，笔者认为，这在一定程度上弱化了《1844年经济学哲学手稿》中的劳动的主体性问题，而这一问题恰恰是关涉资本主义劳动的抽象性的重要环节。

马克思反对以斯密国民经济学为代表的劳动主体性原则，反对将人的主体性消

---

① 马克思，恩格斯.马克思恩格斯全集：第3卷[M].中共中央马克思恩格斯列宁斯大林著作编译局，编译.北京：人民出版社，2002：239.
② 马克思，恩格斯.马克思恩格斯全集：第3卷[M].中共中央马克思恩格斯列宁斯大林著作编译局，编译.北京：人民出版社，2002：277.
③ 马克思，恩格斯.马克思恩格斯全集：第3卷[M].中共中央马克思恩格斯列宁斯大林著作编译局，编译.北京：人民出版社，2002：277.

解在抽象劳动之中，使劳动成为私有财产的主体本质。他指出："只有把劳动视为自己的原则——亚当·斯密——，也就是说，不再认为私有财产仅仅是人之外的一种状态的国民经济学，只有这种国民经济学才应该被看成是有财产的现实力量和现实运动的产物（这种国民经济学是私有财产在意识中自为地形成的独立运动，是现代工业本身），现代工业的产物；而另一方面，正是这种国民经济学促进并赞美了这种工业的能量和发展，使之变成意识的力量。"① 这意味着，早年马克思已站在历史的视域中，将劳动主体性原则视为劳动的拜物教，并着力打破资本主义劳动的意识形态，将这种意识形态视为资本主义现实运动的产物。

事实上，以资本主义劳动的主体性实现对现实的人的规训，势必导致国民经济学表现出十足的昔尼克主义。在这种资本主义劳动原则的意识形态下，劳动丝毫不关心自身的内容，它甚至"由于把私有财产移入人自身的本质中而能够不再受制于作为存在于人之外的本质的私有财产的那些地域性的、民族的等等的规定，从而发挥出一种世界主义的、普遍的、摧毁一切界限和束缚的能量"②。这种敌视人的、同质化的资本主义劳动正为青年马克思所大力批判。

不可忽视的是，对劳动抽象性的批判始终是在历史维度下展开的。如若忽视这一历史前提，将导向汉娜·阿伦特敌视劳动的立场。阿伦特认为劳动的同一性抹杀了人的复数性，指出"这种'劳动的集体性质'，根本不能为劳动团伙的每个成员建立一种可辨认、可确定的实在性，而是相反实际使他们丧失了对个性和身份的一切意识。"③ 阿伦特确实看到了人的差异性在劳动中的消解，但却将抽象压迫归因于劳动本身而非资本主义劳动。由于缺乏历史的高度，阿伦特无法理解马克思早年便意识到的、唯有资本主义劳动方能建构的抽象统治。关于劳动秩序下的抽象统治将在后文展开，在此不做赘述。

最后，通过私有财产澄清劳动的历史性后，历史性的资本主义劳动与非历史性的生产劳动便可"存同求异"。

一方面，所谓"同"，即劳动活动始终为人类社会创造物质财富。作为特殊历史时期的生产劳动形式，资本主义劳动亦通过劳动的对象化来创造劳动产品。马克思

---

① 马克思，恩格斯.马克思恩格斯全集：第3卷［M］.中共中央马克思恩格斯列宁斯大林著作编译局，编译.北京：人民出版社，2002：289.
② 马克思，恩格斯.马克思恩格斯全集：第3卷［M］.中共中央马克思恩格斯列宁斯大林著作编译局，编译.北京：人民出版社，2002：290.
③ 阿伦特.人的境况［M］.王寅丽，译.上海：上海人民出版社，2009：167.

在《1844年经济学哲学手稿》中指出:"劳动的产品是固定在某个对象中的、物化的劳动,这就是劳动的对象化。劳动的现实化就是劳动的对象化。"也就是说,财产作为劳动产品始终伴随对象化劳动而存在。青年马克思的理论视野除资本主义社会外,尚停留于封建社会向资本主义社会的过渡阶段,但结合马克思晚年笔记可以确证,在原始社会,人类劳动对自然界的改造成果(包括粗糙的武器、简陋的织物、家什与衣物、用燧石或骨头制造的工具以及"个人的装饰品")正是人类财产的第一个物质内容。此后,土地随着耕作技术的发展而作为新的对象被纳入财产范畴内,其结果是土地私有制从氏族财产公有制中生发出来。① 这样一来,劳动的物质创造性确乎一以贯之。因而可以说,马克思所言"私有财产一方面是外化劳动的产物"是从整个非历史性劳动的层面提出的,私有财产"另一方面又是劳动借以外化的手段,是这一外化的实现"是从资本主义劳动角度提出的。

另一方面,所谓"异",即资本主义劳动而非贯穿于整个人类历史的非历史性劳动,才是马克思自始至终关注的焦点。事实上,比较非历史性劳动与历史性劳动,是为了寻求超越历史性劳动的突破口。

马克思所批判的劳动,是与资本相对立的劳动。尽管封建社会存在私有财产的事实、存在奴役与压迫的事实,马克思的批判也从未脱离资本主义历史语境。马克思已看到:"无产和有产的对立,只要还没有把它理解为劳动和资本的对立,它还是一种无关紧要的对立,一种没有从它的能动关系上、它的内在关系上来理解的对立,还没有作为矛盾来理解的对立。"只有在资本主义社会,劳动才作为私有财产的主体本质而排除资本,资本才作为私有财产的客体化运动而排除劳动,二者方才导致私有财产紧张的内部关系而造成普遍异化。在《1857—1858年经济学手稿》中,马克思更为确切地揭示出资本主义劳动创造性与抽象性的双重特质:"劳动作为同表现为资本的货币相对立的使用价值,不是这种或那种劳动,而是劳动本身,抽象劳动;同自己的特殊规定性决不相干,但是可以有任何一种规定性。当然,对于构成一定资本的特殊实体来说,必须有作为特殊劳动的劳动与之相适应;但是,因为资本本身同自己实体的任何一种特殊性都毫不相干,并且它既是所有这些特殊性的总体,又是所有这些特殊性的抽象,所以,同资本相对立的劳动在主体上也自在地包含有同样的总体和抽象。"② 在这里,"特殊劳动"指具体的生产劳动,即一般

---

① 马克思.马克思古代社会史笔记[M].中共中央马克思恩格斯列宁斯大林著作编译局,编译.北京:人民出版社,1996:174-186.
② 马克思,恩格斯.马克思恩格斯全集:第30卷[M].中共中央马克思恩格斯列宁斯大林著作编译局,编译.北京:人民出版社,1995:254.

人类学意义上、非历史性劳动,在《资本论》中被进一步规定为"具体劳动";而作为"劳动本身"的"抽象劳动",正是资本主义劳动,它"可以有任何一种规定性"则意味深长地表明了资本主义抽象劳动的建构作用。

二、资本主义劳动秩序与抽象统治

资本主义劳动不是资本批判的终点,而是马克思批判工作的起点。在资本主义劳动的抽象特征的基础上,由劳动建构的资本主义统治秩序逐露真容。对此,普殊同肯定了资本主义劳动对整个资本主义体系的建构性,他认为:"马克思的分析中的劳动,不同于人们一般地、超历史地设想的劳动——一种有目的导向的、中介着人与自然的社会活动,创造特定的产品来满足既定的人类需求——而仅仅意指劳动在资本主义社会中扮演的特有角色。……它建构了一种历史特殊的、准客观的社会中介形式,在马克思的分析框架中,这一形式被视为现代性之基本特质的首要社会基础。"① 在《1844年经济学哲学手稿》中,资本主义劳动对资本主义统治秩序的建构性现为以下三方面内容。

第一,资本主义劳动建构了工人与资本家的阶级对立。以往的社会,以封建社会为例,统治者与被统治者的统治关系归因于政治权力的承袭,而资本主义社会中的阶级关系则建立在经济关系的基础上。

工人与资本家的阶级对立在社会现象上表现为贫困的"二律背反",即工人多劳不仅不多得,反而愈劳愈贫。从宏观上看,社会物质财富的增长与工人生活的改善并无关联,工人无法从社会发展的红利中共享发展成果。对此马克思概括为:"在社会的衰落状态中,工人的贫困日益加剧;在增长的状态中,贫困具有错综复杂的形式;在达到完满的状态中,贫困持续不变。"② 从微观上看,工人成为资本家的风险承担者,"当资本家盈利时工人不一定有利可得,而当资本家亏损时工人就一定跟着吃亏"③。

---

① 普殊同.时间、劳动与社会统治:马克思的批判理论再阐释[M].康凌,译.北京:北京大学出版社,2019:5.
② 马克思,恩格斯.马克思恩格斯全集:第3卷[M].中共中央马克思恩格斯列宁斯大林著作编译局,编译.北京:人民出版社,2002:232.
③ 马克思,恩格斯.马克思恩格斯全集:第3卷[M].中共中央马克思恩格斯列宁斯大林著作编译局,编译.北京:人民出版社,2002:224.

然而，消灭零散的资本家并不能从根本上解决阶级对立问题。在《1844年经济学哲学手稿》中马克思已经看到，在工人与资本家内部，对立与转化同时存在。马克思提到："作为这样的东西，资本分解为自身和自己的利息，而利息又分解为利息和利润。资本家彻底牺牲。他沦为工人阶级，正像工人——但只是例外地——成为资本家一样。"① 解决阶级对立问题，若只停留于消灭现实个体的层面，那么这种抗争与批判也就只停留于生产关系层面，无法深入问题的本质。普殊同在研究传统马克思主义在后自由资本主义时期集体失语的原因时，也指出生产关系层面的阶级批判无益于从根本上解决资本主义社会弊病，唯一有效的方法是深入生产力内部。在《1844年经济学哲学手稿》中，深入问题的本质表现为以两大阶级的对立原因为批判对象，即从资本主义劳动着手寻求解决问题的进路。

资本家与工人的博弈是私有财产内部紧张关系的外在表现。资本家是资本的代言人，工人则是劳动的承担者。由于资本主义劳动抽象性与创造性的双重特征，资本家与工人实质上被资本主义劳动所中介。因而任由工人与资本家两大阶级如何对抗，资本主义劳动始终是博弈的最大赢家。也因此，马克思提出，解放是从私有财产中产生的解放，而这表现为政治解放："社会从私有财产等等解放出来、从奴役制解放出来，是通过工人解放这种政治形式来表现的……而是因为工人的解放还包括普遍的人的解放；其所以如此，是因为整个的人类奴役制就包含在工人对生产的关系中，而一切奴役关系只不过是这种关系的变形和后果罢了。"② 在这里，"政治解放"与"普遍的人的解放"的议题被明确提出，结合此前的"共产主义"，马克思资本主义批判的目标已跃然纸上。然而从实际内容来看，此时马克思把解放目标依然解释为人的本质的复归，与《德意志意识形态》中明确将解放置于实践的基础、构建生产力与生产关系的矛盾运动相比，确实仍不够彻底。

第二，在资本主义劳动所中介的两大阶级对立的劳动秩序下，工人与资本家之外的人群被排除在视野之外。抽象劳动建构的劳动秩序排斥了一切非资本主义劳动及其主体，排斥了一切非资本主义的生产关系。对此马克思概括道："国民经济学不知道有失业的工人，即处于这种劳动关系之外的劳动人。小偷、骗子、乞丐，失业的、快饿死的、贫穷的和犯罪的劳动人……他们是一些在国民经济学领域之外的

---

① 马克思，恩格斯.马克思恩格斯全集：第3卷［M］.中共中央马克思恩格斯列宁斯大林著作编译局，编译.北京：人民出版社，2002：288.
② 马克思，恩格斯.马克思恩格斯全集：第3卷［M］.中共中央马克思恩格斯列宁斯大林著作编译局，编译.北京：人民出版社，2002：278.

幽灵。"① 与此同时,"国民经济学不考察不劳动时的工人,不把工人作为人来考察,却把这种考察交给刑事司法、医生、宗教、统计表、政治和乞丐管理人去做。"② 由此观之,以资本主义劳动为唯一标准来定义人的行为,正是马克思所大力批判的国民经济学视角,为马克思所不齿。

不仅如此,马克思也看到国民经济学正是资本主义的意识形态,这种意识形态也在不断巩固当下的统治秩序。马克思明确揭示国民经济学的历史前提,并将其视为现实运动的产物。

反观早期波德里亚对马克思劳动概念的批判,他认为,由于马克思陷入了"生产之镜",所有与经济性和生产性不相关的行为,都不是马克思的研究对象。波德里亚提出:"如果一个行为不具有经济性与生产性,那么它就必将不在马克思的视野之内。"③ 反之亦然:"如果说有一样东西是马克思所未曾想到的话,那就是释放、耗费、奉献、挥霍、游戏和象征。"④ 这样一来,连同马克思的劳动概念也被视为政治经济学统摄下的意识形态而被彻底反对。现在从《1844年经济学哲学手稿》对国民经济学唯劳动马首是瞻的驳斥上看,这种反对显然有失公允。

事实上,马克思《1844年经济学哲学手稿》所阐释的资本主义劳动与抽象秩序,不是把劳动作为全阶段人类社会的一切价值源泉,而是通过聚焦资本主义劳动以阐明资本主义剥削与压迫的本质;这种剥削与压迫不仅在劳动体系之内,也在劳动体系之外,共同构成了资本主义劳动的抽象统治秩序。有论者指出,"成熟时期"的马克思"揭示的正是这种劳动的'价值'何以在资本主义社会被独立出来,获得神秘的外衣,并在其现实操作过程中完成着生产剩余价值的功能。因此,劳动的价值概念既是一种对资本生产机制的前提性描述,也是一个批判的概念"⑤。尽管青年马克思尚未形成论中提及的精确系统的劳动价值论,但通过对资本主义劳动抽象性的层层剥离,既揭示了资本主义统治秩序之由,又为打破这种统治秩序提供了积极的探索。

---

① 马克思,恩格斯.马克思恩格斯全集:第3卷[M].中共中央马克思恩格斯列宁斯大林著作编译局,编译.北京:人民出版社,2002:282.
② 马克思,恩格斯.马克思恩格斯全集:第3卷[M].中共中央马克思恩格斯列宁斯大林著作编译局,编译.北京:人民出版社,2002:232.
③ 夏莹.从批判到抗争:西方马克思主义的嬗变及其当代形态[M].北京:清华大学出版社,2019:131.
④ BAUDRILLARD J. The mirror of production [M]. New York: Telos Press, 1975: 42.
⑤ 仰海峰.马克思的劳动概念:鲍德里亚的批评及其误读[J].南京社会科学,2003(4).

第三，资本主义劳动建构了囊括工人、资本家及非劳动者的抽象统治秩序，随之而来的是现实的、丰富的人性被贬低与压抑，这表现为劳动目的的倒置。

劳动目的指劳动为满足人的需要而存在；满足何种需要，则暗示了劳动对人产生何种反作用——压抑或是丰富。在《1844年经济学哲学手稿》中，马克思根据不同目的区分了两种劳动：实现动物需要的劳动与实现人的需要的劳动，前者是谋生的劳动，后者是复归类本质的劳动。由于工人与劳动相分离，劳动成为谋生手段，人不仅没有在劳动过程当中享受自己、提高自己，甚至把自身贬低到了动物的层次。马克思这样描述这一令人痛心的现象："人（工人）只有在运用自己的动物机能——吃、喝、生殖，至多还有居住、修饰等等——的时候，才觉得自己在自由活动，而在运用人的机能时，觉得自己不过是动物。"① 这种劳动目的的颠倒实质上是人与类本质的异化。对于人的感性本能，早年的马克思没有用抽象的劳动价值理论剪裁感性的现实世界，他承认人的感性本能的必要性，但同时在伦理层面为劳动的目的提出了更高的要求，这也是贯彻在马克思政治哲学叙事结构中的两个不同历史位阶："'向下'的现实性特征"（市民社会）和"'向上'的理想特征"（人类社会）②。

正是由于看不到资本主义抽象统治下的劳动目的的颠倒，阿伦特不理解马克思为何一方面把劳动视为人走向自由王国的方式，一方面又要求对劳动加以彻底反对。她指责马克思把"劳动动物提升到传统上由理性动物所占据的位置"③，并提出劳动的奴性封锁了人实现自由的可能性。从《1844年经济学哲学手稿》为代表的早年思想中，不难找到对阿伦特的责难的有力回应。阿伦特所谓的为提供生活必需品而进行的劳动，正是马克思语境下的动物机能的劳动，是资本主义的、敌视人的统治秩序中的劳动，是马克思加以大力批判的劳动，绝不是马克思自由王国之中的"应然"的劳动。虽然普殊同没有直面阿伦特对马克思的指责，但他也指出，抽象劳动建构的社会统治形式，带来了一种新的社会强制。"这一抽象社会强制的首要规定在于，个人为了生存而被迫去生产与交换商品。与奴隶或农奴的劳动不同，这一强制并不受直接社会统治的影响；相反，它是'抽象的''客观的'社会结构的

---

① 马克思，恩格斯.马克思恩格斯全集：第3卷［M］.中共中央马克思恩格斯列宁斯大林著作编译局，编译.北京：人民出版社，2002：271.
② 李佃来.阿伦特对马克思政治哲学的四个根本性误解［J］.学术月刊，2018（8）.
③ 阿伦特.人的境况［M］.王寅丽，译.上海：上海人民出版社，2009：63.

产物，并代表着一种抽象的、非个人的统治形式。"①

甚至进入发达工业社会，劳动目的的颠倒也会源源不断地制造劳动者否定自身的力量。正如马尔库塞所说："只要他们仍处于不能自治的状态，只要他们接受灌输和操纵（直到成为他们的本能），他们对这一问题的回答就不能认为是他们自己的……一切都有赖于对奴役状态的觉悟，而这种觉悟的出现往往被占主导地位的需要和满足所阻碍，而这些需要和满足在很大程度上已成为个人自己的需要和满足。"②这意味着，资本主义劳动已经在社会中制造出严密的闭环，它以虚假的需要强化劳动满足自身需要的方面，而对劳动满足作为人的需要的方面讳莫如深。在这个意义上再次审视《1844年经济学哲学手稿》，抽象劳动对劳动者主体性的替代，其发展走向正是劳动对无产阶级革命主体性的无声消解，也是资本主义统治秩序的不断强化。

三、早年马克思克服资本主义劳动的途径及局限

面对资本主义劳动建构的抽象统治的重重包围，马克思并未束手就擒。在《1844年经济学哲学手稿》中，马克思借助黑格尔辩证法思想，将克服资本主义劳动落脚到扬弃私有财产、实现共产主义。

实现共产主义要求完成对私有财产的积极的扬弃。马克思之所以做出这样的判断，基于他此时适才萌芽还未成熟的唯物主义历史观："整个革命运动必然在私有财产的运动中，即在经济的运动中，为自己既找到经验的基础，也找到理论的基础。"③尽管尚未明确表达历史过程中生产力与生产关系的矛盾运动，早年马克思已经开始把历史运动从经验存在与思维意识两个层面来加以考察，并通过经济异化与宗教异化的比较，提出："无神论的博爱最初还只是哲学的、抽象的博爱，而共产主义的博爱则径直是现实的和直接追求实效的。"④历史被视为一个充满张力的

---

① 普殊同.时间、劳动与社会统治：马克思的批判理论再阐释［M］.康凌，译.北京：北京大学出版社，2019：185.

② 马尔库塞.单向度的人：发达工业社会意识形态研究［M］.刘继，译.上海：上海译文出版社，1989：6-8.

③ 马克思，恩格斯.马克思恩格斯全集：第3卷［M］.中共中央马克思恩格斯列宁斯大林著作编译局，编译.北京：人民出版社，2002：298.

④ 马克思，恩格斯.马克思恩格斯全集：第3卷［M］.中共中央马克思恩格斯列宁斯大林著作编译局，编译.北京：人民出版社，2002：298.

运动，这也为克服抽象劳动建构的严密的抽象统治提供了可能——共产主义正是这道曙光。

扬弃私有财产实现共产主义不是一个一蹴而就、一帆风顺的过程。马克思看到共产主义"起先它是作为普遍的私有财产出现的"[①]，它以财产关系的普遍化来尝试对私有财产加以否定，其后果反而造成私有财产的彻底表现，并对人的个性到处否定，这是以共妻制为表现的粗陋的共产主义，它甚至是社会非自然的简单倒退。但马克思同样指出，粗陋的共产主义中蕴含着积极的因素，它正是作为人的自我异化的扬弃而存在，只是囿于不理解私有财产真正的本质，是不彻底、不完备的。马克思在这里隐约透露出这样一条实现真正的共产主义的途径：克服私有财产不是在制度上、在现实世界中废除财产本身，而是深入资本主义私有财产的本质——资本主义劳动。

至此马克思似乎做了一个循环论证：克服资本主义劳动要求实现共产主义，实现共产主义要求扬弃私有财产，扬弃私有财产要求直面资本主义劳动。但若将马克思所认可的真正的共产主义与粗陋的共产主义对堪，克服资本主义劳动路径就不言自明了。马克思提出："这种共产主义，作为完成了的自然主义，等于人道主义，而作为完成了的人道主义，等于自然主义，它是人和自然界之间、人和人之间的矛盾的真正解决，是存在和本质、对象化和自我确证、自由和必然、个体和类之间的斗争的真正解决。它是历史之谜的解答，而且知道自己就是这种解答。"[②] 如果一定要用复归的术语表达，那么从私有财产的现象深入资本主义劳动后，要实现的正是将资本主义劳动的特殊性"复归"到人类学意义上的劳动，具体而言，就是消除资本主义劳动抽象地作为人的主体本质的紧张状态，劳动不再是价值意义上的劳动，不再是动物机能的劳动，而只作为人的发展需要的劳动存在。这条进路也侧面印证了普殊同的判断："马克思的批判是对由劳动建构的一种特定社会中介形式的批判，而非对社会中介本身的批判。"[③]

《1844年经济学哲学手稿》对克服资本主义劳动晦涩且烦琐的论述，很难不让

---

① 马克思，恩格斯.马克思恩格斯全集：第3卷[M].中共中央马克思恩格斯列宁斯大林著作编译局，编译.北京：人民出版社，2002：295.

② 马克思，恩格斯.马克思恩格斯全集：第3卷[M].中共中央马克思恩格斯列宁斯大林著作编译局，编译.北京：人民出版社，2002：298.

③ 普殊同.时间、劳动与社会统治：马克思的批判理论再阐释[M].康凌，译.北京：北京大学出版社，2019：454.

人怀疑马克思究竟是否已经成竹在胸，这一混乱尤其见诸异化劳动与外化劳动的关系问题。马克思没能自觉地贯彻异化劳动的资本主义历史特殊性，因而无法驾轻就熟地明确揭示异化本身的历史性特殊性，也因而导致研究者们在理解《1844年经济学哲学手稿》中的"异化"与"对象化"的关系时时常遭遇梗阻。针对这一点，普殊同指出了早晚期马克思对于异化问题的不同："在他的早期作品中，马克思主张劳动将自身对象化为产品这一过程未必是异化过程……然而，在马克思的后期著作中，异化根源于商品性劳动的二重性，由此，它内在于这一劳动本身的特殊性中。"① 类似地，在价值范畴的前提下，伯特尔·奥尔曼也直接将资本主义社会关系与异化结构视为同一。于是，我们虽然可以看到早年马克思分析、阐述与解决方案的不系统，可以看到早年马克思对资本主义劳动的特殊性的不自觉，但却不可否认他对资本主义社会统治结构的敏锐度，不可否认他对资本主义劳动历史意蕴的深刻性。

事实上，马克思早年对资本主义劳动的历史性立场，一直延续到后期马克思的运思路线，这一以贯之的历史性理解也同样成为克服资本主义的有力抓手。

正是基于资本主义劳动历史地内涵的价值维度，马克思走进了资本增殖的世界。马克思在《1857—1858年经济学手稿》中指出："在资本的概念中包含着这样一点：劳动的客观条件（而这种客观条件是劳动本身的产物）对劳动来说人格化了，或者同样可以说，客观条件表现为对工人来说是异己的人格的财产。"② 这个表述再次确证了抽象劳动内在于资本概念的历史性，进一步地，资本的增殖也正是在"劳动从它同它的客观条件的原始共生状态中脱离出来"③ 的前提下方才发生，这意味着劳动的异化成为资本增殖的先决条件，而此时的资本也不限于早年私有财产视域中的外化劳动的积累，它更在资本主义劳动中介下被视为一种关系，一种资本主义社会中特有的生产关系。

同样基于资本主义劳动的历史前提，马克思在《资本论》第一卷中将价值定义为抽象的人类劳动，并以实体的方式确定下来。马克思指出："价值不断地从一

---

① 普殊同.时间、劳动与社会统治：马克思的批判理论再阐释[M].康凌，译.北京：北京大学出版社，2019：186.
② 马克思，恩格斯.马克思恩格斯全集：第30卷[M].中共中央马克思恩格斯列宁斯大林著作编译局，编译.北京：人民出版社，1995：508.
③ 马克思，恩格斯.马克思恩格斯全集：第30卷[M].中共中央马克思恩格斯列宁斯大林著作编译局，编译.北京：人民出版社，1995：511.

种形式转化为另一种形式,在这个运动中永不消失,这样就转化为一个自动的主体……商品的价值突然表现为一个处在过程中的、自行运动的实体,商品和货币只是这一实体的两种形式。"[①] 这是哲学意义上的实体在政治经济学中逻辑化的推演,由于马克思为这项推演致以历史的限定,资本逻辑才能在肆无忌惮的扩张中被授以限制,克服抽象实体的现实建构的社会统治才有了可能。

在此基础上,回到波德里亚对马克思劳动理论的批判。波德里亚认为,马克思的劳动概念是对资本主义意识形态的认同,因而其劳动价值论也是资本主义社会价值观念的表现。站在资本主义劳动的历史性的立场,事实上,对马克思而言,对资本主义的克服,也意味着作为社会财富形式的价值的废除。这也正是普殊同着力强调马克思以资本主义劳动作为批判资本主义的对象的重要原因,其目的在于激活20世纪以来被传统马克思主义遮蔽的、马克思资本主义批判理论的现实性。而同样面对资本主义生产,波德里亚与普殊同对于资本逻辑与生产逻辑的运思是十分相近的。普殊同试图通过揭示资本逻辑的运动机制来深入生产方式本身,打破资本主义的生产逻辑以从根本上实现对资本主义的克服。波德里亚则表现得更为激进,他将整个人类学意义上的物质生产逻辑视为一种理性的逻辑,意欲通过超越生产逻辑来超越马克思的生产理论,超越整个政治经济学。波德里亚对生产逻辑的超越实质上是将资本主义劳动的历史性极限拓展至目前整个人类社会的表现,在这里,人类社会被降维至更为宏大历史背景下的一个片段。从这个意义上来看,马克思对资本主义劳动的历史性观照,不仅为说明且克服资本主义提供可能,更为人类社会未来世界的新图示提供可能。对于生产逻辑是否比资本逻辑更为严密和抽象这点不得而知,但至少劳动的历史性在必然世界中为人们实现自由提供了理论空间与现实可能。

《1844年经济学哲学手稿》关于劳动的研究,绝非只能简单归纳为异化、外化等问题;事实上,其中流露的劳动的历史性维度不仅贯穿于马克思后期对于政治经济学的讨论,而且与此后唯物史观的萌芽与建立有着千丝万缕的联系。重新认识马克思在手稿中对资本主义劳动的分析,是厘清早年马克思哲学转向的必然要求,也是重拾马克思资本批判的有力抓手,对于当下激活马克思哲学思想的现实力量、回答现实问题均有着重要作用。

[①] 马克思,恩格斯.马克思恩格斯全集:第44卷[M].中共中央马克思恩格斯列宁斯大林著作编译局,编译.北京:人民出版社,2001:180-181.

马克思私有财产批判的人学意蕴

——基于《1844年经济学哲学手稿》

北京大学哲学系　张钟玥

一、私有财产及其起源的人学批判

国民经济学的产生是以私有财产为基础的，私有财产长期是作为外化劳动的原因而存在的。然而马克思却指出："尽管私有财产表现为外化劳动的根据和原因，但确切地说，它是外化劳动的后果。"① "私有财产是外化劳动的结果"这一判断是马克思在追问国民经济学的前提的基础上得出的。马克思指出，国民经济学的前提是私有财产，而私有财产的本质是人的劳动。劳动作为私有财产的本质是资本主义社会自身的发展的结果。

在理论上，劳动成为私有财产的本质是在重农学派中才初现雏形，在国民经济学的早期阶段形成其基本样态，在国民经济学的完成阶段才确定其最终形态。在重农主义者眼中，土地因其自然特性是真正的资本，但土地只有通过人的耕作才能为人带来财富，因此，土地以及耕作就成为财富的全部来源。正如马克思所说在重农学派那里，"财富的主体本质已经移入劳动中。但是，农业同时是唯一的生产的劳动"②。由于在重农学派那里，劳动只局限于农业劳动而没有上升到普遍的、一般的

---

① 马克思，恩格斯.马克思恩格斯文集：第1卷［M］.中共中央马克思恩格斯列宁斯大林著作编译局，编译.北京：人民出版社，2009：166.

② 马克思，恩格斯.马克思恩格斯文集：第1卷［M］.中共中央马克思恩格斯列宁斯大林著作编译局，编译.北京：人民出版社，2009：180.

劳动，因而重农学派的劳动不过是一种特殊的外化活动，而从这种特殊的外化活动中产生的特定财富其属性是自然的而非人的。

随着现代工业的发展，工业劳动获得了独立性并逐渐发展为劳动的完成形态，人类进入社会化大生产的阶段。与现代工业发展相适应的是国民经济学的诞生，在以亚当·斯密为代表的早期国民经济学家看来，农业劳动与其他部门劳动一样都是人类的一般劳动，财富也不是由某种特殊劳动或特殊要素创造出来的，而是由一般劳动所创造的。由此，劳动作为私有财产的主体本质就在亚当·斯密的理论中初步形成了，然而，劳动一般与财富的关系在国民经济学的早期还并不稳定，对应到亚当·斯密那里表现为他的理论时常倒退回重农主义中去。随着工业体系的进一步发展，国民经济学也在进行不断自我发展以包容不断涌现出来的现实矛盾，国民经济学随之进入了成熟阶段。在亚当·斯密那里还时常动摇的劳动与财富的关系被李嘉图、萨伊等国民经济学家彻底固定下来，劳动成了财富的唯一本质，而那些个别的、不依赖于劳动的经济要素就被彻底排除在财富之外。

资本主义社会所体现出来的劳动与价值的关系只是马克思判断私有财产与异化劳动之间关系的一个理论前提，致使马克思破解私有财产与异化劳动之间关系的是他对于资本主义社会的经济事实的考察，以及对于这一经济事实的本质的追问。马克思指出资本主义社会当前的经济事实是"工人生产的财富越多，他的生产的影响和规模越大，他就越贫穷"[①]。工人的劳动产品是工人劳动的现实化，但在现实中，劳动的现实化却表现为工人生存资料与劳动资料的双重丧失。这是因为工人越是通过自己的劳动占有外部世界，他所创造的世界的力量就越强大，他就越是依赖于他所创造的世界，感性的自然界就越是无法直接为其提供劳动对象和生存资料。而且由于作为劳动者的工人只获得固定的报酬而不直接占有自己的劳动产品，因而工人生产的劳动产品越多，他所占有的对象相对就越少，他就相对越贫穷，这就是劳动者与自己劳动产品的异化。

不仅是劳动产品不属于劳动者，就连劳动过程本身对于工人来说也是外在的。在外化劳动中，从事劳动的主体是工人而非一般意义上的劳动者。在前资本主义社

---

① 马克思，恩格斯.马克思恩格斯文集：第 1 卷［M］.中共中央马克思恩格斯列宁斯大林著作编译局，编译.北京：人民出版社，2009：156.

会时期,甚至是资本主义社会的早期阶段,从事生产活动的还是具有一定主体性的劳动者。然而随着工业生产成为社会生产的主要力量,资本主义社会进入机器大工业阶段,一切劳动都被工业化了,这使得不依赖于工业的个别劳动不再可能,因而劳动者只有转变为工人,进而成为被工业体系所需要的资本才能获得满足维持基本生活的需要。马克思指出:"他作为工人之所以还保留着人的种种特性,只是因为这些特性是为异己的资本而存在的。"① 与工业化生产相符合人的特性被保留和加强,而与工业化生产无关的人的特性则遭到排斥乃至消解。在这种生产方式中,人就成了机器的附属或者说人化了的机器,而工人的工资不过是资本家对于人化了的机器的保养和维修。工人在这种为了维持生存的被迫劳动中感受到的是肉体的折磨和精神的摧残,这是劳动者与劳动活动的异化。

劳动产品与劳动过程的现实形态是与作为劳动者的人的类特性相异化的。马克思指出,因为人有意识,人可以在理论上与实践中以类的方式理解自身与他物并将其作为自己的对象,所以人是类存在物。作为类存在物,人并不与自己的生命活动直接同一,人的类本质与人的类生活是可以分离的,因而人的类特性虽然是普遍的、自由的,但人的类生活却可以表现为被迫的、强制的。马克思指出,人对于自身的类存在的意识是人在改造对象世界的劳动当中形成的,生产对象就是人类存在的对象化,然而异化劳动却使人丧失了自己的劳动对象,使原本符合人的类特性的自由、自主的活动降低为维持自身生存的手段,那么人的类生活相应地也成为手段,而人的类生活是一定类本质的对象化,因而人的类本质也成为一种维持个人生存的手段。由此,异化劳动就造成了人的类本质与人相异化。马克思指出人同自己的类本质的异化其直接后果就是人同人相异化,这是因为人的类本质是在由自我与他人所共同构成的类生活中才变成了维持自身生存的手段,因而人与自己类本质的异化是建立在自我与他人之间的关系基础上的。由于人是普遍地同自己类本质相异化的,因而人与人之间也就处于普遍的彼此异化状态。

既然工人的劳动产品不属于工人,那么它就必定被与工人相异的他者所占有;既然工人在劳动过程对于工人而言是折磨和痛苦,那么这种痛苦的劳动必然给非工人带来享受和快乐。马克思指出"正像他丧失掉自己的产品并使它变成不属于他的

---

① 马克思,恩格斯.马克思恩格斯文集:第1卷[M].中共中央马克思恩格斯列宁斯大林著作编译局,编译.北京:人民出版社,2009:170.

产品一样，他也生产出不生产的人对于生产和产品的支配"①，也就是说工人在生产产品的同时也生产出了生产关系。工人所生产的、不归他所有的劳动产品以及与这种生产活动相适应的生产关系就是私有财产。因而，私有财产是异化劳动的结果而并非其原因。

二、扬弃私有财产的人学指向

马克思对私有财产批判是有着明确的人学指向的，那就是重新占有人的本质，复归到合乎人的本性的人。要想理解马克思扬弃私有财产的理论与实践指向就必须首先要明确马克思所要消灭的是资本主义社会当中的私有财产而不是一般意义上的私有财产。私有财产作为一种历史存在物早已有之，在资本主义社会之前，有产与无产之间的对立还只是一种外在的对立；而在资本主义社会，有产和无产的对立成了一种内在的矛盾，即作为私有财产主体本质的劳动与作为私有财产资本的矛盾。这种无法克服的内在矛盾一经产生就伴随着消灭这一矛盾的共产主义运动，以私有财产为其发展动力的资本主义社会越是发达，以否定私有财产及其资本主义生产关系的共产主义运动就越是成熟，而共产主义的运动终将会推翻资本主义制度以实现人对自身本质的真正占有。在《1844年经济学哲学手稿》中，马克思批判私有财产的人学指向主要体现在三个方面。

其一，共产主义的运动是在充分肯定人的劳动成果的基础上，又通过扬弃产生这一成果的异化劳动而实现对人的本质的复归。面对资本主义社会所积累起来的物质财富，共产主义的运动采取的是扬弃的态度而非彻底否定的态度，这是因为，一方面，共产主义的运动是在以往全部财富的基础上生成的，而共产主义的实现又离不开物质财富的充分积累；另一方面，物质财富实则就是积累起来的私有财产，而私有财产的主体本质是人的劳动。共产主义对私有财产的扬弃的根本目的在于扬弃产生了私有财产的异化劳动，使人获得实现自身本质的途径。那么人的本质是什么呢？马克思认为人的本质包含了自然性与社会性两个方面，人的自然性依赖于人的社会性才能得以存在，因为只有在社会中，人的自然存在于人而言才是人的存在。那么人便不可能逃离现实社会而在一个抽象、虚幻的自然中重新恢复自己的本质，

---

① 马克思，恩格斯. 马克思恩格斯文集：第1卷[M]. 中共中央马克思恩格斯列宁斯大林著作编译局，编译. 北京：人民出版社，2009：165.

人只能选择在社会中、在人的类生活中寻找恢复人的本质的可能性。

社会是各种要素相互作用而成的整体，而宗教、道德、法律、艺术等不过是整体的一部分，是生产的一些特殊表现方式并受生产的支配。以往探索扬弃私有财产的运动往往都是在这些特殊领域中打转，然而从被生产所决定的某一特殊领域出发以扬弃私有财产无异于在一个抽象的自然当中探索解放的路径，因为它们都同样割裂了社会的整体性联系。在马克思看来，在一个非现实的领域中去追求私有财产的扬弃并不会产生真正的实效，只有在现实的社会中直接追求私有财产的扬弃才能实现人的本质的复归，而这正是共产主义的现实运动。

其二，共产主义使人以一种全面的方式占有自己的全部本质。如前所述，资本主义社会是以追求私有财产为其自身目的的，对于私有财产的追求就是对私有财产的占有，这种占有是直接的、片面的享受，这种片面的享受表现在人停留于占有的感觉中。在这种片面的占有感中，人面对对象而产生的真正的、真实的感受，如人的听觉、触觉、嗅觉、情感、愿望都被弱化甚至被抹杀了。马克思认为对私有财产的追求会带来人的愚蠢和片面，一切肉体和精神的感觉都被拥有的感觉所代替，因而人在物质上越富裕，他在肉体和精神方面就越贫穷，他的感性存在就越遭到异化。马克思认为，只有彻底扬弃私有财产，人才能重新占有自己的感性存在方式，而且重新占有不仅意味着人在个体层面恢复了其人的感性器官的原本功能，还意味着人在社会层面同时占有了他人的感性器官，正如重新占有人的本质意味着不仅仅是使眼睛重新成为人的眼睛，还可以使眼睛成为能够欣赏美的眼睛，而美的产生正是由社会器官所形成的。

在马克思看来，重新占有人的本质力量必须要从客体对象和主体人两个向度着手。马克思指出，一方面，对象何以能成为人的对象，既取决于对象的性质，也取决于与对象相适应的人的本质力量，那么要想使对象成为真正人的对象，不仅要改变对象的生产关系，也要同时改变接受对象的主体即人的本质力量，而共产主义运动正是在变革私有制的基础上恢复和发展人的本质力量；另一方面，人的感觉感受并不是凭空存在的，人的感觉依赖于它的对象，人的感觉感受是人在将自身对象化的同时而产生的。这就意味着通过人的感觉感受能力的恢复是离不开人的对象化活动及对象化成果的，现实的、已有的对象会对人的感觉感受能力造成直接的影响，因此，要想恢复人的本质，同时离不开对于现实存在的根本变革。

其三，共产主义通过人的劳动而将人树立为主体。马克思指出："任何一个存在物只有当它用自己的双脚站立的时候,才认为自己是独立的,而且只有当它依靠自己而存在的时候,它才是用自己的双脚站立的。"① 在资本主义社会及其之前的社会当中,由于人一直将自己的物质存在与精神存在上依赖于他人他物而未将自身视为真正的主体,因为在人类社会中始终存在着各种形式的造物主。然而回顾人类的历史却不难发现人类的整个历史都是由人自己创造出来的,因此对于人的历史而言,人一直是应然主体。在以往的社会中,人作为应然主体是通过外在的中介来实现自己的本质,人长期受制于这一中介,甚至成为中介的奴隶。在马克思看来,经由共产主义而实现了的社会主义中,人的自然性与社会性已经实现了统一,人再也不需要通过外在的中介实现自身,人从自身的感性意识出发的活动就是人对象化自身的方式,就是人的本质的实现。

---

① 马克思,恩格斯.马克思恩格斯文集:第1卷[M].中共中央马克思恩格斯列宁斯大林著作编译局,编译.北京:人民出版社,2009:195.

生态文明社会的逻辑缘起及基本特征

沈阳工业大学马克思主义学院　卢　霄
台州学院马克思主义学院　吕锦芳

习近平总书记多次强调要努力为人民群众创造良好的生态环境，并指出：要"改善环境质量，保护人民健康，让城乡环境更宜居、人民生活更美好"[1]。习近平总书记的这一论述提出了建设生态文明社会的要求。只有保护好生态环境，打造居民宜居环境，构建生态文明社会，让人民群众有干净的水、清新的空气、放心的食物，还百姓以绿水青山、鸟语花香的绿色家园，才能使人民群众获得充足的生态幸福感，才能实现建设美丽中国的目标。

一、生态文明社会的逻辑缘起

工业文明在创造出前所未有的巨大的生产力和财富的同时也给人类带来了能源危机、资源匮乏、环境污染及生态破坏等诸多困扰。由此，人类开始警醒，开始正视人与自然的关系，呼唤生态文明新时代的到来，构建生态文明社会受到世界各国的广泛关注。中国特色社会主义进入新时代以来，在党和国家的高度重视和正确领导下，我国不断加强环境保护和生态环境治理，环境污染急剧恶化的趋势已得到了初步的遏止。但总体上看，当前环境破坏问题仍然比较严重，环境问题严重损害了居民的身心健康，影响了民众幸福指数的提升。因此，有效遏制环境恶化，构建生态文明社会，实现人与自然和谐共生迫在眉睫。

---

[1] 中共中央文献研究室. 习近平关于社会主义生态文明建设论述摘编[M]. 北京：中央文献出版社，2017：83.

（一）人民对美好生活新要求的逻辑缘起：对我国社会主要矛盾转变的正确把握

回望党的百年奋斗历程，中国共产党对我国社会主要矛盾的精准研判是我党取得重大历史成就的重要经验之一。深刻把握主要矛盾一直是我党制定国家方针政策的重要依据。马克思主义唯物辩证法认为，主要矛盾是在复杂事物的许多矛盾中，处于支配地位、对事物的发展起着决定作用的矛盾。在不同历史时期，我们党始终注重准确认识和把握我国社会主要矛盾，并围绕主要矛盾确定中心任务和制定相关政策。

中国共产党对新时代我国社会主要矛盾的转化做出了正确研判，就是对我国发展的新的历史方位的正确把握。40年改革开放的迅猛发展，带来了国家综合国力的高速增长，也大大提升了人民群众的幸福指数。人民群众的需求层次不断提升，由解决"吃饱"问题的生存需要到"吃好""住好"的享受需要再到发展需要；需求的范围与内容也不断丰富，从衣食住行发展到民主、法治、安全、环境等方面。党的十八大对推进新时代"五位一体"总体布局做了全面部署并制定了战略目标，把生态文明建设纳入中国特色社会主义事业总体布局，将生态文明建设摆在了突出位置。习近平总书记在十九大报告中强调，中国特色社会主义进入新时代，我国社会主要矛盾已经转化为人民日益增长的美好生活需要和不平衡不充分的发展之间的矛盾。党的十九大报告进一步提出要"坚定走生产发展、生活富裕、生态良好的文明发展道路，建设美丽中国，为人民创造良好的生产生活环境"①。针对我国粗放式经济发展带来的环境污染问题，党中央高度重视，党的十八大以来，习近平总书记作出了一系列关于生态文明建设的批示和讲话，提出一系列生态文明建设的新思想新理念新论断，掀开了生态文明建设的新篇章。

构建生态文明社会顺应了人民群众对美好生活的追求。我国生态文明社会的构建，良好生态环境是最普惠的民生福祉，"环境就是民生，青山就是美丽，蓝天也是幸福"。生态环境质量与人民群众的生存生活质量紧密相关，改善生态环境就是改善民生，破坏生态环境就是破坏民生。生态文明社会是一种能够实现资源可持续利用的社会状态，是资源节约型、环境友好型社会，是人与自然和谐共生的社会形

---

① 习近平. 决胜全面建成小康社会 夺取新时代中国特色社会主义伟大胜利[N]. 人民日报，2017-10-28.

态。我国生态文明社会的建构，以人民为中心，以遵循自然规律为原则，以人与自然和谐共生为核心理念，以建设天蓝、地绿、水清的美好家园为目标，以环境承载限度为基础，以绿色技术创新为动力，实现经济社会与生态环境的协调发展。生态文明社会能够为人民提供良好的生活环境，为居民提高生活质量创造条件，人民群众生活在山青、水秀、天蓝、地绿的环境中享受生态幸福。生态文明社会符合和谐社会的发展理念，是社会和谐的基础，丰富了和谐社会的内涵。生态文明社会不仅是指人对自然态度的转变，而且是在人与自然和谐背景下的人与人之间、人与社会之间的和谐与文明，是一种多向度的和谐共生。生态文明社会关注人的发展状况，主张通过改善生态环境来提升人民群众生活质量，鼓励人们追求绿色低碳生活，倡导绿色消费。构建生态文明社会是为了解决我们当前所面临的生态环境恶化的必然选择，是追求更适合人类生存和发展的社会形态的经验总结，也是美丽中国的重要体现，同时能满足人民群众的生态需求，不断提升人民群众的幸福感与获得感。

（二）中国道路逻辑缘起：中国式生态治理现代化的中国方案、中国智慧

构建生态文明社会是推动中国式生态治理现代化的中国道路的应然要求。生态文明社会是一个复杂的系统，以系统思维去推进生态文明社会建设，符合其本身的内在逻辑。生态文明社会本质要求在于人与自然的和谐，生态环境良好，居民具有较高的生态意识，生态文明制度完善，社会和谐有序、居民健康幸福。构建生态文明社会的根本方法是统筹协调经济发展与环境保护的关系，最终目的是实现经济高质量发展和高水平环境保护双赢的目标。

构建生态文明社会有助于提升中国道路国际话语权。构建生态文明社会是增强中国道路的国际话语权的重要发力点。节约能源，保护生态环境，坚持绿色、低碳、可持续发展是人类面临的共同挑战，也是人类保护地球这个共同的绿色家园的责任担当。自党的十八大以来，把生态文明建设放在突出位置，展开了一系列生态理论创新与生态治理探索，取得了显著的成效，良好生态环境展现了我国良好的形象，同时为人民群众创造了天蓝、地绿、水清的良好的生存与发展的生态环境，为满足人民群众对美好生活的向往提供了生态基础。构建生态文明社会有利于积极引导应对全球气候变化的国际合作，彰显了中国共产党的责任担当，引领全球战胜生态危机，为全球生态安全作出贡献，大大提升了中国道路国际话语权，解构了西方

生态思想的话语霸权，贡献了全球生态治理的中国智慧与中国方案。

（三）人类文明新形态逻辑缘起：对现代资本文明的根本性超越

中国共产党带领中国人民历经百年奋斗历程，探索出独具中国特色的现代化新道路。2021年7月，习近平总书记在"庆祝中国共产党成立100周年大会"上的讲话中指出："我们坚持和发展中国特色社会主义，推动物质文明、政治文明、精神文明、社会文明、生态文明协调发展，创造了中国式现代化新道路，创造了人类文明新形态。"[①] 中国式现代化道路是对资本主义现代资本文明的根本超越。中国式现代化新道路是以人民为中心的人类文明新形态，以实现全体人民共同富裕和促进人的全面发展为根本价值追求，这与资本逻辑主导下的以实现利润最大化的资本主义文明价值追求形成强大反差。[②] 资本逻辑是生态危机的深层根源。资本的"效用原则"和"增殖原则"，决定了资本对自然界的利用和破坏具有逻辑必然性及永久性。我国生态文明建设坚持以人民为中心、人民至上的价值追求，在限制和发挥资本逻辑之间保持合理的张力，将资本在实现利润最大化的过程中对自然环境的伤害降到最低，保障了人民群众的生命健康及生态安全。因此，构建生态文明社会是人类文明新形态的必然要求。

构建生态文明社会是实现人与自然和谐共生的人类文明新形态的关键。人与自然的关系是建立在人与人的关系基础之上的，人与人的和谐共生是实现人与自然和谐共生的关键。构建生态文明社会为人类提供良好的生存与发展的生态环境基础，是人类文明存在和发展的必要条件。人是自然的一部分，良好的生态环境是人类生存与发展的前提与基础。人与自然和谐共生是构建生态文明社会的本质要求。人与自然的关系是一个相互联系、相互制约、相互依赖的有机整体。自然是维持人生命生活的物质来源，自然环境是人类共同的家园。人类的生存与发展必然以自然环境为条件，从自然界中获取物质生产资料和生活资料，获取物质、能量和信息。人—社会—自然构成的复杂巨系统，包括人口、资源、环境、经济、政治、文化等多个子系统。人与自然和谐共生不是这些子系统的简单机械相加，而是使这些子系统以及构成子系统的要素之间以一定的速度、顺序和比例协调发展，既要有侧重点，又

---

① 习近平. 在庆祝中国共产党成立100周年大会上的讲话[M]. 北京：人民出版社，2021：13-14.
② 卢成观，代金平. 中国式现代化新道路的文明性破解[J]. 社会主义研究，2022（1）：8-15.

要兼顾各方，做到协调统一，进而达到人与自然和谐共生。因此，构建生态文明社会是人类文明存在与发展的必要条件，具有其逻辑必然性。

二、生态文明社会的基本特征

生态文明社会具有其不同于以往社会形态的特征，概括起来有以下几方面。

（一）公民具有较高生态道德意识和生态文明道德风尚

社会公众是生态文明社会建设的主体，普遍具有较高生态意识和生态道德的生态公民是人与人、人与社会和谐共生的基础，是人与自然和谐共生的前提。生态意识是生态文明社会的精神层次，是推动生态文明社会建设的精神动力。因此，公民具有较高生态意识和生态道德是生态文明社会的基本要求，也是生态文明社会的基本特征。生态文明社会注重公众的生态意识培育，使公众具有较高的生态意识素养，即具有较高生态道德意识、生态责任感和正义感、生命共同体意识。生态意识素养不仅是一种思维方式和价值观念，更是在这种思维方式和观念指导下的行为取向。

生态文明社会公众生态意识培育包括三个方面，即生态教育、生态宣传、生态参与。生态文明社会公众生态意识培育的三个要素相互联系、共同作用，形成了培育生态文明社会意识功能。其中生态教育为生态宣传、生态参与奠定了生态学的理论基础；生态宣传补充、扩大了生态教育的影响范围，积极地推动了生态参与的实施；生态参与则强化了生态教育和生态宣传所倡导的生态文明理念，将生态价值观落到了实处，三者密切联系，共同形成了一个有机的整体。

（二）广泛形成绿色发展方式和生活方式

党的十九届五中全会提出，到2035年"广泛形成绿色生产生活方式，碳排放达峰后稳中有降，生态环境根本好转，美丽中国建设目标基本实现"[①]。坚持绿色、低碳发展，广泛形成绿色生产方式和生活方式是生态文明社会的显著特征。生态文明社会要求人们的生产活动符合自然规律，注重资源的可持续开发与利用，倡导绿

---

① 中共十九届五中全会在京举行[N].人民日报，2020-10-30（1）.

色生产和绿色生活,以绿色技术为支撑消除或降低生产与消费活动对生态环境造成的负面影响,打造生态智慧城市和美丽乡村,使人们生活更加绿色、舒适、便捷。生态文明社会倡导资源节约与可持续利用的发展模式,利用先进技术发展绿色产业,发展绿色经济、循环经济、低碳经济,推广清洁能源、可再生能源,最大限度地提高资源的利用率,以最少的资源消耗来支撑经济社会持续发展,使经济社会发展与自然生态系统相协调,实现人与自然和谐共生。

践行绿色发展理念是生态文明建设的重要途径。习近平总书记在党的十九大报告中指出要构筑尊崇自然、绿色发展的生态体系①。绿色发展理念以正确处理经济、社会与环境之间的关系为核心,将环境保护优先作为经济社会发展的前提,同时把环境保护作为经济社会发展的内生动力②。

生态文明社会的形成既需要企业生产方式的转变,也需要公众生活方式的绿色化。绿色生活方式是在日常生活中将绿色理念转变为绿色行动,把绿色理念内化于心,外化于行,用"绿色化"装点生活。绿色生活方式倡导人们确立新的需要观和幸福观,倡导推广绿色消费,促进人与自然和谐共生。所以,广泛形成绿色发展方式和生活方式是生态文明社会的重要特征。

(三)人民群众生活在良好的生态环境之中,有充足的生态幸福感

习近平总书记指出:"良好生态环境是最公平的公共产品,是最普惠的民生福祉。"③习近平总书记这一论述充分体现了中国共产党切实改善人民群众的生存环境、增进民生福祉的生态执政理念。生态幸福是人们对所处生态环境满意度的一种价值判断。生态幸福感以生态幸福指数为衡量标准,生态幸福指数既包生态安全是指在人的生活、健康、基本权利、必要资源(饮用水、食物安全、空气等)、社会秩序和人类适应环境变化的能力等方面不受威胁的状态,包括衡量这种主观感受具体程度的主观幸福指标数值,也应包括对生态环境的客观评价结果④。如果不能有效控制

---

① 习近平.决胜全面建成小康社会 夺取新时代中国特色社会主义伟大胜利[N].人民日报,2017-10-28.
② 竺效,丁霖.绿色发展理念与环境立法创新[J].法制与社会发展,2016(2):179.
③ 中共中央文献研究室.习近平关于社会主义生态文明论述摘编[M].北京:中央文献出版社,2017:4.
④ 王光华,夏自谦.论生态幸福指数[J].林业经济,2012(8):85.

环境污染，保护生态环境，人民群众喝的水、呼吸的空气、吃的食物安全性无法得到保障，人们就会缺少生态幸福感和生态安全感，进而导致社会群体性事件，威胁社会稳定与长治久安。所以，保护生态环境，治理环境污染，满足人民对美好生态环境的需求，使人民群众生活在良好的生态环境之中，有充足的生态幸福感是生态文明社会的基本特征。

打造居民宜居环境，创建舒适的生态人居是实现人与自然和谐共生的重要组成部分，是生态文明社会的重要体现和标志。构建人与自然和谐共生的生态文明社会，要把舒适宜人、低碳环保、绿色能源的生态人居理念贯穿于城乡和农村居住环境的总体设计、建筑规划和社区管理的各环节和全过程中，创建舒适的生态人居，让人民深切体会到建筑之美、人居之美和人与自然和谐共生之美。创建舒适的生态人居，就是让人民生活在健康、安全、舒适的环境之中，使人民充分地享受生态幸福，体验大自然的美好，满足人类渴望拥有健康、美观、智慧、环保的居住环境的愿望。蓝天、碧水、净土是新时代人民群众对美好生态环境的要求，居民宜居的生活环境也要以良好的外界生态环境为前提。

（四）系统完善的生态文明制度体系

制度是一种静态的规范，具有全局性、稳定性的特点。法治之"治"则具有管理、治理的动态执行之意。生态文明社会不仅需要规范性的制度引导，更需要强制性的法治保障。生态文明制度建设是构建生态文明社会的根本性、全局性、稳定性和长期性的任务。生态文明制度的核心要义是制定或形成的一切有利于支持、推动和保障生态文明建设，促进人与自然和谐共生的各种引导性、规范性和约束性规定与准则的总和。构建生态文明是促进人与自然和谐共生，推进生态文明体制改革是关键，也是重点和难点。必须按照源头严防、过程严管、后果严惩的思路，构建产权清晰、多元参与、激励约束并重、系统完整的生态文明制度体系，才能为生态文明建设提供体制机制保障。党的十九届四中全会审议通过的《中共中央关于坚持和完善中国特色社会主义制度、推进国家治理体系和治理能力现代化若干重大问题的决定》，将生态文明制度作为中国特色社会主义制度和国家治理体系中的重要内容和不可分割的有机组成部分，要求不断发展和完善科学规范、系统完备、运行有效的生态文明制度体系，促进人与自然和谐共生。生态文明社会需要强有力的制度来保护生态环境，这就需要建立和完善系统完整的生态制度体系。所以，系统完善的生态文明制度体系是生态文明社会的显著特征。

结　语

我国生态文明社会是对西方资本现代文明和西方生态文明理论的超越，是马克思主义理论与中华民族优秀传统生态文化的创新性结合的结果，是对构建生态文明社会的理论创新和实践探索，不同于资本主义人与自然异化的中国式生态文明社会的现代化，为解决全人类共同的生态问题提供中国智慧与中国方案。中国生态文明社会的构建，能够推动中国生态文明建设的进程，促进美丽中国建设目标的实现，提升中国在全球生态文明建设中的国际话语权，创造了人类文明新形态。中国生态文明社会是人与自然和谐共生的现代化社会，有利于推动中国社会全面发展，全面进步，有利于推动人的自由全面发展和人类解放的实现。

【基金项目】2021年辽宁省社会科学规划基金重点项目"习近平总书记关于人类命运共同体重要论述研究"（项目编号：L21AKS006）的研究成果。

编后记

本书收录论文涉及哲学学科、马克思主义理论学科等相关学科领域，部分反映了学界近年来人学研究的现状和趋势。中国人学学会会长丰子义教授、副秘书长董彪老师对本书组编工作给予了指导。中国人民大学马克思主义学院郑洸宇、向南、舒雅婷等研究生参与了具体组编工作。在此对积极提供文稿、指导参与组编工作的教师、学生，表示诚挚的感谢！

本书的编辑出版得到了佳木斯大学马克思主义学院的大力支持和出版资助，中国国际广播出版社的编校团队为本书的出版付出了辛勤劳动，在此致以衷心的感谢！

郗 戈 吕翠微

2022 年 9 月